Omasreiter
Martin
Speth
Hug
Kaier

Kompetenzorientierte Betriebswirtschaftslehre

Fachoberschule und Berufsoberschule in Bayern

Jahrgangsstufen 11 und 12

Omasreiter
Martin
Speth
Hug
Kaier

Kompetenzorientierte Betriebswirtschaftslehre

Fachoberschule und Berufsoberschule in Bayern

Jahrgangsstufen 11 und 12

Merkur
Verlag Rinteln

Wirtschaftswissenschaftliche Bücherei für Schule und Praxis
Begründet von Handelsschul-Direktor Dipl.-Hdl. Friedrich Hutkap †

Verfasser:
Josef Omasreiter, Dipl.-Kfm.
Michael Martin, Dipl.-Hdl.
Dr. Hermann Speth, Dipl.-Hdl.
Hartmut Hug, Dipl.-Hdl.
Alfons Kaier, Dipl.-Hdl.

Merkur Verlag Rinteln

mvurl.de/km8f

Der Merkur Verlag Rinteln kooperiert mit JL Education. JL Education bietet lehrplangerechte, didaktisch aufbereitete Erklärvideos für den Wirtschaftsunterricht. Erklärvideos und Materialien des Verlags sind aufeinander abgestimmt und werden an geeigneter Stelle verlinkt. Die Kombination unterschiedlicher Lernmedien erleichtert und erweitert den Spielraum für einen übergreifenden Kompetenzerwerb.

* * * * *

Coverbild (kleines Bild links unten): 16085668-Kzenon – www.colourbox.de

4. Auflage 2026

Gesamtherstellung:
MERKUR VERLAG RINTELN Hutkap GmbH & Co. KG, 31735 Rinteln
E-Mail: info@merkur-verlag.de
lehrer-service@merkur-verlag.de
Internet: www.merkur-verlag.de

Merkur-Nr. 0659-04
ISBN 978-3-8120-1263-8

Vorwort

Das vorliegende Schulbuch umfasst alle für die Jahrgangsstufen 11 und 12 vorgegebenen Lernbereiche und **Kompetenzerwartungen des neuen LehrplanPLUS** für das Profilfach „Betriebswirtschaftslehre“ an Fachoberschulen und Berufsoberschulen des Landes Bayern (gültig zum Schuljahr 2026/2027 für die Jahrgangsstufe 11 und zum Schuljahr 2027/2028 für die Jahrgangsstufe 12).

Jahrgangsstufe 11	
Lernbereich 1:	Sich im Unternehmen orientieren und betriebliche Zielsetzungen analysieren
Lernbereich 2:	Material beschaffen
Lernbereich 3:	Mithilfe des externen Rechnungswesens Bilanz und GuV analysieren
Lernbereich 4:	Mithilfe der Vollkostenrechnung Angebotspreise ermitteln, Maschinenkosten berechnen und Abweichungen analysieren

Jahrgangsstufe 12	
Lernbereich 1:	Jahresabschlussarbeiten durchführen und das Gesamtergebnis eines Unternehmens ermitteln
Lernbereich 2:	Entscheidungen mithilfe der Teilkostenrechnung vorbereiten und begründet treffen
Lernbereich 3:	Finanzierungs- und Investitionsvorgänge analysieren, liquide Mittel beschaffen und Investitionen tätigen
Lernbereich 4:	Personal sach- und personenorientiert führen und zukunftsorientiert entwickeln

- Um dem Konzept des kompetenzorientierten Unterrichts gerecht zu werden, sind den Themenbereichen **betriebswirtschaftliche Handlungssituationen** mit kompetenzorientierten Arbeitsaufträgen vorangestellt. Die Handlungssituationen stellen typische betriebliche Problemsituationen dar.
- Für die eigenständige Bearbeitung der **kompetenzorientierten Arbeitsaufträgen** kann bei Bedarf auf die Informationstexte der sich jeweils anschließenden Kapitel zurückgegriffen werden. Auf diese Weise wird den Lernenden ermöglicht, Aufgabenstellungen selbstständig zu analysieren und zu lösen. Dadurch wird **problemlösendes Denken** und **verantwortliches Handeln** gefördert.
- Als Bezugspunkt für die Handlungssituationen dienen **Modellunternehmen des fiktiven Gewerbeparks Augsburg.** Die Modellunternehmen werden zu Beginn des Buchs vorgestellt.
- Themenbereiche, die mit dem nebenstehenden Symbol gekennzeichnet sind, werden zusätzlich in **Erklärvideos** veranschaulicht. Die jeweiligen Strukturzusammenhänge werden didaktisch verständlich erläutert. Die Erklärvideos vergrößern den didaktisch-methodischen Handlungsspielraum und ermöglichen in ihrem Zusammenspiel mit dem Schulbuch die **sinnvolle Verknüpfung fachlicher und digitaler Kompetenzen**.
- Die grundlegenden Kompetenzen, die in der **Vorklasse („BWL 10“)** erworben werden sollen, sind in weiten Teilen mit den Vorgaben für den Jahrgang 11 identisch. In der Vorklasse wird ein besonderer Wert auf die **kaufmännischen Grundlagen** gelegt. Um den Erwerb bzw. die Festigung dieser Grundlagen zu unterstützen, kann auf die im Anhang aufgenommenen Inhalte zum kaufmännischen Rechnen, zu wichtigen Schlüsselbegriffen der BWL und zu Inventur und Inventar zurückgegriffen werden.

Wir wünschen Ihnen einen guten Lehr- und Lernerfolg!

Die Verfasser

Inhaltsverzeichnis

Kurzbeschreibung des Industrie- und Gewerbeparks Augsburg und seiner Unternehmen

Jahrgangsstufe 11

Lernbereich 1: Sich im Unternehmen orientieren und betriebliche Zielsetzungen analysieren

Lernbereich 2: Material beschaffen

Jahrgangsstufe 12

Lernbereich 1: Jahresabschlussarbeiten durchführen und das Gesamtergebnis eines Unternehmens ermitteln

Lernbereich 3: Finanzierungs- und Investitionsvorgänge analysieren, liquide Mittel beschaffen und Investitionen tätigen

Lernbereich 4: Personal sach- und personenorientiert führen und zukunftsorientiert entwickeln

Kurzbeschreibung des Industrie- und Gewerbeparks Augsburg und seiner Unternehmen

1 Grundkonzept des Industrie- und Gewerbeparks Augsburg

Die Stadt Augsburg hatte zu Beginn des letzten Jahrzehnts einen Industrie- und Gewerbepark erschlossen. Im Norden des Stadtgebietes gelegen, umfasst er rund 90 ha und liegt in unmittelbarer Nähe eines Autobahnanschlusses. Inzwischen sind die verfügbaren Flächen des Industrie- und Gewerbeparks zu etwa 70 % verkauft. Rund 30 Betriebe unterschiedlicher Art haben sich dort angesiedelt und beschäftigen ca. 1 200 Mitarbeiter.

Der Vorteil für die Unternehmen liegt darin, dass sie viele Dienste wie z. B.

- Notfalldienste (Werkfeuerwehr, ärztliche Versorgung),
- soziale Einrichtungen (Kindertagesstätten, Kantine),
- Logistik innerhalb des Parks sowie
- Ver- und Entsorgungseinrichtungen

vom Parkmanagement in Anspruch nehmen können. Büro- und Gewerbeflächen können mit wachsender Unternehmensgröße hinzugemietet werden.

2 Exemplarisches Unternehmensportrait der dort angesiedelten Weber Metallbau GmbH

Firma und Sitz:
Weber Metallbau GmbH
Alfred-Nobel-Straße 8
86169 Augsburg

Kontaktdaten:
Telefon: 0821 992-0 (Zentrale)
Fax: 0821 992-1 (Zentrale)
E-Mail: info@weber-metallbau-gmbh.de
Internet: www.weber-metallbau-gmbh.de

Die Weber Metallbau GmbH ist ein größerer, mittelständischer Handwerksbetrieb und hat sich auf die Planung, Fertigung und Montage von Brandschutztüren, auf Fassadenbau aus Stahl und Glas, auf Geländer- und Treppenbau, Wintergärten und diverse Sonderkonstruktionen spezialisiert.

In einem Nebenprogramm produziert sie auch Arbeitstische und Metallzäune, dazu werden aus Blechstanzteilen Büroscheren und Ablage- bzw. Ordnungssysteme für Regale hergestellt.

Außengelände

Fertigungshalle

Firmengeschichte der Weber Metallbau GmbH

Das Unternehmen selbst hat eine lange Tradition, die bis ins 19. Jahrhundert zurückreicht. Johann Georg Weber übernahm 1952 die ehemalige Huf- und Wagenschmiede und machte daraus einen modernen Metallbaubetrieb. Seit 1987 leitet sein Sohn Hans-Jörg, ausgebildeter Metallbauer der Fachrichtung Konstruktionstechnik und Absolvent eines Studiengangs zum Fenster- und Fassadenbau, das Familienunternehmen und hat es seither konsequent zu einem führenden Stahl- und Metallbaubetrieb in der Region weiterentwickelt.

Im Jahre 2020 erfolgte die Ansiedlung im Industrie- und Gewerbepark Augsburg, weil die ursprüngliche Gewerbefläche in Zentrumsnähe zu klein geworden war. Der in diesem Zusammenhang erforderliche Kapitalbedarf konnte im gleichen Jahr durch die Gründung einer GmbH und die Aufnahme von Herrn Dr. Klaus Junginger als weiteren Gesellschafter teilweise bewältigt werden.

Dr. Junginger hat ein Studium der Betriebswirtschaft absolviert und ergänzt die Geschäftsführung durch seine betriebswirtschaftlichen Kenntnisse.

Produktprogramm der Weber Metallbau GmbH

Brandschutztüren

Fassade aus Stahl und Glas

Geländer- und Treppenbau

Wintergarten

Geschäftspartner der Weber Metallbau GmbH

Bankverbindungen

Nr.	Name des Kreditinstituts	BIC	IBAN
1	Sparkasse Augsburg	AUGSDE77XXX	DE69 7205 0000 0000 6485 54
2	Deutsche Bank Augsburg	DEUTDEMM720	DE92 7207 0001 0008 7263 39
3	Commerzbank Augsburg	COBADEFFXXX	DE73 7204 0046 0003 9936 54

Kunden

Die Auftraggeber kommen aus unterschiedlichen Bereichen. Ihre Ansprüche sind sehr vielfältig. Jeder Auftrag ist individuell und erfordert eine grundlegende Neuplanung und -kalkulation. Die Kostenvorteile durch die Herstellung größerer Stückzahlen eines einheitlichen Produkts können selten genutzt werden. Als Fertigungsorganisation liegt überwiegend Werkbank- und Werkstattfertigung vor.

Bereich	Angebotene Leistungen
Industrie und Gewerbe	Tragwerkskonstruktionen der verschiedensten Art, z.B. für Lagerhallen, Parkgebäude sowie Fassadenverkleidungen, Feuertreppen.
Öffentliche Hand (Kommunen, Landkreise)	Fassaden, Brandschutztüren, Treppen für öffentliche Gebäude wie Kindergärten, Schulen, Sportstätten, Fußgängerbrücken u.a.
Private Bauträger	Balkone, Unterkonstruktionen für Fotovoltaikanlagen, Treppenkonstruktionen für innen und außen, Wintergärten, Gewächshäuser.
Nebenprogramm	Diverse Sonderkonstruktionen, Arbeitstische, Metallzäune.

Lieferer

Die Anzahl der Lieferer ist aufgrund des abgegrenzten Produktprogramms (Problemtreue) der Weber Metallbau GmbH sehr beschränkt. Die wichtigsten Zulieferer kommen aus folgenden Bereichen:

Bereich	Bezogene Leistungen
Metallgroßhandel	Bleche unterschiedlicher Stärke und Materialart, Stahlbänder, Rund- und Vierkantrohre, Stahlträger verschiedener Profile.
Glashandel	Einscheibensicherheitsglas (Schiebetüren, Trennwände, Duschen), Verbundsicherheitsglas (für erhöhten Sicherheitsbedarf, z.B. als Einbruchschutz), Isolierglas für den Fassadenbereich, Glas mit keramischem Siebdruck (ermöglicht hochwertige, repräsentative Raum- und Gebäudegestaltung).
Handel für Werkzeuge, Montage- und Befestigungsmaterial	Beschläge, Schrauben, Werkzeuge, Klebestoffe, Dichtungsmaterial, Schmiermittel, Fette, Reinigungsmaterial usw.

Gesellschaftsvertrag der Weber Metallbau GmbH

§ 1 Firma, Sitz

(1) Die Firma der Gesellschaft lautet: Weber Metallbau GmbH

(2) Sitz der Gesellschaft ist: 86169 Augsburg, Alfred-Nobel-Str. 8

§ 2 Gegenstand des Unternehmens

(1) Gegenstand des Unternehmens ist die Fertigung und Montage von Brandschutztüren, Fassadenbau aus Stahl und Glas, Geländer- und Treppenbau, Wintergärten und Gewächshäusern sowie im Nebenprogramm Arbeitstische und Metallzäune.

(2) Die Gesellschaft darf Zweigniederlassungen errichten, sich an anderen Unternehmen beteiligen sowie andere Unternehmen gründen.

§ 3 Dauer der Gesellschaft

(1) Die Gesellschaft wird auf unbestimmte Dauer errichtet.

§ 4 Stammkapital, Stammeinlagen

(1) Das Stammkapital der Gesellschaft beträgt 750000,00 EUR.

(2) Auf das Stammkapital übernehmen als ihre Stammeinlagen:
a) Hans-Jörg Weber: 400000,00 EUR Nennbetrag
b) Dr. Klaus Junginger: 350000,00 EUR Nennbetrag

§ 5 Geschäftsführer

(1) Die Gesellschaft hat einen oder mehrere Geschäftsführer.

(2) Die Bestellung und Abberufung von Geschäftsführern sowie deren Befreiung vom Wettbewerbsverbot erfolgt durch Gesellschafterbeschluss.

§ 6 Vertretung der Gesellschaft

(1) Ein alleiniger Geschäftsführer vertritt die Gesellschaft allein.

(2) Sind mehrere Geschäftsführer bestellt, so wird die Gesellschaft durch zwei Geschäftsführer gemeinsam vertreten oder durch einen Geschäftsführer in Gemeinschaft mit einem Prokuristen.

§ 7 Geschäftsführung

(1) Die Führung der Geschäfte der Gesellschaft steht mehreren Geschäftsführern gemeinschaftlich zu, sofern nicht durch Gesellschafterbeschluss etwas anderes bestimmt wird.

(2) Im Verhältnis zur Gesellschaft ist jeder Geschäftsführer verpflichtet, die Geschäftsführungsbeschränkungen einzuhalten, welche durch Gesetz, Gesellschaftsvertrag, Geschäftsführeranstellungsvertrag und Gesellschafterbeschlüsse festgesetzt sind oder werden.

(3) Geschäfte, die über den gewöhnlichen Betrieb der Gesellschaft hinausgehen, bedürfen der vorherigen Zustimmung durch Gesellschafterbeschluss.

§ 8 Gesellschafterbeschlüsse

(1) Jede 50,00 EUR Nennbetrag eines Geschäftsanteils gewähren eine Stimme.

(2) Sämtliche Gesellschafterbeschlüsse sind zu protokollieren.

(3) Das Protokoll ist von den Geschäftsführern zu unterzeichnen.

(4) Die Gesellschafter erhalten Abschriften.

§ 9 Geschäftsjahr und Jahresabschluss

(1) Geschäftsjahr ist das Kalenderjahr.

(2) Der Jahresabschluss ist von den Geschäftsführern in den ersten drei Monaten des Geschäftsjahres für das vergangene Geschäftsjahr aufzustellen.

§ 10 Gesellschafterveränderungen

(1) Das Ausscheiden eines Gesellschafters führt nicht zur Auflösung der Gesellschaft.

(2) Die verbleibenden Gesellschafter haben unverzüglich einen Beschluss zu den Modalitäten der Fortführung zu fassen.

§ 11 Wettbewerbsverbot

(1) Ein Gesellschafter darf ohne vorherigen zustimmenden Gesellschafterbeschluss in dem Geschäftsbereich des Gegenstandes der Gesellschaft keine Geschäfte machen.

(2) Das Verbot umfasst insbesondere auch direkte oder indirekte Beteiligung an Konkurrenzunternehmen oder deren Beratung.

§ 12 Schlussbestimmungen

(1) Bekanntmachungen der Gesellschaft werden im Bundesanzeiger veröffentlicht.

(2) Durch die Unwirksamkeit einzelner Bestimmungen dieses Vertrages wird die Wirksamkeit der übrigen Bestimmungen nicht berührt.

Augsburg, den 14. Juli 2020

Hans-Jörg Weber
Unterschrift des Gesellschafters

Dr. Wilfried Beißner
Unterschrift des Notars

Dr. Klaus Junginger
Unterschrift des Gesellschafters

3 Überblick über weitere im Industrie- und Gewerbepark angesiedelte Unternehmen (Auswahl)

Unternehmen	Unternehmenszweck	Unternehmenstyp
Augsburger Büromöbel AG Industriepark 5 86169 Augsburg	Büromöbel, insbesondere ■ Schreibtische, ■ Bürostühle, ■ Büroschränke.	Industrie 
Kaffeerösterei Arabica KG Industriepark 7 86169 Augsburg	Röstfrischer Kaffee: ■ Filterkaffee, ■ Crema, ■ Espresso, ■ usw.	Handwerk 
Stefanie Osann e. Kfr. Industriepark 25 86169 Augsburg	■ Bürobedarf, ■ Computertechnik, ■ Drucker, ■ Kopiergeräte, ■ Business-Papier, ■ usw.	Handel 
MicroTex Technologies GmbH Alfred-Nobel-Straße 42 86169 Augsburg	Hersteller technischer Garne.	Industrie 
CLEAN-TEC OHG Alfred-Nobel-Straße 17 86169 Augsburg	Facility Management, insbesondere ■ Gebäude-, Fassaden- und Fensterreinigung, ■ Grünanlagenpflege, ■ Hausmeisterservice.	Dienstleister 
Beauty Moments Emmy Reisacher e. Kfr. Neuwerk 10 86169 Augsburg	Kosmetikinstitut für Anti-Aging mit ■ Gesichtsbehandlung, ■ Sauerstofflifting, ■ Körper & Figur, ■ Wellnessmassagen.	Dienstleister 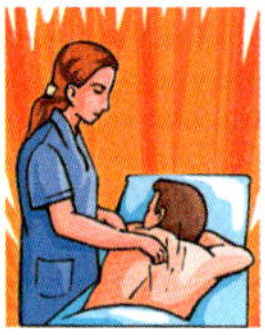

Anlagen- und Maschinenbau AG Industriepark 18 86169 Augsburg	■ Saugbandbeschickung, ■ Roboter, ■ Stapelrollenbahnen, ■ Bandförderer.	Industrie 
Kramer GmbH Neuwerk 21 86169 Augsburg	■ Lagerhaltung, ■ Transport, ■ Logistik.	Dienstleister 
Motorenbau Anton Thomalla e. Kfm. Alfred-Nobel-Straße 24 86169 Augsburg	Herstellung von Motoren zum Betrieb von Blockheizkraftwerken.	Industrie 
Stolz & Krug OHG Industriepark 10 86169 Augsburg	■ Reparatur, ■ An- und Verkauf von Kraftfahrzeugen samt Zubehör.	Handwerk 
Sport-Burr KG Sportartikelfabrik Neuwerk 15 86169 Augsburg	Herstellung von Winter- und Sommersportgeräten: ■ Skier, ■ Snow-Swinger, ■ Skibobs, ■ Tennisschläger, ■ Nordic-Walking-Stöcke.	Industrie 

Hinweis:

Die obigen Unternehmensdaten beschreiben die Ausgangssituation. Im Laufe der einzelnen Kapitel werden die Unternehmensdaten teilweise geändert, z. B. durch Aufnahme eines weiteren Gesellschafters.

Jahrgangsstufe 11

Lernbereich 1: Sich im Unternehmen orientieren und betriebliche Zielsetzungen analysieren

1 Die Struktur eines Industriebetriebs über dessen funktionalen Aufbau mithilfe eines Organigramms erläutern

LB 1 **Handlungssituation 1: Die Struktur eines Industriebetriebs anhand seines Aufbaus darstellen und erläutern**

Weber Metallbau GmbH

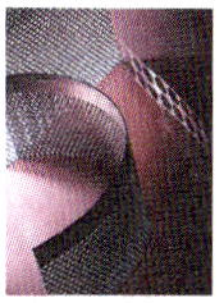

Sie beginnen Ihre Ausbildung bei der Weber Weber Metallbau GmbH. Der Geschäftsführer plant einen Tag der offenen Tür für Schulklassen und möchte den Besuchern den Aufbau des Unternehmens anschaulich erklären. Er bittet Sie, ein übersichtliches Organigramm zu erstellen und dazu in einfachen Worten zu erläutern, wie die wichtigsten Bereiche des Betriebs zusammenarbeiten.

Kompetenzorientierte Arbeitsaufträge:

1. Notieren Sie, welche Bereiche ein Industriebetrieb wie die Weber Metallbau GmbH Ihrer Meinung nach unbedingt braucht! Orden Sie die Bereiche dabei in zwei Gruppen:
   - Bereiche, die direkt an der Herstellung und dem Verkauf der Produkte beteiligt sind,
   - Bereiche, die alle anderen Bereiche unterstützen.
2. Erstellen Sie ein Organigramm der Weber Metallbau GmbH, indem Sie die Grundfunktionen bzw. Querschnittsfunktionen des Industriebetriebs berücksichtigen!
3. Präsentieren Sie Ihr Organigramm vor der Klasse!

1.1 Begriff Unternehmen und sein funktionaler Aufbau

In der Regel bezieht ein Industriebetrieb von vorgelagerten Unternehmen eine Reihe von **Vorleistungen** (Werkstoffe verschiedener Art, Maschinen, Werkzeuge, Strom, Wasser, Erfindungen, Entwürfe, Dienstleistungen usw.).

Durch den **Einsatz der eigenen Leistung** (Arbeit, Betriebsmittel, Werkstoffe) verändert das Unternehmen die Vorleistungen so, dass sie für eine weitere Verwendung in der nachgelagerten Stufe geeignet sind. Das Ergebnis der eigenen Leistung sind **Sachgüter** (z. B. Lebensmittel, Kleidung, Fahrzeug) oder **Dienstleistungen** (z. B. Transporte, Beratung durch einen Rechtsanwalt), die anderen Unternehmen wiederum als „betriebliche Mittel" dienen oder aber unverändert dem menschlichen Bedarf (Konsum) zugeführt werden können. Die wirtschaftliche Leistung des Unternehmens – und damit auch seine Berechtigung – ergibt sich daraus, dass es Vorleistungen einem **neuen Zweck** zuführt.

- Ein **Unternehmen**[1] ist eine planvoll organisierte Wirtschaftseinheit, in der Güter und Dienstleistungen beschafft, erstellt und abgesetzt werden.
- Die **Leistung eines Unternehmens** besteht darin, durch **eigene Anstrengungen** die **Vorleistungen** für **weitere Zwecke** geeignet zu machen.

1.2 Organigramm eines Industriebetriebes

Ein **Organigramm** ist eine grafische Darstellung der Aufbauorganisation eines Unternehmens. Es zeigt hierarchisch (nach einer Rangordnung) die Abteilungen, Positionen und Berichtswege.

In einem Industriebetrieb (wie z. B. der Weber Metallbau GmbH) visualisiert (veranschaulicht) das Organigramm den funktionalen Aufbau mit Grund- und Querschnittsfunktionen.

(1) Grundfunktionen und Querschnittsfunktionen

Grundfunktionen sind die Bereiche, die direkt der Herstellung und dem Verkauf der Produkte dienen. Sie bilden dabei eine Kette: Material kommt ins Unternehmen, wird verarbeitet und verkauft.

Folgende Bereiche werden zu den Grundfunktionen gezählt:

- die **Materialwirtschaft** (kauft Material ein und versorgt die Produktion),
- die **Produktion** (stellt Produkte her und kontrolliert deren Qualität) und
- der **Absatz** (vermarktet und verkauft die Produkte).

Querschnittsfunktionen unterstützen alle Grundfunktionen gleichzeitig. So begleicht die **Finanzwirtschaft** Rechnungen für Material, erfasst das **Rechnungswesen** die Geldströme, überwacht **das Controlling** die Einhaltung des Budgets, findet und schult die **Personalwirtschaft** Mitarbeiter für alle Bereiche. Die **Unternehmensführung plant und leitet** das gesamte Unternehmen.

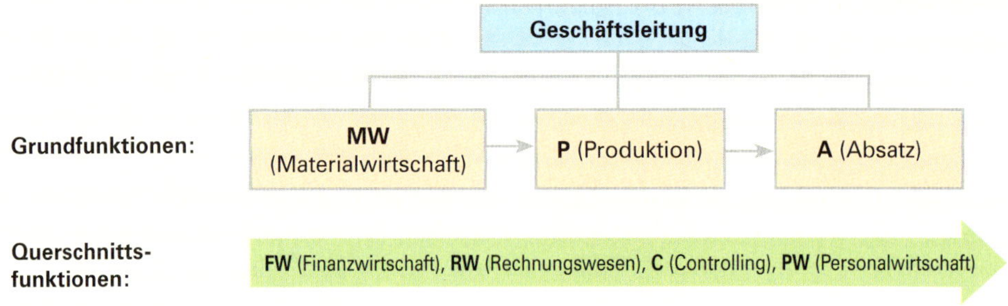

1 Die Begriffe **Unternehmen** und **Betrieb** werden hier aus Vereinfachungsgründen gleichbedeutend (synonym) verwendet.

(2) Schrittweises Vorgehen zur Erstellung eines Organigramms

Schritt 1

Definieren, was dargestellt werden soll

Z. B.: Funktionaler Aufbau mit Grundfunktionen und Querschnittsfunktionen

Schritt 2

Hierarchie und Funktionen des Unternehmens erfassen und anordnen

- oben: höchste Leitung (Geschäftsleitung/Unternehmensführung)
- Mitte: Grundfunktionen (direkt unterstellt)
- daneben: Querschnittsfunktionen (Stabsstellen)

Ebene	Grundfunktionen	Querschnittsfunktionen
1. Leitung	–	Unternehmensführung
2. Abteilungen	MW, Produktion, Absatz	FW, RW, Controlling, PW
3. Mitarbeiter	Einkäufer (MW)	Buchhaltung (RW)

Schritt 3

Eine Grafik entwerfen

- Hilfreiche Tools sind: Papier, Word, PowerPoint, Canva.
- Als Symbole eignen sich Rechtecke für Linienstellen sowie Ovale für Stabsstellen.
- Folgende Linien werden verwendet: durchgezogene Linien zur Darstellung von Hierarchien und gestrichelte Linien zur Darstellung von unterstützenden Einheiten.

Linienstellen (Rechtecke) stehen für Positionen in der direkten Befehlskette, die Weisungsrecht über Unterstellte ausüben und Kernprozesse leiten, wie z. B. der Produktionsleiter. **Stabsstellen** (Ovale) repräsentieren beratende oder unterstützende Rollen ohne Hierarchiegewalt, z. B. die Personalwirtschaft, die nur ihrem direkten Vorgesetzten unterstellt ist.

Schritt 4

Beschriftung und Details ergänzen

- kurze Aufgabenbeschreibungen einfügen (z. B. „MW: Einkauf und Lager")
- Zahlen ergänzen: Mitarbeiterzahlen (z. B. „Produktion: 50 MA")
- unterschiedliche Farben wie Orange für Grundfunktionen und Grün für Querschnittsfunktionen verwenden

Checkliste: Überprüfung eines erstellten Organigramms

- ✓ Sind die Hierarchien aller Verbindungen klar erkennbar?
- ✓ Sind die Funktionen vollständig enthalten?
- ✓ Sind die Berichtswege nachvollziehbar?
- ✓ Ist das Organigramm ästhetisch ansprechend?

Beispiel: Organigramm für einen Industriebetrieb mit rund 200 Mitarbeitern

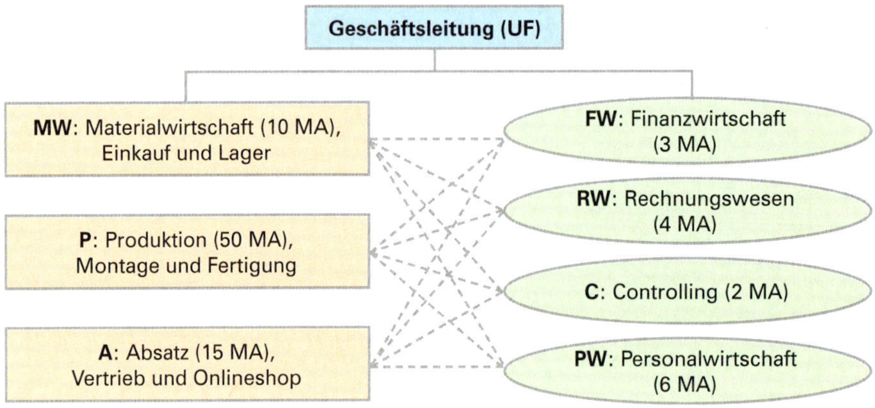

(3) Bedeutung eines Organigramms

Ein Organigramm schafft Transparenz und fördert effiziente Zusammenarbeit. Es hilft Mitarbeitern, Verantwortlichkeiten zu verstehen, und unterstützt die Unternehmensführung bei Planung und Kontrolle.

Vor- und Nachteile eines Organigramms für einen Industriebetrieb	
Vorteile	**Nachteile**
▪ **Es klärt Kompetenzen:** Wer leitet wen? (z. B. ist die Produktion unter der Geschäftsleitung) ▪ **Es zeigt Schnittstellen auf:** Wie unterstützen Querschnittsfunktionen die Grundfunktionen? ▪ **Es erleichtert die Kommunikation:** Klare Berichtswege bei Problemen (z. B. Lieferengpass von Materialwirtschaft zur Produktion). ▪ **Es dient der Außenwirkung:** Es erklärt die Struktur des Unternehmens nach außen hin, z. B. beim Tag der offenen Tür oder bei Stellenanzeigen.	▪ **Es kann schnell veralten,** wenn sich die Organisation des Betriebs ändert. ▪ Ist es **zu detailliert, wird es leicht unübersichtlich.**

Ein Organigramm ist keine starre Struktur, sondern **ein Werkzeug zur Orientierung** im funktionalen Aufbau eines Unternehmens.

1.3 Betriebliche Produktionsfaktoren

Zur Herstellung der vorgegebenen Produkte muss sich zunächst jedes Unternehmen die erforderlichen betriebswirtschaftlichen Produktionsfaktoren beschaffen. Sie werden unterschieden in **Elementarfaktoren** und **dispositive Faktoren**.

(1) Elementarfaktoren

Elementarfaktoren sind die materiellen und unmittelbar für die Produktion verwendeten Mittel in einem Unternehmen wie Werkstoffe und Betriebsmittel sowie die ausführende menschliche Arbeit. Ohne Elementarfaktoren kann kein Produkt hergestellt werden.

Ausführende menschliche Arbeitskraft

Zur Leistungserstellung bedarf es geistiger und körperlicher Anstrengungen der Menschen. Jedes Unternehmen benötigt somit Mitarbeiter, die Maschinen bedienen, Fahrzeuge führen oder Handarbeiten ausführen. Es handelt sich hierbei um **ausführende Arbeiten**.

Betriebsmittel

Darunter werden die Gegenstände erfasst, mit deren Hilfe die Leistungen erstellt werden: Gebäude, Grundstücke, Maschinen, Werkzeuge usw. Neben diesen **materiellen**[1] **Betriebsmitteln** gibt es **Rechte (immaterielle**[1] **Betriebsmittel)** wie z. B. Lizenzen,[2] Markenzeichen, Miet- und Pachtverträge.

Werkstoffe (Materialien)

Rohstoffe	Sie werden nach der Bearbeitung oder Verarbeitung **wesentliche Bestandteile** der Fertigerzeugnisse, z. B. Eisen und Stahl im Maschinenbau; Wolle und Baumwolle in der Textilindustrie.	
Fremdbauteile (Vorprodukte)	Es sind zusammengesetzte Produkte von Vorlieferern, die zur Erstellung eigener Produkte benötigt werden, z. B. Schlösser in einer Möbelfabrik, Autositze für die Automobilindustrie, Elektromotoren in der Maschinenindustrie.	
Hilfsstoffe	Dies sind Stoffe, die bei der Bearbeitung verbraucht werden, um das Erzeugnis herzustellen. Sie gehen **nicht als wesentliche Bestandteile** in die Fertigerzeugnisse ein. Beispiele: Farben in der Tapetenherstellung oder Lacke, Schrauben, Muttern, Nieten in der Automobilindustrie.	
Betriebsstoffe	Sie dienen dazu, die Maschinen zu „betreiben“, z. B. Schmierstoffe, Kühlmittel, Reinigungsmittel. Sie gehen nicht in das fertige Produkt ein.	

1 **Materiell**: stofflich, körperlich.
Immateriell: unstofflich, geistig.

2 **Lizenz** ist das Recht, ein Patent zu verwerten.

(2) Dispositive Faktoren: leitende menschliche Arbeitskraft

Zusätzlich zu den Elementarfaktoren müssen noch die dispositiven Faktoren vorhanden sein, damit die Produktion funktioniert. Die dispositiven Faktoren sind die **leitenden Arbeitskräfte**. Sie übernehmen die Planung, Organisation und Leitung.

Ohne dispositive Faktoren würden die Elementarfaktoren nicht sinnvoll zusammenarbeiten. Dies ist vergleichbar mit einer Fußballmannschaft ohne ihren Trainer: Die Spieler (Elementarfaktoren) sind auf dem Platz, aber ohne den Trainer (dispositiver Faktor), der die Taktik plant und die Mannschaft organisiert, läuft das Spiel chaotisch ab.

1.4 Funktionaler Aufbau eines Industriebetriebs

Betriebswirtschaftlich kann ein Industriebetrieb in **Grundfunktionsbereiche** (Grundaufgabenbereiche) und in **Unterstützungsfunktionsbereiche** (Unterstützungsaufgabenbereiche) unterteilt werden.

(1) Grundfunktionsbereiche

Als Grundfunktionsbereiche bezeichnet man die Aufgabenbereiche, die für einen Industriebetrieb charakteristisch (unverzichtbar) sind.

Materialwirtschaft	Produktionswirtschaft	Absatzwirtschaft
Um fertigen (produzieren) zu können, braucht der Industriebetrieb vor allem Materialien und Maschinen. Den Grundfunktionsbereich, der die Materialien beschafft, verwaltet und an die Produktionswirtschaft weiterleitet, bezeichnet man als **Materialwirtschaft.**	Charakteristisch für einen Industriebetrieb ist, Erzeugnisse zu fertigen. Den Grundfunktionsbereich, der die Fertigung zu organisieren hat, bezeichnet man als **Produktionswirtschaft.**	Produktions- und Materialwirtschaft sind nicht Selbstzweck. Erzeugnisse müssen abgesetzt, d.h. verkauft werden. Der dritte Grundfunktionsbereich des Industriebetriebs ist die **Absatzwirtschaft.**

(2) Unterstützungsfunktionsbereiche

Die Unterstützungsfunktionsbereiche erbringen Leistungen, die die Bewältigung der Grundfunktionen teilweise erst ermöglichen oder aber erleichtern bzw. optimieren und somit das ganze Unternehmen betreffen.

Zu den wichtigsten Unterstützungsfunktionsbereichen gehören:

Finanzwirtschaft 	Sie wird in die Bereiche Finanzierung und Investition unterteilt. ■ **Finanzierung** ist die Bereitstellung von finanziellen Mitteln zur Durchführung des betrieblichen Leistungserstellungsprozesses sowie aller sonstiger finanzieller Vorgänge (z. B. Unternehmensgründung). ■ Eine **Investition** liegt vor, wenn größere Beträge für einzelne Vermögensgegenstände (z. B. Grundstücke, Maschinen) aufgewendet werden und das Kapital längerfristig gebunden ist.
Personalwirtschaft 	Sie umfasst alle Aufgaben, die sich mit der Arbeit von Personen in einem Unternehmen befassen. Zu den Aufgaben der Personalwirtschaft gehört u. a. die Personalbedarfsplanung und Personalführung. ■ Die **Personalbedarfsplanung** ermittelt die Anzahl und die Qualifikation der Mitarbeiter, die das Unternehmen in absehbarer Zeit benötigt. ■ Die **Personalführung** gibt Anweisungen, koordiniert und überwacht die Arbeit der Mitarbeiter, informiert, instruiert[1] und motiviert.
Rechnungswesen 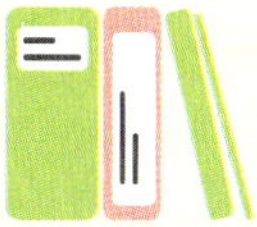	Es erfasst die betrieblichen Prozesse eines Unternehmens und stellt die Ergebnisse der Geschäftsleitung zur Auswertung zur Verfügung. Nach den Informationsempfängern unterscheidet man zwischen internem Rechnungswesen und externem Rechnungswesen. ■ Das **interne Rechnungswesen** umfasst die Kosten- und Leistungsrechnung, die Betriebsstatistik und die Planungsrechnung. Interne Informationsempfänger sind z. B. Geschäftsführer, Abteilungsleiter, Mitarbeiter und Betriebsrat. ■ Das **externe Rechnungswesen** umfasst die Buchführung und die Jahresabschlussrechnung. Externe Informationsempfänger sind z. B. Gesellschafter, Steuerbehörden, Banken und Gerichte.
Controlling 	■ **Generelle Aufgabe des Controllings** ist, die Geschäftsleitung bei der Steuerung des Unternehmens durch Beschaffung und Aufbereitung von Informationen, durch Koordinieren, Analysieren und Kontrollieren zu unterstützen, um die Unternehmensziele optimal erreichen zu können. ■ Die **speziellen Aufgaben des Controllings** betreffen insbesondere die Planungs- und Kontrollrechnung, das Rechnungswesen als Dokumentationsrechnung, die Erstellung ergebnisorientierter Informationen sowie Organisationsfragen.

Die Unterstützungsfunktionsbereiche haben eine **Querschnittsfunktion,** was besagt, dass die einzelnen Unterstützungsfunktionsbereiche jeweils **allen Grundfunktionsbereichen** zuarbeiten. So regelt beispielsweise die Personalwirtschaft im Einvernehmen mit der Geschäftsleitung jeweils alle Personalentscheidungen.

1 **Instruieren**: unterweisen, anleiten.

(3) Unternehmensführung

Unternehmensführung (Management[1]**)** bedeutet Führung einer wirtschaftlichen Organisation (z. B. einer Unternehmung).

Führungskräfte sind Personen, die mit verschiedenen Aufgaben, Kompetenzen[2] und Verantwortlichkeiten ausgestattet und auf unterschiedlichen hierarchischen[3] Stufen angesiedelt sind.

- Führungskräfte, die das Unternehmen leiten, sind z. B. die Eigentümerunternehmer, Geschäftsführer oder Vorstandsmitglieder.
- Führungskräfte der Haupt- bzw. Unterstützungsfunktionsbereiche haben, je nach hierarchischer Stellung z. B. die Bezeichnungen Bereichs- bzw. Werksdirektoren, Abteilungsleiter bzw. Meister, Gruppenführer bzw. Vorarbeiter.

Überblick: Industriebetrieb

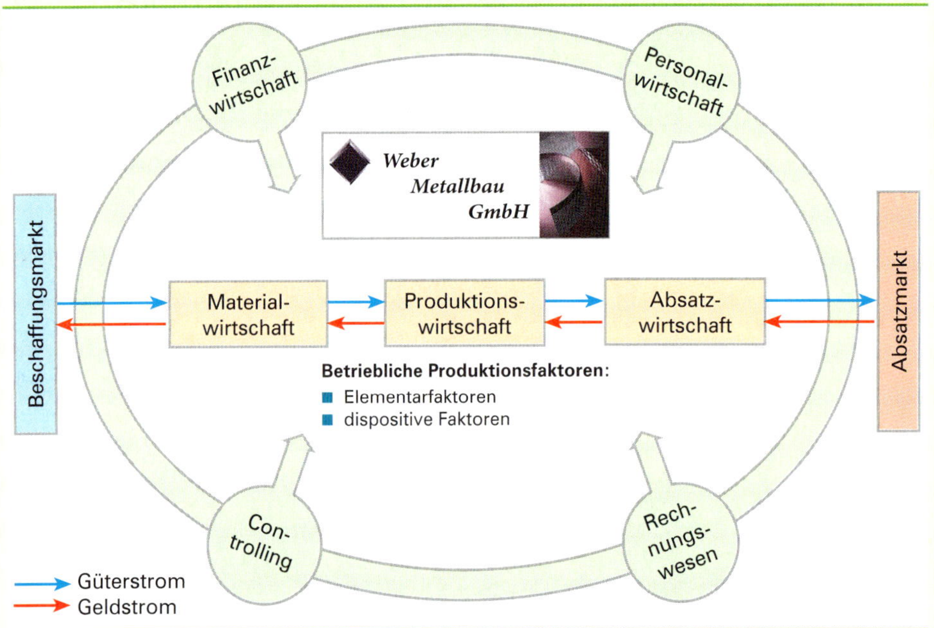

1 Der Begriff **Management** wird als Tätigkeit im Sinne des Managens oder als Bezeichnung für eine Institution (z. B. Bereich, Abteilung) verwendet.

2 **Kompetenz** (lat.): Zuständigkeit, Befugnis.

3 **Hierarchie** (griech.): strenge Rangordnung.

Kompetenztraining

1 Aufbau eines Industriebetriebs mithilfe eines Organigramms

1. Erstellen Sie für Ihren Praktikumsbetrieb ein Organigramm und erläutern Sie mit dessen Hilfe Ihrer Klasse den funktionalen Aufbau Ihres Praktikumsbetriebes!
2. Erläutern Sie die Vorteile eines Organigramms aus Ihrer Sicht als Praktikant!

2 Funktionsbereiche eines Unternehmens

Ordnen Sie die folgenden Tätigkeiten den betrieblichen Grundfunktionsbereichen der Weber Metallbau GmbH zu. Übertragen Sie dazu das Schaubild von S. 32 und ergänzen Sie die Tätigkeiten an den entsprechenden Stellen!

Tätigkeiten:

❶ Die Weber Metallbau GmbH benötigt für einen Kundenauftrag von einem Lieferanten Isolierglas für den Fassadenbereich.

❷ Das Unternehmen plant für das Produkt „Wintergarten" die Schaltung von Werbeanzeigen in regionalen Zeitungen.

❸ Für einen Kundenauftrag wird die Fertigung von 20 Brandschutztüren veranlasst.

❹ Für den Transport der fertiggestellten 20 Brandschutztüren wird eine Spedition beauftragt.

❺ Ein Kunde reklamiert eine fehlerhafte Brandschutztür.

❻ Die Weber Metallbau GmbH erhält einen Großauftrag im Fassadenbau. Hierfür werden Bleche benötigt. Um den preisgünstigsten Lieferanten zu ermitteln, führt das Unternehmen einen Angebotsvergleich durch.

❼ Im kommenden Jahr möchte die Weber Metallbau GmbH ein um 20 % leichteres Modell bei den Brandschutztüren auf den Markt bringen. Die ersten Probemodelle der neuen Brandschutztür wurden bereits erfolgreich getestet.

3 Merkur-Nr. 0659

2 Unternehmensziele voneinander abgrenzen und das Regelwerk für die Berichterstattung von Nachhaltigkeitsthemen berücksichtigen

LB 1 Handlungssituation 2: Unternehmensziele ableiten

Die MicroTex Technologies GmbH, Hersteller technischer Garne, Alfred-Nobel-Str. 42, 86169 Augsburg, hat folgendes Unternehmensleitbild formuliert (Auszüge):

MicroTex Technologies GmbH

1. Was wir sind

Wir sind ein mittelständisches Traditionsunternehmen, das seit 1860 besteht. In der Produktion von Baumwollgarnen, Viskosegarnen, Acrylgarnen und Chenille-Zwirn besitzen wir Weltruf. Es ist unsere Absicht, diesen Ruf im Interesse unserer Kunden und Mitarbeiter weiter auszubauen.

Für die Herstellung unserer Garne haben wir hohes handwerkliches Know-how. Dieses handwerkliche Können werden wir auch in Zukunft durch weitere industrielle Fertigungsprozesse ergänzen, um den Ausbau unserer Marktstellung zu festigen.

2. Was wir wollen

In der Zukunft können wir nur erfolgreich sein, wenn wir unser Wissen und unsere Erfahrungen ständig verbessern.

Wir wollen mit unseren Produkten (unseren Erzeugnissen und Dienstleistungen) ein führender Markenhersteller sein.

Wir bauen unsere Marktstellung auf traditionellen Märkten aus. Auf neue Märkte gehen wir nur, wenn dies mit unserer Unternehmensphilosophie übereinstimmt.

3. Unser Kundenverständnis

Unser Unternehmen lebt von den Aufträgen unserer Kunden. Wir sind uns bewusst, dass unsere Angebote erst dann zu lohnenden Aufträgen werden, wenn wir die Bedürfnisse der Kunden besser befriedigen als unsere Mitbewerber.

Die Bedürfnisse unserer Zielgruppen zu ergründen und Maßnahmen zu ihrer Befriedigung zu ergreifen ist deshalb eine unserer Hauptaufgaben.

Unser Streben nach absolut fehlerfreier Qualität soll Kundenreklamationen überflüssig machen. Mögliche Mängelrügen unserer Kunden wollen wir großzügig und kulant behandeln.

4. Unternehmenswachstum

Wir wollen schneller wachsen als die Mitbewerber. Eine Ausweitung der Produktpalette soll nur erfolgen, wenn Exklusivität und höchste Qualität gegeben sind.

5. Personalpolitik

Unsere Personalpolitik beruht auf der Überzeugung, dass ein Unternehmen nur so gut wie seine Mitarbeiter ist. Sind diese engagiert, flexibel, sachkundig und erfolgreich, dann ist auch das ganze Unternehmen leistungsfähig und erfolgreich.

Unsere Mitarbeiter haben am Erfolg des Unternehmens teil. Ihr Arbeitsplatz soll aufgrund ihrer Leistungen sicher sein. Der Arbeitsplatz ist ansprechend zu gestalten und er darf keine Gefährdung für die Arbeitskraft darstellen. Die individuellen Leistungen sind anzuerkennen.

6. Gesellschaftliche Verantwortung

Der Nutzen unseres Angebots besteht darin, dass wir unseren Kunden ihre Arbeit erleichtern und sicherer machen.

Wir betrachten uns als Teil der Gemeinde, in der wir produzieren und mit der wir uns eng verbunden fühlen.

Als Bürger ihrer Gemeinde können und sollen unsere Mitarbeiter z.B. in Vereinen, Kirchen, Parteien, Schulen, städtischen und karitativen Einrichtungen mitwirken.

Gegenüber unseren Kunden, Lieferern, Kreditgebern und Mitbewerbern verhalten wir uns fair. Unsere Zulieferer müssen eine Chance haben, ihrerseits Gewinne zu erzielen.

7. Verantwortung gegenüber der natürlichen Umwelt

Produktionsbedingte Belastungen der Umwelt mit Lärm, Abgasen und Abwasser müssen durch entsprechende Maßnahmen auf dem niedrigstmöglichen Niveau gehalten werden.

Wir streben einen integrierten[1] Umweltschutz an, d.h., der Umweltschutz umfasst alle Vor- und Folgestufen des gesamten Produktionsprozesses. Wir wollen durch Vermeidungsstrategien mögliche Nachsorgestrategien überflüssig machen.

8. Verpflichtung gegenüber unseren Gesellschaftern

Unser oberstes Ziel ist die Erhaltung und Weiterentwicklung unseres Unternehmens, um die Arbeitsplätze zu sichern und das eingesetzte Kapital zu erhalten und zu mehren. Dieses Ziel kann nur erreicht werden, wenn das Unternehmen einen ausreichenden Gewinn erwirtschaftet.

Als mittelständisches Unternehmen wollen wir keine Risiken eingehen, die die Existenz des Unternehmens gefährden können.

Kompetenzorientierter Arbeitsauftrag:

Arbeiten Sie in Partnerarbeit heraus, welche Unternehmensziele (z.B. ökonomische, ökologische, soziale Ziele) sich aus dem Unternehmensleitbild ableiten lassen! Nennen Sie in Ihrer Antwort die Punkte, auf die sie sich beziehen!

2.1 Unternehmensleitbild

Das **Unternehmensleitbild** formuliert die Grundwerte und Überzeugungen, Verhaltensregeln, Standards und Symbole eines Unternehmens.

Elemente	Erläuterungen	Beispiele
Grundwerte und Überzeugungen (Wozu gibt es uns?)	Sie fragen nach dem **„Warum"** des unternehmerischen Handelns und geben dem Unternehmen Orientierung.	„Mit unseren Produkten wollen wir stets Pioniere sein – dem Markt weit voraus. Wir glauben, dass es besser ist die Öffentlichkeit zu fragen, was für Produkte sie gerne hätte, als ihr neue Produkte vorzuführen."

1 **Integrieren** (lat.): einbeziehen, einbauen, in ein übergeordnetes Ganzes aufnehmen.

Elemente	Erläuterungen	Beispiele
Verhaltensregeln (Was wollen wir erreichen?)	Sie sollen dafür sorgen, dass alle Beteiligten des Unternehmens sich entsprechend den **Grundwerten und Überzeugungen** verhalten.	„Wir liefern nur Erzeugnisse mit maximaler Qualität aus und gehen hierfür keine Kompromisse ein."
Standards und Symbole[1] (Welches sind unverwechselbare Elemente unseres Handelns?)	Es handelt sich um unternehmenstypische Erkennungszeichen bezüglich **Verhalten, Kommunikation** und **Erscheinungsbild.**	**Verhalten:** Es wird eine kundenorientierte Produktberatung durchgeführt. **Kommunikation:** Die Produkte werden ausschließlich über das eigene Filialnetz verkauft und ausgeliefert. **Erscheinungsbild:** Es wird ein einheitliches Firmenlogo verwendet.

2.2 Unternehmensziele

2.2.1 Begriff Unternehmensziele

Die Unternehmensziele leiten sich aus dem Unternehmensleitbild ab. Sie geben der Unternehmensleitung, den Bereichsleitern, den Abteilungsleitern und den Mitarbeitern eine Orientierung für die Steuerung und Kontrolle der betrieblichen Prozesse. Damit diese Orientierung zweifelsfrei möglich ist, sind die Unternehmensziele **eindeutig zu formulieren** und **verbindlich festzulegen**.

Wenn ein Seemann nicht weiß, welches Ufer er ansteuern muß, dann ist kein Wind der richtige.
Lucius Annaeus Seneca, 4 v. Chr. bis 65 n. Chr., röm. Philosoph und Dichter

Wer das Ziel kennt, kann entscheiden; wer entscheidet, findet Ruhe; wer Ruhe findet, ist sicher; wer sicher ist, kann überlegen; wer überlegt, kann verbessern.
Konfuzius, 551–479 v. Chr., chin. Philosoph

Unternehmensziele beschreiben einen zukünftigen, erstrebenswerten Zustand des Unternehmens, den der zuständige Entscheidungsträger anzustreben hat.

2.2.2 Gliederung der Unternehmensziele nach dem angestrebten Erfolg des Unternehmens

Die Ziele der Unternehmen nach dem angestrebten Erfolg sind dreifacher Art: Zum einen möchten die Unternehmen einen Erfolg erzielen **(ökonomische Ziele),** zum anderen tragen die Unternehmen Verantwortung gegenüber ihren Mitarbeitern **(soziale Ziele)** und gegenüber der Umwelt **(ökologische Ziele)**.

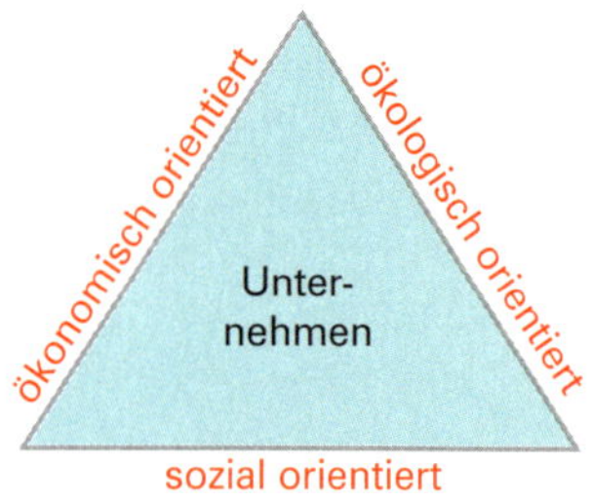

1 **Symbol:** Kennzeichen.

2.2.2.1 Ökonomische (wirtschaftliche) Ziele

Die ökonomischen Ziele von Unternehmen sind vielfältig. Im Folgenden werden beispielhaft wichtige ökonomische Zielsetzungen stichwortartig vorgestellt. Sie werden untergliedert in **monetäre** und **nicht monetäre** Ziele.

Monetäre Ziele	**langfristige Gewinnmaximierung**	■ **Maximaler Gewinn** heißt, die größtmögliche Differenz zwischen Umsatzerlösen und Kosten anzustreben. ■ Gleichzusetzen mit der Gewinnerzielung ist die **Steigerung des Eigenkapitalwertes** des Unternehmens. Im Mittelpunkt dieser Zielsetzung steht die **Interessenlage der Eigenkapitalgeber**. Begründet wird diese Zielsetzung mit dem Hinweis, dass die Eigenkapitalgeber das volle Verlustübernahmerisiko tragen, da die Fremdkapitalgeber in der Regel ihre Forderungen absichern.
	Umsatzmaximierung	Umsatzsteigerungen werden durch die Stärkung der eigenen Wettbewerbsposition und Verdrängung der Konkurrenten vom Markt erreicht.
	Sicherung der Liquidität (Zahlungsfähigkeit)	Die Geschäftsführung hat darauf zu achten, die jederzeitige Zahlungsfähigkeit des Unternehmens zu erhalten.
Nicht monetäre Ziele	**Streben nach Marktmacht**	Etablierte[1] Unternehmen schützen sich durch den Aufbau hoher Markteintrittsbarrieren vor neuen Anbietern, z. B. durch eine aggressive Preispolitik. Ein Existenzgründer muss entweder eine völlig neue Geschäftsidee haben, gleich „groß" ins Geschäft einsteigen oder einen Kostennachteil hinnehmen.
	Streben nach einem hohen Qualitätsstandard	Der Erreichung dieses Zieles dienen Ausgaben für Forschung und Entwicklung sowie ein umfangreiches Qualitätsmanagement.
	Kundenzufriedenheit	Kundenzufriedenheit besagt, die Bedürfnisse und Wünsche der Kunden zu ermitteln und diese dann wirksamer zufriedenzustellen als Mitbewerber.
	Mitarbeiterzufriedenheit	Sie soll insbesondere durch Förderung und Weiterbildung der Mitarbeiter, durch Übergabe von Verantwortung sowie durch Maßnahmen zur Arbeitsplatzsicherung erreicht werden.

1 **Etablieren:** festsetzen, einen sicheren Platz gewinnen.

2.2.2.2 Ökologische[1] Ziele

Alle menschlichen Handlungen beeinflussen das Ökosystem und somit auch wirtschaftliche Aktivitäten. Wirtschaft und Umwelt sind zwei Seiten einer Medaille. In der Vergangenheit sind sie lange zu Unrecht als Gegensätze gedacht worden. Ökologie und Ökonomie gehören jedoch zusammen. Eine gesunde Umwelt und der schonende Umgang mit den natürlichen Ressourcen sind Voraussetzung für eine langfristig stabile wirtschaftliche und soziale Entwicklung.

Neben dem Staat tragen auch die Unternehmen Verantwortung für eine nachhaltige, umweltgerechte Entwicklung. Das dokumentieren die Unternehmen z. B. durch ihr Engagement für Klimaschutz. Nachhaltiges Wirtschaften wird zunehmend zum strategischen Unternehmensziel.

Im Folgenden werden beispielhaft wichtige ökologische Zielsetzungen stichwortartig vorgestellt.

- Eine **nachhaltige Abfallwirtschaft** beinhaltet die Schonung der natürlichen Ressourcen und damit auch eine Verminderung von Emissionen.[2] Dabei gilt folgende Reihenfolge:

Schritt 1

Abfallvermeidung
Durch die Vermeidung von Abfällen trägt das Unternehmen wirksam zum Schutz der Umwelt bei. Abfälle können z. B. im Produktionsverfahren oder durch eine abfallarme Produktgestaltung vermieden werden. Ohne Abfälle entstehen z. B. keine umweltschädlichen Belastungen der Lebewesen und deren Umwelt durch Schadstoffemissionen.

Schritt 2

Wiederverwendung
Die Produkte werden für den gleichen Verwendungszweck mehrfach genutzt (z. B. Pfandflaschen) bzw. für andere Verwendungszwecke verwendet (z. B. Senfgläser werden als Trinkgläser weiterverwendet).

Schritt 3

Recycling
Eine wirksame umweltorientierte Recyclingpolitik der Unternehmen zielt darauf ab, nicht vermeidbare Abfälle zu verwerten und recycelbare Produkte herzustellen (z. B. Pflastersteine aus Kunststoffabfällen).

Schritt 4

Sonstige Verwertung (energetische Verwertung und Verfüllung)
Nicht recycelbare Abfallstoffe können z. B. zur Energiegewinnung in Müllkraftwerken oder zur Verfüllung von Kiesgruben u. Ä. verwendet werden.

Schritt 5

Entsorgung
Unvermeidbare Produktionsabfälle, die nicht verwertet werden können, sind durch das Unternehmen umweltgerecht zu entsorgen.

1 **Ökologie** ist die Wissenschaft von den Wechselwirkungen zwischen den Lebewesen untereinander und ihren Beziehungen zur übrigen Umwelt.

2 **Emission** (emittere [lat.]) bedeutet so viel wie Aussendung, Freilassung, Ausströmen z. B. von luft- und wasserverunreinigenden Stoffen (z. B. Chemikalien, Stäube usw.). Die auf die Umwelt (z. B. Menschen, Tiere, Pflanzen) einwirkenden (eindringenden) oder dort bereits vorhandenen Schadstoffkonzentrationen werden **Immissionen** genannt.

- Eine **nachhaltige Reduzierung von CO_2-Emissionen** im Produktionsprozess und in der Beschaffung sowie die Senkung der Lärmbelästigung stellen wichtige ökologische Ziele für die Unternehmen dar.

Verminderung von Produktionsemissionen	Mit dem Einsatz modernster Technologien im Produktionsprozess wird der Schadstoffausstoß vermindert.
Nutzung erneuerbarer Energien	Die Nutzung erneuerbarer Energiequellen (Wind, Sonne, Wasser, Biomasse) vermindern den CO_2-Ausstoß der Unternehmen entscheidend.
Einsatz umweltfreundlicher Transportmittel	Im Bereich der Beschaffung wird auf eine ökologisch orientierte Zulieferung geachtet und es werden umweltfreundliche Transportmittel eingesetzt.
Reduzierung von Lärmbelastungen	Der Einsatz von z. B. lärmarmen Maschinen und bautechnischer Lärmschutz an Gebäuden führen zur Reduzierung der Lärmbelastung.

2.2.2.3 Soziale Ziele

Neben wirtschaftlichen und ökologischen Zielen verfolgen die Unternehmen auch soziale Ziele. Von sozialen Zielen wird dann gesprochen, wenn ein Unternehmen die Arbeitsplatzerhaltung sowie die Förderung des gesellschaftlichen Lebens in den Mittelpunkt seiner Unternehmenspolitik stellt.

Soziale Ziele	Fokus der Zielformulierung auf ...
Ertragsschwache Produkte werden nicht aus dem Programm genommen, um die Arbeitsplätze zu sichern.	■ Sicherung der Arbeitsplätze ■ Marktversorgung
Der Arbeitgeber leistet freiwillige Zulagen (z. B. Geburts- und Heiratsbeihilfe, Familienzulage, günstige Werkswohnung, Betriebsrente).	■ Ausgleich familiärer Belastungsunterschiede ■ Altersabsicherung
Das Unternehmen fördert Konzerte, Theater, Sportveranstaltungen, Volkshochschule, Tafeln u. Ä.	■ Förderung des gesellschaftlichen Lebens
Das Unternehmen achtet auf langfristige Lieferantenbeziehungen; es richtet die Verkaufspreise nicht nach dem Maximalprinzip aus.	■ faire Behandlung der Lieferanten und Kunden

2.2.3 Formulierung von Unternehmenszielen

Die Zielformel **SMART** fasst komplett und einprägsam zusammen, welche Eigenschaften Unternehmensziele haben sollen. Jeder Buchstabe steht für eine bestimmte Eigenschaft.

	Kriterien	Erläuterungen	Kontrollfragen
S	spezifisch, simpel	Das Ziel soll genau beschrieben, einfach formuliert und für alle nachvollziehbar sein.	■ Was genau soll erreicht werden? ■ Welche Eigenschaften werden angestrebt? ■ Wo soll das Ziel erreicht werden? ■ Wer ist beteiligt?
M	messbar	Festgelegte Kennzahlen müssen es erlauben, dass die Erreichung des Ziels gemessen werden kann.	■ Woran kann die Zielerreichung gemessen werden? ■ Wann weiß das Unternehmen, dass das Ziel erreicht wurde?
A	akzeptiert	Das formulierte Ziel muss übereinstimmen mit den Wertvorstellungen des Unternehmensleitbildes.	■ Wird das Ziel von den Beteiligten akzeptiert?
R	realistisch	Das Ziel darf nicht utopisch und damit demotivierend sein. Vielmehr benötigen die Mitarbeiter das Gefühl, dass das Ziel erreichbar ist.	■ Ist das gewünschte Ziel erreichbar?
T	terminiert	Der Zeithorizont, in welchem das Ziel zu erreichen ist, muss festgelegt sein.	■ Bis wann soll das Ziel erreicht werden? ■ In welchem Zeitrahmen soll das Ziel erreicht werden?

Beispiel: Zielformulierung nach SMART bei der Sport-Burr KG

Die Geschäftsführung der Sportartikelfabrik Sport-Burr KG beschließt: Für die Rubrik „Steigerung der Unternehmenswerte" soll das jährliche Umsatzwachstum bei 3 % liegen. Eine Analyse des Marktforschungsinstituts M+K bescheinigt, dass das Marktpotenzial dafür vorhanden ist.

Aufgabe:

Formulieren Sie das Unternehmensziel zur Rubrik „Steigerung der Unternehmenswerte" nach der SMART-Zielformel!

Lösung:

Mithilfe der Zielformel SMART lässt sich das Unternehmensziel für die Sport-Burr KG folgendermaßen formulieren:

Ziele, die in dieser Form präzisiert sind, bezeichnet man als **operationalisierte Ziele.**[1]

2.2.4 Zielharmonie und Zielkonflikte zwischen den Unternehmenszielen

(1) Allgemein

- **Zielharmonie:** Die Förderung eines Ziels begünstigt zugleich die Förderung eines oder mehrerer anderer Ziele.
- **Zielkonflikt:** Die Verfolgung eines Ziels beeinträchtigt oder verhindert die Erreichung eines oder mehrerer anderer Ziele.
- **Zielindifferenz:** Die Realisierung eines Ziels hat keinen Einfluss auf die Erreichung eines anderen Ziels. Die Ziele beeinflussen sich gegenseitig nicht.

(2) Zielharmonie

Zielharmonie am Beispiel ökologischer und ökonomischer Unternehmensziele

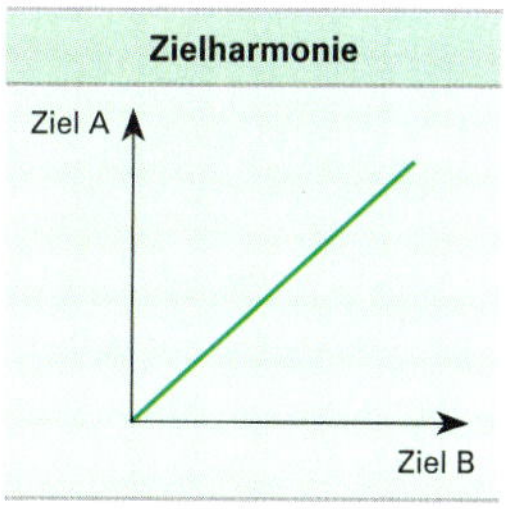

Bisherige Untersuchungen zeigen weitgehend übereinstimmend, dass zumindest in den größeren von Umweltproblemen besonders betroffenen Unternehmen (Branchen) zwischen den **ökologischen** und **ökonomischen Unternehmenszielen** grundsätzlich eine sich gegenseitig ergänzende, fördernde Zielbeziehung **(Zielharmonie)** besteht.

Dies ist deshalb der Fall, weil gerade der Umweltschutz vielfältige Innovationsmöglichkeiten (z. B. Entwicklung und Anwendung umweltschonender Rohstoffe, Entwicklung einer Technologie für erneuerbare Energien) bietet.

In dem Ausmaß, in dem es den Unternehmen gelingt, ihre Umweltschutzziele zu verwirklichen, erhöht sich z. B. auch deren Umsatz, ihr Marktanteil, ihre Marktmacht, ihr langfristiger Gewinn und das Produkt- und Firmenimage in der Öffentlichkeit. Dadurch werden die Unternehmensexistenz und die Arbeitsplätze gesichert, neue Arbeitsplätze geschaffen sowie die Wettbewerbsfähigkeit verbessert.

1 **Operationalisieren:** Begriffe präzisieren.

Zielharmonie am Beispiel ökonomischer und sozialer Unternehmensziele

Ein Beispiel für Zielharmonie zwischen ökonomischen und sozialen Zielen ist das konjunkturelle Kurzarbeitergeld (Kug).[1] Angesichts einer globalen Wirtschaftskrise und sinkender Absatzzahlen bestünde die übliche Reaktion der Anpassung im Abbau von Arbeitsplätzen. Viele Unternehmen verzichten jedoch darauf und wählen dagegen das Instrument der Kurzarbeit. Dies bindet die Arbeitskräfte an das Unternehmen und erspart diesem beim beginnenden Aufschwung die Suche nach den knappen Fachkräften.

Zielkonflikte am Beispiel ökonomischer und sozialer Unternehmensziele

Häufig bestehen Zielkonflikte zwischen den ökonomischen und den sozialen Zielen. Strebt ein Unternehmen z. B. zugleich Arbeitsplatzsicherung und Kostensenkung an, kann ein Zielkonflikt vorliegen, weil durch den Einsatz von kostensparenden Maschinen Arbeitskräfte „freigesetzt", d. h. entlassen werden müssen.

Zielkonflikt

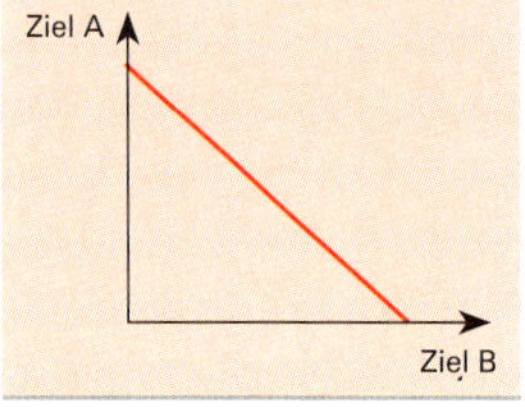

Die Entscheidung bei einem Zielkonflikt erfordert eine **Abwägung** zwischen **Eigeninteresse** und der **Berücksichtigung von Interessen anderer Menschen.**

2.2.5 ESG-Kriterien und European Sustainability Reporting Standards (ESRS)

(1) ESG-Kriterien

ESG-Kriterien sind Maßstäbe, mit denen beurteilt wird, wie **nachhaltig** ein Unternehmen handelt:

- **Environmental** (Umwelt): z. B. Energieverbrauch, CO_2-Ausstoß, Umgang mit Ressourcen.
- **Social** (Soziales): z. B. Arbeitsbedingungen, Gleichbehandlung, Weiterbildung.
- **Governance** (Unternehmensführung): z. B. Regeln, Kontrolle, Transparenz, Antikorruption.

Unternehmen sollen demnach nicht nur wirtschaftlich erfolgreich sein, sondern auch Verantwortung für ihre Umwelt und für die Gesellschaft übernehmen.

Damit wird die **EU-Richtlinie „Corporate Sustainability Reporting Directive" (CSRD)** zur Berichtspflicht umgesetzt. Sie verpflichtet große Unternehmen, über ihre Nachhaltigkeitsleistung nach den ESG-Kriterien (Environmental, Social, Governance) zu berichten. Ziel ist es, die Transparenz und Vergleichbarkeit von Nachhaltigkeitsinformationen über Umwelt-, Sozial- und Unternehmensführungsaspekte zu erhöhen und so nachhaltige Investitionen und Entscheidungen zu fördern.

Reporting: systematische Erfassung, Aufbereitung und Darstellung von Daten
Sustainability: Nachhaltigkeit
environmental: Umwelt
governance: Steuerung, Führung
Stakeholder: (Anspruchsgruppen); alle Personen, Gruppen oder Institutionen, die von den Aktivitäten eines Unternehmens direkt oder indirekt betroffen sind oder Interesse an diesen Aktivitäten haben.

1 **Konjunkturelles Kurzarbeitergeld (Kug)** wird gewährt, wenn in Betrieben oder Betriebsabteilungen die regelmäßige betriebsübliche wöchentliche Arbeitszeit infolge wirtschaftlicher Ursachen oder eines unabwendbaren Ereignisses vorübergehend verkürzt wird.

ESG-Kriterien (Beispiele)

Environmental (Umwelt)	Social (Soziales)	Governance (Unternehmensführung)
■ Emissionen (z. B. CO_2) ■ Umgang mit Wasser, Rohstoffen, Abfällen ■ Umgang mit der Natur (umweltfreundliche Produktion) ■ Schutz der Artenvielfalt ■ erneuerbare Energien	■ faire Arbeitsbedingungen, Arbeitssicherheit ■ Gesundheitsschutz ■ Einhaltung zentraler Arbeitsrechte ■ angemessene Bezahlung ■ keine Kinder- oder Zwangsarbeit	■ klare Regeln gegen Korruption ■ Offenheit der Kommunikation nach innen und außen ■ unabhängige Kontrollgremien (z. B. Aufsichtsrat) ■ gesetzestreue Compliance[1] ■ Reputationsmanagement[2]

Hinweis:

Eine vollumfängliche Liste von Nachhaltigkeitsaspekten, die in den themenbezogenen ESRS behandelt werden, finden Sie im Anhang D, S. 389 ff.

(2) Berichtspflichten durch European Sustainability Reporting Standards (ESRS)

Zu nachhaltigem Wirtschaften und unternehmerischer sozialer Verantwortung (Corporate Social Responsibility) gehört die **Offenlegung** derjenigen **Informationen,** die für die Stakeholder[3] eines Unternehmens wichtig sind.

Informationen über ökologische und soziale Themen der Unternehmensführung werden von Unternehmen u. a. in **Nachhaltigkeitsberichten (CSR-Berichten)** veröffentlicht.

Das **CSR-Richtlinie-Umsetzungsgesetz [CSR-RUG]** verpflichtet Unternehmen zur Erstellung von Nachhaltigkeitsberichten.[4]

1 **Compliance** bedeutet in der Wirtschaft, dass ein Unternehmen alle für es geltenden Gesetze, Vorschriften sowie eigenen Regeln und Verhaltensstandards einhält.

2 **Reputationsmanagement** bedeutet, dass ein Unternehmen seinen Ruf bei Kunden, Mitarbeitern und der Öffentlichkeit gezielt plant, pflegt und schützt, damit es dauerhaft positiv wahrgenommen wird.

3 Nach dem **Stakeholder-Ansatz** hat die Unternehmensleitung alle, die einen Beitrag zum Unternehmen leisten (z. B. Kapitalgeber, Lieferanten, Kunden, Management) am Unternehmenshandeln und am Unternehmenserfolg teilhaben zu lassen.

4 Zu Einzelheiten siehe https://www.csr-in-deutschland.de/DE/Politik/CSR-national/Aktivitaeten-der-Bundesregierung/CSR-Berichtspflichten/csr-berichtspflichten.html [Zugriff vom 29.04.2026].

In diesem Zusammenhang sind die **European Sustainability Reporting Standards (ESRS)** zu berücksichtigen. Sie schreiben vor, welche Nachhaltigkeitsdaten Unternehmen veröffentlichen müssen, z.B. zum Energieverbrauch, zu den Arbeitsbedingungen und zu Schutzmaßnahmen gegen Korruption.

Ziel ist, dass **Nachhaltigkeitsberichte vergleichbar und überprüfbar** sind. Große Unternehmen müssen deshalb Nachhaltigkeitsberichte ähnlich wie Finanzberichte prüfen lassen. Zur leichteren Überprüfbarkeit und Vergleichbarkeit wurden genaue Anforderungen festgelegt:

- **ESRS 1:** Allgemeine Anforderungen
- **ESRS 2:** Allgemeine Angaben sowie die folgenden zehn thematischen Standards:

Standard	Inhalt
	Übergreifende Standards (verpflichtend)
ESRS 1	Allgemeine Anforderungen
ESRS 2	Allgemeine Angaben (Governance, Strategie, Wesentlichkeitsanalyse)
	Umweltstandards (Environmental)
ESRS E1	Klimawandel
ESRS E2	Umweltverschmutzung
ESRS E3	Wasser- und Meeresressourcen
ESRS E4	Biologische Vielfalt und Ökosysteme
ESRS E5	Ressourcennutzung und Kreislaufwirtschaft
	Sozialstandards (Social)
ESRS S1	Eigene Belegschaft
ESRS S2	Arbeitskräfte in der Wertschöpfungskette
ESRS S3	Betroffene Gemeinschaften
ESRS S4	Verbraucher und Endnutzer
	Governance-Standards
ESRS G1	Unternehmenspolitik

(3) Doppelte Wesentlichkeitsanalyse

Die doppelte Wesentlichkeitsanalyse basiert auf der EU-Richtlinie CSRD und den ESR-Standards, die transparente Berichte fordern, inklusive der Prüfung durch externe Auditoren (z.B. durch Wirtschaftsprüfer oder Prüfgesellschaften).

- Die **doppelte Wesentlichkeitsanalyse** ist ein zentrales Tool (Werkzeug) in der modernen Nachhaltigkeitsberichterstattung und ist in der CSRD fest verankert.
- Sie hilft den Unternehmen, **relevante ESG-Themen** (Umwelt, Soziales, Governance) zu **identifizieren.**

Nach den Vorgaben werden Nachhaltigkeitsthemen immer aus **zwei Perspektiven,** und zwar auf die

- Auswirkungen vom Unternehmen auf die Umwelt
- Auswirkungen auf das eigene Unternehmen,

geprüft und in die **zwei Kategorien**

- wesentlich und
- unwesentlich

sowie

- **positive** Auswirkung (+) oder
- **negative** Auswirkung (–)

eingeteilt. Dies kann mithilfe einer Matrix geschehen.

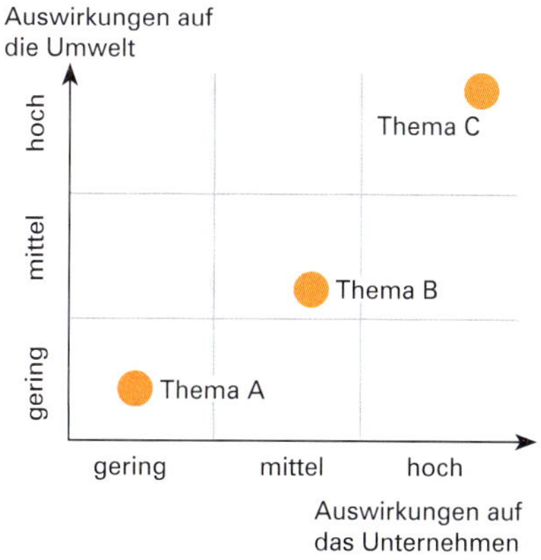

Nach den Vorschriften sind die Unternehmen verpflichtet, sowohl über die **Auswirkungen des eigenen Geschäftsbetriebs auf Mensch und Umwelt** (Impact/Inside-Out)[1] als auch über die **Auswirkungen von Nachhaltigkeitsaspekten auf das Unternehmen** (Financial/Outside-In) zu berichten. Ein Thema ist bereits wesentlich, wenn es aus mindestens einer Perspektive relevant ist. Es muss dann berichtet werden.

- **Soziale und Umwelt-Wesentlichkeit:** Diese Perspektive untersucht die Auswirkungen des Unternehmens auf Umwelt und Gesellschaft. Hierbei werden die sozialen, ökologischen und wirtschaftlichen Auswirkungen der Unternehmensaktivitäten auf verschiedene Stakeholder analysiert.
- **Finanzielle Wesentlichkeit:** Es wird bewertet, wie Nachhaltigkeitsaspekte die finanzielle Lage und die Leistung des Unternehmens beeinflussen können.

Beispiel:

Die Weber Metallbau GmbH verbraucht für die Herstellung der Metallteile (Output) u. a. viel Energie (Input).

Weber Metallbau GmbH

Impact-Perspektive:

Hoher Energieverbrauch
→ viel CO_2-Emissionen
→ Beitrag zu Klimawandel, Luftverschmutzung, Belastung zukünftiger Generationen
→ Politik, Anwohner und Kunden erwarten Emissionssenkungen
→ Auswirkung negativ (–)

1 **Impact:** Auswirkung, Einfluss.

Financial-Perspektive:

Steigende CO_2-Preise und strengere Klimagesetze

→ höhere Produktionskosten, evtl. Investitionen in neue, umweltfreundlichere Technologien

→ Auswirkung negativ (–)

Die Kunden der Weber Metallbau GmbH verlangen „grünere" Lieferanten. Ansonsten drohen Auftragsverluste. Die Auswirkungen auf die Finanzen sind zunächst negativ (–).

Im Falle der Weber Metallbau GmbH sind die CO_2-Emissionen somit ein doppelt wesentliches ESG-Thema. Es bestehen große Auswirkungen auf das Klima und gleichzeitig besteht dadurch ein hohes finanzielles Risiko für das Unternehmen.

- **Inside-Out** =
  Was wir der Umwelt antun.
- **Outside-In** =
  Was die Umwelt mit uns macht.

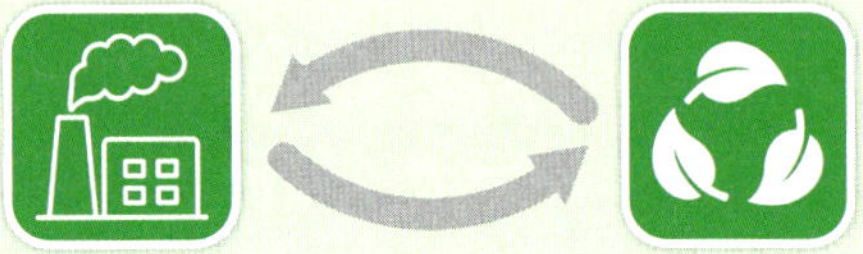

Die doppelte Wesentlichkeit kann in der Praxis in folgenden Schritten umgesetzt werden:

Schritt 1 – **Identifikation der Themen**
Unternehmen sollten relevante ESG-Themen identifizieren, die sowohl für die finanzielle Leistung als auch für die Auswirkungen auf Umwelt und Gesellschaft von Bedeutung sind.

Schritt 2 – **Bewertung der Wesentlichkeit**
Jedes identifizierte Thema sollte hinsichtlich seiner finanziellen Relevanz und seiner Auswirkungen auf Stakeholder bewertet werden. Dies kann durch Umfragen, Interviews und Workshops mit Stakeholdern erfolgen.

Schritt 3 – **Priorisierung der Themen**
Basierend auf der Bewertung sollten die Themen priorisiert werden, um festzustellen, welche für die Berichterstattung am relevantesten sind.

Schritt 4 – **Integration in die Berichterstattung**
Die identifizierten und priorisierten Themen sollten in die Nachhaltigkeitsberichterstattung integriert werden, um eine transparente Kommunikation zu gewährleisten.

Überblick: Unternehmensziele

- Das **Unternehmensleitbild** formuliert Grundwerte und Überzeugungen, Verhaltensregeln, Standards und Symbole. Es bildet die Wertebasis für die Mitarbeiter und stellt ein Versprechen gegenüber außenstehenden Anspruchsgruppen dar.
- 

- Unter mehreren als wünschenswert erkannten Zielen kann ein **Zielkonflikt**, eine **Zielharmonie** oder **Zielindifferenz** bestehen.
- Von den Nachhaltigkeitsthemen bis hin zur Entscheidung der Kapitalgeber:

ESG-Themen
- Environmental (Umwelt)
- Social (Soziales)
- Governance (Unternehmensführung)

↓

ESR-Standards
- Übergreifende Standards (verpflichtend)
- Umweltstandards (Environmental)
- Sozialstandards (Social)
- Governance-Standards (Unternehmensführung)

↓

Nachhaltigkeitsbericht (CSR-Berichterstattung)
- Umwelt-, Sozial- und Arbeitnehmerbelange,
- Bekämpfung von Korruption und Bestechung,
- Achtung der Menschenrechte u. a.

↓

Entscheidung von Banken bzw. Investoren
- Risikoabschätzung
- Sicherung des eingesetzten Kapitals
- Förderung der eigenen Reputation

Kompetenztraining

3 Unternehmensziele und Zielbeziehungen

1. Entscheiden Sie, welche(s) der nachgenannten Ziele zu den ökonomischen Zielen, den ökologischen Zielen oder den sozialen Zielen gehören (gehört)!

   1. Erzielen eines Gewinns,
   2. Streben nach Macht und/oder Prestige,
   3. Gewinnung politischen Einflusses,
   4. Umsatzsteigerung,
   5. Erhöhung des Marktanteils,
   6. Unternehmenswachstum,
   7. Verminderung der Umweltbelastungen,
   8. Arbeitsplatzsicherung,
   9. Streben nach Unabhängigkeit,
   10. Versorgung der Bevölkerung mit lebensnotwendigen Erzeugnissen oder Dienstleistungen,
   11. Verpflichtung gegenüber Familientradition,
   12. Kostendeckung,
   13. Kostensenkung.

2. Zwischen dem Umweltschutzziel und den ökonomischen und sozialen Zielen ergeben sich teils konkurrierende und teils komplementäre Beziehungen.

   Aufgaben:

   Stellen Sie dar, welcher Zielkonflikt bzw. welche Zielharmonie zwischen dem Umweltschutzziel und den nachstehend genannten Zielen besteht! Begründen Sie Ihre Antworten!

   2.1 Langfristige Gewinnmaximierung,

   2.2 Sicherung und Vermehrung der Arbeitsplätze,

   2.3 Verbesserung des Unternehmensimages.

3. Frank Mahle hat vor Kurzem die Werkzeugfabrik seines Vaters übernommen. Er beabsichtigt, einige Änderungen vorzunehmen. Insbesondere will Frank Mahle neben dem Unternehmensziel „Betriebserhaltung“ auch das Ziel „Umweltbewusstsein“ verstärkt verfolgen.

   Aufgaben:

   3.1 Erläutern Sie die genannten Unternehmensziele!

   3.2 Nennen Sie außerdem zwei weitere Unternehmensziele!

4. Recherchieren Sie im Internet nach einem aussagekräftigen Unternehmensleitbild eines Industriebetriebs. Leiten Sie aus dem Leitbild jeweils zwei ökonomische, ökologische und soziale Ziele des Unternehmens ab!

4 SMART – Zielformulierung, Zielharmonie und Zielkonflikt

Eine von der Sport-Burr KG in Auftrag gegebene Kundenbefragung kommt zu dem Ergebnis, dass 80 % der Neukunden mit dem Service des Unternehmens zufrieden sind. Die Geschäftsführung möchte bis zum Jahr 2029 die Zufriedenheit der Neukunden auf 90 % erhöhen. Dadurch soll eine stärkere Kundenbindung verbunden mit zusätzlichen Folgeaufträgen erreicht werden. Dies soll durch den weiteren Ausbau von Beratung und Dienstleistungen sowie durch stärkere Kundennähe erreicht werden.

Die Geschäftsführung formuliert das Unternehmensziel wie folgt: *„Wir müssen schnellstens die Kundenzufriedenheit von Neukunden steigern.“*

Aufgaben:

1. Präzisieren Sie das Unternehmensziel mit den gegebenen Informationen und der Zielformel SMART!
2. 2.1 Bilden Sie ein Beispiel für eine Zielkombination, bei der ein Zielkonflikt besteht!

   2.2 Bilden Sie ein Beispiel für eine Zielkombination, bei der Zielharmonie besteht!

5 ESG-Kriterien

Entscheiden Sie, welche ESG-Kriterien (e = environmental, s = social oder g = governance) bei den folgenden Maßnahmen der Augsburger Büromöbel AG im Vordergrund stehen!

1. Die Augsburger Büromöbel AG entwickelt Richtlinien zur Bekämpfung von Korruption und zur Einhaltung gesetzlicher Vorschriften.
2. Um ihre Mitarbeiter für den Einsatz von KI in der Materialwirtschaft zu schulen, werden von der Augsburger Büromöbel AG interne Weiterbildungen durchgeführt.
3. Die Augsburger Büromöbel AG entwickelt ein Strategiepapier zur Optimierung der Abfallvermeidung, des Recyclings und der umweltfreundlicheren Entsorgung.
4. Auf dem Dach der Lagerhalle lässt die Augsburger Büromöbel AG eine PV-Anlage installieren, um dadurch erneuerbare Energien zu gewinnen.
5. Der Vorstand der Augsburger Büromöbel AG beschließt die Offenlegung seiner Vergütungsstruktur.
6. In einer Sicherheitseinweisung werden die Mitarbeiter der Augsburger Büromöbel AG über die aktuellen Vorgaben für den Gesundheitsschutz am Arbeitsplatz informiert.

6 Nachhaltigkeit in der Kaffeerösterei Arabica KG

Die Kaffeerösterei Arabica KG aus Augsburg produziert diverse Kaffee-Mischungen und beteiligt sich an Projekten zur Nachhaltigkeit in den Anbauländern. So bezahlt sie z.B. den Kaffeebauern faire Preise und setzt sich für Bio-Anbau ein.

Für eine neue Fertigungshalle möchte das Unternehmen einen Kredit aufnehmen. Die Hausbank stellt neue Anforderungen: Sie fragt nach sogenannten ESG-Kriterien und will wissen, ob die Kaffeerösterei Arabica KG nachhaltig wirtschaftet. Gleichzeitig erfährt die Geschäftsleitung, dass ab dem kommenden Jahr neue EU-Standards, die sogenannten ESRS gelten, nach denen Unternehmen über ihre Nachhaltigkeit berichten müssen.

Aufgaben:

1. Formulieren Sie, was die Bank mit „nachhaltig" meinen könnte!
2. Erläutern Sie, warum sich Banken und Investoren für solche Informationen interessieren und welche weiteren Gruppen ein Interesse daran haben!
3. Führen Sie zum Thema „Nachhaltigkeit in Anbauländern" eine doppelte Wesentlichkeitsanalyse durch!

Bearbeitungshinweis: Nehmen Sie für die themenbezogene Zuordnung die Übersicht zu den Nachhaltigkeitsaspekten im Anhang D zu Hilfe (siehe S. 389ff.).

7 Doppelte Wesentlichkeitsanalyse in der Textilbranche

Die TopFashion AG ist eine Modemarke, die ihre Produkte für junge, modebewusste Menschen und für andere Modeketten vornehmlich in Asien produzieren lässt. Ordnen Sie das Problem dem passenden Thema der ESG-Kriterien zu und führen Sie für die meist schlechten Arbeitsbedingungen eine doppelte Wesentlichkeitsanalyse durch!

Bearbeitungshinweis: Nehmen Sie für die themenbezogene Zuordnung die Übersicht zu den Nachhaltigkeitsaspekten im Anhang D zu Hilfe (siehe S. 389ff.).

Lernbereich 2: Material beschaffen

1 Auf Basis einer ABC-Analyse über die Form der Materialbereitstellung entscheiden

LB 2

Handlungssituation 1: Eine vorliegende ABC-Analyse auswerten und über Vorratsbeschaffung oder fertigungssynchrone Beschaffung von Werkstoffen entscheiden

Die Weber Metallbau GmbH bezieht verschiedene Metallteile zur Weiterverarbeitung von unterschiedlichen Lieferanten. Sie sind als Trainee des Unternehmens heute den ersten Tag im Bereich Lagerwirtschaft und bekommen vom Leiter der Abteilung folgende Tabelle mit den Materialien A01 bis A10 ausgehändigt:

Weber Metallbau GmbH

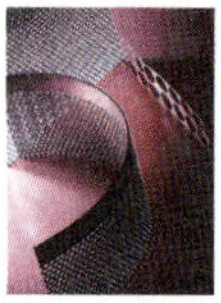

Material (sortiert nach Rang)	Gesamtverbrauchswert in %	Anteil an den Gesamtpositionen in %	Gesamtverbrauchswert kumuliert in %	ABC-Klasse	Positionsanteil kumuliert in %
A01	48,70	10		A	
A04	31,80	10	80,50	A	20
A02	7,65	10		B	
A05	5,12	10		B	
A08	3,03	10	15,80	B	30
A03	1,20	10		C	
A06	0,96	10		C	
A07	0,85	10		C	
A09	0,39	10		C	
A10	0,30	10	3,70	C	50
Summe	**100,00**	**10**	**100,00**		**100**

Kompetenzorientierte Arbeitsaufträge:

1. Werten Sie die Tabelle aus!
2. Entscheiden Sie, für welche Materialien die Weber Metallbau GmbH die Vorratsbeschaffung und für welche Materialien sie die fertigungssynchrone Beschaffung (just in time) wählen sollte!

3. Bewerten Sie die Entscheidung wirtschaftlich unter den Gesichtspunkten Kapitaleffizienz, Kostenoptimierung, Versorgungssicherheit und Fokussierung der Ressourcen!
4. Für das Zweigwerk Rosenheim legt Ihnen der Kostenstellenleiter folgende grafische Darstellung der dortigen ABC-Analyse vor und bittet Sie, diese für ihn auszuwerten!

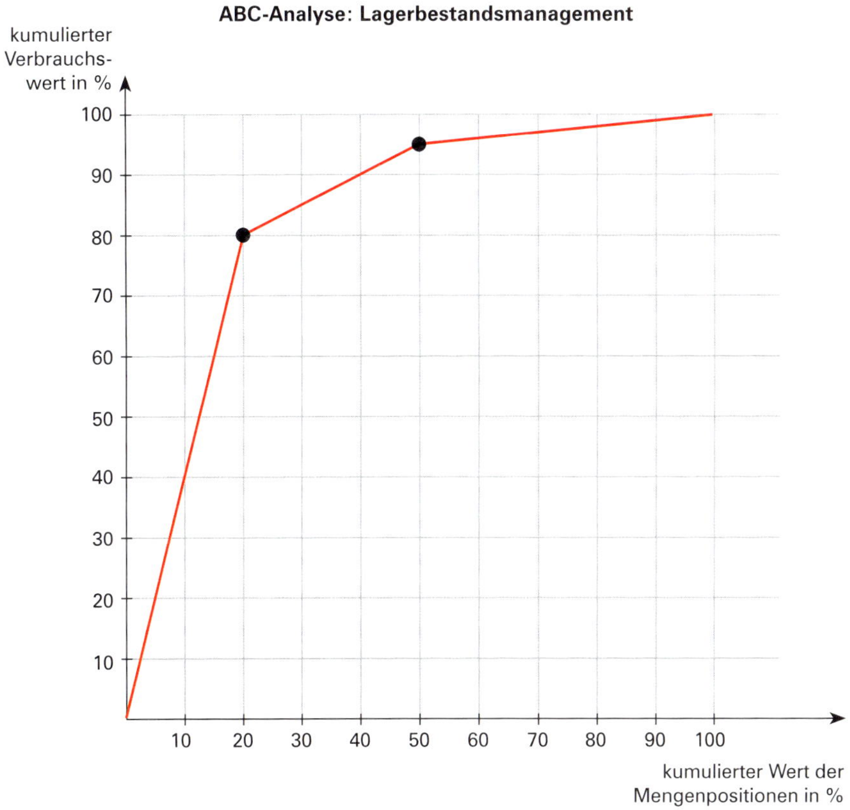

1.1 Begriff Beschaffung und die Planung der Materialbeschaffung

(1) Begriff Beschaffung

Die **Beschaffung** umfasst die Bereitstellung von Materialien, Dienstleistungen, Betriebsmitteln, Rechten sowie Informationen über den Beschaffungsmarkt für den Leistungsprozess eines Unternehmens.[1]

1 Die Begriffe Beschaffung und Materialwirtschaft werden im Folgenden synonym (gleichartig) verwendet.

(2) Planung der Materialbeschaffung

Um das festgelegte Produktionsprogramm einer Periode ausführen zu können, muss der art-, zeit- und mengenmäßige Bedarf an Werkstoffen, Handelswaren und Dienstleistungen ermittelt werden. Zudem ist festzulegen, in welcher Form die Materialbereitstellung erfolgen soll und welche Lieferanten mit der Lieferung zu beauftragen sind.

Dazu ist erforderlich:

- die **Materialauswahl** (z. B. nach Qualität, Preis, Umweltschutz) zu treffen (Kapitel 1.2) und eine Klassifizierung nach dem Wert des jeweiligen Materials **(ABC-Analyse)** vorzunehmen (Kapitel 1.3).
- die Art der **Materialbereitstellung** festzulegen (Kapitel 1.4).
- mithilfe der Beschaffungsmarktanalyse eine **Entscheidung über die Lieferer** herbeizuführen. Dabei ist auch auf die **ESG-Kriterien** und die **ESR-Standards** zu achten (Kapitel 2).
- die **Bestellmenge** zu bestimmen (Kapitel 3).
- die **Lagerhaltung** für die gelieferten Materialien zu analysieren (Kapitel 4).

1.2 Kriterien bei der Auswahl des Materials

Qualität	Sieht man von der Fertigungsqualität im eigenen Betrieb ab, ist die Qualität der Endprodukte in hohem Maße von der Qualität der fremdbezogenen Materialien abhängig. Die Qualitätssicherung liegt in aller Regel beim Lieferer.
Preis	Unter sonst vergleichbaren Voraussetzungen (Qualität, Marke, Lieferzeit, technische Eignung usw.) ist häufig der Preis für die Beschaffungsentscheidung bestimmend.
Umweltschutz	▪ Aus ökologischer Sicht ist darauf zu achten, dass zum einen die bezogenen Materialien möglichst **umweltfreundlich** gewonnen werden und zum anderen ist sicherzustellen, dass durch die Kombination der Materialien im Rahmen des Produktionsprozesses **keine gesundheits- und umweltgefährdenden Substanzen** entstehen.  ▪ Bei der Auswahl der zu beschaffenden Materialien muss zudem darauf hingewirkt werden, dass die unvermeidlich anfallenden Abfallstoffe entweder **wiederverwertet** oder aber einer **umweltfreundlichen Entsorgung** zugeführt werden können.
soziale Gründe	▪ Die Betriebe haben erkannt, dass sie mit ihren **Beschaffungsentscheidungen die Welt mitgestalten können**. Ihr Nachfrageverhalten hat Auswirkungen auf die Zerstörung der Umwelt, auf den Raubbau an Bodenschätzen oder die Ausbeutung der Arbeitskräfte. ▪ Durch die Berücksichtigung **sozialer Aspekte** im Rahmen der Beschaffung können die Betriebe einen Beitrag leisten zur Sicherung menschenwürdiger Arbeitsbedingungen, zur Stärkung der Arbeitnehmerrechte und zur sozialen Absicherung der Beschäftigten. ▪ Es sind die Produkte jener Unternehmen zu bevorzugen, die sich bei der Herstellung zur **Einhaltung sozialer Mindeststandards** verbindlich verpflichten.

1.3 Materialklassifizierung: ABC-Analyse

mvurl.de/hwqz

(1) Begriff ABC-Analyse

Die **ABC-Analyse** ist ein Verfahren zur Erkennung von Materialien, die aufgrund ihres **hohen wertmäßigen Anteils** am Gesamtbedarf von **besonderer Bedeutung** sind.

Die aus der Analyse gewonnenen Informationen helfen,

- die **Transparenz**[1] der Materialwirtschaft zu erhöhen,
- sich auf **wirtschaftlich bedeutende Materialien** zu **konzentrieren,**
- **hohen Arbeitsaufwand** bei Materialien untergeordneter Bedeutung (C-Materialien) zu **vermeiden** und
- die **Wirtschaftlichkeit** der gesamten Materialwirtschaft zu **steigern.**

Die ABC-Analyse wurde entwickelt, um festzustellen, bei welchen eingekauften und/oder lagernden Materialien es wirtschaftlich sinnvoll ist, eine intensive Beschaffungsmarktforschung und Einkaufsverhandlungen, eine genaue Mengen- und Zeitdisposition sowie Überwachung der Lagerbestände durchzuführen. Diese Maßnahmen verursachen den Unternehmen viel Zeit und Kosten.

(2) Beispiel für eine ABC-Analyse

Beispiel:

Ein Industriebetrieb benötigt zehn verschiedene Materialarten. Statistisch erfasst werden die monatlichen Verbrauchsmengen in Stück und die Einstandspreise (Bezugspreise) je Stück.

Tabelle 1

Material	Gesamtverbrauchswert in EUR (Stückpreis · Menge)	Gesamtverbrauchswert in %	Rang	Anteil an den Gesamtpositionen in %[2]
T01	264 000,00	37,19	2	10
T02	44 700,00	6,30	3	10
T03	7 300,00	1,03	7	10
T04	292 500,00	41,21	1	10
T05	8 500,00	1,20	6	10
T06	34 100,00	4,80	5	10
T07	6 900,00	0,97	8	10
T08	43 300,00	6,10	4	10
T09	1 800,00	0,25	10	10
T10	6 700,00	0,94	9	10
Summe	709 800,00	100,00[3] (99,99)		100

1 **Transparenz:** Durchscheinen, Durchsichtigkeit.

2 **Hinweis:** Aus Vereinfachungsgründen bestimmen sich die Mengenanteile bei der ABC-Analyse anhand der Anzahl der verschiedenen Materialpositionen: Mengenanteil = 100 % : Anzahl der Materialpositionen.

3 Bedingt durch die Beschränkung auf zwei Nachkommastellen treten geringe Rundungsdifferenzen in der Summenzeile auf.

Tabelle 2

Material (sortiert nach Rang)	Gesamtverbrauchswert in %	Anteil an den Gesamtpositionen in %	Gesamtverbrauchswert kumuliert in %	ABC-Klasse	Positionenanteil kumuliert in %	Wert-Mengen-Verhältnis
T04	41,21	10		A		
T01	37,19	10	78,40	A	20	3,92
T02	6,30	10		B		
T08	6,10	10		B		
T06	4,80	10	17,20	B	30	0,57
T05	1,20	10		C		
T03	1,03	10		C		
T07	0,97	10		C		
T10	0,94	10		C		
T09	0,25	10	4,39	C	50	0,09
Summe	100 (99,99)	100			100	

Erläuterungen zu den Arbeitsschritten für eine ABC-Analyse

zu Tabelle 1:

Schritt 1 Prozentanteil des Materials am Gesamtverbrauchswert berechnen.

Schritt 2 Materialien in Abhängigkeit von ihrem Verbrauchswert einen Rang zuweisen.

zu Tabelle 2:

Schritt 1 Materialien mit den berechneten Gesamtverbrauchswerten (in %) nach der Rangfolge sortieren.

Schritt 2 Prozentuale Gesamtverbrauchswerte aufaddieren (kumulieren).

Schritt 3 Positionsanteile kumulieren und die Materialien den ABC-Klassen zuordnen.

Schritt 4 Wert-Mengen-Verhältnis der ABC-Klassen bestimmen:

$$\frac{\text{(kumulierter) Gesamtverbrauchswert}}{\text{(kumulierter) Positionenanteil}}$$

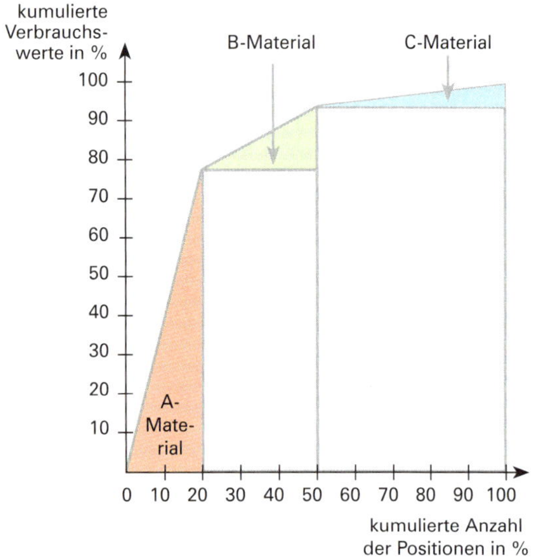

(3) Bedeutung der ABC-Analyse

Im Beispiel entfallen auf 20 % der Materialien ein Verbrauchswert von 78,40 %. Der Wert zeigt, dass sich die Tätigkeiten (Aktivitäten) in der Materialwirtschaft in erster Linie auf die **A-Materialien** konzentrieren müssen. Deren Beschaffung sollte **bedarfsorientiert und programmgesteuert disponiert** werden, wobei die Bestellmenge zu optimieren ist (siehe S. 70 ff.). Wenn möglich, kann auch eine **fertigungssynchrone (verbrauchsorientierte) Beschaffung** (S. 57 f.) erfolgen. Der Lagerbestand sollte möglichst niedrig gehalten werden, da bereits eine geringe Verminderung der Lagerhaltung zu hohen Euro-Beträgen führt.

Bei der Beschaffung von A-Materialien sind folgende **Maßnahmen** hilfreich:

- Durchführung einer genauen Beschaffungsmarktanalyse,
- sorgfältige Auswahl der Lieferanten,
- langfristige Lieferantenbeziehungen,
- intensive Bemühungen um Preis- und Kostensenkungen,
- möglichst geringer Lagerbestand in Verbindung mit Sondervereinbarungen über Lieferzeiten,
- Verzicht auf Wareneingangskontrolle im eigenen Haus und Verlagerung der Qualitätsprüfung zum Lieferanten unter Vorgabe von Qualitätsstandards,
- strenge Kontrolle der Bestände, des Verbrauchs und gegebenenfalls der Lagerverluste.

Auf die **B-Materialien** entfallen bei einem Verbrauchswert von 17,20 % 30 % der Materialien. Inwieweit mit B-Materialien bei deren Beschaffung verfahren wird, hängt von Kriterien ab wie Lagermenge, Lagerkosten, Lagerrisiken oder den Bedarfszeitpunkten für die Produktion. Gewöhnlich werden B-Materialien mit dem **verbrauchsorientierten Verfahren** disponiert.

C-Materialien erfassen im Beispiel zwar 50 % der Materialien, machen aber nur 4,39 % des Verbrauchswertes aus. Hohe Lagerbestände beeinflussen daher die Wirtschaftlichkeit des Materials in geringem Umfang. Sie können auf der Grundlage **groberer Schätzungen** disponiert werden, d. h. wenige große Bestellungen. Bei der Beschaffung sind dafür überwiegend der Einstandspreis und die Qualität entscheidend.

Voraussetzung für das Beschaffungsverfahren der Materialien in der hier vorgegebenen Form ist, dass der Verbrauch der Materialien planbar bzw. abschätzbar ist. Nur unter dieser Voraussetzung ist eine bedarfsorientierte Materialbeschaffung sinnvoll.

Hinweis:

- Ob eine bestimmte Materialart in die A-, B- oder C-Klasse gehört, hängt davon ab, welche **Grenzwerte für den Wertanteil** festgelegt werden. Dies hängt vom Einzelfall ab und ist letztlich willkürlich.
- Erfahrungsgemäß liegt die Schranke für **A-Materialien** bei den ersten **75–80 % der kumulierten Verbrauchswerte** in Prozent, für die **C-Materialien** bei den **letzten 5 % der kumulierten Verbrauchswerte** in Prozent. **Dazwischen liegen die B-Materialien.**

Die ABC-Analyse wird nicht nur in der Beschaffungswirtschaft, sondern (mit gleichen Berechnungsmethoden) auch in allen anderen Unternehmensbereichen zur Einsparung von Kosten angewendet (z. B. ABC-Bewertung der Kunden).

Kompetenztraining

8 ABC-Analyse

1. Charakterisieren Sie A- und C-Materialien und erklären Sie jeweils ihre Bedeutung für die Beschaffung!

2. Die Auswertung der Bestellungen eines Industriebetriebs zur Ermittlung der Bestellgrößenstruktur im Geschäftsjahr 20.. ergab folgende Kennzahlen:

Material	Bestellwerte (Auftragswerte) je Bestellung in EUR (Bestellgruppen)	Bestellwerte (Auftragswerte) je Bestellgruppe in EUR	Anteile der Bestellgruppen am Gesamtbestellwert in %	Anteile der Bestellgruppen an der Gesamtzahl der Bestellungen in % (kumuliert)	Anteil an den Gesamtpositionen in %	Anteil an den Gesamtpos. kumuliert in %	Anteile der Bestellgruppen an der Gesamtzahl der Bestellungen in %
X_1	50 000 – 20 001	3 864 200,00	37,73	37,73	9	9	2,0
X_2	20 00 – 10 001	2 190 000,00	21,38	59,11	8	17	1,4
X_7	10 000 – 5 001	2 168 000,00	21,17	80,28	5	22	4,2
K_3	5 000 – 2 001	634 200,00	6,19	86,47	14	36	4,6
K_{10}	2 000 – 1 001	632 400,00	6,18	92,65	18	54	9,5
K_{17}	1 000 – 501	462 820,00	4,52	97,17	6	60	16,0
A_5	500 – 101	192 000,00	1,88	99,05	28	88	14,4
A_9	100 – 51	60 310,00	0,59	99,64	7	95	20,0
A_{31}	50 – 1	37 200,00	0,36	100,00	5	100	27,9
		10 241 130,00	100,00				100,0

Aufgabe:

Bestimmen Sie die Materialkategorie!

3. Interpretieren Sie folgende grafische Darstellung:

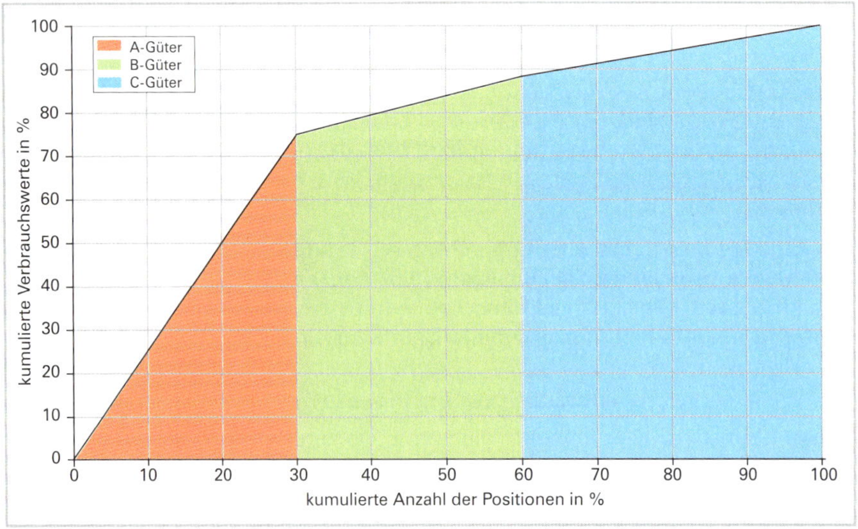

1.4 Materialbereitstellungsprinzipien

1.4.1 Bedarfsdeckung durch Vorratshaltung

Die **Vorratshaltung** ist vor allem dann anzutreffen, wenn **Schwankungen des Beschaffungsmarkts** abgesichert werden müssen. Außerdem kann die Lagerung **geringwertiger Güter** mit relativ hohen Anschaffungsaufwendungen (C-Güter, teilweise B-Güter) sinnvoll sein.

Den Grad, mit dem die Produktion mit Werkstoffen aus dem Lagerbestand bedient werden kann, bezeichnet man als Servicegrad.

Vorteile	Nachteile
■ Günstigere Beschaffungs- und Frachtkosten beim Bezug größerer Materialmengen. ■ Größere Sicherheit der Bedarfsdeckung bei Beschaffungsschwierigkeiten.	■ Hohe Kapitalbindungskosten und Lagerrisiken. ■ Ständiger Konflikt zwischen dem Ziel, die Lagerkosten und Lagerrisiken möglichst niedrig zu halten und dem Ziel, den **Servicegrad** zu sichern oder zu verbessern.

1.4.2 Bedarfsdeckung ohne Vorratshaltung am Beispiel der fertigungssynchronen Beschaffung

(1) Begriff fertigungssynchrone Beschaffung

Die **fertigungssynchrone**[1] **Beschaffung (Just-in-time-Verfahren)** ist Bestandteil eines Logistiksystems, bei dem die Materialbereitstellung genau zu dem von der Fertigungsplanung vorher bestimmten Zeitpunkt erfolgt.

Das Prinzip der lagerlosen Sofortverwendung wird vor allem von Industriebetrieben angewendet, die ihren Bedarf an großvolumigen und hochwertigen Werkstoffen und Fertigteilen genau vorausberechnen können (z.B. Autoindustrie). Die Kapitalbindungs- und Lagerkosten werden auf die Zulieferbetriebe abgewälzt. Es eignet sich für A-Güter und teilweise für B-Güter.

(2) Voraussetzungen der fertigungssynchronen Beschaffung

Um die Lieferung nach dem Just-in-time-Verfahren einführen zu können, sind folgende Voraussetzungen erforderlich:

- ständiger Bedarf des beschaffenden Unternehmens für das betreffende Material,
- langfristige Planung der Absatzmengen,
- wirksame Maßnahmen zur ständigen Qualitätskontrolle,

1 **Synchron**: gleichzeitig.

- ständige Lieferbereitschaft sowie absolute Zuverlässigkeit der beteiligten Lieferer,
- genaue Abstimmung der Produktions- und Lieferpläne zwischen Lieferer, Spediteur und dem abnehmenden Industrieunternehmen,
- Datenaustausch zwischen allen Beteiligten, z. B. über Electronic Data Interchange,
- langfristige Verträge zwischen allen Beteiligten,
- ein Transportsystem, das jederzeit den ununterbrochenen Materialzufluss gewährleistet.

(3) Vor- und Nachteile der fertigungssynchronen Beschaffung

Vorteile	Nachteile
■ Die **Lagerkosten und -risiken entfallen,** weil das benötigte Material sofort zum Ort der Weiterverarbeitung bzw. -verwendung gebracht wird. ■ Es wird **weniger Kapital gebunden,** das dann für andere Unternehmensaufgaben bereitsteht. ■ Das Unternehmen kann sich rasch auf einen **Wechsel des Kundenbedarfs** einstellen und seine **Lieferbereitschaft erhöhen.** ■ Die Gefahr, Produkte **nicht absetzen** zu können, **sinkt.**	■ Das Unternehmen ist verwundbar gegenüber Störungen im Nachschub, z. B. durch Streiks, Zugverspätungen, Staus **(Terminrisiko).** ■ Die Umweltbelastung bei der Belieferung durch Lastkraftwagen ist hoch, z. B. durch Versiegelung der Landschaft durch Straßenbau, Belastung der Luft durch Reifenabrieb und Abgase **(Umweltrisiko).** ■ Es besteht die Gefahr, dass es zu Produktionsstörungen kommt, da schadhafte Teile nicht durch eine Lagerentnahme ausgewechselt werden können **(Qualitätsrisiko).** ■ Die Bestell- und Transportkosten steigen wegen häufiger Bestellungen **(Kostenrisiko).**

(4) Grenzen der fertigungssynchronen Beschaffung

Bei zahlreichen Werkstoffen, Vorprodukten und Handelswaren ist die fertigungssynchrone Beschaffung nicht oder wenigstens nicht in ihrer extremen Anwendung durchführbar, weil die Vorlieferer ihre Produktion nicht an dem schwankenden Bedarf der Abnehmer ausrichten können oder wollen. Sie streben aus **kosten- und beschäftigungspolitischen Gründen** selbst eine kontinuierliche Produktion an.

Des Weiteren können **technische Gegebenheiten** eine Anpassung an Nachfrageschwankungen verhindern. Auch **natürliche Bedingungen** können die Produktionsmengen bestimmen (z. B. die Jahreszeiten in der Landwirtschaft, Bauwirtschaft, der Fremdenverkehrswirtschaft).

Das Just-in-time-Verfahren wird auch dann erschwert, wenn die Anlieferung der Werkstoffe und Waren durch Lastkraftwagen erfolgt. Verspätungen durch Staus verteuern letztlich die Anlieferung. Aus ökologischen Gesichtspunkten heraus ist die „Verlegung der Lager auf die Straße" wegen der damit verbundenen Umweltbelastung abzulehnen.

Kompetenztraining

9 Materialbereitstellungsprinzipien

1. Übernehmen Sie die folgende Tabellenstruktur in Ihre Unterlagen und vervollständigen Sie die Tabelle!

	Vorratsbeschaffung	Fertigungssynchrone Beschaffung
Begriff		
Vorteile		
Nachteile		
Beispiel		

2. Erläutern Sie, welche „Social Costs" durch die Verwirklichung der Just-in-time-Beschaffung anfallen können! (Social Costs sind Kosten, die nicht der Verursacher trägt, sondern die Allgemeinheit.)

3. Die e-Car AG hat sich dazu entschlossen, mit dem Zulieferer der Bremsanlage eine Just-in-time-Lieferung zu vereinbaren.

Aufgaben:

3.1 Nennen Sie vier Voraussetzungen, die die e-Car AG von dem Zulieferer erwartet!

3.2 Im Rahmen der Just-in-time-Lieferung können Umstände eintreten, die den Materialfluss empfindlich stören können. Zeigen Sie an zwei Beispielen solche Störmöglichkeiten auf!

3.3 Nennen Sie zwei Güter, die besonders für den Einsatz des Just-in-time-Verfahrens geeignet sind!

4. Die Tölzer Möbelwerke GmbH hat für ihre Fremdbezugsteile eine ABC-Analyse durchgeführt. Die nachfolgenden beiden Tabellen zeigen das Ergebnis.

ABC-Analyse – Tabelle 1

Material	Gesamtverbrauchswert in EUR	Gesamtverbrauchswert in %	Rang	Anteil Gesamtpositionen in %
Mahagonifurnier	251 968,00	20,32	2	10
Eichenfurnier	488 560,00	39,40	1	10
Pressspanplatten	89 280,00	7,20	4	10
Kunststofffurnier	246 512,00	19,88	3	10
Beschläge	12 648,00	1,02	9	10
Leim	27 156,00	2,19	7	10
Sperrholz	53 692,00	4,33	5	10
Teleskopschienen	9 300,00	0,75	10	10
Möbelroller	20 336,00	1,64	8	10
Schrauben	40 548,00	3,27	6	10
	1 240 000,00	100,00		100

ABC-Analyse – Tabelle 2

Material	Gesamtverbrauchswert in %	Anteil Gesamtpositionen in %	Gesamtverbrauchswert kumuliert in %	ABC-Klasse	Positionenanteil kumuliert in %	Wert-Mengen-Verhältnis
Eichenfurnier	39,40	10		A		
Mahagonifurnier	20,32	10		A		
Kunststofffurnier	19,88	10	79,60	A	30	2,65
Pressspanplatten	7,20	10		B		
Sperrholz	4,33	10		B		
Schrauben	3,27	10	14,80	B	30	0,49
Leim	2,19	10		C		
Möbelroller	1,64	10		C		
Beschläge	1,02	10		C		
Teleskopschienen	0,75	10	5,60	C	40	0,14
	100,00	100			100	

Aufgabe:

Die Geschäftsleitung bittet Sie um eine Überprüfung der Materialbereitstellungsprinzipien für die Fremdbezugsteile. Analysieren Sie das Ergebnis der ABC-Analyse, unterbreiten Sie der Geschäftsleitung Vorschläge und begründen Sie diese!

2 Den Beschaffungsmarkt analysieren

LB 2 **Handlungssituation 2: Den Einstandspreis mithilfe der einfachen Bezugskalkulation berechnen**

Weber Metallbau GmbH

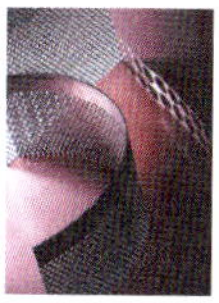

Die Weber Metallbau GmbH benötigt 12 t Stahlbleche für einen Kundenauftrag. Sie erhält folgendes Lieferantenangebot von der Fritz Metall KG (zu Nettopreisen):

- Listenpreis 820,00 EUR je Tonne
- Mengenrabatt 15 %
- Skonto 2 % (bei Zahlung innerhalb von 10 Tagen)
- Frachtkosten (Bezugskosten) 1.950,00 EUR

Als neuer Mitarbeiter im Einkauf sind Sie vom Einkaufsleiter beauftragt worden, das Angebot mit dem Angebot eines zweiten Lieferanten, der Europa-Metalle AG, zu vergleichen. Dieses lautet: 715,00 EUR je Tonne rein netto und frei Haus.

KOMPETENZORIENTIERTE ARBEITSAUFTRÄGE:

1. Berechnen Sie den Einstandspreis (Bezugspreis) in EUR gesamt und je Tonne für das Angebot der Fritz Metall KG!
2. Begründen Sie die Reihenfolge: Rabatt – Skonto – Bezugskosten!
3. Bewerten Sie das Angebot rechnerisch als „günstig" oder „ungünstig" unter Skontoannahme im Vergleich zu dem Angebot der Europa-Metalle AG!
4. Diskutieren Sie, welche weiteren Gesichtspunkte neben dem Bezugspreis mit in die Auswahl eines geeigneten Lieferanten einfließen sollten. Berücksichtigen Sie dabei insbesondere die ESG-Kriterien!

2.1 Grundlagen der Beschaffungsmarktanalyse

Die Suche nach neuen Bezugsquellen und die Ermittlung potenzieller (möglicher) Lieferer haben für die Unternehmen einen hohen Stellenwert. Mit dieser Aufgabe beschäftigt sich die **Beschaffungsmarktanalyse.** Hat diese einen möglichen Lieferer ermittelt, schließt sich die **Liefererbewertung** an.

Für die Liefererbewertung können

- **quantitative,** d. h. **messbare Kriterien** (z. B. Qualität, Preis, Zahlungsbedingungen, Lieferungsbedingungen) und/oder
- **qualitative,** d. h. **nicht messbare Kriterien** (z. B. Zuverlässigkeit des Lieferers, Liefertreue, Image, technisches Know-how, Unterstützung bei Problemlösungen)

herangezogen werden. Als Instrumentarium zur Analyse der Kriterien kann entweder der **Einfaktorenvergleich** oder der **Mehrfaktorenvergleich (Lieferanten-Matrix, Scoring-Modell)** dienen.

2.2 Liefererauswahl durch Einfaktorenvergleich mit Bezugskalkulation

Legt man nur einen einzigen Auswahlgesichtspunkt (ein Kriterium) zugrunde, kommt man sehr schnell zu einer Entscheidung. Solche Einfaktorenvergleiche sind z.B. der Preis, die Lieferungs- und Zahlungsbedingungen oder die Produktqualität.

(1) Einfache Bezugskalkulation

Die einfache Bezugskalkulation ermittelt den Einstandspreis als tatsächliche Beschaffungskosten aus Listeneinkaufspreis minus Nachlässe plus anfallende Bezugskosten.

Sie dient Angebotsvergleichen und als Kalkulationsgrundlage im Beschaffungsbereich. Es werden nur Nettobeträge berechnet.

Kalkulationsschema:

	Listeneinkaufspreis (LEP)
–	Lieferantenrabatt
=	Zieleinkaufspreis (ZEP)
–	Lieferantenskonto
=	Bareinkaufspreis (BEP)
+	Bezugskosten
=	Einstandspreis (Bezugspreis)

Nachlässe senken und Bezugskosten (Fracht, Verpackung) erhöhen den Einstandspreis. Im Rahmen der Kalkulation werden nur Nettobeträge verwendet.

Der Unternehmer muss dem Lieferer zwar einen um die Umsatzsteuer erhöhten Betrag bezahlen, erhält diesen jedoch vom Finanzamt wieder zurück. Man nennt den Vorgang erfolgsneutral, da durch den Vorgang der Gewinn des Unternehmens weder erhöht noch vermindert wird.

Beispiel für eine Bezugskalkulation:

Die Augsburger Büromöbel AG erhält folgendes Angebot von der Holzgroßhandel Müller GmbH (alle Preise netto):

25 Paletten Sperrholzplatten, Listenpreis 145,00 EUR je Palette netto, Rabatt 12 %, Skonto 3 % bei Zahlung innerhalb von 14 Tagen. Die Transport- und Verpackungskosten (Bezugskosten) betragen 450,00 EUR.

Aufgaben:

1. Berechnen Sie den Bezugspreis (gesamt und pro Palette) bei Inanspruchnahme des Skontos!
2. Ermitteln Sie den Betrag, den die Augsburger Büromöbel AG an die Holzgroßhandel Müller GmbH zu überweisen hat, sofern sie das Angebot zu den genannten Konditionen annimmt!

Lösungen:

Zu 1.: Bezugskalkulation

	Listeneinkaufspreis (LEP)	145,00 · 25	3625,00 EUR
–	Rabatt	3625,00 · 0,12	435,00 EUR
=	Zieleinkaufspreis (ZEP)		3190,00 EUR
–	Skonto	3190,00 · 0,03	95,70 EUR
=	Bareinkaufspreis (BEP)		3094,30 EUR
+	Bezugskosten		450,00 EUR
=	**Einstandspreis (Bezugspreis)**		**3544,30 EUR**

Bezugspreis pro Palette: 3544,30 EUR : 25 Stück = **141,77 EUR/Palette**

Zu 2.: Überweisungsbetrag

Der Überweisungsbetrag wird folgendermaßen berechnet:

Bezugspreis		3544,30 EUR
+ Umsatzsteuer (19 %)	3544,30 · 0,19	673,42 EUR
= **Überweisungsbetrag**		**4217,72 EUR**

(2) Angebotsvergleich mithilfe der einfachen Bezugskalkulation

Beispiel für einen Einfaktorenvergleich:

Ein Betrieb erhält vier Angebote über den Bezug von 50 Schlössern. Die angebotenen Waren sind qualitätsmäßig vollkommen gleich. Die Lieferzeit beträgt in allen Fällen 14 Tage. Die Angebote lauten:

Angebot 1: Listeneinkaufspreis 569,00 EUR, Rabatt 6 %, Skonto 2,5 %, Bezugskosten 36,40 EUR.
Angebot 2: Listeneinkaufspreis 518,00 EUR, Rabatt 8 %, Skonto 2,0 %, Bezugskosten 71,50 EUR.
Angebot 3: Listeneinkaufspreis 550,00 EUR, Rabatt 9 %, Skonto 3,0 %, Bezugskosten 59,80 EUR.
Angebot 4: Listeneinkaufspreis 598,00 EUR, Rabatt 7 %, Skonto 0,0 %, Bezugskosten 44,20 EUR.

Aufgabe:
Berechnen Sie, welches Angebot den niedrigsten Bezugspreis bietet!

Lösung:

	Angebot 1		Angebot 2		Angebot 3		Angebot 4	
	%	EUR	%	EUR	%	EUR	%	EUR
Listeneinkaufspreis (LEP)		569,00		518,00		550,00		598,00
− Rabatt	6	34,14	8	41,44	9	49,50	7	41,86
= Zieleinkaufspreis (ZEP)		534,86		476,56		500,50		556,14
− Skonto	2,5	13,37	2	9,53	3	15,02	0	0,00
= Bareinkaufspreis (BEP)		521,49		467,03		485,48		556,14
+ Bezugskosten		36,40		71,50		59,80		44,20
= Einstandspreis (Bezugspreis)		557,89		538,53		545,28		600,34

Ergebnis: Den niedrigsten Bezugspreis für 50 Schlösser bietet das Angebot 2 mit 538,53 EUR.

2.3 Liefererauswahl mithilfe der Lieferanten-Matrix

Ist für die Auswahl des Lieferers nicht nur ein Kriterium entscheidend, entsteht sehr schnell eine komplexe Situation, da die Kriterien unter Umständen einander zuwider laufen, wie z.B. Qualität und Preis. Ein günstiger Preis ist zumeist mit geringerer Qualität verbunden und umgekehrt.

Ein Instrument, um einen Angebotsvergleich unter Berücksichtigung mehrerer Kriterien durchzuführen, ist die Lieferanten-Matrix. Die Lieferanten-Matrix bezeichnet man auch als **Nutzwertanalyse** oder **Scoring-Modell**[1]. Dabei werden den Auswahlkriterien zunächst Gewichtungen zugeordnet (siehe Beispiel Spalte 2), die für alle Lieferer gleichermaßen

1 **Scoring-Modell** kann übersetzt werden mit Punktebewertungsmodell.

gelten. Danach werden die Lieferer einzeln dahingehend analysiert, inwieweit sie die Auswahlkriterien erfüllen. Hierfür werden Punkte vergeben, z. B. 5: hohe Zielerfüllung, 0: keine Zielerfüllung (z. B. Spalte 3). Durch Multiplikation der Gewichtungen mit den einzelnen Punkten erhält man je Auswahlkriterium die gewichteten Punkte (z. B. Spalte 4). Ausgewählt wird jener Lieferer, dessen Summe der gewichteten Punkte maximal ist.

Die Verwendung der Lieferanten-Matrix hat den Vorteil, dass neben rein **quantifizierbaren Größen** (z. B. Preis) auch die Einbeziehung von **qualitativen Kriterien** (z. B. Qualität, Liefertermine usw.) möglich ist.

Beispiel:

Zur Auswahl stehen die drei Lieferer Abel, Bebel und Cebel. Als Entscheidungsfaktoren spielen die Qualität, der Preis, die Liefertreue, der technische Kundendienst und die Unterstützung bei Problemlösungen eine Rolle. Die Gewichtungen für die Entscheidungsfaktoren sind der Spalte 2 zu entnehmen. Eine Beurteilung der Lieferer ergab jeweils die in den Spalten 3, 5 und 7 dargestellten Punkte.

Auswahl-Kriterien	Gewichtung	Abel		Bebel		Cebel	
		Punkte Abel	Gewichtete Punkte Abel	Punkte Bebel	Gewichtete Punkte Bebel	Punkte Cebel	Gewichtete Punkte Cebel
(1)	(2)	(3)	(4) = (2) · (3)	(5)	(6) = (2) · (5)	(7)	(8) = (2) · (7)
Qualität	0,3	5	1,5	4	1,2	3	0,9
Preis	0,3	4	1,2	5	1,5	5	1,5
Liefertreue	0,1	3	0,3	4	0,4	5	0,5
technischer Kundendienst	0,2	5	1,0	3	0,6	4	0,8
Unterstützung bei Problemlösungen	0,1	2	0,2	2	0,2	3	0,3
Summe der Punkte	**1,0**		**4,2**		**3,9**		**4,0**

Erläuterung (am Beispiel Abel):

Die zeilenweise Multiplikation der Gewichtungen mit den Punkten Abels für die einzelnen Kriterien ergibt jeweils die gewichteten Punkte. Deren Summe beträgt bei Abel 4,2. Bebel und Cebel erhielten je 3,9 bzw. 4,0 Punkte. Somit fällt die Entscheidung zugunsten von Abel.

Die Lieferanten-Matrix kann im Betrieb auch anderweitig verwendet werden (z. B. Standortbestimmung für eine neue Filiale, Mitarbeiterbeurteilung, Bewerberauswahl).

2.4 Berücksichtigung von ESG-Kriterien und ESR-Standards

Jeder kennt die Werbesprüche wie „Geiz ist geil“ und „Ich bin doch nicht blöd“. Sie fordern geradezu ein Einkaufsverhalten heraus, das sich einzig und allein am Preis orientiert.

Die (kurzfristigen) Profiteure einer solchen Einkaufsstrategie sind

- die **Unternehmen** bzw. deren Inhaber aufgrund der höheren Gewinne.
- die **Verbraucher**, die zum günstigsten Preis einkaufen. Nicht getätigte, höhere Ausgaben sind für sie Einnahmen und stehen für andere Zwecke zur Verfügung.

Die günstigen Preise kommen aber nicht nur dadurch zustande, dass die Waren in sogenannten Billiglohnländern gefertigt und von dort importiert werden. Vielmehr haben auch der Niedriglohnsektor und die prekären[1] Beschäftigungen in Deutschland erheblich zugenommen.

ESG-Kriterien und **European Sustainability Reporting Standards (ESRS)** können auch im Rahmen der Liefererauswahl dabei helfen, Aspekte der Nachhaltigkeit angemessen zu berücksichtigen.[2]

Checkliste: Aspekte der Nachhaltigkeit bei der Liefererauswahl

Environmental (Umwelt):

- ✓ Umweltzertifizierung
- ✓ Effizienz im Umgang mit Energie, Wasser und Rohstoffen
- ✓ professionelles Abfallmanagement
- ✓ emissionsarmer Transport
- ✓ Klimastrategien (Nachhaltigkeitsinitiativen)

Social (Soziales)

- ✓ Zertifizierung, z.B. nach der Norm SA 8000 (s.u.)
- ✓ weitere soziale Gütesiegel

Governance (Unternehmensführung)

- ✓ Richtlinien zur Bekämpfung von Korruption und zur Einhaltung gesetzlicher Vorschriften (Compliance)
- ✓ transparente Entscheidungsprozesse

Beispiel: Zertifizierung nach der Norm SA 8000[3]

Eine SA-8000-Zertifizierung bedeutet, dass das Unternehmen sich verpflichtet, die **Arbeitsbedingungen ihrer Mitarbeiter zu verbessern** und die **sozialen Auswirkungen der eigenen Betriebstätigkeit auf die Gesellschaft** zu berücksichtigen. Normgeber ist die **Social Accountability International (SAI)** mit Sitz in New York.

Unternehmen, die bei ihren Bestellungen das Siegel SA 8000 zugrunde legen, können z. B. folgende konkrete Maßnahmen ergreifen:

- Verpflichtung aller Lieferanten auf Einhaltung eines definierten Verhaltenskodex[4] – z. B. auf der Basis der Normen des SA 8000 – als fester Bestandteil aller Beschaffungsverträge.
- Regelmäßige Prüfung auf Einhaltung des Verhaltenskodex durch externe Audits.[5]
- Bemühung, dass die Lieferer wiederum ihre Zulieferer auf den Verhaltenskodex verpflichten.

Für das zertifizierte Unternehmen ergeben sich z. B. folgende Vorteile:

- Beweist das Engagement für soziale Verantwortung und Ethik der Mitarbeiterbehandlung mit internationalen Standards.
- Reduziert das Risiko von Haftung, öffentlicher Kritik und möglicher Rechtsstreitigkeiten.
- Stärkt die Loyalität der Mitarbeiter, Kunden und Stakeholder.[6]

---

1 **Prekär**: misslich, schwierig.

2 Zu den Grundlagen der **ESG-Kriterien** und der **ESR-Standards** siehe Lernbereich 1, Kapitel 2.2.5, S. 42.

3 Die Norm fordert z. B. die **Beseitigung von Zwangsarbeit,** die **Abschaffung von Kinderarbeit,** das **Recht auf Tarifverhandlungen,** ein **Verbot von Diskriminierung** in Beschäftigung und Beruf.

4 **Kodex**: Sammlung von Normen und Regeln eines Sachbereichs.

5 Ein **Audit** ist ein Untersuchungsverfahren. Dabei wird untersucht, ob Prozesse, Anforderungen und Richtlinien die geforderten Standards erfüllen.

6 Zum Begriff „Stakeholder" siehe S. 42 f.

Kompetenztraining

10 Einfaktorenvergleich mit Bezugskalkulation

1. Die Weber Metallbau GmbH erhält folgendes Angebot für die Beschaffung von Schweißdraht:

   80 Gebinde Schweißdraht zum Listenpreis von 32,50 EUR/Gebinde netto; Rabatt 10 %; Skonto 3 %; Transport 120,00 EUR.

   Aufgabe:

   Berechnen Sie den Bezugspreis (gesamt und pro Gebinde) bei Inanspruchnahme des Skontos!

2. Die Metallbau Weber GmbH hat zwei Angebote über 200 Schleifscheiben vorliegen:

   - **Werkzeug Weber e. K.:** Listeneinkaufspreis: 6,10 EUR/Stk.; Rabatt 5%; Skonto 2%.
   - **Werkzeugservice Augsburg GmbH:** Listeneinkaufspreis: 5,85 EUR/Stk.; Rabatt 3 %; Skonto 2 %, Bezugskosten 30,00 EUR.

   Der Skonto würde in beiden Fällen in Anspruch genommen.

   Aufgabe:

   Berechnen Sie den Bezugspreis für beide Angebote und entscheiden Sie unter Kostengesichtspunkten, welcher Anbieter ausgewählt wird!

3. Unter qualitativ gleichwertigen Erzeugnissen gleich zuverlässiger Verkäufer soll ein rechnerischer Angebotsvergleich vorgenommen werden.

   Folgende Angebote liegen vor:

Lieferer Nr. 3102:	*3 500,00 EUR frei Lager, 3 % Skonto;*
Lieferer Nr. 3103:	*3 360,00 EUR frachtfrei (ab Bahnhof des Käufers);*
Lieferer Nr. 3108:	*3 700,00 EUR ab Bahnhof des Verkäufers, $12^1/_2$ % Rabatt und 2 % Skonto.*

   Die Bahnfracht beträgt 200,00 EUR, die Kosten für die Anlieferung zum Bahnhof bzw. Zulieferung ab Bahnhof belaufen sich auf je 30,00 EUR.

   Aufgabe:

   Ermitteln Sie den günstigsten Bezugspreis!

4. Nennen Sie drei Gründe, die vorliegen könnten, dass ein Unternehmen ein Angebot bei sonst gleichen Listeneinkaufspreisen mit 15 % Rabatt und 2 % Skonto einem Angebot mit 25 % Rabatt und 3 % Skonto vorzieht!

11 Berücksichtigung qualitativer Kriterien

1. Begründen Sie, welche wichtigen Punkte der einzelnen Angebote ein Einkäufer zu vergleichen hat!

2. Erklären Sie, welche Konsequenzen es für die Welt der Arbeitnehmer hat, wenn soziale Aspekte bei der Analyse des Beschaffungsmarktes außer Acht gelassen werden!

3. Begründen Sie, wer die Profiteure einer Beschaffungspolitik sind, die sich in erster Linie am Preis orientiert!

4. Geben Sie an, welche Möglichkeit ein Unternehmen hat, ein soziales Verhalten auch gegenüber seinen Geschäftspartnern, den Kunden und der Gesellschaft zu kommunizieren!

5. Weisen Sie nach, dass die Berücksichtigung von ESG-Kriterien und die Einhaltung von ESR-Standards (ESRS) nicht im Widerspruch stehen zu dem Ziel „Profitabilität" (Wirtschaftlichkeit)!

12 Liefererauswahl durch Mehrfaktorenvergleich (Lieferanten-Matrix)

Dem Betriebsbüro der Topsound GmbH, Ingolstadt, wird am 10. Januar 20.. der Innenauftrag Nr. C 732 über 1 000 Stück unserer neuen Stereo-Komplettanlage LH 4 erteilt. Laut Warenwirtschaftssystem sind noch 300 Stück des hierfür notwendigen Transistors TC 472 am Lager. Insgesamt aber werden 5 000 Stück benötigt.

Die Fertigungsplanung sieht vor, dass in der 12. Woche 20.. 400 Stück zu produzieren sind. In der 13. und 14. Woche sollen jeweils 300 Stück produziert werden. Die Transistoren müssen spätestens am Freitag der jeweiligen Vorwoche zur Verfügung stehen.

Liefertermin an unseren Großabnehmer: 15./16. Woche 20..

Dem Einkauf liegen drei Angebote vor:

(1) Die FBE Asia Electronic Import GmbH mit Sitz in Memmingen, vom 15. Januar 20..

„Wir bieten Ihnen, befristet bis zum 15. Februar 20.. Transistoren TC 472 für 2,56 EUR/Stück ab Flughafen Leipzig an. Hersteller ist die Firma **ComIT Technology Corporation Ltd in Huangzhou, China.** Bei Abnahme ab 1 000 Stück gewähren wir 5 % und ab 5 000 Stück 10 % Mengenrabatt. Die Zahlung soll erfolgen innerhalb von 10 Tagen nach Rechnungserhalt unter Abzug von 2 % Skonto oder innerhalb 30 Tagen netto Kasse."

Hinweis: Die Frachtkosten vom Flughafen Leipzig bis Ingolstadt betragen für 4 700 Stück 200,00 EUR.

(2) Elektroteile Augsburg GmbH, vom 27. Januar 20..

Lieferung für 3,10 EUR/Stück, frei Haus, innerhalb vier Wochen nach Bestelleingang; Mengenrabatt ab 500 Stück 10 %, ab 1 000 Stück 15 %, ab 5 000 Stück 20 %; zahlbar innerhalb 20 Tagen unter Abzug von 2 % Skonto oder innerhalb 60 Tagen rein netto.

(3) Hans Haas e. Kfm., Köln, vom 25. Januar 20..

Sonderangebot bis 10. Februar gültig. Bei Lieferung von 500 oder mehr Transistoren 3,00 EUR/Stück, frei Haus. Bei Abnahme von weniger als 500 Stück werden für Verpackung, Fracht und Bearbeitungsgebühr 50,00 EUR gesondert in Rechnung gestellt. Ab 1 000 Stück werden 10 %, ab 5 000 Stück 15 % Mengenrabatt gewährt; Rechnungen sind zahlbar innerhalb von 30 Tagen ohne Abzug.

Um die optimale Bezugsquelle zu ermitteln, werden vom Lager, von der Fertigung und vom Einkauf **Berichte über die Geschäftsverbindung mit den Verkäufern** zusammengestellt. Den Qualitätsanforderungen (mindestens vier von acht Punkten) genügen alle Anbieter:

FBE Asia Electronic Import GmbH

Die Qualität ist mit 5 von 10 Punkten noch im tolerierbaren Bereich. Geliefert wurde in der Regel fehlerfrei, nur einmal enthielt eine Lieferung einen beachtlichen Teil falscher Artikel. Die betriebswirtschaftliche Abwicklung der Einkäufe mit dem Importeur verlief stets ohne Beanstandungen. Liefertermine wurden allerdings durch den chinesischen Hersteller mehrmals nicht eingehalten. Verpackung und Auslieferung hingegen waren makellos. Die technische Beratung durch die FBE Asia Electronic Import GmbH lässt zu wünschen übrig. Direkte persönliche Auskünfte sind selten zu erhalten; häufige Rücksprachen des Importeurs mit dem chinesischen Hersteller erschweren die Kommunikation. Rückfragen werden nachlässig behandelt und ihre Beantwortung dauert daher sehr lange. Eine Nachfrage der Topsound GmbH beim Importeur über das Niveau der ESR-Standards oder vergleichbarer Zertifikate des Herstellers in China wurde nur sehr zögerlich und ausweichend beantwortet. Ein schriftlicher Nachweis konnte nicht erbracht werden.

Elektroteile Augsburg GmbH

Die Elektroteile Augsburg GmbH, praktisch in Sichtweite gelegen, hat die Produktion erst vor etwa 15 Monaten aufgenommen. Die Qualitätsstufe ist 8 von 10 Punkten. Angenehm ist die räumliche Nähe bei Rückfragen und technischer Beratung. Letztere allerdings ist nicht allzu qualifiziert. Aufgrund der geografischen Nähe legt die Elektroteile Augsburg GmbH keinen Wert auf Verpackung bei Anlieferung. Lieferzusagen werden eingehalten. Bei schriftlichen Unterlagen (Auftragsbestätigung, Rechnung etc.) sind jedoch fast immer Beanstandungen aufgetreten, manchmal sogar sehr ärgerliche. Auf den schriftlichen Informationsverkehr ist wenig Verlass. Die Elektroteile Augsburg GmbH haben eine Zertifizierung nach SA 8000 nachgewiesen.

Hans Haas e. Kfm., Köln

Köln ist 500 km entfernt. Obwohl die Qualität mit 7 von 10 Punkten hoch ist, reicht die schriftlich angeforderte Beratung nicht aus. Dafür werden Verpackung und Anlieferung stets besonders gelobt. Auch Liefertermine wurden – ausgenommen eine unverschuldete Verzögerung – pünktlich eingehalten. Rückfragen jeder Art werden schnell bearbeitet und beantwortet. In zwei Fällen musste die Auftragsbestätigung angemahnt werden. Sonst waren keine besonderen Beanstandungen festgestellt worden. Die Hans Haas e. Kfm. ist nicht nach SA 8000 zertifiziert.

Aufgaben:

1. Führen Sie anhand einer Lieferanten-Matrix einen Angebotsvergleich durch!

Hinweise:

(1) Neben dem Preis und der Qualität sind für den Vergleich anhand des Informationsmaterials weitere Kriterien festzulegen.

(2) Bei der Kriteriengewichtung sind im ersten Schritt aus einer Zehnerstaffel (10, 20, ..) entsprechend der „Wichtigkeit" Punkte zu verteilen. Die Punktsumme ist auf 100 anzupassen.

(3) Im Folgenden wird jede Information kriterienbezogen bewertet und erhält zwischen 1 und 5 Punkte, wobei die als beste angesehene nicht unbedingt volle 5 Punkte und die als schlechteste betrachtete nicht unbedingt 1 Punkt bekommen muss.

(4) Die Informationspunkte werden durch Multiplikation mit den Punkten aus der Kriteriengewichtung relativiert.

(5) Nach Abschluss der Bewertung werden die Summen der gewichteten Punkte gebildet.

Lieferanten-Matrix:

		FBE Asia Electronic Import GmbH		Elektroteile Augsburg GmbH		Hans Haas e. Kfm., Köln	
EUR/Stück							
EUR/4700 Stück							
– Rabatt							
= Zieleinkaufspreis							
– Skonto							
= Bareinkaufspreis							
+ Fracht							
= Bezugspreis							
Kriterien	**Gewichtung d. Kriterien**	**Punkte**	**gewicht. Pkt.**	**Punkte**	**gewicht. Pkt.**	**Punkte**	**gewicht. Pkt.**
1. Preis							
2. Qualität							
3.							
4.							
5.							
6.							
Summe	**100**						

Hinweis zur Spalte Punkte: 5 ≙ sehr gut, 4 ≙ gut, 3 ≙ befriedigend, 2 ≙ ausreichend, 1 ≙ schlecht

2. Treffen Sie eine begründete Entscheidung, welcher Lieferer aufgrund der Summe aller relativierten Punkte den Auftrag erhalten wird!

3 Aufrechterhaltung der Lieferbereitschaft durch Festlegung der optimalen Bestellmenge

LB 2 Handlungssituation 3: Die optimale Bestellmenge bestimmen

Die Sport-Burr KG bezieht für ihre Nordic-Walking-Stöcke die passenden Handschuhe von den Textilwerken Maiberger AG. Die Sport-Burr KG benötigt jährlich 2500 Paar Handschuhe.

Kompetenzorientierte Arbeitsaufträge:

1. Begründen Sie, ob die Sport-Burr KG die Handschuhe in einem Beschaffungsvorgang bestellen oder mehrere kleine Bestellungen vornehmen soll. Erläutern Sie in diesem Zusammenhang, welche Vor- und Nachteile für die jeweilige Vorgehensweise sprechen!
2. Die Lagerhaltungskosten pro Paar betragen 0,50 EUR, die fixen Bestellkosten 50,00 EUR je Bestellung, gleichgültig welche Menge bestellt wird.

   Berechnen Sie die Bestellmenge, bei der die Beschaffungskosten (Summe aus Lagerhaltungs- und fixen Bestellkosten) am niedrigsten sind (optimale Bestellmenge)!

- Das Hauptproblem der Mengenplanung im Beschaffungsbereich liegt in der Festlegung der **kostengünstigsten (optimalen) Bestellmenge.**
- Dabei muss ein Ausgleich zwischen den **Lagerhaltungskosten** und den **auflagefixen Bestellkosten** gefunden werden.

3.1 Ermittlung der optimalen Bestellmenge

(1) Fixe[1] Bestellkosten

Sie fallen bei jeder Bestellung an, gleichgültig wie groß die Menge bzw. wie hoch der Wert der bestellten Werkstoffe bzw. Waren ist.

Beispiele:

Kosten der Bearbeitung der Bedarfsmeldung, der Angebotseinholung, der Wareneingangsprüfung und der Rechnungsprüfung.

1 **Fixe Kosten** sind Kosten, die sich bei einer Änderung der Ausbringungsmenge (z. B. Bestellmenge) in ihrer **absoluten Höhe nicht verändern.** Zu Einzelheiten siehe S. 217.

(2) Lagerhaltungskosten[1]

Zu den Lagerhaltungskosten zählen z. B. die Personalkosten für die im Lager beschäftigten Personen, die im Wert der gelagerten Güter gebundenen Zinsen und die Kosten des Lagerrisikos.

Beispiel für die Ermittlung der optimalen Bestellmenge:

Die fixen Bestellkosten je Bestellung betragen 50,00 EUR. Der Einstandspreis je Stück beläuft sich auf 30,00 EUR und der Lagerhaltungskostensatz[2] auf 25 %. Der Jahresbedarf beträgt 3600 Stück.

Außer Betracht bleibt, dass mit zunehmender Bestellgröße i. d. R. Mengenrabatte in Anspruch genommen werden können. Außerdem wird nicht berücksichtigt, dass bei größeren Bestellungen häufig Verpackungs- und Transportkosten eingespart werden können.

Aufgaben:

1. Ermitteln Sie rechnerisch die optimale Bestellmenge, indem Sie die Gesamtkosten für eine Bestellmenge von 50 bis 500 Stück in 50er-Schritten berechnen!
2. Stellen Sie die optimale Bestellmenge grafisch dar!

mvurl.de/9wip

Lösungen:

Zu 1.: Berechnung der optimalen Bestellmenge

Bestellmenge in Stück	Anzahl der Bestellungen	Fixe Bestellkosten in EUR	Durchschn. Lagerbestand in Stück	Durchschn. Lagerbestand in EUR	Lagerhaltungskosten in EUR	Gesamtkosten in EUR
50	72	3600,00	25	750,00	187,50	3787,50
100	36	1800,00	50	1500,00	375,00	2175,00
150	24	1200,00	75	2250,00	562,50	1762,50
200	18	900,00	100	3000,00	750,00	1650,00
250	14,4	720,00	125	3750,00	937,50	1657,50
300	12	600,00	150	4500,00	1125,00	1725,00
350	10,29	514,29	175	5250,00	1312,50	1826,79
400	9	450,00	200	6000,00	1500,00	1950,00
450	8	400,00	225	6750,00	1687,50	2087,50
500	7,2	360,00	250	7500,00	1875,00	2235,00

Erläuterung:

Werden z. B. 50 Stück bestellt, muss der Bestellvorgang 72-mal wiederholt werden, um den Jahresbedarf von 3600 Stück zu beschaffen. Die fixen Bestellkosten betragen dann 3600,00 EUR und die Lagerhaltungskosten 187,50 EUR. Mit zunehmender Bestellmenge verringert sich die Anzahl der Bestellungen und damit sinken auch die fixen Bestellkosten, während im Gegenzug die Lagerhaltungskosten steigen. Da der Betrieb **beide Kostenarten** berücksichtigen muss, ist das Optimum erreicht, wenn die **Summe beider Kosten das Minimum erreicht** hat. Dieses Minimum liegt bei den vorgegebenen Mengenintervallen bei 200 Stück und 18 Bestellungen. Eine exakte Berechnung (mithilfe der Andler-Formel)[3] ermittelt eine optimale Bestellmenge von 219 Stück bei Gesamtkosten von 1643,17 EUR.

1 Die fixen (festen) **Lagerhaltungskosten** bleiben bei den folgenden Überlegungen außer Acht, weil sie unabhängig von der Größe des Lagerbestands anfallen. Hierzu gehören z. B. die Abschreibungskosten für die Lagerräume und Lagereinrichtungen.

2 Der **Lagerhaltungskostensatz** gibt an, wie groß die Lagerkosten sind gemessen am durchschnittlichen Lagerbestand, ausgedrückt in Prozent. **Berechnung**: Lagerhaltungskostensatz = Zinssatz + Lagerkostensatz.

3 Siehe S. 73.

Zu 2.: Grafische Darstellung der optimalen Bestellmenge

Trägt man an der x-Achse die jeweilige Bestellmenge und an der y-Achse die Kosten ab, erhält man folgendes Bild:

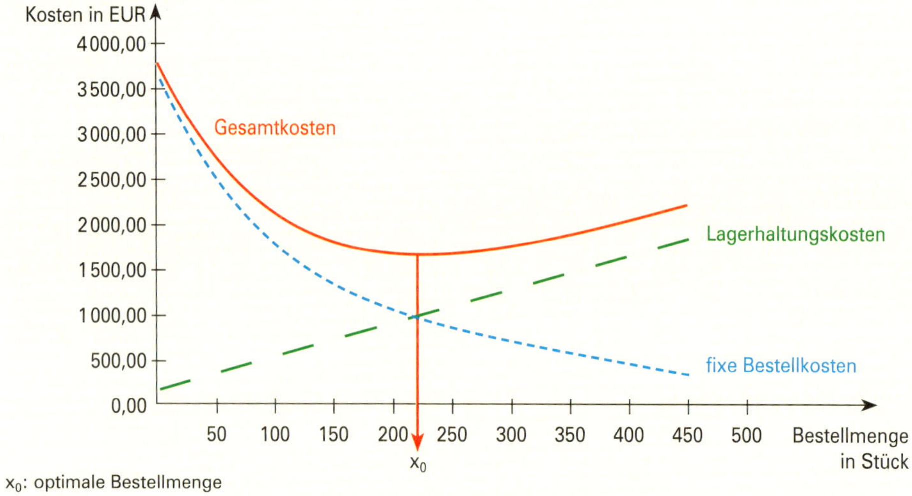

x_0: optimale Bestellmenge

- Die **optimale Bestellmenge** ist die Beschaffungsmenge, bei der die **Gesamtkosten** (Summe aus fixen Bestellkosten und Lagerhaltungskosten) am **niedrigsten** sind.
- Bei dieser Menge gleichen sich die **sinkenden fixen Bestellkosten** und die **steigenden Lagerhaltungskosten** aus.

Werden bei steigender Bestellgröße Liefererrabatte gewährt und/oder Transport- und Verpackungskosten gespart, vergrößert sich die optimale Bestellmenge. An der grundsätzlichen Aussage des Modells ändert sich nichts.

3.2 Grenzen des Modells

Die Anwendung dieser Modellrechnung in der Praxis ist ungleich komplizierter, weil zahlreiche Bedingungen berücksichtigt werden müssen, die hier vernachlässigt wurden (z. B. unterschiedliche Zahlungs- und Lieferungsbedingungen bei verschiedenen Lieferern).

Außerdem ist die Ermittlung der optimalen Bestellmenge teuer, zumal sich verändernde Daten (z. B. Veränderungen der durchschnittlichen täglichen Materialentnahme) zu Neuberechnungen führen müssen. Die Ermittlung der optimalen Bestellmenge wird sich daher nur bei solchen Gütern lohnen, die einen **hohen wertmäßigen Jahresverbrauch haben (A-Güter).**

Voraussetzung zur Berechnung und Verwirklichung (Realisierung) der optimalen Bestellmenge ist außerdem, dass der Lieferer die „optimale" Menge auch tatsächlich liefern kann, was nicht immer der Fall sein muss. Außerdem muss die Lagergröße ausreichen, die optimale Bestellmenge aufzunehmen, und es müssen die erforderlichen Finanzmittel vorhanden sein.

Kompetenztraining

13 Optimale Bestellmenge

1. Erläutern Sie, was unter der optimalen Bestellmenge zu verstehen ist!
2. Berechnen Sie mithilfe einer Tabelle (siehe S. 71) die optimale Bestellmenge aufgrund des dortigen Zahlenbeispiels, wenn
   2.1 die fixen Bestellkosten sich auf 100,00 EUR verdoppeln und die übrigen Bedingungen gleich bleiben!
   2.2 der Lagerhaltungskostensatz auf 45 % steigt und die übrigen Bedingungen gleich bleiben!
3. Zeichnen Sie die entsprechenden Kostenkurven zu den Aufgaben 2.1 und 2.2!
4. Fassen Sie Ihre Erkenntnisse aus den Aufgaben 2. und 3. in Form von Regeln zusammen!
5. Mithilfe der **Andler-Formel**[1] lässt sich der exakte Wert für die optimale Bestellmenge bestimmen. Die Andler-Formel lautet:

$$Q_{opt} = \sqrt{\frac{200 \cdot F \cdot M}{P \cdot L}}$$

Q_{opt}: Optimale Bestellmenge
F: fixe Bestellkosten
M: Jahresbedarf
P: Einstandspreis je Stück
L: Lagerhaltungskostensatz in Prozent

mvurl.de/u6f5

Aufgabe:

Überprüfen Sie die Richtigkeit Ihrer Ergebnisse!

6. Nennen Sie je drei Beispiele für fixe Bestellkosten und Lagerhaltungskosten!
7. Geben Sie Argumente an, welche die exakte Ermittlung der optimalen Bestellmenge in der Praxis erschweren!

---

1 Die Andler-Formel zur Berechnung der optimalen Bestellmenge wird in der Literatur sowohl mit dem Multiplikator 2 als auch mit dem Multiplikator 200 verwendet. Die Formel kann daher auch lauten:

$$\text{optimale Bestellmenge} = \sqrt{\frac{2 \cdot \text{fixe Bestellkosten} \cdot \text{Jahresbedarf}}{\text{Einstandspreis} \cdot \text{Lagerhaltungskostensatz}}}$$

4 Die Lagerhaltung mithilfe von Kennzahlen analysieren und optimieren

LB 2 Handlungssituation 4: Lagerkennzahlen ermitteln und Maßnahmen zur Verbesserung der Lagerhaltung diskutieren

Die Sport-Burr KG produziert seit vielen Jahren erfolgreich Tennisschläger. Zu den beliebtesten Modellen im Sortiment zählt der Tennisschläger ROCKY. Die Unternehmensleitung möchte mithilfe von Lagerkennzahlen die Lagersituation in Bezug auf Wirtschaftlichkeit und Qualität für dieses Modell erfassen. Die Selbstkosten je Tennisschläger betragen 95,00 EUR. Für die Lagerung der Tennisschläger wurden durch die Kostenrechnung Lagerkosten in Höhe von 15 000,00 EUR ermittelt.

Kompetenzorientierte Arbeitsaufträge:

1. Für das Tennisschlägermodell ROCKY liegt eine noch unvollständige Lagerdatei vor. Die fehlenden Bereiche sind in der Lagerdatei gelb markiert. Berechnen Sie die fehlenden Werte der Lagerdatei!

Lagerdatei

Produktbezeichnung: **Tennisschläger ROCKY**
Produktnummer: **431 500**

Datum	Zugänge (Stück)	Abgänge (Stück)	Bestand Monatsende (Stück)
31. 12. des Jahres 01			500
Januar 02	2 500	2 300	
Februar 02		1 700	900
März 02	2 000	2 100	800
April 02	2 200	2 000	
Mai 02		2 200	600
Juni 02	2 100	2 050	650
Juli 02	2 450	2 360	740
August 02	2 660	2 500	900
September 02	2 100	2 100	900
Oktober 02	2 350		1 000
November 02	1 700	2 000	700
Dezember 02	2 300	2 600	400

2. Berechnen Sie den durchschnittlichen Lagerbestand für den Tennisschläger ROCKY anhand der Quartalsendbestände aus der Lagerdatei!
3. Ermitteln Sie die Lagerumschlagshäufigkeit (mengenmäßig) und erläutern Sie, was diese Kennzahl für die Sport-Burr KG aussagt!
4. Im Jahr 02 betrug die Lagerumschlagshäufigkeit der Branche für die Herstellung von Sportgeräten 45.

   Diskutieren Sie, welche Bedeutung dies für die Sport-Burr KG hat, und machen Sie der Unternehmensleitung zwei Vorschläge, um diese Lagerkennzahl zu verbessern!

4.1 Begriff Lagerkennzahlen

Die Steuerung und Optimierung von Lieferketten stellt für Unternehmen eine zentrale Herausforderung dar, insbesondere in Hinblick auf die Erreichung wirtschaftlicher, ökologischer und qualitativer Ziele. Lagerkennzahlen bieten dabei eine wertvolle Grundlage zur Bewertung und Kontrolle der Effizienz von Prozessen entlang der gesamten Lieferkette. Indem sie wichtige Aspekte wie Lagerbestände, Umschlagshäufigkeiten und Durchlaufzeiten quantifizieren, ermöglichen sie eine detaillierte Analyse der Leistungsfähigkeit des Lagers und dessen Beitrag zur Erreichung der strategischen Unternehmensziele. Auf diese Weise können Abweichungen frühzeitig erkannt und Maßnahmen zur Verbesserung der Lager- und Lieferkettenprozesse entwickelt werden, um die übergeordneten Ziele – etwa Kostensenkung, Lieferzuverlässigkeit und Nachhaltigkeit – effektiv umzusetzen.

Lagerkennzahlen ermöglichen die **präzise Analyse** von Beständen, Umschlagshäufigkeiten und Durchlaufzeiten, wodurch **Schwachstellen** und **Optimierungspotenziale** entlang **der Lieferkette aufgedeckt** werden. Sie helfen, die Zielerreichung in Bezug auf Kosten, Effizienz und Zuverlässigkeit messbar und steuerbar zu machen.

4.2 Durchschnittlicher Lagerbestand

Der durchschnittliche Lagerbestand bildet die Grundlage für die Bestimmung der Lagerumschlagshäufigkeit und der durchschnittlichen Lagerdauer. Der durchschnittliche Lagerbestand wird als Durchschnitt aus dem **Jahresanfangsbestand** und dem **Jahresschlussbestand** berechnet.

Beispiel:

Anfangsbestand am 1. Januar: 72 000 Stück
Endbestand lt. Inventur am 31. Dezember: 68 000 Stück

$$\text{durchschnittlicher Lagerbestand} = \frac{\text{Anfangsbestand am 01.01. + Endbestand am 31.12.}}{2}$$

$$= \frac{72\,000 + 68\,000}{2} = \underline{\underline{70\,000 \text{ Stück}}}$$

Eine höhere Genauigkeit ergibt sich durch die Verwendung der **Monatsendbestände,** weil durch die häufigeren Beobachtungspunkte die Bestandsschwankungen innerhalb des Jahresverlaufes besser berücksichtigt werden.

$$\text{durchschnittlicher Lagerbestand} = \frac{\text{Anfangsbestand am 01.01. + 12 Monatsendbestände}}{13}$$

- Der **durchschnittliche Lagerbestand** gibt an, welche Menge oder welcher Wert (bewertet zu Selbstkosten[1]) von einem Lagergut durchschnittlich auf Lager ist. In dieser Höhe ist ständig Kapital des Unternehmens gebunden.
- Für **A-Güter** und je nach **fallweiser** Einschätzung **B-Güter** sollte deshalb eher die **fertigungssynchrone Beschaffung** gewählt werden. Grund ist der hohe wertmäßige Anteil.[2]

4.3 Lagerumschlagshäufigkeit

Sie gibt an, wie oft die Menge oder der Wert des durchschnittlichen Lagerbestandes innerhalb einer Periode (i. d. R. ein Jahr) umgeschlagen wurde.

$$\text{Lagerumschlagshäufigkeit} = \frac{\text{Lagerabgang in Mengeneinheiten}}{\text{durchschnittlicher Lagerbestand in Mengeneinheiten}}$$

oder

$$\text{Lagerumschlagshäufigkeit} = \frac{\text{Lagerabgang bewertet zu Selbstkosten}}{\text{durchschnittlicher Lagerbestand bewertet zu Selbstkosten}}$$

Beispiel:

Beträgt der Lagerabgang zu Selbstkosten 7437500,00 EUR und der durchschnittliche Lagerwert 595000,00 EUR, dann ergibt sich folgende Lagerumschlagshäufigkeit:

$$\text{Lagerumschlagshäufigkeit} = \frac{7\,437\,500}{595\,000} = \underline{\underline{12{,}5}}$$

Ergebnis:

Die Zahl 12,5 besagt, dass der durchschnittliche Lagerbestand 12,5-mal innerhalb der Rechnungsperiode umgeschlagen wurde.[3]

Die Lagerumschlagshäufigkeit schwankt je nach Branche, Warenart und Organisationsstand der Lagerwirtschaft in einem Unternehmen.

- Die **Lagerumschlagshäufigkeit** sagt dem Unternehmer, wie oft der durchschnittliche Lagerbestand in einer Rechnungsperiode umgeschlagen wurde.
- **Je geringer** die **Lagerumschlagshäufigkeit,** desto **mehr Kapital** wird im Lager **gebunden,** weil Waren lange liegen bleiben.

1 **Selbstkosten** sind alle Kosten, die bei der Leistungserstellung von Gütern und Dienstleistungen anfallen. Wichtige „Bausteine" zur Ermittlung der Selbstkosten sind u.a. die Material- und Fertigungskosten. Die Berechnung der Selbstkosten erfolgt in Form der Vorwärtskalkulation. Näheres hierzu in Lernbereich 4, Kapitel 5.2.2.1, S. 146 f.

2 Näheres zur ABC-Analyse in Kapitel 1.3, S. 53 ff.

3 Dies darf nicht gleichgesetzt werden mit der Häufigkeit des Auffüllens des Lagers. **Beispiel:** Monatlich wird das Lager mit 10 Stück aufgefüllt, die im Laufe des Monats abgehen. Dann beträgt der durchschnittliche Lagerbestand = 5, der Lagerabgang = 120 Stück. Hieraus ergibt sich eine Lagerumschlagshäufigkeit von 120 : 5 = 24, das Lager hingegen wurde 12-mal gefüllt.

Eine **hohe Lagerumschlagshäufigkeit** bedeutet:

- weniger Lagerkosten (Miete, Versicherung, Personal),
- geringere Kapitalbindung, da das Geld für andere Zwecke zur Verfügung steht (= bessere Liquidität),
- geringeres Risiko, dass Waren veralten oder verderben.

Wenn man sich die Formel anschaut, gibt es grundsätzlich zwei **Stellschrauben, um die Umschlagshäufigkeit zu verbessern:** Den Zähler erhöhen (mehr Umsatz/Wareneinsatz) oder den Nenner senken (geringerer durchschnittlicher Lagerbestand). Daraus ergeben sich folgende konkrete Maßnahmen:

- **Steigerung des Umsatzes**
  - **Sortiment attraktiver gestalten:** Ein ansprechendes Angebot sorgt für mehr Nachfrage und damit schnelleren Abverkauf.
  - **Verkaufsaktionen durchführen und Rabatte gewähren:** Langsam drehende Artikel können durch Sonderangebote schneller verkauft werden.
  - **Bessere Bedarfsprognosen:** Wenn ein Unternehmen genauer vorhersagen kann, was Kunden kaufen wollen, bestellt es seine Materialien gezielter und vermeidet Über- und Unterbestände.

- **Senkung des durchschnittlichen Lagerbestands**
  - **Den Sicherheitsbestand reduzieren:** Nur so viel auf Lager halten, wie wirklich nötig ist, um Lieferengpässe zu überbrücken.
  - **Just-in-time-Lieferung einführen:** Waren werden erst dann bestellt, wenn sie tatsächlich gebraucht werden. So liegt weniger Ware auf Lager.
  - **Beschaffungszeiten verkürzen:** Kürzere Lieferzeiten der Lieferanten bedeuten, dass man weniger Vorrat braucht.

4.4 Durchschnittliche Lagerdauer

Sie gibt an, wie lange der durchschnittliche Lagerbestand auf Lager geblieben ist. Angestrebt ist ein möglichst geringer Wert, weil er Einfluss hat auf das im Lager gebundene Kapital und die hieraus zu zahlenden Lagerzinsen, auf das Risiko des Schwundes, des Verderbs, des Diebstahls und der technischen bzw. wirtschaftlichen Alterung.

$$\text{durchschnittliche Lagerdauer in Tagen} = \frac{360}{\text{Lagerumschlagshäufigkeit}}$$

Beispiel:

Aus der im letzten Beispiel berechneten Lagerumschlagshäufigkeit von 12,5 errechnet sich eine durchschnittliche Lagerdauer wie folgt:

$$\text{durchschnittliche Lagerdauer} = \frac{360\ \text{Tage}}{12{,}5} = \underline{\underline{28{,}8\ \text{Tage}}}$$

Ergebnis:

Das Lagergut liegt durchschnittlich 28,8 Tage auf Lager.

Aus der **durchschnittlichen Lagerdauer** erkennt der Unternehmer, wie lange die Erzeugnisse (oder Handelswaren) im Durchschnitt im Lager waren.

Lagerumschlagshäufigkeit und durchschnittliche Lagerdauer stehen in **umgekehrtem Verhältnis** zueinander. Je höher die Lagerumschlagshäufigkeit, desto kürzer die durchschnittliche Lagerdauer und umgekehrt.

4.5 Risiken einer fehlerhaften Lagerplanung

Zu **hohe Lagerbestände** binden Kapital und verursachen Kosten. Ein zu großes Lager bringt außerdem die Gefahr mit sich, dass infolge technischer Änderungen und/oder infolge Geschmackswandels das Lagergut veraltet.

Zu **niedrige Lagerbestände** können zu Produktions- und Absatzstockungen führen.

Beispiele:

Muss die Produktion z. B. wegen zu geringer Rohstoffvorräte eingeschränkt werden, dann sind die im Unternehmen anfallenden Kosten (z. B. Löhne, die für die weiterhin benötigten Facharbeiter bezahlt werden müssen; Zinsen für die aufgenommenen Kredite; Abschreibungskosten für das im Unternehmen investierte Sachkapital der Gebäude, Maschinen, Lagereinrichtungen usw.) nicht mehr voll durch den möglichen Verkauf der Fertigerzeugnisse gedeckt.

Besonders nachteilig wirken sich zu niedrige Lagervorräte aus, wenn hierdurch fest zugesagte Liefertermine nicht eingehalten werden können und deshalb Kunden nicht mehr bei dem Unternehmen kaufen. Absatzstockungen führen mittel- bis langfristig auch zu Zahlungsschwierigkeiten. Während die Aufwendungen im Wesentlichen in unveränderter Höhe weiterlaufen, stagnieren oder sinken die Erträge bei Absatzstockungen.

Überblick: Von der Beschaffungsmarktanalyse bis zur Optimierung der Lagerhaltung

Kompetenztraining

14 Berechnung von Lagerkennzahlen und Maßnahmen zur Optimierung

Lagerkennzahlen sind wichtige Indikatoren, die einen Hinweis darauf geben, ob die Optimierungsbemühungen in der Lagerhaltung zum gewünschten Erfolg führten.

1. Berechnen Sie
   1.1 den durchschnittlichen Lagerbestand,
   1.2 die Lagerumschlagshäufigkeit,
   1.3 die durchschnittliche Lagerdauer,

   wenn folgende Angaben vorhanden sind:

Anfangsbestand des Lagergutes	150 000,00 EUR
Zugänge	700 000,00 EUR
Schlussbestand	250 000,00 EUR

2. Lagerkosten und Lagerrisiko stehen in engem Zusammenhang mit den Lagerkennzahlen. Die Lagerbuchhaltung liefert für das Holzlager folgende Informationen:

Anfangsbestand am 1. Januar	120 000,00 EUR
12 Monatsschlussbestände insgesamt	1 180 000,00 EUR

   Aufgabe:

   Berechnen Sie den durchschnittlichen Lagerbestand!

3. Bei der Holzart „Buche" werden folgende Zahlen angegeben:

Anfangsbestand am 1. Januar	80 000,00 EUR
Zugänge 1. Januar – 31. Dezember	960 000,00 EUR
Schlussbestand am 31. Dezember	240 000,00 EUR

   Aufgabe:

   Berechnen Sie die Lagerumschlagshäufigkeit und die durchschnittliche Lagerdauer!

4. Eine Lageranalyse bei der Kleiner OHG ergab folgende Situation:

   Lagerabgang zu Selbstkosten 600 000,00 EUR

   Aufgaben:

   4.1 Stellen Sie tabellarisch dar, wie sich die durchschnittliche Lagerdauer und der durchschnittliche Lagerbestand ändern, wenn es dem Betrieb gelingt, die Umschlagshäufigkeit schrittweise zu steigern von 3 über 4, 6, 8 bis 10!

   4.2 Erklären Sie, wie sich eine Erhöhung der Lagerumschlagshäufigkeit auf die Lagerkosten und das Lagerrisiko auswirkt!

   4.3 Für die Lagerkosten gilt stets: „Je kürzer die Lagerdauer, desto geringer die Kosten." Nennen Sie zwei Maßnahmen, durch die eine Verkürzung der durchschnittlichen Lagerdauer erreicht werden kann!

Lernbereich 3: Mithilfe des externen Rechnungswesens Bilanz und GuV analysieren

1 Notwendigkeit des externen und des internen Rechnungswesens erklären

LB 3 Handlungssituation 1: Geschäftsvorgänge analysieren

Emmy Reichenbach, Auszubildende der Weber Metallbau GmbH, hat heute u.a. die folgenden vier Belege[1] zu bearbeiten:

Weber Metallbau GmbH

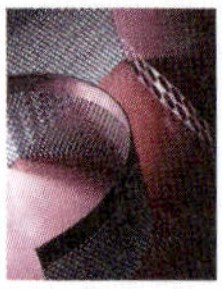

Beleg 1

Friedrich Pappe GmbH, Seegasse 4, 76228 Karlsruhe
Weber Metallbau GmbH
Alfred-Nobel-Str. 8
86169 Augsburg

Maschinenfabrik FRIEDRICH PAPPE GmbH
Karlsruhe

Rechnung Nr. 65017 Rechnungsdatum: 27. Januar 20..

Liefer-datum	Menge	Artikel-Nr.	Artikel-bezeichnung	Preis je Artikel	Gesamtbetrag
20.01.20..	5	234176	Lagerregale 2000 Stahl	3070,00 EUR	15350,00 EUR

Es gelten unsere umseitigen Lieferungs- und Zahlungsbedingungen.
Sitz der Gesellschaft: Karlsruhe, Amtsgericht Karlsruhe, HRB 1350
Steuer-Nr.: 71020/1793

Beleg 2

Einzahlung

Kontoinhaber: Name, Vorname/Firma (max. 27 Stellen): Weber Metallbau GmbH
IBAN: DE69 7205 0000 0000 6485 54
Betrag: 500,00
Handelnde Person bei regelm. Einzahler/Abheber; Art der Legitimation; Kennwort

27. Januar 20.. Weber
Datum, Unterschrift des Einzahlers

27. Januar 20.. Maier
Datum, Unterschrift des Kassierers

Beleg 3

DURCHSCHRIFT — Quittung

EUR Betrag 380,40
Inclusive % MwSt./Betrag
Nr. 1/14
Betrag in Worten
von Franz Keller
für Rechnung vom 25. Januar 20..
dankend erhalten
Datum/Ort Augsburg, 27. Januar 20..
Buchungsvermerke
Stempel/Unterschrift des Empfängers
Weber Metallbau GmbH
86169 Augsburg
Weber

Beleg 4

Beleg für den Kontoinhaber/Zahler-Quittung

Name und Sitz des überweisenden Kreditinstituts: Sparkasse Augsburg
BIC: AUGSDE77XXX
Nur für Überweisungen in Deutschland, in andere EU-/EWR-Staaten und in die Schweiz, sowie nach Monaco in Euro.

Angaben zum Zahlungsempfänger: Name, Vorname/Firma (max. 27 Stellen, bei maschineller Beschriftung max. 35 Stellen): Lener-Service Handelsgesellschaft Würzburg
IBAN: DE40 7905 0000 0000 3459 87
BIC des Kreditinstituts/Zahlungsdienstleisters (8 oder 11 Stellen)
Die Angabe des BIC kann entfallen, wenn die IBAN des Zahlungsempfängers mit DE beginnt.
Betrag: Euro, Cent: 460,94
Kunden-Referenznummer - Verwendungszweck, ggf. Name und Anschrift des Zahlers - (nur für Zahlungsempfänger): Rechnung vom 27. Jan. 20..
noch Verwendungszweck (insgesamt max. 2 Zeilen à 27 Stellen, bei maschineller Beschriftung max. 2 Zeilen à 35 Stellen)
Angaben zum Kontoinhaber/Zahler: Name, Vorname/Firma, Ort (max. 27 Stellen, keine Straßen- oder Postfachangaben): Weber Metallbau GmbH, Augsburg
IBAN: DE | Prüfziffer: 69 | Bankleitzahl des Kontoinhabers: 72050000 | Kontonummer (ggf. links mit Nullen auffüllen): 0000648554
113 377 000 35735
Datum: 27.01.20.. Unterschrift(en): Weber

Kompetenzorientierte Arbeitsaufträge:

1. Formulieren Sie aufgrund der vorliegenden Belege den jeweils zugrunde liegenden Geschäftsvorfall!
2. Erläutern Sie die Notwendigkeit, die Geschäftsvorgänge im externen Rechnungswesen zu erfassen!

1 Bei den vorliegenden Belegen wird auf den Ausweis der Umsatzsteuer verzichtet, weil die Umsatzsteuer noch nicht behandelt wurde.

1.1 Externes und internes Rechnungswesen im Überblick

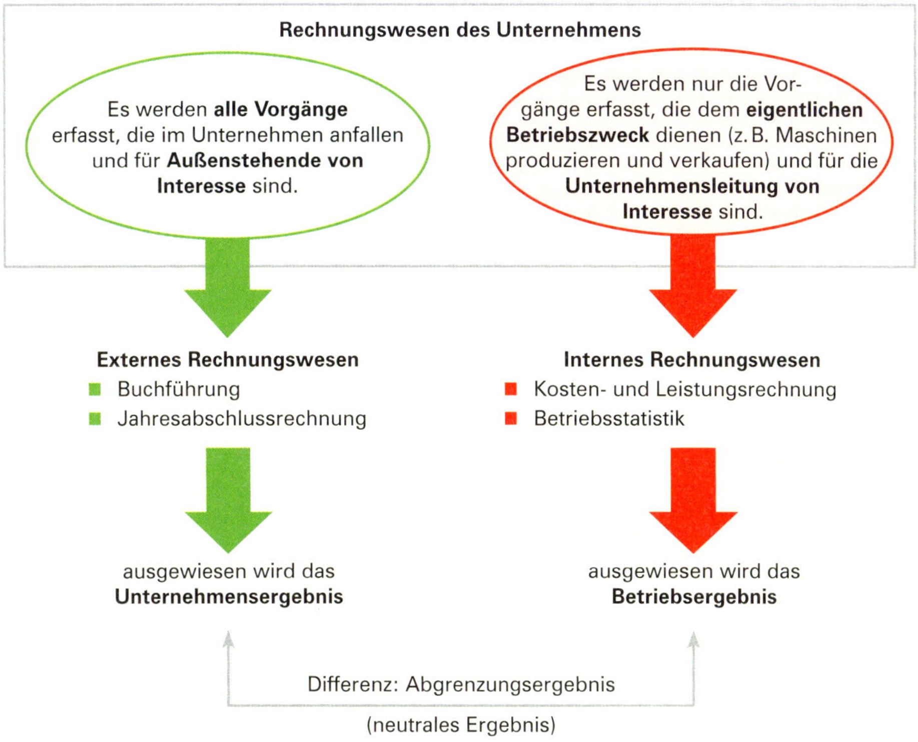

1.2 Externes Rechnungswesen

Das externe Rechnungswesen informiert interessierte außenstehende Adressaten (z. B. Gesellschafter, Steuerbehörden, Banken, Gerichte, Kunden und Lieferanten) über die Vermögens-, Finanz- und Ertragslage des Unternehmens. Es ist **an gesetzliche Vorschriften gebunden.** Gesetzliche Bestimmungen finden sich insbesondere im HGB, AktG, GmbHG, EStG und der AO.

Das **externe Rechnungswesen** umfasst die **Buchführung** und die **Jahresabschlussrechnung.**

Die Buchführung bildet die Grundlage für alle Teilbereiche des Rechnungswesens. Sie erfasst unter Beachtung handels- und steuerrechtlicher Vorschriften unabhängig vom Grund ihres Anfalles **alle Geschäftsvorfälle.** Diese Dokumentation liefert das Zahlenmaterial für den gesetzlich vorgeschriebenen **Jahresabschluss,** der allen Interessenten einen Einblick in die Vermögens-, Finanz- und Ertragslage des Unternehmens verschafft.

1.3 Internes Rechnungswesen

Das interne Rechnungswesen dokumentiert alle innerbetrieblichen, zahlenmäßig erfassbare Unternehmensdaten einer Abrechnungsperiode und plant Alternativen für die künftige Unternehmensentwicklung. Die Informationen dienen internen Informationsempfängern (insbesondere Gesellschaftern und Geschäftsführern) zur Steuerung und Kontrolle der betrieblichen Abläufe. Sie sind Grundlage für die Produktions-, Absatz-, Investitions- und Finanzplanung. Das interne Rechnungswesen ist **nicht an gesetzliche Vorschriften gebunden.**

Das **interne Rechnungswesen** umfasst die **Kosten- und Leistungsrechnung** und die **Betriebsstatistik.**

Das interne Rechnungswesen

- erfasst alle **betrieblichen Leistungen** und die hierfür **anfallenden Kosten.**
- dient als **Grundlage für die Kalkulation** und **Kontrolle der Wirtschaftlichkeit.**
- ermittelt das **Betriebsergebnis.**
- stellt **Informationen** für **unternehmerische Entscheidungen** bereit.

mvurl.de/hswp

Überblick

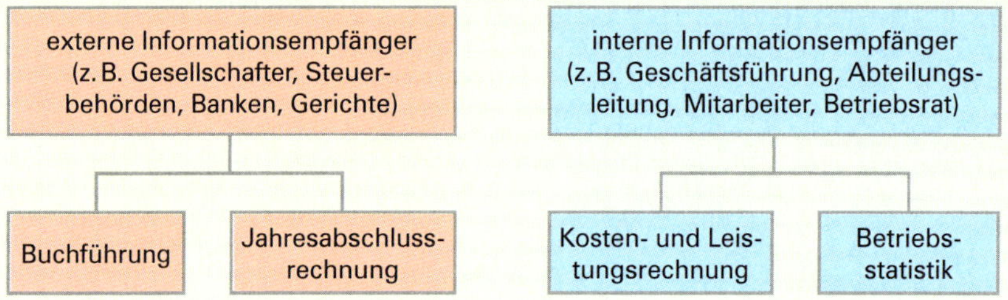

Kompetenztraining

15 Grundlagen des externen und internen Rechnungswesens

1. Beschreiben Sie – nach Ihrer Wahl – zwei Aufgaben des betrieblichen (externen und internen) Rechnungswesens!
2. Grenzen Sie die Kosten- und Leistungsrechnung von der Buchführung ab!
3. Das externe und das interne Rechnungswesen haben unterschiedliche Zielsetzungen. Erläutern Sie diese Aussage!
4. Nennen Sie die Rechtsquellen, die für die Buchführung von Bedeutung sind!
5. Stellen Sie dar, welche Gründe den Staat veranlasst haben können, gesetzliche Bestimmungen zur Buchführung zu erlassen!

2 Die Vermögenswerte und das Kapital in der Bilanz darstellen

LB 3 Handlungssituation 2: Eine Bilanz erstellen und analysieren

In der MicroTex Technologies GmbH liegen zum Ende des Geschäftsjahres die folgenden Angaben zur Vermögens- und Kapitalzusammensetzung vor:

Fertige Erzeugnisse	620 400,00 EUR
Handelswaren	68 200,00 EUR
Grundstücke und Bauten	570 800,00 EUR
Forderungen aus Lieferungen und Leistungen	115 000,00 EUR
Verbindlungen aus Lieferungen und Leistungen	975 000,00 EUR
Technische Anlagen und Maschinen	1 700 400,00 EUR
Büroausstattung	75 150,00 EUR
Fuhrpark	82 200,00 EUR
Kassenbestand	17 000,00 EUR
Verbindlichkeiten gegenüber Kreditinstituten	1 810 000,00 EUR
Roh-, Hilfs- und Betriebsstoffe	490 500,00 EUR
Guthaben bei Kreditinstituten	48 400,00 EUR
Liefererdarlehen	97 700,00 EUR

Kompetenzorientierte Arbeitsaufträge:

1. Erstellen Sie die Bilanz für die MicroTex Technologies GmbH!
2. Berechnen Sie das Verhältnis von Anlage- und Umlaufvermögen sowie von Eigen- und Fremdkapital zur Bilanzsumme!
3. Beurteilen Sie die Vermögens- und Kapitalstruktur der MicroTex Technologies GmbH!

2.1 Gesetzliche Grundlagen zur Aufstellung der Bilanz

mvurl.de/leei

(1) Aufstellungspflicht

Nach § 242 HGB hat der Kaufmann zu Beginn seines Handelsgewerbes und danach für den Schluss eines jeden Geschäftsjahres eine Bilanz[1] aufzustellen, aus der das Verhältnis zwischen seinem Vermögen und seinen Schulden erkennbar ist. Grundlage für die Aufstellung der Bilanz ist das Inventar.

Die **Bilanz** ist eine kurz gefasste Gegenüberstellung von Vermögen und Kapital in Kontoform.

1 Das Wort **Bilanz** stammt aus dem Italienischen. Dort heißt es so viel wie Gleichgewicht bzw. Waage.

(2) Form und Gliederung der Bilanz nach § 266 HGB

Kontoform

Nach § 266 I, S. 1 HGB ist die Bilanz in **Kontoform** aufzustellen. Die **linke Seite der Bilanz** ist die **Aktivseite.** Auf ihr stehen die **Aktiva (Vermögensposten).** Die **rechte Seite der Bilanz** ist die **Passivseite.** Auf ihr stehen die **Passiva.** Die Passivseite der Bilanz weist das Kapital, getrennt nach Kapitalgebern **(Eigenkapital** und **Verbindlichkeiten [Fremdkapital])** aus.

Gliederungsprinzip „Liquidität"

Die **Aktivposten der Bilanz** gliedern sich nach der Dauer der Nutzung, beginnend mit der langfristigen Nutzung. Betriebsbauten, technische Anlagen und Einrichtungen stehen für längere Zeit zur Verfügung (Anlagevermögen). Dagegen verändern sich Vorräte und Forderungen ständig und lassen sich schnell in Geld umwandeln. Bankguthaben und Kassenbestand stellen bereits liquide Mittel dar (Umlaufvermögen).

Der **Aufbau der Aktivseite** einer Bilanz folgt von oben **nach** unten einer **steigenden Liquidität,** d.h., die Bilanz ist nach Flüssigkeit bzw. Liquidierbarkeit der Vermögensgegenstände gegliedert.

Gliederungsprinzip „Fristigkeit"

Die **Passivposten der Bilanz** gliedern sich nach der Fälligkeit der Rückzahlungen für das Unternehmen, beginnend mit der spätesten Fälligkeit der Rückzahlung. Bankdarlehen stehen dem Unternehmen mittel- und langfristig zur Verfügung. Liefererschulden (Verbindlichkeiten aus Lieferungen und Leistungen) werden dagegen innerhalb kurzer Zeit zur Zahlung fällig.

Der **Aufbau der Passivseite** einer Bilanz folgt von oben **nach** unten einer **steigenden Fälligkeit.**

Bilanzschema

Es wird folgendes **vereinfachtes Bilanzschema** zugrunde gelegt:

Aktiva	Bilanz zum 31. Dezember 20.. Passiva
I. Anlagevermögen	**I. Eigenkapital**
1. Grundstücke und Bauten	**II. Verbindlichkeiten**
2. Technische Anlagen und Maschinen	1. Verbindlichkeiten gegenüber Kreditinstituten
3. And. Anl., Betr.- u. G.-Ausstattung	2. Verbindlichkeiten aus Lieferungen und Leistungen
II. Umlaufvermögen	3. Sonstige Verbindlichkeiten
1. Roh-, Hilfs- und Betriebsstoffe	
2. Unfertige Erzeugnisse	
3. Fertige Erzeugnisse und Waren	
4. Ford. aus Lieferungen u. Leistungen	
5. Kassenbestand	
6. Guthaben bei Kreditinstituten	

Beispiel:

Aktiva	Bilanz der Augsburger Büromöbel AG zum 31. Dez. 20..[1]		Passiva
I. Anlagevermögen		**I. Eigenkapital**	2741680,00
1. Grundstücke und Bauten	1404450,00	**II. Verbindlichkeiten**	
2. Techn. Anl. und Maschinen	749800,00	1. Verbindlichkeiten gegenüber Kreditinstituten	940745,00
3. And. Anl., Betriebs- u. Geschäftsausstattung	240150,00	2. Verbindlichkeiten aus Lieferungen und Leistungen	102500,00
II. Umlaufvermögen		3. Sonstige Verbindlichkeiten	73000,00
1. Roh-, Hilfs- und Betr.-Stoffe	616820,00		
2. Unfertige Erzeugnisse	70200,00		
3. Fert. Erzeugn. und Waren	707000,00		
4. Ford. a. Lief. u. Leist.	33575,00		
5. Kassenbestand	1250,00		
6. Guth. bei Kreditinstituten	34680,00		
	3857925,00		3857925,00

Augsburg, den 10. März 20.. *Jonathan Mörike*

(3) Bilanzgleichungen

Das **Eigenkapital** bildet den Ausgleichsposten (Saldo) zwischen dem Vermögen auf der Aktivseite und den Schulden auf der Passivseite. Für jede Bilanz gilt daher die Grundgleichung:

$$\text{Aktiva} \triangleq \text{Passiva}$$

Aus der Grundgleichung der Bilanz **„Aktiva ≙ Passiva"** mit den Definitionen der Bilanzseiten

$$\begin{aligned} \text{Aktiva} &\triangleq \text{Vermögen} \\ \text{Passiva} &\triangleq \text{Kapital} \end{aligned}$$

lassen sich die folgenden Bilanzgleichungen ableiten:

$$\begin{aligned} \text{Vermögen} &= \text{Kapital} \\ \text{Vermögen} &= \text{Eigenkapital} + \text{Fremdkapital} \\ \text{Eigenkapital} &= \text{Vermögen} - \text{Fremdkapital} \\ \text{Fremdkapital} &= \text{Vermögen} - \text{Eigenkapital} \end{aligned}$$

(4) Aussagekraft der Bilanz

Am vorgegebenen Beispiel der Augsburger Büromöbel AG (s.o.) wird im Folgenden ein kurzer Überblick über die Aussagekraft einer Bilanz gegeben. Dabei beschränken wir uns darauf, das Verhältnis des Anlage- und Umlaufvermögens sowie des Eigen- und Fremdkapitals zur Bilanzsumme aufzuzeigen und auszuwerten.

1 Auf die **Entwertung des freien Raums** beim Abschluss der Bilanz bzw. des Kontos durch die sogenannte „Buchhalternase" wird im Folgenden **verzichtet**. Dies entspricht der Vorgehensweise in der EDV-Buchhaltung.

Aktiva	Bilanz der Augsburger Büromöbel AG				Passiva
Wie wurde das Kapital verwendet?		**Mittelverwendung**	**Wer** hat das Kapital aufgebracht?		**Mittelherkunft**
I. **Anlagevermögen**	2 394 400,00	62,1 %	I. **Eigenkapital**	2 741 680,00	71,1 %
II. **Umlaufvermögen**	1 463 525,00	37,9 %	II. **Verbindlichkeiten**	1 116 245,00	28,9 %
Vermögen	3 857 925,00	100,0 %	**Kapital**	3 857 925,00	100,0 %
↑ **Verwendung** finanzieller Mittel (Investitionen)			↑ **Beschaffung** finanzieller Mittel (Finanzierung)		

- **Zur Vermögenszusammensetzung:**

  Das **Anlagevermögen** hat einen höheren Anteil als das Umlaufvermögen. Das war zu erwarten, denn ein Möbelhersteller benötigt zur Produktion Fabrikhallen, Maschinen, Fließbänder u. Ä. Diese Anlagegüter sind kapitalintensiv. Das Anlagevermögen ist umso höher, je stärker ein Unternehmen die Produktion automatisiert.

  Im **Umlaufvermögen** sind bei einem Möbelhersteller naturgemäß die Roh-, Hilfs- und Betriebsstoffe sowie die Fertigerzeugnisse die größten Posten, da sie unmittelbar mit der Produktion zusammenhängen.

- **Zur Kapitalzusammensetzung:**

  Das Verhältnis Eigen- und Fremdkapital zur Bilanzsumme zeigt, dass der Anteil des Eigenkapitals höher ist als der des Fremdkapitals. Das bedeutet, der Möbelhersteller ist nicht von den Gläubigern abhängig und die Zinslast ist überschaubar.

2.2 Wertveränderungen der Bilanzposten durch Geschäftsvorfälle (vier Grundfälle)

mvurl.de/98gh

Die Bilanz erfasst die Vermögenswerte und die Schulden im Allgemeinen für den Schluss eines jeden Geschäftsjahres. Durch Gegenüberstellung der Werte am Schluss des laufenden Geschäftsjahres mit den Werten am Schluss des vorangegangenen Geschäftsjahres können dann die Wertveränderungen der einzelnen Bilanzposten festgestellt werden. Ursache für diese Wertveränderungen sind die Geschäftsvorfälle.

Will man diese Wertveränderungen in der übersichtlichen Form einer Bilanz verfolgen, müssten Bilanzen in kürzeren Zeitabständen aufgestellt werden, aus theoretischer Sicht nach jedem Geschäftsvorfall. Dies ist zu umständlich. Daher werden die Veränderungen aufgrund der Geschäftsvorfälle außerhalb der Bilanz, in der Buchführung, festgehalten.

Im Folgenden wird diese unrealistische Sicht jedoch benutzt, um grundsätzlich die unterschiedlichen Auswirkungen der verschiedenen Geschäftsvorfälle auf die in der Bilanz dargestellten Vermögens- und Schuldenwerte darzustellen.

- Eine **Bilanz** gilt immer nur für einen ganz **bestimmten Zeitpunkt.**
- Die in der Bilanz dargestellten Werte werden durch jeden danach erfolgten **Geschäftsvorfall verändert.**
- Die Veränderungen aufgrund der Geschäftsvorfälle werden in der **Buchführung** festgehalten.

Beispiel:

Aktiva		**Ausgangsbilanz**	Passiva
Techn. Anlagen u. Maschinen	37 000,00	Eigenkapital	42 000,00
Roh-, Hilfs- u. Betriebsstoffe	2 000,00	Verb. a. Lief. und Leistungen	16 000,00
Fertige Erzeugnisse	3 000,00		
Kassenbestand	4 000,00		
Guthaben bei Kreditinstituten	12 000,00		
	58 000,00		58 000,00

Anmerkung:

Wegen der geringen Anzahl von Bilanzposten wird auf die Gliederung in Anlagevermögen und Umlaufvermögen bzw. Eigenkapital und Verbindlichkeiten verzichtet.

Aufgabe:

Stellen Sie nach jedem Geschäftsvorfall die Bilanz neu auf, geben Sie an, in welche Richtung (+ oder –) sich die einzelnen Bilanzposten geändert haben und charakterisieren Sie jeweils die Bilanzveränderungen! Treffen Sie außerdem eine Aussage über die Bilanzsumme!

Lösung:

1. Geschäftsvorfall: Wir kaufen Rohstoffe gegen Barzahlung für 1 800,00 EUR.

Auswirkungen auf die Bilanz

Aktiva		**1. veränderte Bilanz**	Passiva
Techn. Anlagen u. Maschinen	37 000,00	Eigenkapital	42 000,00
Roh-, Hilfs- u. Betriebsstoffe	3 800,00	Verb. a. Lief. und Leistungen	16 000,00
Fertige Erzeugnisse	3 000,00		
Kassenbestand	2 200,00		
Guthaben bei Kreditinstituten	12 000,00		
	58 000,00		58 000,00

Roh-, Hilfs- u. Betriebsstoffe	(Aktivposten)	+
Kassenbestand	(Aktivposten)	–

AKTIVTAUSCH
Die Bilanzsumme bleibt unverändert

Erläuterungen:

Es werden zwei Aktivposten verändert. Der Aktivposten Roh-, Hilfs- u. Betriebsstoffe nimmt um 1 800,00 EUR zu, der Aktivposten Kassenbestand nimmt um den gleichen Betrag ab.

2. Geschäftsvorfall: Eine Verbindlichkeit aus Lieferungen und Leistungen von 5 000,00 EUR wird in ein Liefererdarlehen (Bilanzposten „Sonstige Verbindlichkeiten“) umgewandelt.

Auswirkungen auf die Bilanz

Aktiva	2. veränderte Bilanz		Passiva
Techn. Anlagen u. Maschinen	37 000,00	Eigenkapital	42 000,00
Roh-, Hilfs- u. Betriebsstoffe	3 800,00	Verb. a. Lief. und Leistungen	11 000,00
Fertige Erzeugnisse	3 000,00	Sonstige Verbindlichkeiten	5 000,00
Kassenbestand	2 200,00		
Guthaben bei Kreditinstituten	12 000,00		
	58 000,00		58 000,00

Sonstige Verbindlichkeiten	(Passivposten)	+	**PASSIVTAUSCH**
Verb. a. Lief. und Leistungen	(Passivposten)	–	**Die Bilanzsumme bleibt unverändert**

Erläuterungen:

Die Veränderungen erfolgen auf der Passivseite. Der Passivposten Verbindlichkeiten aus Lieferungen und Leistungen nimmt um 5 000,00 EUR ab. In Höhe des gleichen Betrages kommt der neue Passivposten Sonstige Verbindlichkeiten hinzu.

3. Geschäftsvorfall: Eine Verbindlichkeit aus Lieferungen und Leistungen in Höhe von 3 000,00 EUR wird durch eine Banküberweisung getilgt.

Auswirkungen auf die Bilanz

Aktiva	3. veränderte Bilanz		Passiva
Techn. Anlagen u. Maschinen	37 000,00	Eigenkapital	42 000,00
Roh-, Hilfs- u. Betriebsstoffe	3 800,00	Verb. a. Lief. und Leistungen	8 000,00
Fertige Erzeugnisse	3 000,00	Sonstige Verbindlichkeiten	5 000,00
Kassenbestand	2 200,00		
Guthaben bei Kreditinstituten	9 000,00		
	55 000,00		55 000,00

Verb. a. Lief. und Leistungen	(Passivposten)	–	**AKTIV-PASSIVMINDERUNG**
Guth. bei Kreditinstituten	(Aktivposten)	–	**Die Bilanzsumme wird verringert (Bilanzverkürzung)**

Erläuterungen:

Es werden ein Aktivposten und ein Passivposten berührt. Der Passivposten Verbindlichkeiten aus Lieferungen und Leistungen nimmt um 3 000,00 EUR ab, der Aktivposten Guthaben bei Kreditinstituten nimmt ebenfalls um den gleichen Betrag ab.

4. Geschäftsvorfall: Wir kaufen Betriebsstoffe auf Ziel (Kredit) für 6 000,00 EUR.

Auswirkungen auf die Bilanz

Aktiva	**4. veränderte Bilanz**		Passiva
Techn. Anlagen u. Maschinen	37 000,00	Eigenkapital	42 000,00
Roh-, Hilfs- u. Betriebsstoffe	9 800,00	Verb. a. Lief. und Leistungen	14 000,00
Fertige Erzeugnisse	3 000,00	Sonstige Verbindlichkeiten	5 000,00
Kassenbestand	2 200,00		
Guthaben bei Kreditinstituten	9 000,00		
	61 000,00		61 000,00

Roh-, Hilfs- u. Betr.-Stoffe	(Aktivposten)	+	**AKTIV-PASSIVMEHRUNG**
Verb. a. Lief. und Leistungen	(Passivposten)	+	**Die Bilanzsumme wird erhöht (Bilanzverlängerung)**

Erläuterungen:

Es werden ein Aktivposten und ein Passivposten berührt. Der Aktivposten Roh-, Hilfs- und Betriebsstoffe nimmt um 6 000,00 EUR zu, der Passivposten Verbindlichkeiten aus Lieferungen und Leistungen nimmt ebenfalls um diesen Betrag zu.

Ein Blick auf das Eigenkapital zeigt, dass bei allen vier Geschäftsvorfällen das Eigenkapital unverändert bleibt. Es handelt sich um **erfolgsunwirksame (erfolgsneutrale) Geschäftsvorfälle.**

Kompetenztraining

16 Grundlagen der Bilanz

1. Nennen Sie die beiden Hauptgruppen auf der Aktivseite der Bilanz!
2. 2.1 Erläutern Sie den Begriff Anlagevermögen!
   2.2 Nennen Sie drei Posten, die zum Anlagevermögen gehören!
3. 3.1 Erläutern Sie den Begriff Umlaufvermögen!
   3.2 Nennen Sie vier Posten, die zum Umlaufvermögen zählen!
4. Definieren Sie den Begriff „Bilanz"!
5. Stellen Sie die Grundgleichung einer Bilanz auf!
6. Stellen Sie dar, wie das Eigenkapital rechnerisch zu ermitteln ist!
7. Erläutern Sie den Inhalt der beiden Bilanzseiten!

17 Veränderung der Bilanz durch Geschäftsvorfälle

I. Geschäftsvorfälle:

1.	Wir zahlen eine Lieferantenrechnung durch Banküberweisung	4500,00 EUR
2.	Wir kaufen einen Schreibtisch bar	1020,00 EUR
3.	Wir kaufen Hilfsstoffe bar	821,00 EUR
4.	Wir zahlen ein Liefererdarlehen durch Banküberweisung zurück	9500,00 EUR
5.	Ein Kunde zahlt einen Rechnungsbetrag durch Banküberweisung	1100,00 EUR
6.	Wir kaufen einen Laptop bar	845,00 EUR
7.	Wir heben von unserem Bankkonto bar ab und legen das Geld in die Geschäftskasse	3000,00 EUR
8.	Eine Verbindlichkeit aus Lieferungen und Leistungen wird in ein Liefererdarlehen umgewandelt	12000,00 EUR
9.	Wir zahlen auf unser Bankkonto bar ein	3400,00 EUR
10.	Verkauf eines nicht mehr benötigten Büroschrankes zum Buchwert gegen Bankscheck	250,00 EUR

II. Aufgaben:

1. Geben Sie bei den angegebenen Geschäftsvorfällen jeweils die Änderungen der Bilanzposten an!
2. Zeigen Sie auf, um welchen der vier Grundfälle es sich jeweils handelt!

Bearbeitungshinweis:

Zur Lösung der Aufgabe verwenden Sie bitte das folgende Schema:

Nr.	Bilanzposten		Art des Grundfalles
1.	Verb. aus Lief. u. Leistungen Guthaben bei Kreditinstituten	– 4500,00 – 4500,00	Aktiv-Passivminderung

Wie bucht man eigentlich?

In der Praxis existiert zu jedem Geschäftsvorfall ein Beleg. Es gilt der Grundsatz: **Keine Buchung ohne Beleg!** Die einzelnen Geschäftsvorfälle werden mithilfe von Buchungssätzen erfasst. Die folgenden Erklärvideos führen in die Grundlagen der Buchungstechnik ein.

Einfacher Buchungssatz	Zusammengesetzter Buchungssatz	EBK und SBK	Kontenrahmen und Kontenplan
mvurl.de/hkgq	mvurl.de/rb8p	mvurl.de/ejzo	mvurl.de/zzqo

Zu den Buchungen auf Bestands- und Erfolgskonten siehe auch die Links auf S. 93!

3 Auswirkung von Geschäftsvorfällen auf die Bilanz sowie die Gewinn- und Verlustrechnung erläutern

LB 3 Handlungssituation 3: Zwischen erfolgsneutralen und erfolgswirksamen Geschäftsvorfällen unterscheiden

Weber Metallbau GmbH

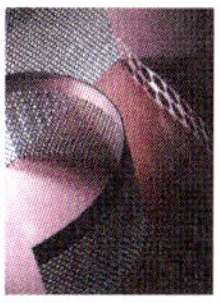

Bei der Weber Metallbau GmbH fallen die folgenden Geschäftsvorfälle an:

1. Die Weber Metallbau GmbH zahlt eine Liefererrechnung durch Banküberweisung.
2. Die Weber Metallbau GmbH verkauft Handelswaren auf Ziel.
3. Die Weber Metallbau GmbH kauft Büromaterial bar.
4. Die Weber Metallbau GmbH verbraucht Rohstoffe.
5. Ein Kunde der Weber Metallbau GmbH zahlt seine Rechnung durch Banküberweisung.
6. Die Weber Metallbau GmbH verkauft Fertigerzeugnisse bar.
7. Die Bank belastet die Weber Metallbau GmbH mit Zinsen.
8. Für ein Werbeinserat tätigt die Weber Metallbau GmbH eine Barzahlung.
9. Die Weber Metallbau GmbH zahlt die fällige Grundsteuer per Banküberweisung.
10. Die Weber Metallbau GmbH kauft einen Büroschrank bar.
11. Die Weber Metallbau GmbH kauft Hilfsstoffe zum sofortigen Verbrauch in bar.

Kompetenzorientierter Arbeitsauftrag:

Beurteilen Sie die Geschäftsvorfälle hinsichtlich ihrer Erfolgswirksamkeit. Entscheiden Sie jeweils, ob es sich um erfolgsunwirksame oder erfolgswirksame Geschäftsvorfälle sowie ggf. um einen Aufwand oder einen Ertrag handelt!

Erstellen Sie hierzu eine Tabelle nach dem folgenden Muster:

Nr.	Geschäftsvorfälle	erfolgs-unwirksam	erfolgs-wirksam	Aufwand	Ertrag
...	...	...	...	...	...

3.1 Aufwendungen und Erträge

- Geschäftsvorfälle, die das **Eigenkapital verändern,** bezeichnet man als **erfolgswirksame Geschäftsvorfälle.**
- Geschäftsvorfälle, die das **Eigenkapital nicht verändern,** bezeichnet man als **erfolgsunwirksame (erfolgsneutrale) Geschäftsvorfälle.**

Um die einzelnen Aufwendungen und Erträge übersichtlich und jederzeit verfügbar zu haben, werden die Aufwendungen und Erträge nicht direkt auf dem Eigenkapitalkonto erfasst, sondern es werden **Unterkonten des Eigenkapitals** gebildet.

- **Aufwandskonten** erfassen die **Minderungen (Abgänge) beim Eigenkapital.**
- **Ertragskonten** erfassen die **Mehrungen (Zugänge) beim Eigenkapital.**

Aufwendungen stehen immer auf der **Sollseite** der Aufwandskonten:

Soll	Aufwandskonto	Haben
Aufwendungen		

Erträge stehen immer auf der **Habenseite** der Ertragskonten:

Soll	Ertragskonto	Haben
		Erträge

3.2 Auswirkungen der erfolgswirksamen Geschäftsvorfälle auf das Gewinn- und Verlustkonto

Aufwendungen und Erträge berühren das Eigenkapital. Aus Gründen der Übersichtlichkeit wird auf dem Konto Eigenkapital jedoch nur das **Gesamtergebnis,** d. h. die Differenz zwischen der Summe der Erträge und der Summe der Aufwendungen (Gewinn bzw. Verlust) ausgewiesen.

Das bedeutet, dass die einzelnen Aufwendungen und Erträge auf einem Zwischenkonto einander gegenübergestellt werden müssen. Da aus der Gegenüberstellung aller Erträge mit allen Aufwendungen der Gewinn oder Verlust des Unternehmens errechnet wird, heißt dieses Zwischenkonto **Gewinn- und Verlustkonto (GuV-Konto).**

Der Abschluss der Ergebniskonten vollzieht sich in drei Schritten:

1. Schritt: Abschluss der Aufwandskonten über das GuV-Konto.
2. Schritt: Abschluss der Ertragskonten über das GuV-Konto.
3. Schritt: Abschluss des GuV-Kontos über das Eigenkapitalkonto.

Anschließend wird der Betrag (Schlussbestand) des Eigenkapitalkontos in die Position Eigenkapital in die Bilanz übernommen.

- Auf dem **GuV-Konto** werden die **Aufwendungen** und **Erträge** einander gegenübergestellt.
- Der **Saldo** auf dem GuV-Konto weist den **Gewinn** bzw. **Verlust** des Unternehmens aus.

Erträge > Aufwendungen = Gewinn
Erträge < Aufwendungen = Verlust

Der auf dem GuV-Konto ermittelte Gewinn oder Verlust wird anschließend auf das Konto **Eigenkapital** umgebucht. Das **GuV-Konto** ist ein **Unterkonto des Eigenkapitalkontos**. Ein Gewinn erhöht das Eigenkapital, ein Verlust vermindert es.

Überblick: Vom erfolgswirksamen Geschäftsvorfall bis zum Eigenkapitalkonto

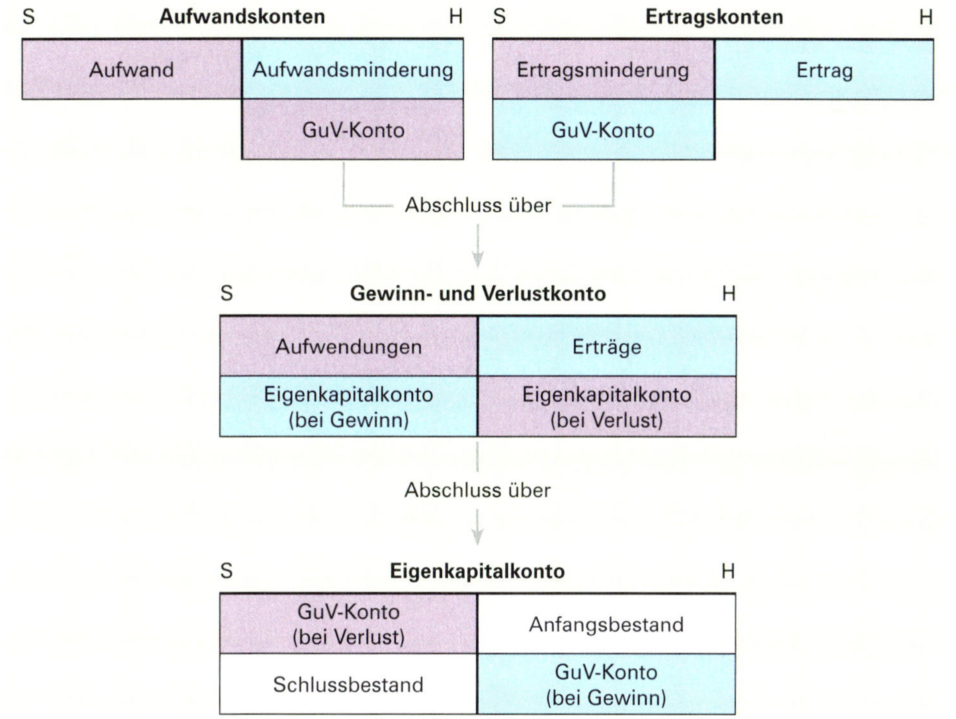

Wie bucht man eigentlich?

In diesem Kapitel wurden bereits die theoretischen Grundlagen zur Buchführung dargestellt. Wie in der Praxis Geschäftsvorfälle auf Konten gebucht werden, wird in den nebenstehenden Videos anschaulich erklärt.

Buchen auf Bestandskonten
mvurl.de/nayv

Buchen auf Erfolgskonten
mvurl.de/vq1a

3.3 Abschreibungen als weiterer Einflussfaktor auf das Gesamtergebnis

mvurl.de/a9a4

(1) Ursachen der Abschreibung

Anlagegüter wie z. B. ein Gebäude, einen Aktenschrank, eine Maschine, einen Gabelstapler oder einen Lkw nutzt das Unternehmen langfristig. Durch den täglichen Gebrauch verlieren diese Anlagegüter an Wert **(abnutzbare Güter)**. Um ihren Wert auf dem Schlussbilanzkonto richtig darzustellen, ist der Betrag der **Wertminderung von den Anschaffungskosten** abzuschreiben.

- **Abschreibungen** erfassen die **Wertminderung der abnutzbaren Anlagegüter.**
- Durch die Abschreibung werden die **Anschaffungskosten** auf die **Jahre der Nutzung als Aufwand** verteilt.

Für die Höhe der Abschreibung können folgende Gründe eine Rolle spielen:

Gebrauch	Jeder Gebrauchsgegenstand hat eine begrenzte Lebensdauer, die u. a. von der Häufigkeit der Nutzung abhängt. Je häufiger ein Gegenstand genutzt wird, desto schneller verschleißt er und desto mehr verliert er an Wert. Ein Auto, das 100 000 km gefahren wurde, ist weniger wert als das sonst gleiche Auto, das in der gleichen Zeit nur 50 000 km gefahren wurde.
technischer Fortschritt	In der durch hohe Technisierung und starken Konkurrenzdruck gekennzeichneten Wirtschaft werden die Produkte immer weiter verbessert. Sobald ein verbessertes Produkt auf den Markt kommt, verliert das bisherige Produkt schlagartig an Wert.
wirtschaftliche Überholung	Geht die Nachfrage nach einem Gut aufgrund neuer Erfindungen oder aufgrund eines Modewechsels zurück, so hat das wertmindernde Rückwirkungen sowohl auf die Güter selbst als auch auf die zu ihrer Herstellung benötigten Maschinen.
natürlicher Verschleiß	Selbst wenn ein Gegenstand überhaupt nicht genutzt würde und auch die übrigen Ursachen der Abschreibung nicht zutreffen, würde z. B. durch Witterungseinflüsse (Wechsel von Wärme und Kälte, Nässe und Trockenheit) eine wertmindernde Veränderung des Gegenstandes eintreten.

Infolge der Abschreibung vermindern sich die Anschaffungskosten jährlich um die mit der Abschreibung erfasste Wertminderung, sodass sich der Buchwert von Jahr zu Jahr verringert.

Anschaffungskosten – Abschreibung = Buchwert

Die Abschreibungen stellen einen Aufwand dar, sie mindern den Gewinn.

(2) Berechnung der Abschreibung nach der linearen Methode

Bei der linearen Abschreibung wird ein jährlich gleichbleibender Betrag von den **Anschaffungskosten** des Anlagegutes abgeschrieben. Auf diese Weise werden die gesamten Anschaffungskosten gleichmäßig auf die Nutzungsdauer verteilt. Nach Ablauf der Nutzungsdauer ist der Buchwert gleich null.

Beispiel:

Die Anschaffungskosten eines Kombiwagens zu Beginn der Geschäftsperiode betragen 30000,00 EUR. Es wird eine Nutzungsdauer von sechs Jahren angenommen. In diesem Fall beträgt der jährliche Abschreibungsbetrag 5000,00 EUR und der Abschreibungssatz $16\frac{2}{3}$ %.

Aufgabe:

Führen Sie rechnerisch die Abschreibung über die gesamte Laufzeit durch!

mvurl.de/wlbs

Lösung:

	Anschaffungskosten	30000,00 EUR
–	$16\frac{2}{3}$ % Abschreibung 1. Jahr	5000,00 EUR
=	Buchwert Ende 1. Jahr	25000,00 EUR
–	$16\frac{2}{3}$ % Abschreibung 2. Jahr	5000,00 EUR
=	Buchwert Ende 2. Jahr	20000,00 EUR
–	$16\frac{2}{3}$ % Abschreibung 3. Jahr	5000,00 EUR
=	Buchwert Ende 3. Jahr	15000,00 EUR
–	$16\frac{2}{3}$ % Abschreibung 4. Jahr	5000,00 EUR
=	Buchwert Ende 4. Jahr	10000,00 EUR
–	$16\frac{2}{3}$ % Abschreibung 5. Jahr	5000,00 EUR
=	Buchwert Ende 5. Jahr	5000,00 EUR
–	$16\frac{2}{3}$ % Abschreibung 6. Jahr	5000,00 EUR
=	Buchwert Ende 6. Jahr	0,00 EUR[1]

$$\text{jährlicher Abschreibungsbetrag} = \frac{\text{Anschaffungskosten}}{\text{Nutzungsdauer}}$$

$$\text{jährlicher Abschreibungssatz} = \frac{100\,\%}{\text{Nutzungsdauer}}$$

Die lineare Abschreibungsmethode hat insbesondere folgende Vorteile:

- einfache und nur einmalige Berechnung des Abschreibungsbetrags;
- gute Vergleichbarkeit der aufeinanderfolgenden Erfolgsrechnungen;
- gleichmäßige Aufwandsbelastung bzw. Belastung der Kostenrechnung mit Abschreibungen.

1 Die in der manuellen Buchführung übliche Abschreibung auf einen Erinnerungswert von 1,00 EUR, wenn das Wirtschaftsgut nach Ablauf der Nutzungsdauer noch weiter genutzt wird, ist in der als Nebenbuchhaltung betriebenen computerunterstützten Anlagenbuchführung nicht üblich. Hier wird auch bei Weiternutzung des Wirtschaftsgutes mit der letzten Rate auf den Restbuchwert von 0,00 EUR abgeschrieben.

Kompetenztraining

18 Vertiefung zu Eigenkapital und Ergebniskonten

1. Erläutern Sie den Zusammenhang zwischen den Ergebniskonten und dem Eigenkapitalkonto!
2. Begründen Sie, warum das System der doppelten Buchführung auch ohne die Einrichtung von Ergebniskonten funktionieren würde!
3. Nennen Sie Gründe, warum die Aufwendungen und Erträge nicht direkt auf dem Eigenkapitalkonto gebucht werden!
4. Begründen Sie, warum es auf den Ergebniskonten keine Anfangsbestände geben kann!
5. Stellen Sie die Auswirkungen der Aufwendungen auf das Eigenkapital dar!
6. Begründen Sie, weshalb Aufwendungen auf der Sollseite und Erträge auf der Habenseite gebucht werden!

19 Berechnung der linearen Abschreibung

1. Die Anschaffungskosten eines Autotelefons für den Geschäftswagen betragen zu Beginn der Geschäftsperiode 2 100,00 EUR.

   Aufgaben:

   1.1 Berechnen Sie den jährlichen Abschreibungsbetrag bei linearer Abschreibung und einer angenommenen Nutzungsdauer von fünf Jahren!

   1.2 Bilden Sie eine Formulierung, in der der Inhalt der Abschreibung zum Ausdruck kommt!

2. Eine Frankiermaschine wird am Ende des 3. Nutzungsjahres linear mit 930,00 EUR abgeschrieben, Abschreibungssatz: $12\,^1/_2\,\%$.

   Aufgabe:

   Berechnen Sie die Anschaffungskosten für die Frankiermaschine!

3.

Anlagegüter	Buchwert am 31. Dez	Anschaffungskosten zu Beginn des Geschäftsjahres	Nutzungsdauer
Ladeneinrichtung (Werkstattverkauf)	52 500,00 EUR	84 000,00 EUR	8 Jahre
Kombiwagen	38 000,00 EUR	57 000,00 EUR	6 Jahre

   Aufgaben:

   3.1 Berechnen Sie den jeweiligen Abschreibungssatz bei linearer Abschreibung!

   3.2 Ermitteln Sie, wie viel Jahre die beiden Anlagegüter bisher abgeschrieben worden sind!

4. Die Anschaffungskosten für einen Warenautomaten zu Beginn der Geschäftsperiode betragen 6 550,00 EUR.

   Aufgabe:

   Berechnen Sie den jährlichen Abschreibungsbetrag bei linearer Abschreibung und einer angenommenen Nutzungsdauer von fünf Jahren!

4 Mithilfe des Umsatzkostenverfahrens das Gesamtergebnis in Staffelform ermitteln

LB 3 Handlungssituation 4: Die Augsburger Büromöbel AG ermittelt und analysiert das Gesamtergebnis

Sie absolvieren ein Praktikum in der Finanzabteilung der Augsburger Büromöbel AG, einem traditionsreichen Unternehmen, das hochwertige Büromöbel für Geschäftskunden herstellt und vertreibt. Es ist Ende Dezember und Ihre Betreuerin, Frau Schmidt, die Leiterin der Finanzbuchhaltung, bereitet den Jahresabschluss vor.

„Wie Sie bereits gelernt haben, müssen wir als Aktiengesellschaft nach dem Handelsgesetzbuch einen ordnungsgemäßen Jahresabschluss erstellen. Ein zentraler Bestandteil ist die Gewinn- und Verlustrechnung, kurz GuV genannt. Diese zeigt transparent, ob unser Unternehmen im abgelaufenen Geschäftsjahr wirtschaftlich erfolgreich war oder nicht“, erklärt Ihnen Frau Schmidt.

Sie legt Ihnen verschiedene Unterlagen vor: *„Unsere Geschäftsführung und der Aufsichtsrat möchten die GuV nach dem Umsatzkostenverfahren aufgestellt haben. Im Gegensatz zum Gesamtkostenverfahren werden hier die Kosten nicht nach ihrer Art gegliedert, sondern nach den Funktionsbereichen, in denen sie angefallen sind, also Herstellung, Vertrieb und Verwaltung. Das gibt uns einen besseren Einblick in die Profitabilität der einzelnen Unternehmensbereiche.“*

Folgende Daten für das laufende Geschäftsjahr hat Frau Schmidt für Sie zusammengestellt:

Position	Betrag in EUR
Umsatzerlöse	3 450 000,00
Herstellungskosten der verkauften Erzeugnisse	1 950 000,00
Vertriebskosten	465 000,00
Allgemeine Verwaltungskosten	312 000,00
Sonstige betriebliche Erträge	58 000,00
Sonstige betriebliche Aufwendungen	92 000,00
Zinserträge	11 500,00
Zinsaufwendungen	43 000,00
Steuern vom Einkommen und vom Ertrag	178 500,00

„Ihre Aufgabe“, erklärt Frau Schmidt, *„besteht darin, aus diesen Zahlen eine vollständige Gewinn- und Verlustrechnung nach dem Umsatzkostenverfahren zu erstellen. Dabei sollen Sie insbesondere das Betriebsergebnis und den Jahresüberschuss bzw. Jahresfehlbetrag ermitteln. Die Geschäftsführung möchte nämlich genau wissen, wie hoch der Gewinn aus der eigentlichen betrieblichen Tätigkeit ist und welchen Einfluss die Finanzierung und die Steuern auf das Gesamtergebnis haben.“*

Kompetenzorientierte Arbeitsaufträge:

1. Erstellen Sie die Gewinn- und Verlustrechnung nach dem Umsatzkostenverfahren in Staffelform gemäß § 275 III HGB!
2. Ermitteln Sie das Betriebsergebnis und erläutern Sie, was dieser Wert aussagt!
3. Berechnen Sie den Jahresüberschuss bzw. Jahresfehlbetrag!
4. Analysieren Sie die wesentlichen Einflussfaktoren auf das Gesamtergebnis und geben Sie Empfehlungen zur Verbesserung!

4.1 Grundbegriffe: Aufwendungen und Erträge, Gewinn- und Verlustrechnung

Grundlage der Gewinn- und Verlustrechnung bilden **Aufwendungen** und **Erträge.**

(1) Aufwendungen

- **Aufwendungen** sind der in Geld bewertete Verbrauch von Gütern und Dienstleistungen innerhalb einer Rechnungsperiode (in der Regel ein Geschäftsjahr).
- Aufwendungen führen zu einer **Verminderung des Eigenkapitals.** Sie stellen den „Wertverzehr" dar, den ein Unternehmen erleidet, um seine Leistungen zu erbringen.

Folgende **Arten von Aufwendungen** werden unterschieden:

- **betriebliche Aufwendungen:** Aufwendungen, die unmittelbar mit der eigentlichen betrieblichen Tätigkeit zusammenhängen (z.B. Materialaufwand, Personalkosten, Abschreibungen, Vertriebskosten),
- **Finanzaufwendungen:** Aufwendungen aus der Finanzierungstätigkeit (z.B. Zinsaufwendungen für Kredite),
- **außerordentliche Aufwendungen:** Aufwendungen, die außerhalb der gewöhnlichen Geschäftstätigkeit anfallen und von besonderer Bedeutung sind (z.B. Aufwendungen durch den Brand einer Montagehalle),
- **Steuern:** Steuern vom Einkommen und vom Ertrag.

(2) Erträge

- **Erträge** sind der in Geld bewertete Wertzuwachs innerhalb einer Rechnungsperiode.
- Erträge führen zu einer **Vermehrung des Eigenkapitals.** Sie stellen die „Wertschaffung" dar, die ein Unternehmen durch seine Tätigkeit erzielt.

Folgende **Arten von Erträgen** werden unterschieden:

- **betriebliche Erträge:** Erträge aus der eigentlichen betrieblichen Tätigkeit (z. B. Umsatzerlöse, sonstige betriebliche Erträge),
- **Finanzerträge:** Erträge aus der Finanzierungstätigkeit und Vermögensverwaltung (z. B. Zinserträge, Dividenden),
- **außerordentliche Erträge:** Erträge außerhalb der gewöhnlichen Geschäftstätigkeit (z. B. Versicherungsleistungen nach einem Brand im Betrieb).

Aufwendungen mindern den Erfolg, Erträge mehren den Erfolg. Die Differenz zwischen Erträgen und Aufwendungen ergibt das **Gesamtergebnis** (Jahresüberschuss oder Jahresfehlbetrag).

(3) Gewinn- und Verlustrechnung (GuV)

Die **Gewinn- und Verlustrechnung** stellt die Erträge und Aufwendungen eines Geschäftsjahres gegenüber und ermittelt dadurch den **Erfolg (Gewinn oder Verlust)** des Unternehmens.

Die GuV-Rechnung ist neben der Bilanz der zweite Hauptbestandteil des Jahresabschlusses.

Zweck der GuV ist:

- die Ermittlung des Jahresergebnisses (Gewinn oder Verlust),
- die Darstellung der Ertragslage des Unternehmens,
- die Information für Unternehmensleitung, Gesellschafter, Gläubiger und andere Interessenten,
- die Grundlage für steuerliche Bemessung.

Nach § 275 I HGB ist die GuV in **Staffelform** aufzustellen. Dies bedeutet, dass die einzelnen Posten untereinander angeordnet werden und durch **Addition (Erträge)** und **Subtraktion (Aufwendungen)** schrittweise zum Endergebnis führen.

Für die Gliederung stehen **zwei Verfahren** zur Wahl:

- das **Gesamtkostenverfahren** (§ 275 II HGB): Gliederung der Aufwendungen nach Aufwandsarten (Material, Personal, Abschreibungen etc.)
- das **Umsatzkostenverfahren** (§ 275 III HGB): Gliederung der Aufwendungen nach Funktionsbereichen (Herstellung, Vertrieb, Verwaltung)

Gesamtkosten- und Umsatzkostenverfahren führen zum gleichen Jahresergebnis, unterscheiden sich aber in der Darstellung und den ausgewiesenen Zwischenergebnissen.

4.2 Umsatzkostenverfahren nach § 275 III HGB

(1) Grundprinzip

Beim Umsatzkostenverfahren werden den **Umsatzerlösen** nur die Aufwendungen gegenübergestellt, die zur Erzielung dieser Umsätze angefallen sind. Die Aufwendungen werden dabei nach Funktionsbereichen gegliedert:

- **Herstellungsbereich:** Kosten für die Produktion der verkauften Erzeugnisse,
- **Vertriebsbereich:** Kosten für den Verkauf und die Distribution,
- **Verwaltungsbereich:** Kosten für die allgemeine Unternehmensführung.

(2) Gliederungsschema nach § 275 III HGB (mit Teilergebnissen)

Nr.	Position	Vorzeichen
1.	Umsatzerlöse	+
2.	Herstellungskosten der zur Erzielung der Umsatzerlöse erbrachten Leistungen	–
3.	**Bruttoergebnis vom Umsatz**	=
4.	Vertriebskosten	–
5.	Allgemeine Verwaltungskosten	–
6.	Sonstige betriebliche Erträge	+
7.	Sonstige betriebliche Aufwendungen	–
8.	**Betriebsergebnis (EBIT)**	=
9.	Erträge aus Beteiligungen	+
10.	Erträge aus anderen Wertpapieren und Ausleihungen	+
11.	Sonstige Zinsen und ähnliche Erträge	+
12.	Abschreibungen auf Finanzanlagen	–
13.	Zinsen und ähnliche Aufwendungen	–
14.	**Finanzergebnis**	=
15.	**Ergebnis der gewöhnlichen Geschäftstätigkeit (EGT)**	=
16.	Steuern vom Einkommen und vom Ertrag	–
17.	Sonstige Steuern	–
18.	**Jahresüberschuss/Jahresfehlbetrag**	=

(3) Von den Umsatzerlösen zu den Sonstigen betrieblichen Aufwendungen

Umsatzerlöse

Die Umsatzerlöse stellen die Erlöse aus dem Verkauf von Produkten und Dienstleistungen dar, die zum gewöhnlichen Geschäftsbetrieb des Unternehmens gehören. Sie werden netto (ohne Umsatzsteuer) ausgewiesen.

Herstellungskosten der zur Erzielung der Umsatzerlöse erbrachten Leistungen

Dies sind alle Kosten, die bei der Produktion der verkauften Waren bzw. Erzeugnisse angefallen sind. Dazu gehören:

- Materialkosten (Roh-, Hilfs- und Betriebsstoffe),
- Fertigungslöhne,
- Fertigungsgemeinkosten (z. B. Abschreibungen auf Produktionsanlagen, Energiekosten der Produktion).

Hinweis:

Es werden nur die Herstellungskosten der **tatsächlich verkauften** Produkte berücksichtigt, nicht die der gesamten Produktion.

Bruttoergebnis vom Umsatz

Das Bruttoergebnis (auch: **Rohertrag**) ergibt sich aus:

Bruttoergebnis = Umsatzerlöse – Herstellungskosten der verkauften Erzeugnisse

Es zeigt, wie viel vom Umsatz nach Abzug der direkten Herstellungskosten übrig bleibt, um die weiteren betrieblichen Aufwendungen zu decken.

Vertriebskosten

Vertriebskosten umfassen alle Aufwendungen, die im Zusammenhang mit dem Verkauf und der Auslieferung der Produkte anfallen:

- Gehälter des Vertriebspersonals,
- Werbe- und Marketingkosten,
- Verpackungs- und Versandkosten,
- Provisionen,
- Abschreibungen auf Vertriebsanlagen (z. B. Lieferfahrzeuge).

Allgemeine Verwaltungskosten

Allgemeine Verwaltungskosten sind Aufwendungen für die allgemeine Unternehmensführung:

- Gehälter der Verwaltungsangestellten und der Geschäftsführung,
- Kosten der Buchhaltung und der Personalabteilung,
- Büromaterial und -ausstattung,
- Miete für Verwaltungsräume,
- Versicherungen, Rechts- und Beratungskosten.

Sonstige betriebliche Erträge

Hierunter fallen alle betrieblichen Erträge, die nicht zu den Umsatzerlösen gehören:

- Erlöse aus dem Verkauf von Anlagevermögen,
- Erträge aus der Auflösung von Rückstellungen,
- Miet- und Pachterträge,
- Erträge aus Währungsumrechnung.

Sonstige betriebliche Aufwendungen

Entsprechend sind dies alle betrieblichen Aufwendungen, die nicht den anderen Kategorien zugeordnet werden können:

- Verluste aus dem Abgang von Anlagevermögen,
- Aufwendungen aus Währungsumrechnung,
- verschiedene sonstige Aufwendungen.

(4) Betriebsergebnis

Das **Betriebsergebnis** (auch: operatives Ergebnis oder EBIT[1]) zeigt den Erfolg aus der **eigentlichen betrieblichen Tätigkeit** des Unternehmens, also aus Herstellung und Verkauf seiner Produkte bzw. Dienstleistungen.

Betriebsergebnis = Bruttoergebnis – Vertriebskosten – Verwaltungskosten + Sonstige betr. Erträge – Sonstige betr. Aufwendungen

oder vereinfacht:

Betriebsergebnis = Summe aller betr. Erträge – Summe aller betr. Aufwendungen

Das **Betriebsergebnis** zeigt die **Ertragskraft des Kerngeschäfts,** unabhängig von Finanzierungsstruktur und Steuern. Es ermöglicht die **Vergleichbarkeit** zwischen Unternehmen mit unterschiedlicher Finanzierung und dient als Basis für **Managemententscheidungen** über operative Verbesserungen.

- Ein **positives Betriebsergebnis** bedeutet: Das Unternehmen arbeitet profitabel, die betrieblichen Erträge übersteigen die betrieblichen Aufwendungen.
- Ein **negatives Betriebsergebnis** bedeutet: Das Kerngeschäft ist defizitär, die betriebliche Tätigkeit verursacht einen Verlust.

Auch bei einem positiven Betriebsergebnis kann ein Jahresfehlbetrag entstehen, wenn die Finanzierungskosten (Zinsen) oder die Steuerlast zu hoch sind.

1 **EBIT: E**arnings **B**efore **I**nterest and **T**axes (Gewinn vor Zinsen und Steuern).

(5) Vom Betriebsergebnis zum Jahresüberschuss/-fehlbetrag

Nach dem Betriebsergebnis werden weitere Positionen berücksichtigt:

Finanzergebnis

Das Finanzergebnis umfasst Erträge und Aufwendungen aus der **Finanzierungstätigkeit:**

Finanzergebnis = Finanzerträge – Finanzaufwendungen

Finanzerträge	■ Zinserträge aus Bankguthaben ■ Erträge aus Beteiligungen (z. B. Dividenden) ■ Erträge aus Wertpapieren
Finanzaufwendungen	■ Zinsaufwendungen für Kredite und Darlehen ■ Abschreibungen auf Finanzanlagen

Ergebnis der gewöhnlichen Geschäftstätigkeit (EGT)

Das EGT zeigt das Ergebnis aus der gesamten gewöhnlichen (d.h. regelmäßig wiederkehrenden) Geschäftstätigkeit.

EGT = Betriebsergebnis + Finanzergebnis

Jahresüberschuss bzw. Jahresfehlbetrag

Nach Abzug der Steuern vom Einkommen und vom Ertrag sowie sonstiger Steuern ergibt sich das **Gesamtergebnis:**

Jahresüberschuss/-fehlbetrag = EGT – Steuern

- **Jahresüberschuss:** positives Gesamtergebnis, Gewinn
- **Jahresfehlbetrag:** negatives Gesamtergebnis, Verlust

Der Jahresüberschuss bzw. Jahresfehlbetrag wird in die **Bilanz als Eigenkapitalposition** übernommen und zeigt die Veränderung des Eigenkapitals durch die Geschäftstätigkeit.

4.3 Wesentliche Einflussfaktoren auf das Gesamtergebnis

Das Gesamtergebnis eines Unternehmens wird von verschiedenen Faktoren beeinflusst, die sich in drei Hauptbereiche gliedern lassen:

betriebliche Faktoren	■ **Umsatzentwicklung**: Höhere Verkaufszahlen oder Preise erhöhen die Umsatzerlöse. ■ **Herstellungskosten**: Effiziente Produktion, günstige Materialbeschaffung und optimierte Fertigungsprozesse senken die Kosten. ■ **Vertriebseffizienz**: Gezielte Marketingmaßnahmen und effiziente Logistik beeinflussen die Vertriebskosten. ■ **Verwaltungskosten**: Schlanke Strukturen und Digitalisierung können Verwaltungskosten reduzieren. ■ **Sonstige betriebliche Posten**: z. B. Erlöse aus Anlagenverkäufen oder außerplanmäßige Aufwendungen.
finanzwirtschaftliche Faktoren	■ **Finanzierungsstruktur**: Hoher Fremdkapitalanteil führt zu höheren Zinsaufwendungen. ■ **Zinsniveau**: Veränderungen der Marktzinsen beeinflussen die Finanzierungskosten.
steuerliche Faktoren	■ **Kapitalanlage**: Zinserträge aus liquiden Mitteln oder Erträge aus Beteiligungen. ■ **Gewinnhöhe**: Je höher der Gewinn vor Steuern, desto höher ist die Steuerlast. ■ **Steuersätze**: Körperschaftsteuer, Gewerbesteuer (abhängig vom Standort). ■ **Steuerliche Gestaltungsmöglichkeiten**: z. B. Abschreibungsmethoden, Rückstellungsbildung.

Während das **Management** direkten **Einfluss auf betriebliche Faktoren** hat, sind finanzwirtschaftliche und steuerliche Faktoren oft durch externe Rahmenbedingungen eingeschränkt. Daher ist die Verbesserung des **Betriebsergebnisses** der wichtigste Hebel zur nachhaltigen Ergebnissteigerung.

Beispiel: Gewinn- und Verlustrechnung der ElektroTech AG

Die ElektroTech AG, ein Hersteller von Industrieelektronik, hat für das aktuelle Geschäftsjahr folgende Daten ermittelt:

Position	Betrag in EUR
Umsatzerlöse	4 500 000,00
Herstellungskosten der verkauften Erzeugnisse	2 700 000,00
Vertriebskosten	540 000,00
Allgemeine Verwaltungskosten	380 000,00
Sonstige betriebliche Erträge	85 000,00
Sonstige betriebliche Aufwendungen	125 000,00
Zinserträge	12 000,00
Zinsaufwendungen	48 000,00
Steuern vom Einkommen und vom Ertrag	220 000,00

Aufgaben:

1. Erstellen Sie die Gewinn- und Verlustrechnung nach dem Umsatzkostenverfahren in Staffelform gemäß § 275 III HGB!
2. Ermitteln Sie das Bruttoergebnis vom Umsatz!
3. Berechnen Sie das Betriebsergebnis und interpretieren Sie dessen Bedeutung!
4. Ermitteln Sie den Jahresüberschuss bzw. Jahresfehlbetrag!
5. Berechnen Sie die operative Marge (Betriebsergebnis in Prozent der Umsatzerlöse) und die Nettogewinnmarge (Jahresergebnis in Prozent der Umsatzerlöse)!

Lösungen:

Zu 1.: Gewinn- und Verlustrechnung nach dem Umsatzkostenverfahren in Staffelform

Nr.	Position	Betrag in EUR	Betrag in EUR
1.	Umsatzerlöse		4500000,00
2.	Herstellungskosten der zur Erzielung der Umsatzerlöse erbrachten Leistungen		– 2700000,00
3.	**Bruttoergebnis vom Umsatz**		**1800000,00**
4.	Vertriebskosten	– 540000,00	
5.	Allgemeine Verwaltungskosten	– 380000,00	
6.	Sonstige betriebliche Erträge	+ 85000,00	
7.	Sonstige betriebliche Aufwendungen	– 125000,00	– 960000,00
8.	**Betriebsergebnis (EBIT)**		**840000,00**
9.	Zinserträge	+ 12000,00	
10.	Zinsaufwendungen	– 48000,00	– 36000,00
11.	**Finanzergebnis**		**– 36000,00**
12.	**Ergebnis der gewöhnlichen Geschäftstätigkeit (EGT)**		**804000,00**
13.	Steuern vom Einkommen und vom Ertrag		– 220000,00
14.	**Jahresüberschuss**		**584000,00**

Zu 2.: Bruttoergebnis vom Umsatz

Bruttoergebnis = Umsatzerlöse – Herstellungskosten

= 4500000,00 EUR – 2700000,00 EUR = 1800000,00 EUR

Das Bruttoergebnis beträgt 1800000,00 EUR.

Zu 3.: Berechnung und Interpretation des Betriebsergebnisses

Betriebsergebnis = 1800000,00 EUR – 540000,00 EUR – 380000,00 EUR + 85000,00 EUR – 125000,00 EUR = 840000,00 EUR

Interpretation: Das positive Betriebsergebnis von 840000,00 EUR zeigt, dass die ElektroTech AG aus ihrer operativen Geschäftstätigkeit heraus hochprofitabel arbeitet. Das Kerngeschäft (Herstellung und Verkauf von Industrieelektronik) erwirtschaftet einen sehr guten Gewinn von 840000,00 EUR, vor Berücksichtigung von Finanzierungs- und Steuereffekten.

Zu 4.: Ermittlung des Jahresüberschusses bzw. Jahresfehlbetrags

Jahresüberschuss = EGT – Steuern

= 804 000,00 EUR – 220 000,00 EUR = 584 000,00 EUR

Die ElektroTech AG hat im aktuellen Geschäftsjahr einen Jahresüberschuss von 584 000,00 EUR erzielt.

Zu 5.: Berechnung der operativen Marge und der Nettogewinnmarge

$$\text{operative Marge} = \frac{\text{Betriebsergebnis}}{\text{Umsatzerlöse}} \cdot 100 = \frac{840\,000}{4\,500\,000} \cdot 100 = \underline{\underline{18{,}67\,\%}}$$

Die **operative Marge** beträgt 18,67 %. Das bedeutet, dass von jedem Euro Umsatz etwa 18,67 Cent als operativer Gewinn verbleiben. Dies ist ein sehr guter Wert und zeigt eine effiziente Kostenstruktur.

$$\text{Nettogewinnmarge} = \frac{\text{Jahresergebnis}}{\text{Umsatzerlöse}} \cdot 100 = \frac{584\,000}{4\,500\,000} \cdot 100 = \underline{\underline{12{,}98\,\%}}$$

Mit 12,98 % weist die Elektro Tech AG eine stabile **Nettogewinnmarge** aus. Das Unternehmen ist in der Lage, seine Einnahmen wirkungsvoll in Gewinne umzuwandeln.

Kompetenztraining

20 Umsatzkostenverfahren: Begriffe und Zusammenhänge

Beantworten Sie die folgenden Fragen in vollständigen Sätzen:

1. Erklären Sie den Unterschied zwischen Aufwendungen und Erträgen und geben Sie je drei Beispiele!
2. Erläutern Sie, was man unter dem Bruttoergebnis vom Umsatz versteht und welche Aussagekraft diese Kennzahl hat!
3. Definieren Sie das Betriebsergebnis (EBIT) und erläutern Sie, warum es für die Unternehmenssteuerung besonders wichtig ist!
4. Beschreiben Sie den Unterschied zwischen dem Betriebsergebnis und dem Jahresüberschuss bzw. Jahresfehlbetrag!
5. Nennen Sie drei wesentliche Einflussfaktoren auf das Gesamtergebnis eines Unternehmens und erläutern Sie jeweils kurz deren Wirkung!
6. Erläutern Sie, warum sowohl das Umsatzkostenverfahren als auch das Gesamtkostenverfahren zum gleichen Jahresergebnis führen, obwohl sie unterschiedlich aufgebaut sind!

21 Gesamtergebnis ermitteln und analysieren: MöbelDesign GmbH

Die MöbelDesign GmbH stellt hochwertige Designermöbel her. Für das Geschäftsjahr liegen folgende Informationen vor:

Position	Betrag in EUR
Umsatzerlöse	1 850 000,00
Herstellungskosten der verkauften Erzeugnisse	980 000,00

Position	Betrag in EUR
Vertriebskosten	295 000,00
Allgemeine Verwaltungskosten	185 000,00
Sonstige betriebliche Erträge	28 000,00
Sonstige betriebliche Aufwendungen	95 000,00
Zinserträge	3 500,00
Zinsaufwendungen	42 000,00
Steuern vom Einkommen und vom Ertrag	82 000,00

Aufgaben:

1. Erstellen Sie die GuV-Rechnung nach dem Umsatzkostenverfahren in Staffelform!
2. Ermitteln Sie das Betriebsergebnis!
3. Berechnen Sie das Finanzergebnis und interpretieren Sie es!
4. Ermitteln Sie den Jahresüberschuss bzw. Jahresfehlbetrag!
5. Analysieren Sie die wesentlichen Einflussfaktoren auf das Gesamtergebnis und geben Sie zwei konkrete Verbesserungsvorschläge!

22 Vergleichende Analyse: SportMode GmbH

Die SportMode GmbH weist für das abgelaufene Geschäftsjahr folgende GuV-Daten aus:

Position	Betrag in EUR
Umsatzerlöse	3 200 000,00
Herstellungskosten der verkauften Erzeugnisse	2 080 000,00
Vertriebskosten	480 000,00
Allgemeine Verwaltungskosten	240 000,00
Sonstige betriebliche Erträge	55 000,00
Sonstige betriebliche Aufwendungen	110 000,00
Zinserträge	5 000,00
Zinsaufwendungen	65 000,00
Steuern vom Einkommen und vom Ertrag	85 000,00

Aufgaben:

1. Erstellen Sie die vollständige GuV-Rechnung nach dem Umsatzkostenverfahren!
2. Berechnen Sie folgende Kennzahlen:
   - 2.1 Bruttoergebnis in Prozent der Umsatzerlöse (Bruttomarge),
   - 2.2 operative Marge (Betriebsergebnis in Prozent der Umsatzerlöse),
   - 2.3 Nettogewinnmarge (Jahresergebnis in Prozent der Umsatzerlöse)!
3. Vergleichen Sie diese Kennzahlen mit denen der Augsburger Büromöbel AG aus der Handlungssituation 4 (S. 97 f.) und bewerten Sie die relative Ertragslage der SportMode GmbH!
4. Identifizieren Sie den größten Unterschied zwischen beiden Unternehmen und erläutern Sie mögliche Ursachen!

5 Bei Einkäufen und Verkäufen die Umsatzsteuer berücksichtigen

LB 3 Handlungssituation 5: Eine Eingangsrechnung mit Umsatzsteuer bearbeiten

Sie sind als Sachbearbeiter/-in in der Buchhaltung der Weber Metallbau GmbH tätig und bearbeiten den nachfolgenden Beleg:

Weber Metallbau GmbH

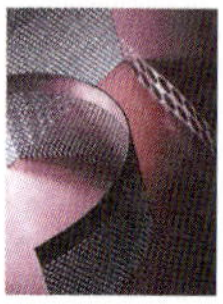

FRITZ LEIST OHG
Industrieartikel

Fritz Leist OHG · Erasmusstr. 144 · 40223 Düsseldorf
Weber Metallbau GmbH
Alfred-Nobel-Str. 8
86169 Augsburg

Bestell-Nr.: 2892
Bestelldatum: 02.06.20..
Lieferschein-Nr.: 58229-02
Telefon: 0211 6724-556
Telefax: 0211 6724-587

Bei Zahlung unbedingt angeben:
Rechnungsdatum: 10.06.20..
Kunden-Nr.: 5421
Rechnungs-Nr.: 2245/11

Wir berechnen für unsere Lieferung vom 04.06.20..

Artikel-Nr.	Menge (Stück)	Artikelbezeichnung	Einzelpreis in EUR	Gesamtbetrag in EUR
5130	410	Stahlräder	5,69	2 332,90
6220	14	Bohrmaschinen als Handelswaren	59,80	837,20
				3 170,10
		+ 19 % Umsatzsteuer		602,32
				3 772,42

Zahlungsbedingungen ab Rechnungsdatum: bis 10 Tage 2 % Skonto, bis 30 Tage netto Kasse.

Kompetenzorientierte Arbeitsaufträge:

1. Erläutern Sie, worauf bei der Verrechnung des Belegs zu achten ist!
2. Erläutern Sie die Begriffe Warenwert, Umsatzsteuer und Rechnungsbetrag!
3. Berechnen Sie den Überweisungsbetrag, wenn bei rechtzeitiger Bezahlung 2 % Skonto abgezogen werden dürfen!

5.1 System der Umsatzsteuer

Waren, die im Einzelhandel zum Verkauf angeboten werden, durchlaufen häufig mehrere Unternehmen.

Beispiel:

Bis der Kunde in einem Lebensmittelgeschäft eine Ecke Schmelzkäse kaufen kann, hat das Produkt in der Regel folgende Unternehmen durchlaufen:

Milcherzeugung im **landwirtschaftlichen Betrieb** → Verarbeitung zu Käse in der **Molkerei** → Fertigung im **Schmelzkäsewerk** → Vertrieb über den **Großhandel** zum → **Einzelhandel.**

Durch **Kosten** und **Gewinn** erhöht sich in jedem Unternehmen jeweils der **Wert** des Produkts. Diesen **Mehrwert** (Unterschied zwischen Verkaufswert und Einstandswert) besteuert der Staat, d. h., jeder **Unternehmer** hat von dem Mehrwert, der von seinem Unternehmen geschaffen wird, **Umsatzsteuern [USt]** zu entrichten. Aus diesem Grunde wird die Umsatzsteuer häufig auch als **Mehrwertsteuer** bezeichnet. Rechtliche Grundlage der Umsatzsteuer (Mehrwertsteuer) ist das **Umsatzsteuergesetz [UStG].**

5.2 Vorsteuer und Umsatzsteuer

mvurl.de/azdc

Die Umsatzsteuer wird vom Entgelt berechnet. Das ist der vom Empfänger der Leistung zu entrichtende Nettopreis (Bemessungsgrundlage). Der allgemeine Umsatzsteuersatz beträgt 19 %, der ermäßigte Steuersatz 7 % (z. B. für die Personenbeförderung im öffentlichen Personennahverkehr und der Umsatz aus dem Verkauf von Büchern und Zeitschriften).

Die Umsatzsteuer stellt eine **Schuld** an das Finanzamt dar. Von dieser so berechneten Steuerschuld können die auf den **Eingangsrechnungen ausgewiesenen Umsatzsteuerbeträge** als **Vorsteuer** abgezogen werden, sofern die **Erzeugnisse weiterverkauft** werden. Die Vorsteuer stellt für den Kaufmann eine **Forderung** an das Finanzamt dar. Die **Differenz zwischen Umsatzsteuer und Vorsteuer** ist dann die tatsächlich zu zahlende Steuerschuld, die **Zahllast.**

Beispiel:

Einkauf:

Die Stolz & Krug OHG kauft von einem Hersteller Dachgepäckträger. Der Einkauf ist umsatzsteuerpflichtig, d. h., die Stolz & Krug OHG **zahlt an den Hersteller Umsatzsteuer.**

	Warenwert	900,00 EUR
+	19 % USt	171,00 EUR
=	Rechnungsbetrag	1 071,00 EUR

Verkauf:

Die Dachgepäckträger verkauft die Stolz & Krug OHG an die Kunden (Verbraucher) weiter. Der Weiterverkauf ist ebenfalls umsatzsteuerpflichtig. Die Umsatzsteuer **zahlt der Verbraucher.**

	Warenwert	1 200,00 EUR
+	19 % USt	228,00 EUR
=	Rechnungsbetrag	1 428,00 EUR

Umsatzsteuerberechnung der Stolz & Krug OHG:

	Stolz & Krug OHG erhält vom Kunden Umsatzsteuer	228,00 EUR
–	Stolz & Krug OHG kann den Vorsteuerbetrag abziehen	171,00 EUR
=	Restzahlung der erhaltenen Umsatzsteuer an das Finanzamt (Zahllast)	57,00 EUR

- Das Unternehmen zahlt beim **Einkauf** der Werkstoffe und Waren **Umsatzsteuer.**
- Das Unternehmen erhält die **gezahlte Umsatzsteuer** als **Vorsteuer zurück**, wenn es die **Erzeugnisse** und die **Waren weiterverkauft.**
- Die Umsatzsteuer trägt allein der **Letztverbraucher.** Letztverbraucher sind in der Regel die **Privatverbraucher.**
- Durch die Umsatzsteuer entstehen dem Unternehmer **keine Aufwendungen.** Sie ist ein **durchlaufender Posten** und **erfolgsneutral.**
- Der **Rechnungsbetrag** beinhaltet den Warenwert, eventuell anfallende Versand- und Nebenkosten sowie die Umsatzsteuer.

Wie bucht man die Umsatzsteuer?

Aufbauend auf den theoretischen Grundlagen zeigt das nebenstehende Video die konkrete Buchung der Vorsteuer und der Umsatzsteuer auf den jeweiligen Konten. Dabei wird auch erklärt, was unter der Zahllast bzw. dem Vorsteuerüberhang zu verstehen ist und wie diese ermittelt werden.

Buchung der Umsatzsteuer

mvurl.de/jjjb

Kompetenztraining

23 Grundlagen und Berechnung der Umsatzsteuer

1. Erklären Sie die Richtigkeit folgender Aussagen!
   1.1 Die Umsatzsteuer zahlt letztlich der Endverbraucher.
   1.2 Die Umsatzsteuer ist für ein Unternehmen ein „durchlaufender Posten" und deshalb erfolgsneutral.
2. Der Rechnungsbetrag für einen Wareneinkauf beträgt einschließlich 19 % Umsatzsteuer 4 630,29 EUR.

   Aufgabe:

   Berechnen Sie den Nettowarenwert und die Umsatzsteuer!
3. Die für das 1. Quartal ermittelte Umsatzsteuer (Steuersatz 19 %) beträgt 64 239,00 EUR.

   Aufgabe:

   Ermitteln Sie, wie viel EUR die Umsatzerlöse einschließlich Umsatzsteuer betrugen!
4. Folgende noch nicht gebuchte Rechnungen einschließlich 19 % USt wurden von einer Großhandlung am 1. März per Banküberweisung beglichen:

1	Werbegeschenke	172,55 EUR
2	Büromaterial	116,62 EUR
3	Wartungsarbeiten am Geschäftswagen	158,27 EUR
4	Kauf von Reinigungsmitteln für die Geschäftsräume	208,25 EUR

   Aufgabe:

   Berechnen Sie jeweils den Nettobetrag und die Vorsteuer!

Lernbereich 4: Mithilfe der Vollkostenrechnung Angebotspreise ermitteln, Maschinenkosten berechnen und Abweichungen analysieren

1 Anfallende Kosten nach der Zurechenbarkeit auf die Kostenträger unterscheiden

LB 4 Handlungssituation 1: Kosten unterschiedlichen Kostenarten zuordnen

Lasse Birkner absolviert zurzeit ein Praktikum bei der MicroTex Technologies GmbH. Derzeit ist er in der Abteilung Kostenerfassung tätig. In dieser Abteilung wird er von Alex Rufnik betreut. Alex Rufnik ist ein begeisterter Kostenrechner und schwärmt davon, auf Basis der Kostenrechnung die gesamte Preiskalkulation der MicroTex-Produkte durchführen zu können. Er beauftragt Lasse, die im folgenden Schema aufgeführten Kosten den unterschiedlichen Kostenarten zuzuordnen.

Kompetenzorientierter Arbeitsauftrag:

Unterstützen Sie Lasse, indem Sie die Zuordnung der unterschiedlichen Kosten im nachfolgenden Schema vornehmen! Präsentieren und begründen Sie die von Ihnen vorgenommene Zuordnung!

Kostenarten / Kosten	Einzelkosten	Sondereinzelkosten		Gemeinkosten
		Fertigung	Vertrieb	
Verbrauch von Kunststoffgranulat				
Verbrauch von Schmiermitteln				
Konstruktionszeichnung für eine neue Garnmaschine				
Ausgangsfracht für einen Großkunden				
Brennstoffe/Energie				
Aufw. für Kommunikation				
Kfz-Versicherung				
Kalk. Abschreibungen				
Fertigungslöhne				
Miete für eine weitere Lagerhalle				
Vertriebsprovision für einen Handelsvertreter				
Kosten für Entsorgung				
Spezialwerkzeug für eine Sonderanfertigung				

mvurl.de/zxhf

1.1 Abgrenzung der Begriffe Aufwendungen und Kosten

(1) Aufwendungen

Der Begriff **Aufwand** wird in der **Buchführung** verwendet und erfasst **alle Geschäftsvorfälle,** die das **Eigenkapital mindern.** Dabei spielt es keine Rolle, ob die Ursache für die angefallenen Aufwendungen in der Verfolgung des eigentlichen Betriebszweckes zu sehen ist oder ob es sich um Aufwendungen handelt, die mit der Herstellung von Erzeugnissen nicht oder nur mittelbar in einem Zusammenhang stehen.

Aufwendungen sind alle in Geld gemessenen **Wertminderungen des Eigenkapitals** innerhalb einer Abrechnungsperiode.

(2) Kosten

In der Kosten- und Leistungsrechnung werden nur die Aufwendungen erfasst, die ursächlich im Zusammenhang mit der Verfolgung des eigentlichen Betriebszweckes stehen, der bei Industriebetrieben in der Herstellung, der Lagerung und dem Verkauf von Gütern zu sehen ist.

Kosten, die nur für die betriebliche Tätigkeit anfallen, bezeichnet man als **Grundkosten.**

Kosten sind der **betriebliche Verbrauch von Gütern,** die zur **Leistungserstellung** oder **-verwertung** benötigt und in **Geld bewertet** werden.

Aufwendungen, die **nicht betrieblich** bedingt sind oder aus anderen Gründen **nicht als Kosten verrechnet werden,** bezeichnet man als **neutrale Aufwendungen.**

neutrale Aufwendungen	betriebliche Aufwendungen
	=
	Kosten (Grundkosten)

Neutrale Aufwendungen werden in der **Kosten- und Leistungsrechnung** entweder **gar nicht** oder **nicht** in der in der **Buchführung ausgewiesenen Höhe** berücksichtigt.

(3) Kalkulatorische Kosten

Begriff kalkulatorische Kosten

Bei der Abgrenzung der Kosten von den Aufwendungen können zwei weitere Fälle auftreten:

- Für die **Kosten** fallen in der Buchführung **andere Beträge** an **(Anderskosten).**
- Für die **Kosten** fallen in der Buchführung **keine Aufwendungen** an **(Zusatzkosten).**

- **Anderskosten** sind Aufwendungen, die in der **Kosten- und Leistungsrechnung** mit einem **anderen Betrag** als in der Buchführung angesetzt werden.
- **Zusatzkosten** sind Kosten, für die es **keine Aufwendungen** innerhalb der Buchführung gibt.
- **Anderskosten** und **Zusatzkosten** bilden zusammen den Umfang der **kalkulatorischen Kosten.**

Überblick über die Arten der kalkulatorischen Kosten

Anderskosten		
Abschreibungen[1]	**Zinsen**	**Wagnisse**
■ Die **bilanzielle Abschreibung** ist die Abschreibung der **Buchführung.** Die Berechnung der Abschreibungshöhe richtet sich nach **handelsrechtlichen Vorschriften.** ■ Die **kalkulatorische Abschreibung** ist die Abschreibung der **Kostenrechnung.** Die Berechnung der Abschreibung richtet sich nach der **tatsächlichen Wertminderung** der Güter.	■ In der **Buchführung** werden die für das aufgenommene **Fremdkapital gezahlten Zinsen** erfasst. ■ Die **kalkulatorischen Zinsen** erfassen die Verzinsung des **gesamten betrieblichen Kapitals,** d.h. des **Fremdkapitals** und des **Eigenkapitals.** Der Eigentümer kann für das von ihm eingebrachte Eigenkapital eine Verzinsung beanspruchen und in die Verkaufspreise einkalkulieren.	■ **Wagnissse, die versichert sind,** werden in der **Buchführung** als Aufwand gebucht. ■ **Nicht versicherte Einzelwagnisse** werden in einem **kalkulatorischen Wagniszuschlag** in der Kalkulation berücksichtigt. Das **allgemeine Unternehmerwagnis** kann in der Kosten- und Leistungsrechnung **nicht einkalkuliert** werden.

Zusatzkosten	
Unternehmerlohn	**Miete**
Die Arbeit des Unternehmers bei **Einzel- und Personengesellschaften** ist durch den Gewinn abgegolten. Um die Arbeit dieser Unternehmer in der Kalkulation zu erfassen, werden die Kosten ihrer Arbeitsleistung in einem **kalkulatorischen Unternehmerlohn** erfasst.	Vom Unternehmer unentgeltlich überlassene **Privaträume für betriebliche Zwecke** sind in der Kostenrechnung mit der ortsüblichen Miete **(kalkulatorische Miete)** anzusetzen.

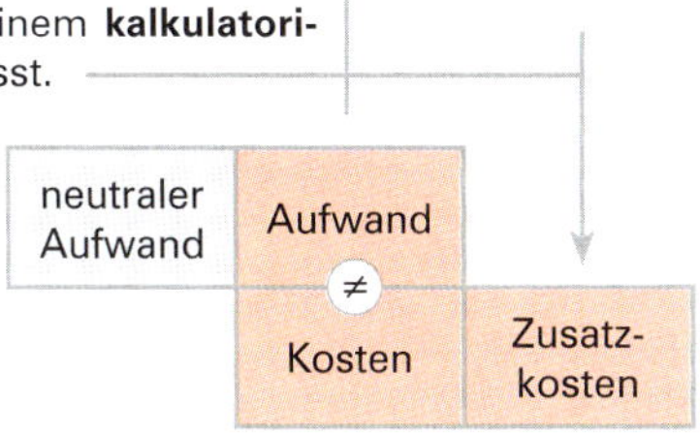

1 Zu Einzelheiten vgl. hierzu Lernbereich 3, Kapitel 3.3, S. 94f.

1.2 Abgrenzung der Begriffe Erträge und Leistungen

(1) Erträge

In der Buchführung bezeichnet der Begriff **Ertrag** alle Geschäftsvorfälle, die zu **einer Mehrung des Eigenkapitals** führen. Dabei spielt es keine Rolle, ob diese Erträge aus der Verfolgung des eigentlichen Betriebszwecks stammen oder ob ihre Ursache gar nicht in unmittelbarem Zusammenhang mit dem Betriebszweck steht.

(2) Leistungen

In der Kosten- und Leistungsrechnung werden nur Erträge erfasst, die ursächlich im Zusammenhang mit der Verfolgung des eigentlichen Betriebszweckes stehen, der bei Industriebetrieben in der Herstellung, der Lagerung und dem **Verkauf von Gütern** zu sehen ist.

Die **betrieblichen Leistungen** der Umsatzerlöse bezeichnet man als **Grundleistungen.**

(3) Zusammenhang zwischen Erträgen und Leistungen

Kategorie	Beschreibung	Beispiele
Erträge = Leistungen	betriebliche Umsatzerlöse (Grundleistungen)	Verkauf eigener Produkte
Erträge > Leistungen	neutrale Erträge (betriebsfremd, außerordentlich, periodenfremd)	Mietertrag aus nicht betriebsnotwendigem Gebäude
Leistungen ≠ Erträge	Anders-/Zusatzerträge (bewertungsbedingte Unterschiede, aktivierte Eigenleistungen)	selbst hergestellte Maschine für den Eigengebrauch[1]

- **Erträge** sind alle Wertzuwächse des Unternehmens in einer Periode (aus Sicht der Finanzbuchführung).
- **Leistungen** sind nur die wertmäßige Güter- oder Dienstleistungsproduktion des Betriebes, die dem Betriebszweck entspricht (aus Sicht der Kostenrechnung).
- **Grundleistungen** sind Umsatzerlöse aus der typischen, betrieblichen Tätigkeit.
- **Neutrale Erträge** entstehen außerhalb des Betriebszwecks oder außerhalb der laufenden Periode (z. B. Mieterträge, Gewinne aus Anlagenverkauf).

1 Wenn eine Eigenleistung erstellt wird, ist sie zwar Leistung, aber kein Ertrag in der Finanzbuchführung.

1.3 Abgrenzung von Betriebs- und Gesamtergebnisrechnung

Unternehmen wollen wissen, wie erfolgreich sie gewirtschaftet haben. Diese Frage lässt sich aus zwei Perspektiven betrachten:

- aus Sicht der Buchhaltung (Basis: Aufwendungen und Erträge): **Gesamtergebnisrechnung**
- aus Sicht der Kosten- und Leistungsrechnung (Basis: Kosten und Leistungen): **Betriebsergebnisrechnung.**

Sichtweise	Rechnung	Ziel	Grundlage
extern (Finanzbuchführung)	**Gesamtergebnis-rechnung**	Ermittlung des Jahresergebnisses für Bilanz und GuV	Aufwendungen und Erträge
intern (Kostenrechnung)	**Betriebsergebnis-rechnung**	Analyse des Erfolgs aus betrieblicher Tätigkeit	Kosten und Leistungen

Die Finanzbuchführung fragt: *„Wie viel Gewinn oder Verlust hat das Unternehmen insgesamt erzielt?"*

Die Kostenrechnung, auf der wichtige Entscheidungen des Managements beruhen, fragt: *„Wie erfolgreich war unser Kerngeschäft?"*

Typische Abweichungen sind **Abschreibungen** und **Zinserträge**.

Beispiel:

Für die Kaffeerösterei Arabica KG liegen folgende Angaben vor:

Position	Finanzbuchhaltung (GuV)	Kosten- und Leistungsrechnung (KLR)	Bemerkung
Umsatzerlöse	500 000,00 EUR	500 000,00 EUR	Grundleistung = Umsatzerlöse
– Abschreibungen für die Röstmaschine	40 000,00 EUR	30 000,00 EUR	steuerlich (bilanziell) höher als kalkulatorisch
+ Zinserträge aus Wertpapieren	2 000,00 EUR	–	betriebsfremd
= **gesamt**	**462 000,00 EUR (Gesamtergebnis)**	**470 000,00 EUR (Betriebsergebnis)**	Betriebsergebnis ≠ Gesamtergebnis (wegen anderer Bewertung und neutraler Erträge)

Erläuterungen:

- **Zu den Abschreibungen:** In der Finanzbuchhaltung erfolgt die Abschreibung nach steuerlichen Vorgaben (z. B. lineare Abschreibung über die Nutzungsdauer). In der Kostenrechnung wird sie dagegen oft realitätsnäher angesetzt, also nach tatsächlicher wirtschaftlicher Nutzung. Die Beträge weichen dadurch meist voneinander ab. Die kalkulatorische Abschreibung kann dabei höher oder niedriger sein als die buchhalterische.

Die Röstmaschine wird bei der Arabica KG länger genutzt als steuerrechtlich angenommen. Deshalb werden die Anschaffungskosten auf mehr Nutzungsjahre verteilt als nach Steuerrecht vorgesehen. So kommt es in dem Fall in der Kostenrechnung zu niedrigeren Abschreibungsbeträgen.

- **Zu den Zinserträgen:** In der Finanzbuchhaltung (Gesamtergebnisrechnung) werden auch Zinsen aus Wertpapieren oder Bankguthaben (hier 2000,00 EUR) als Erträge erfasst. Für die Kostenrechnung (Betriebsergebnisrechnung) sind solche Zinserträge betriebsfremd, weil sie nichts mit der eigentlichen Leistungserstellung zu tun haben. Sie gehen daher nicht in die Betriebsergebnisrechnung mit ein.

- Die **Gesamtergebnisrechnung** informiert außenstehende Interessengruppen über den gesamten Unternehmenserfolg.
- Die **Betriebsergebnisrechnung** dient der internen Steuerung und ist fokussiert auf die Wirtschaftlichkeit und den Betriebszweck.
- **Unterschiede** entstehen dabei beispielsweise durch bewertungsbedingte Abgrenzungen (z. B. Abschreibungen) und durch neutrale Erträge oder Aufwendungen (z. B. Zinserträge).

1.4 Gliederung der Kosten nach der Zurechenbarkeit auf Kostenträger

(1) Einzelkosten (direkte Kosten)

Einzelkosten sind Kosten, die **direkt** einem **einzelnen Erzeugnis (Kostenträger)** zugerechnet werden können.

Beispiele:

Die wichtigsten **Einzelkosten** sind die **Aufwendungen für Fertigungsmaterial** (z. B. Rohstoffe) sowie die **Fertigungslöhne**. Daneben sind zu unterscheiden:

- **Sondereinzelkosten der Fertigung (SEKF):** Das sind Kosten für Sonderfertigungen oder zusätzliche Sonderwünsche der Besteller. Ferner zählen hierzu sonstige auftrags- oder serienweise erfassbare Kosten z. B. für Spezialwerkzeuge, Modelle, Stücklizenzgebühren usw.
- **Sondereinzelkosten des Vertriebs (SEKVt):** Das sind insbesondere Vertreterprovisionen, Spezialverpackungen, besondere Transportkosten, Zölle.

(2) Gemeinkosten (indirekte Kosten)

Gemeinkosten sind Kosten, die gemeinsam für alle Erzeugnisse anfallen und nur **indirekt** einem **einzelnen Erzeugnis** zugerechnet werden können.

Beispiele:

Gehälter, soziale Abgaben des Arbeitgebers, Mieten, betriebliche Steuern, Energiekosten, Werbe- und Reisekosten, Abschreibungen, Verbrauch von Betriebsstoffen, Verbrauchswerkzeuge, Instandhaltung.

- Die **Einzelkosten** können den Erzeugnissen **direkt** zugeordnet werden.
- **Gemeinkosten** fallen für alle Erzeugnisse gemeinsam an. Sie können den einzelnen Erzeugnissen nur **indirekt** zugerechnet werden.
- **Sondereinzelkosten** sind Kosten, die einzelnen Erzeugnissen, einem Auftrag oder einer Erzeugnisgruppe zugerechnet werden können.

Kompetenztraining

24 Grundbegriffe und Zuordnung von Beispielen

1. Erläutern Sie, warum neben der Buchführung eine Kosten- und Leistungsrechnung erforderlich ist!
2. Unterscheiden Sie zwischen Aufwand und Kosten! Nennen Sie je zwei Beispiele!
3. Notieren Sie, welche der Aussage zu den Aufgaben der Kosten- und Leistungsrechnung richtig ist!
   1. Durch sie wird der Erfolg des Unternehmens im Geschäftsjahr ermittelt.
   2. Sie vergleicht aufbereitete Daten, z. B. das Gesamtergebnis, mit denen anderer Unternehmen der gleichen Branche.
   3. Sie bucht Geschäftsvorfälle aufgrund der angefallenen Belege.
   4. Sie ermittelt den betrieblichen Erfolg des Geschäftsjahres.
   5. Sie hält alle Veränderungen der Vermögens- und Kapitalwerte fest.
4. Beurteilen Sie, bei welchen der genannten buchhalterischen Begriffe es sich um Begriffe der Leistungsrechnung handelt!
   - Umsatzerlöse für Handelswaren,
   - Provisionserträge,
   - aktivierte Eigenleistungen,
   - Rabatt beim Einkauf von Rohstoffen,
   - Zinserträge aus Bankguthaben,
   - Erträge aus dem Abgang von Vermögensgegenständen,
   - Erträge aus der Herabsetzung von Rückstellungen,
   - Umsatzerlöse für eigene Erzeugnisse.
5. Ordnen Sie die nachfolgenden Aufwandsarten den betrieblichen oder neutralen Aufwendungen zu!
   - Gehaltszahlungen,
   - Aufwendungen für Handelswaren,
   - Verkauf eines Anlagegutes unter dem Buchwert,
   - Abschreibungen auf Sachanlagen,
   - hoher Forderungsausfall durch die Zahlungsunfähigkeit eines Kunden,
   - Aufwendungen für die Altersversorgung der Arbeitnehmer,
   - Verluste durch Brandschäden, die nicht durch eine Versicherung gedeckt sind,
   - Arbeitgeberanteil zur Sozialversicherung,
   - Mietzahlung für die Garage des Betriebs-Lkw,
   - Aufwendungen für Rohstoffe,
   - Steuernachzahlung für das vergangene Geschäftsjahr,

- Zahlung der Grundsteuer für das Betriebsgebäude,
- Zahlung der Gebäudeversicherung für ein nicht betriebsnotwendiges Gebäude.

6. Ordnen Sie die nachfolgenden Ertragsarten den betrieblichen oder neutralen Erträgen zu!
   - Umsatzerlöse für Handelswaren,
   - Erträge aus Beteiligungen,
   - Erträge aus dem Verkauf von Wertpapieren,
   - Zinserträge aus Bankguthaben,
   - unerwarteter Eingang für eine bereits abgeschriebene Forderung,
   - Mietertrag aus der Vermietung eines nicht betrieblich genutzten Gebäudes,
   - Steuerrückvergütung für das vergangene Geschäftsjahr,
   - Umsatzerlöse für eigene Erzeugnisse,
   - Bestandsmehrung an fertigen und unfertigen Erzeugnissen,
   - Verkauf eines Anlagegutes über dem Buchwert,
   - selbst hergestellte Regale für die Verwendung im eigenen Betrieb.

25 Berechnung von Gesamtergebnis und Betriebsergebnis

Die RadSport GmbH aus Neu-Ulm stellt trendige Mountainbikes her. Für das aktuelle Geschäftsjahr ergeben sich folgende Werte:

Position	Betrag (EUR)	Anmerkung
Umsatzerlöse	600 000,00	betriebliche Grundleistungen
Zinserträge aus Wertpapieren	3 000,00	betriebsfremder Ertrag
Aufwendungen für Material und Löhne	400 000,00	betrieblich bedingt
buchhalterische Abschreibung	50 000,00	lt. Finanzbuchhaltung
kalkulatorische Abschreibung	40 000,00	lt. Kostenrechnung

Aufgaben:

1. Berechnen Sie das Gesamtergebnis!
2. Berechnen Sie das Betriebsergebnis!
3. Erklären Sie, warum beide Ergebnisse voneinander abweichen!

26 Unterscheidung von Einzel- und Gemeinkosten

1. Nennen Sie das Kriterium, nach welchem die Aufgliederung der Kosten in Einzel- und Gemeinkosten erfolgt!
2. Erklären Sie an zwei Beispielen den Unterschied zwischen Einzel- und Gemeinkosten!
3. Erläutern Sie, warum die Unternehmen möglichst viele Kostenarten als Einzelkosten zu erfassen versuchen!
4. Ordnen Sie die folgenden Kostenarten den Einzelkosten bzw. Gemeinkosten zu!

   Miete für den Ausstellungsraum, Aufwendungen für Rohstoffe, Kraftfahrzeugsteuer, freiwillige soziale Aufwendungen, Gehälter, Aufwendungen für Handelswaren, bilanzielle Abschreibungen, Werbeanzeigekosten für ein Sonderangebot, Zustellentgelt für die Lieferungen der Erzeugnisse an die Kunden, Provisionsaufwendungen, Aufwendungen für Betriebsstoffe, kalkulatorische Abschreibungen.

2 Gemeinkosten mithilfe des Betriebsabrechnungsbogens auf die Kostenstellen des Unternehmens verteilen und die Zuschlagssätze ermitteln

LB 4 Handlungssituation 2: In einem BAB die Summe der Gemeinkosten je Kostenstelle und Zuschlagssätze ermitteln

Alex Rufnik legt Lasse Birkner den nachfolgenden BAB der MicroTex Technologies GmbH vor, der die Gemeinkosten des Monats Februar enthält.

	Zahlen der KLR	Material	Fertigung	Verwaltung	Vertrieb
Hilfsstoffkosten	145 700,00	2 050,00	129 450,00	3 500,00	10 700,00
Betriebsstoffkosten	22 400,00	1 700,00	14 400,00	4 100,00	2 200,00
Gehälter	130 500,00	4 100,00	98 900,00	18 600,00	8 900,00
Sozialkosten					
Mieten, Pachten	84 200,00	650 m²	2 720 m²	330 m²	510 m²
Büromaterial	91 100,00	3	2	11	4
Sonst. betr. Kosten	70 560,00	3	4	2	3
Kalk. Abschreibungen		2	8	4	1
Kalk. Wagnisse	45 800,00	2	4	2	2

Weitere Angaben:

- Verbrauch von Fertigungsmaterial: 1 046 553,80 EUR
- Fertigungslöhne: 560 702,50 EUR
- Die Sozialkosten betragen 80 % der Gehaltssumme.
- Kalkulatorische Abschreibungen je Jahr:
  auf das Betriebsgebäude 2 % von den Anschaffungskosten 3 100 000,00 EUR
  auf die technischen Anlagen und Maschinen 10 % vom Buchwert 1 690 600,00 EUR
  auf den Fuhrpark 15 % vom Wiederbeschaffungswert 600 000,00 EUR

Kompetenzorientierte Arbeitsaufträge:

1. Erstellen Sie den Betriebsabrechnungsbogen und verteilen Sie aufgrund der angegebenen Verteilungsschlüssel die Gemeinkosten auf die einzelnen Kostenstellen!
2. Berechnen Sie den Zuschlagssatz je Kostenstelle für den Monat Februar!
3. Ermitteln Sie die Selbstkosten des Umsatzes!

mvurl.de/87kd

2.1 Begriffe Kostenstelle und Kostenstellenrechnung

Produziert ein Unternehmen mehrere Erzeugnisse, hat die Kostenrechnung die Aufgabe, die **anfallenden Gemeinkosten** am Ort ihrer Entstehung **(Kostenstelle) zu erfassen** und auf die einzelnen **Kostenstellen verursachungsgerecht zuzurechnen.** Damit wird erreicht, dass den einzelnen Erzeugnissen und Dienstleistungen der Anteil an Gemeinkosten zugerechnet wird, den diese verursacht haben. Die Zurechnung erfolgt mithilfe von **Zuschlagssätzen**.

- Eine **Kostenstelle** ist ein Teilbereich eines Betriebs zur Erfassung der Gemeinkosten am Ort ihrer Entstehung.
- Die **Kostenstellenrechnung**
  - bereitet durch die Ermittlung von Zuschlagssätzen eine angemessene **Verrechnung der Gemeinkosten auf die Kostenträger** vor.
  - ermöglicht eine **wirksame Kontrolle** der in den einzelnen Teilbereichen des Betriebs angefallenen Gemeinkosten.

Die Bildung von Kostenstellen kann nach **verschiedenen Kriterien** erfolgen.

Kriterien	Erläuterungen	Beispiele
räumlich-geografische Gesichtspunkte	Hier werden räumliche bzw. geografisch abgegrenzte Betriebsteile als Kostenstelle erfasst.	Halle I, Halle II, Filiale Dresden, Filiale Hamburg, Werkstatt I, Werkstatt II.
Verantwortungsbereiche	Hier werden Organisationseinheiten zu Kostenstellen zusammengefasst. Damit wird ermöglicht, den Kostenstellenleiter für die angefallenen Kosten verantwortlich zu machen.	Abteilung, Produktgruppe, Beschaffung, Werk, Vertrieb.
Funktionsbereiche	Hier werden gleichartige Arbeitsgänge zu einer Kostenstelle zusammengefasst.	Material-, Fertigungs-, Verwaltungs- und Vertriebskostenstelle.

Im Folgenden wird unterstellt, dass die **Kostenstellen nach Funktionsbereichen** gebildet werden.

2.2 Betriebsabrechnungsbogen

2.2.1 Begriff und Aufbau des Betriebsabrechnungsbogens

mvurl.de/c9nu

Der **Betriebsabrechnungsbogen (BAB)** ist ein Hilfsmittel für die **Verteilung der Gemeinkosten** auf die einzelnen Kostenstellen.

Der **Betriebsabrechnungsbogen** hat folgende Grundstruktur:

Auf der rechten Hälfte des BABs werden horizontal die **einzelnen Kostenstellen** angeordnet. Auf der linken Seite werden vertikal die **Gemeinkosten** aufgelistet. Bei der Verteilung der Gemeinkosten auf die Kostenstellen wird in einer Zwischenspalte ein Hinweis darauf gegeben, auf welcher Grundlage die Verteilung der jeweiligen Gemeinkostenart auf die verschiedenen Kostenstellen erfolgen soll. Man spricht daher auch von **Verteilungsschlüssel** bzw. von **Verteilungsgrundlage**.

Gemein-kostenarten	EUR	Verteilungs-schlüssel	Kostenstellen			
			Material	Fertigung	Verwaltung	Vertrieb

Zur Verteilungsschlüssel:

- Es gibt Gemeinkosten, die einen direkten Bezug zu den einzelnen Kostenstellen haben und sich daher auch direkt auf die einzelnen Kostenstellen verrechnen lassen. Man nennt sie **Kostenstelleneinzelkosten.**

Beispiele:

- Gehälter, Sozialkosten mithilfe von Gehaltslisten.
- Stromkosten mithilfe von Zählern.
- Materialgemeinkosten mithilfe von Materialentnahmescheinen.
- Instandhaltung anhand von Belegen.

- Bei einem großen Teil der Gemeinkosten ist eine direkte Verrechnung nicht möglich. Dann bleibt nur noch die Möglichkeit, die angefallenen Kosten mithilfe eines **Verteilungsschlüssels** auf die einzelnen Kostenstellen umzulegen. Man nennt sie **Kostenstellengemeinkosten.**

  Der Verteilungsschlüssel ist so zu wählen, dass ein hohes Maß an Abhängigkeit zwischen der Verteilungsgrundlage und den zu verrechnenden Kosten besteht. Im Idealfall – und der wird hier unterstellt – ist die Abhängigkeit proportional.

Beispiele:

- Miete nach gemieteter Fläche in m^2
- Heizung nach umbauten Raum in m^3
- Kfz-Kosten nach gefahrener Strecke in km

2.2.2 Aufstellung eines einstufigen Betriebsabrechnungsbogens und die Ermittlung der Gemeinkostenzuschlagssätze

Beispiel:

Die Kostenartenrechnung der Weber Metallbau GmbH weist für den Monat Januar folgende Kosten aus:

Verbrauch von Fertigungsmaterial	55 980,00 EUR	Bürokosten	1 595,00 EUR
Fertigungslöhne	23 400,00 EUR	Betriebl. Steuern	760,00 EUR
Hilfsstoffe	6 000,00 EUR	Kalk. Zinsen	2 500,00 EUR
Betriebsstoffe	4 000,00 EUR	Kalk. Abschreibungen	12 000,00 EUR
Gehälter	9 000,00 EUR	Energiekosten	3 000,00 EUR
Platzkosten	250,00 EUR	Raumkosten	3 600,00 EUR
		Sonstige Kosten	1 200,00 EUR

Bezugsgrößen für die Gemeinkosten:

- Die Materialgemeinkosten sind auf den Verbrauch von Fertigungsmaterial zu beziehen.
- Die Fertigungsgemeinkosten sind auf die Fertigungslöhne zu beziehen.
- Die Verwaltungs- und Vertriebsgemeinkosten sind auf die Herstellkosten der Abrechnungsperiode (HKA)[1] zu beziehen.

Für die Erstellung des BAB ist folgender Verteilungsschlüssel zu verwenden:

Gemeinkostenarten	Material	Fertigung	Verwaltung	Vertrieb
Hilfsstoffe lt. Entnahmescheinen	1 800,00	3 000,00	–	1 200,00
Betriebsstoffe lt. Entnahmescheinen	900,00	2 300,00	100,00	700,00
Gehälter lt. Gehaltsliste	400,00	1 000,00	5 400,00	2 200,00
Platzkosten lt. Belegen	–	250,00	–	–
Bürokosten lt. Belegen	350,00	430,00	720,00	95,00
Betriebl. Steuern lt. Belegen	80,00	210,00	410,00	60,00
Kalkulatorische Zinsen	1	6	2	1
Kalkulatorische Abschreibungen	1	5	1	1
Energiekosten lt. kWh	240,00	1 990,00	600,00	170,00
Raumkosten	1	5	2	1
Sonstige Kosten lt. Materialscheine	–	1 070,00	–	130,00

Aufgaben:

1. Verteilen Sie aufgrund der angegebenen Verteilungsschlüssel die Gemeinkosten auf die einzelnen Kostenstellen!
2. Ermitteln Sie für jede Kostenstelle die Zuschlagssätze für die Gemeinkosten!
3. Ermitteln Sie die Selbstkosten des Umsatzes (SKU) für den Monat Januar!

1 Es werden hierfür auch die Begriffe „Herstellkosten der Produktion" oder „Herstellkosten der Erzeugung" verwendet. Sofern – wie hier und im Folgenden – Bestandsveränderungen nicht weiter berücksichtigt werden, entsprechen die **Herstellkosten der Abrechnungsperiode (HKA)** den **Herstellkosten des Umsatzes (HKU)**.

Lösungen:

Zu 1.: Verteilung der Gemeinkosten mithilfe des Betriebsabrechnungsbogens (BAB)

Gemeinkosten-arten	Zahlen der KLR	Kostenstellen			
		Material	Fertigung	Verwaltung	Vertrieb
Hilfsstoffe	6 000,00	1 800,00	3 000,00	–	1 200,00
Betriebsstoffe	4 000,00	900,00	2 300,00	100,00	700,00
Gehälter	9 000,00	400,00	1 000,00	5 400,00	2 200,00
Platzkosten	250,00	–	250,00	–	–
Bürokosten	1 595,00	350,00	430,00	720,00	95,00
Betriebl. Steuern	760,00	80,00	210,00	410,00	60,00
Kalk. Zinsen	2 500,00	250,00	1 500,00	500,00	250,00
Kalk. Abschreib.	12 000,00	1 500,00	7 500,00	1 500,00	1 500,00
Energiekosten	3 000,00	240,00	1 990,00	600,00	170,00
Raumkosten	3 600,00	400,00	2 000,00	800,00	400,00
Sonstige Kosten	1 200,00	–	1 070,00	–	130,00
Summe der Gemeinkosten	43 905,00	5 920,00	21 250,00	10 030,00	6 705,00
	Zuschlagsgrundlagen:				
	Verbrauch v. Fertigungsmat.	55 980,00			
	Fertigungslöhne		23 400,00		
	HK d. Abrechnungsperiode			106 550,00	106 550,00
	Zuschlagssätze	10,58 %	90,81 %	9,41 %	6,29 %

Zu 2.: Ermittlung der Zuschlagssätze

- **Zuschlagssatz für die Materialgemeinkosten (MGK)**

Es wird unterstellt, dass die Materialgemeinkosten (MGK) vom Verbrauch an Fertigungsmaterial (FM) abhängen. Daher werden die MGK für ihre Verrechnung auf die Kostenträger in Prozenten zum Verbrauch von Fertigungsmaterial angegeben.

Verbrauch von Fertigungsmaterial	55 980,00 EUR ≙	100 %
MGK	5 920,00 EUR ≙	x %

$$x = \frac{5920 \cdot 100}{55980} = \underline{\underline{10{,}58\,\%}}$$

Der MGK-Zuschlagssatz von 10,58 % besagt, dass immer dann, wenn für 100,00 EUR Fertigungsmaterial verbraucht wurde, parallel und gleichzeitig 10,58 EUR Gemeinkosten im Materialbereich (z. B. Einkauf, Warenabnahme ...) anfallen.

$$\text{MGK-Zuschlagssatz} = \frac{\text{Materialgemeinkosten}}{\text{Verbrauch von Fertigungsmaterial}} \cdot 100$$

- **Zuschlagssatz für die Fertigungsgemeinkosten (FGK)**

Die Fertigungsgemeinkosten werden auf die aufgewendeten Fertigungslöhne bezogen. Dabei wird unterstellt, dass die anfallenden Fertigungsgemeinkosten von der Höhe der aufgewendeten Fertigungslöhne abhängen. Dies ist in der Praxis nur **bedingt der Fall,** und zwar insbesondere dann nicht, **wenn der Betrieb maschinenintensiv ist.**

Fertigungslöhne	23 400,00 EUR ≙	100 %
FGK	21 250,00 EUR ≙	x %

$$x = \frac{21250 \cdot 100}{23400} = \underline{\underline{90{,}81\,\%}}$$

$$\text{Fertigungsgemeinkosten-Zuschlagssatz} = \frac{\text{Fertigungsgemeinkosten}}{\text{Fertigungslöhne}} \cdot 100$$

Gegenüberstellung maschinenabhängige und nicht maschinenabhängige Kosten der Fertigung		
Blickwinkel	**maschinenabhängige Kosten**	**nicht maschinenabhängige Kosten**
Definition	Gemeinkosten, die nur anfallen, wenn die Maschine läuft.	Gemeinkosten der Fertigung, die auch anfallen, wenn die Maschine nicht läuft.
Beispiele	■ Abschreibung der Maschine, ■ Zinsen für die Maschine, ■ Wartung und Stromkosten der Maschine, ■ Öl/Schmierstoffe, ■ Kühl- und Reinigungsmittel, ■ Raumkosten für die Maschine.	■ Gehälter von Meister und Fertigungsleitung, ■ Hilfslöhne, ■ Sozialkosten, ■ Heizung, Beleuchtung und Reinigung der Halle, ■ allgemeine Raumkosten der Fertigung.
Abhängigkeit von der Laufzeit	hängen direkt von Laufzeit/Auslastung der Maschine ab (je mehr Stunden, desto höher die Kosten)	sind weitgehend unabhängig von der Laufzeit (fallen auch bei Stillstand der Maschine an)

Um diese Problematik zu lösen und möglichst verursachungsgerechte Ergebnisse zu erzielen, werden die maschinenabhängigen Kosten in der Praxis über die Maschinenlaufzeit zugerechnet. Die nicht von der Maschinenlaufzeit abhängigen Kosten werden im Fertigungsbereich in diesem Fall über den Restfertigungsgemeinkostenzuschlagssatz (R-FGK-ZSS) den Kostenträgern zugeschlagen.[1]

■ Zuschlagssatz für die Verwaltungsgemeinkosten (VwGK)

Bei den Verwaltungs- und Vertriebsgemeinkosten wird eine Abhängigkeit von der Höhe der Herstellkosten der Abrechnungsperiode (HKA) unterstellt.

Berechnung der Herstellkosten der Abrechnungsperiode (HKA)

	Verbrauch von Fertigungsmaterial (FM)	55 980,00 EUR	
+	Materialgemeinkosten (MGK)	5 920,00 EUR	
=	Materialkosten (MK)		61 900,00 EUR
	Fertigungslöhne (FL)	23 400,00 EUR	
+	Fertigungsgemeinkosten (FGK)	21 250,00 EUR	
=	Fertigungskosten (FK)		44 650,00 EUR
=	Herstellkosten der Abrechnungsperiode (HKA)		106 550,00 EUR

HKA	106 550,00 EUR ≙	100 %
VwGK	10 030,00 EUR ≙	x %

$$x = \frac{10\,030 \cdot 100}{106\,550} = \underline{\underline{9{,}41\,\%}}$$

$$\text{VwGK-Zuschlagssatz} = \frac{\text{Verwaltungsgemeinkosten}}{\text{Herstellkosten der Abrechnungsperiode}} \cdot 100$$

1 Zur Berechnung des Maschinenstundensatzes siehe Kapitel 3, S. 131 ff.

Zuschlagssatz für die Vertriebsgemeinkosten (VtGK)

HKA	106 550,00 EUR ≙	100 %
VtGK	6 705,00 EUR ≙	x %

$$x = \frac{6\,705 \cdot 100}{106\,550} = \underline{\underline{6{,}29\,\%}}$$

$$\text{VtGK-Zuschlagssatz} = \frac{\text{Vertriebsgemeinkosten}}{\text{Herstellkosten der Abrechnungsperiode}} \cdot 100$$

Zu 3.: Ermittlung der Selbstkosten des Umsatzes (Monat: Januar)

Aufgrund der Zahlenangaben des Beispiels ergeben sich die Selbstkosten des Umsatzes (SKU) durch folgende Berechnung:

HKA/HKU[1]	106 550,00 EUR
+ Verwaltungsgemeinkosten	10 030,00 EUR
+ Vertriebsgemeinkosten	6 705,00 EUR
= Selbstkosten des Umsatzes (SKU)	123 285,00 EUR

Überblick: BAB und die Berechnung der Herstell- und Selbstkosten

mvurl.de/5k7l

Verrechnung der Kostenarten Einzelkosten und Gemeinkosten:

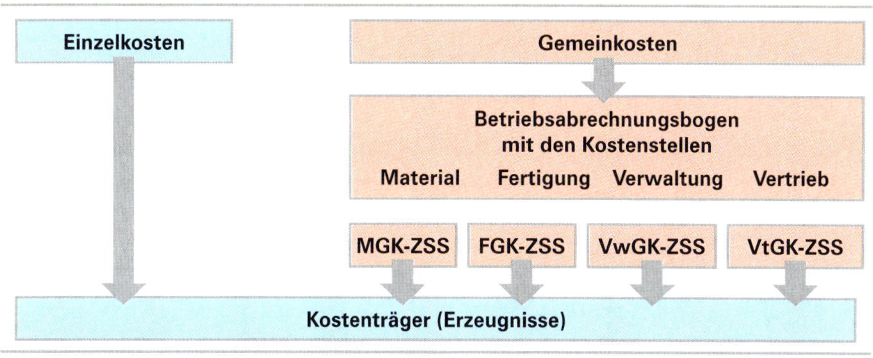

Berechnung der Gemeinkostenzuschlagssätze:

$$\text{MGK-Zuschlagssatz} = \frac{\text{Materialgemeinkosten}}{\text{Verbrauch von Fertigungsmaterial}} \cdot 100$$

$$\text{FGK-Zuschlagssatz} = \frac{\text{Fertigungsgemeinkosten}}{\text{Fertigungslöhne}} \cdot 100$$

$$\text{Fertigungsgemeinkostensatz} = \frac{\text{Fertigungsgemeinkosten}}{\text{Fertigungslöhne}} \cdot 100$$

$$\text{VwGK-Zuschlagssatz} = \frac{\text{Verwaltungsgemeinkosten}}{\text{Herstellkosten der Abrechnungsperiode}} \cdot 100$$

$$\text{VtGK-Zuschlagssatz} = \frac{\text{Vertriebsgemeinkosten}}{\text{Herstellkosten der Abrechnungsperiode}} \cdot 100$$

1 Sofern – wie hier und im Folgenden – Bestandsveränderungen nicht weiter berücksichtigt werden, entsprechen die **Herstellkosten der Abrechnungsperiode (HKA)** den **Herstellkosten des Umsatzes (HKU)**.

Berechnung der Herstell- und Selbstkosten:

	Verbrauch von Fertigungsmaterial (Einzelkosten)
+	Materialgemeinkosten (MGK) lt. BAB
=	Materialkosten (MK)
+	Fertigungslöhne (Einzelkosten)
+	Fertigungsgemeinkosten (FGK) lt. BAB
=	Fertigungskosten (FK)
	Herstellkosten der Abrechnungsperiode (HKA)/Herstellkosten des Umsatzes (HKU)
+	Verwaltungsgemeinkosten (VerwGK) lt. BAB
+	Vertriebsgemeinkosten (VertrGK) lt. BAB
=	Selbstkosten des Umsatzes (SKU)

Kompetenztraining

27 Grundlagen der Kostenstellenrechnung, Betriebsabrechnungsbogen, Zuschlagssätze

1. Nennen Sie die wichtigsten Aufgaben der Kostenstellenrechnung!
2. Erläutern Sie die Begriffe Kostenstelle und Kostenbereich!
3. Nennen Sie Kriterien, die Sie bei der Bildung von Kostenstellen beachten sollten!
4. Begründen Sie, warum die Gemeinkosten auf die Kostenstellen verteilt werden!
5. Grenzen Sie die Kostenstelleneinzelkosten von den Kostenstellengemeinkosten ab!
6. Beschreiben Sie den Fall, der eintreten würde, wenn die Gemeinkosten nicht verursachungsgemäß auf die verschiedenen Produkte zugerechnet werden würde!
7. Nennen Sie beispielhaft vier Gemeinkosten und geben Sie dafür die mögliche Verteilungsgrundlage an!
8. Formulieren Sie den Grundsatz, der bei der Wahl eines Verteilungsschlüssels beachtet werden muss!

28 Erstellung eines BAB, Ermittlung von Zuschlagssätzen

Die Kostenartenrechnung eines Industriebetriebs weist für den Monat Januar folgende Kosten aus, die wie folgt aufzuteilen sind:

	Zahlen der KLR	Material	Fertigung	Verwaltung	Vertrieb
Betriebsstoffe	36 000,00	12 000,00	Rest	–	–
Gehälter	90 000,00	7 500,00	7 500,00	37 500,00	Rest
Sozialkosten	30 000,00	2	2	3	3
Kalk. Abschreibungen	48 000,00	2	4	3	1
Steuern	45 000,00	1	4	4	1
Sonstige Kosten	210 000,00	1	5	6	2

Verbrauch von Fertigungsmaterial: 300 000,00 EUR
Fertigungslöhne: 180 000,00 EUR

Aufgaben:

1. Erstellen Sie den Betriebsabrechnungsbogen!
2. Berechnen Sie die Herstellkosten der Abrechnungsperiode!
3. Ermitteln Sie den Zuschlagssatz je Kostenstelle für den Monat Januar!

29 Erstellung eines BAB, Ermittlung von Zuschlagssätzen

Aus den Zahlen der Kosten- und Leistungsrechnung eines Industriebbetriebs ergeben sich folgende Gemeinkostenbeträge:

Gemeinkosten-arten	Gemeinkosten in TEUR	Material	Fertigung	Verwaltung	Vertrieb
Hilfsstoffe	7450	–	6600	–	850
Betriebsstoffe (Strom)	496	–	456	25	15
Hilfslöhne	660	–	660	–	–
Gehälter	8120	600	770	4850	1900
Kalk. Abschreib.	7000	350	5650	650	350
Platzkosten	924	–	924	–	–
Bürokosten	560	40	180	300	40
Betriebl. Steuern	3960	280	830	2330	520
Kalk. Zinsen	720	–	720	–	–
Energiekosten	9350	1460	5620	1050	1220
Unternehmerlohn	3000	50	1050	1880	100

Zusatzangaben:

Verbrauch von Fertigungsmaterial: 26226,00 TEUR
Fertigungslöhne: 7096,00 TEUR

Aufgaben:

1. Ermitteln Sie mithilfe eines Betriebsabrechnungsbogens die Gemeinkosten der vier Kostenstellen unter Verwendung der genannten Verteilungsschlüssel!
2. Berechnen Sie die Gemeinkostenzuschlagssätze und die Selbstkosten des Umsatzes!

2.2.3 Aufstellung eines mehrstufigen Betriebsabrechnungsbogens

(1) Begriff Hilfskostenstellen

Der mehrstufige BAB enthält

- zum einen **mehrere Fertigungshauptkostenstellen,** um den jeweiligen Gemeinkostenverbrauch zu erfassen. Gliederungskriterien sind **Produktgruppen** (z.B. Produktgruppe Holz, Produktgruppe Metall) oder **Abteilungen** (z.B. Stanzen, Lackieren, Montieren).
- Zum anderen enthält der mehrstufige BAB **Hilfskostenstellen,** die ihre Leistungen an andere Kostenstellen abgeben **(innerbetriebliche Leistungsverrechnung).**

- **Hilfskostenstellen** geben ihre Kosten an andere Kostenstellen ab.
- Die auf die Hilfskostenstellen entfallenden Kosten werden **vor der Berechnung der Gemeinkostenzuschlagssätze** auf die **Hauptkostenstellen umgelegt.**

Der mehrstufige BAB differenziert die Gemeinkosten gegenüber dem einstufigen BAB und erhöht dadurch dessen Aussagekraft.

(2) Arten von Hilfskostenstellen

Art der Hilfskostenstelle	Erläuterungen	Beispiele
allgemeine Hilfskostenstellen	Sie dienen dem Gesamtbetrieb, d.h., ihre Leistungen werden von allen oder fast allen Kostenstellen in Anspruch genommen. Aus diesem Grund sind die Kosten der allgemeinen Hilfskostenstellen entsprechend der Inanspruchnahme auf die übrigen Kostenstellen zu verteilen.	■ Grundstücke und Gebäude, ■ betriebseigene Strom- und Wasserversorgung, ■ Werkfeuerwehr, ■ soziale Einrichtungen (Kantine, Erholungsheim, Sportplätze).
besondere Hilfskostenstellen	Sie geben ihre Leistungen nur an bestimmte Hauptkostenstellen weiter. Die anfallenden Kosten dieser Hilfskostenstellen sind deshalb nur auf die ihnen übergeordneten Hauptkostenstellen umzulegen. Es ist vor allem üblich, den Fertigungsstellen besondere Hilfskostenstellen (Fertigungshilfskostenstellen) vorzuschalten.	■ Konstruktionsbüro, ■ Arbeitsvorbereitung, Modellfertigung für die Fertigung, ■ Versandabteilung, ■ Lehrwerkstätte, ■ Werkzeugmacherei.

Beispiel:

Gemeinkostenarten	Zahlen der KLR	Kostenstellen: Allgemeiner Kostenbereich – Kantine	I Material	II Fertigung – Reparaturen Instandhaltung	II Fertigung – Fertigung Holzwaren	II Fertigung – Fertigung Metallwaren	III Verwaltung	IV Vertrieb
Hilfs- und Betriebsstoffe	65 200,00	1 400,00	1 100,00	700,00	24 000,00	36 000,00		2 000,00
Gehälter ⋮	60 700,00	7 200,00	3 700,00	5 100,00	12 000,00	11 000,00	15 400,00	6 300,00
Summe der Gemeinkosten vor der Kostenumlage	803 300,00	32 000,00	24 800,00	84 000,00	240 500,00	310 400,00	63 200,00	48 400,00
		→	2 000,00	2 000,00	8 000,00	8 000,00	6 000,00	6 000,00
				86 000,00	248 500,00	318 400,00		
				→	34 400,00	51 600,00		
			26 800,00		282 900,00	370 000,00	69 200,00	54 400,00
			223 333,34 (≙ 100 %)		353 625,00 (≙ 100 %)	321 739,20 (≙ 100 %)	1 578 397,54 (≙ 100 %)	1 578 397,54 (≙ 100 %)
			12 %		80 %	115 %	4,38 %	3,45 %

Berechnung der HKA/HKU:

	Verbrauch von Fertigungsmat.	223 333,34 EUR
+	MGK	26 800,00 EUR
+	Fertigungslöhne Holzwaren	353 625,00 EUR
+	FGK Holzwaren	282 900,00 EUR
+	Fertigungslöhne Metallwaren	321 739,20 EUR
+	FGK Metallwaren	370 000,00 EUR
=	HKA/HKU	1 578 397,54 EUR

Zusätzliche Angaben:

Verteilungsschlüssel Kantine: 1 : 1 : 4 : 4 : 3 : 3

Verteilungsschlüssel Reparaturen/Instandhaltung: 2 : 3

Kompetenztraining

30 Mehrstufiger Betriebsabrechnungsbogen, Berechnung der Zuschlagssätze

1. Die Chemischen Werke AG haben in der ersten Stufe folgende Gemeinkostensummen für die Kostenstellen ermittelt:

	Kosten lt. KLR	Allgem. Hilfskostenstelle Wasserwerk	Material	Fertigungshilfskostenstelle Labor	Fertigung I	Fertigung II	Verwaltung	Vertrieb
Summe der Gemeinkosten	4570000,00	345000,00	600000,00	360000,00	810000,00	1250000,00	405000,00	800000,00

Verteilungsschlüssel:

- Die Gemeinkosten des Wasserwerkes sollen im Verhältnis des Wasserverbrauchs umgelegt werden: Material 10 m^3, Labor 60 m^3, Fertigung I 1000 m^3, Fertigung II 1200 m^3, Verwaltung 20 m^3, Vertrieb 10 m^3.
- Die Kosten des Labors verteilen sich auf die Fertigungshauptkostenstellen I und II im Verhältnis 1 : 3.

Einzelkosten:	Verbrauch von Fertigungsmaterial:	6573470,00 EUR
	Fertigungslöhne Fertigung I:	773713,50 EUR
	Fertigungslöhne Fertigung II:	1625500,00 EUR

Aufgabe:

Erstellen Sie den BAB anhand der vorgegebenen Daten und berechnen Sie die Zuschlagssätze sowie die Herstellkosten der Abrechnungsperiode/des Umsatzes!

2. Eine Maschinenfabrik produziert zwei Maschinengruppen. Zur Erstellung des BAB liegen folgende Daten vor:

	Zahlen der KLR in EUR	Allgemeiner Kostenbereich	Material	Fertigung			Verwaltung	Vertrieb
		Energiezentrale		Techn. Büro	Masch.-gruppe A	Masch.-gruppe B		
Gemeinkostenmaterial	52000,00			12000,00	18000,00	22000,00		
Energiekosten	31040,00	1120,00	640,00	400,00	11360,00	10480,00	4880,00	2160,00
Gehälter u. Hilfslöhne	132000,00	3	2	1	8	10	5	4
Sozialkosten	49500,00	3	2	1	8	10	5	4
Bürokosten	28000,00	1	1	2	2	2	5	1
Abschreibungen	94080,00	2400,00	1440,00	3480,00	22800,00	50160,00	9900,00	3900,00
Steuern u. Abgaben	9500,00	2	2	2	3	5	3	2
Umlage des allgemeinen Kostenbereichs: Energiezentrale			3	1	6	5	3	2
Umlage der besonderen Hilfskostenstelle: Technisches Büro					2	3		

Verbrauch von Fertigungsmaterial:	363 302,00 EUR
Fertigungslöhne Maschinengruppe A:	105 720,00 EUR
Fertigungslöhne Maschinengruppe B:	157 399,20 EUR

Aufgabe:

Erstellen Sie den BAB anhand der vorgegebenen Daten und berechnen Sie die Zuschlagssätze sowie die Herstellkosten der Abrechnungsperiode/des Umsatzes!

3 Maschinenstundensatz unter Berücksichtigung kalkulatorischer Kosten berechnen

LB 4 Handlungssituation 3: Maschinenkosten berechnen

In der MicroTex Technologies GmbH sind drei Maschinengruppen vorhanden.

Maschinengruppe	Anzahl	Wiederbeschaffungswert/Stück	Nutzungsdauer in Jahren	kWh-Verbrauch	m^2-Bedarf
Ringzwirnmaschine	10	42 000,00 EUR	8	12	24
Spulmaschine	8	28 000,00 EUR	10	14	16
Färbemaschine	14	56 000,00 EUR	12	16	26

Die Quartalsabrechnung der Kostenrechnung weist folgende Gemeinkosten aus:

Werkstattgebäude (4 200 m^2) 37 800,00 EUR

Heizung (beheizte Fläche 3 700 m^2) 13 320,00 EUR

Die kalkulatorischen Zinsen betragen 9 %. Sie werden von den halben Anschaffungskosten berechnet. Die Anschaffungskosten betragen: Ringzwirnmaschine 33 600,00 EUR, Spulmaschine 25 200,00 EUR, Färbemaschine 49 280,00 EUR. Die gesamten (geschätzten) Instandhaltungskosten belaufen sich bei der Maschinengruppe Ringzwirnmaschine auf 20 %, bei der Maschinengruppe Spulmaschine auf 25 % und bei der Maschinengruppe Färbemaschine auf 30 % des Wiederbeschaffungswertes. Es wird die lineare Abschreibungsmethode verwendet. Der Strompreis beträgt 0,32 EUR je kWh.

Kompetenzorientierte Arbeitsaufträge:

1. Berechnen Sie die Maschinenstundensätze, wenn jährlich je Maschine 2 400 Laufstunden anfallen!
2. Berechnen Sie die monatlichen Maschinenkosten, wenn alle Maschinen je Monat 200 Betriebsstunden gelaufen sind!

3.1 Grundlagen zur Berechnung von Maschinenstundensätzen

mvurl.de/y431

Durch die fortschreitende Automatisierung der Betriebe gewinnt die Maschinenstundensatzkalkulation immer größere Bedeutung. In dem Maße wie Personal immer mehr durch Maschinen ersetzt wird, vergrößert sich der Anteil der maschinenabhängigen Gemeinkosten gegenüber den lohnabhängigen Gemeinkosten. Daher ist es im Sinne einer genaueren Kalkulation erforderlich, die **Fertigungsgemeinkosten** in die **maschinenabhängigen** und in die **lohnabhängigen Fertigungsgemeinkosten (Rest-Fertigungsgemeinkosten)** aufzuteilen.

Für die **maschinenabhängigen Fertigungsgemeinkosten** werden die **Maschinenlaufzeiten** als Bezugsgrundlage gewählt, für die **lohnabhängigen Rest-Fertigungsgemeinkosten** wie bisher die **Fertigungslöhne**.

Fertigungsgemeinkosten	
Maschinenabhängige Fertigungsgemeinkosten	**Lohnabhängige Fertigungsgemeinkosten (Rest-Fertigungsgemeinkosten)**
■ Hilfs- und Betriebsstoffe ■ Hilfslöhne ■ Platzkosten (Wartung, Reparaturen, Werkzeuge) ■ Bürokosten (anteilig) ■ betriebliche Steuern (anteilig) ■ Unternehmerlohn (anteilig) ■ kalk. Abschreibungen je Maschine ■ kalk. Zinsen für das in die Maschine investierte Kapital ■ Energiekosten der Maschine ■ Raumkosten der Maschine	■ Gehälter ■ Arbeitgeberanteil ■ Bürokosten (anteilig) ■ kalkulatorische Abschreibungen ■ Werbung ■ Fuhrparkkosten ■ betriebliche Steuern (anteilig) ■ Unternehmerlohn (anteilig)
Zuschlagsgrundlage: Maschinenlaufzeit	**Zuschlagsgrundlage: Fertigungslöhne**

Sind in einem Betrieb **unterschiedlich teure Maschinen** vorhanden, die bei der Herstellung der einzelnen Erzeugnisse aufgrund der verschiedenartigen Produktionsverfahren **unterschiedlich lange beansprucht** werden, ist es erforderlich, die Maschinenkosten für **jede Maschine bzw. Maschinenart** gesondert zu erfassen.

Werden die anfallenden maschinenabhängigen Gemeinkosten auf die Maschinenlaufzeit bezogen, erhält man den **Maschinenstundensatz.**

3.2 Berechnung der maschinenabhängigen Gemeinkosten

Der erste Schritt bei der Berechnung der Maschinenstundensätze besteht in der Ermittlung der effektiv für die Produktion der Erzeugnisse angefallenen Maschinenlaufzeit.

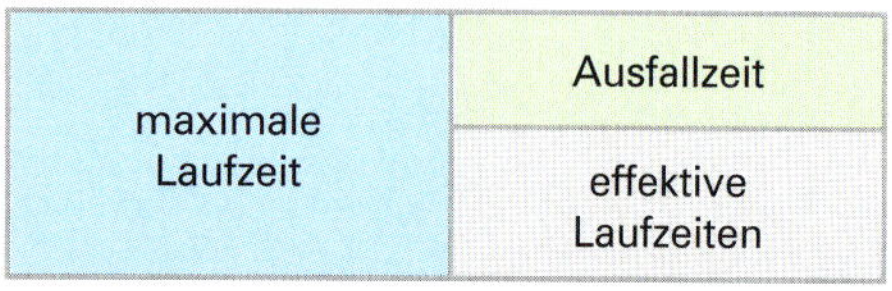

(1) Berechnung der effektiven Maschinenlaufzeit

Beispiel:

Für die Maschinen in einem Industriebetrieb mit 37,5-Stunden-Woche und 7,5 Stunden täglicher Arbeitszeit fallen im laufenden Jahr Stillstandszeiten durch 14 Feiertage, 22 Urlaubstage, 6 Krankheitstage sowie 35 Ausfallstunden für Instandhaltung an.

Aufgabe:

Berechnen Sie die effektive Maschinenlaufzeit!

Lösung:

	Maximal mögliche Maschinenlaufzeit (52 Wochen zu 37,5 Stunden)		1 950 Std.
–	Instandhaltungszeit		35 Std.
–	Stillstandszeiten	14 Feiertage zu 7,5 Stunden	105 Std.
		22 Urlaubstage zu 7,5 Stunden	165 Std.
		6 Krankheitstage zu 7,5 Stunden	45 Std.
=	effektive Maschinenlaufzeit im laufenden Jahr		1 600 Std.

(2) Berechnung des Maschinenstundensatzes

Beispiel:

Die Anschaffungskosten einer Beschichtungsmaschine belaufen sich auf 214 500,00 EUR. Es wird von einem Wiederbeschaffungswert in Höhe von 234 000,00 EUR ausgegangen. Die Nutzungsdauer wird mit 13 Jahren angesetzt. Die jährliche effektive Maschinenlaufzeit beträgt 1 600 Stunden. Kalkulatorisch wird nach der linearen Abschreibungsmethode abgeschrieben. Es wird mit einem kalkulatorischen Zinssatz von 8 % gerechnet. Für die Gesamtnutzungsdauer der Maschine werden die Platzkosten auf 62 400,00 EUR geschätzt. Der Raumkostensatz beträgt pro Jahr und m^2 212,00 EUR. Die Maschine hat einen Raumbedarf von 24,50 m^2. Der Strombedarf der Maschine beträgt 45 kWh, der Strompreis 0,30 EUR je kWh. An sonstigen fixen Maschinenkosten fallen 28 912,00 EUR für die Nutzungsdauer an.

Aufgabe:

Berechnen Sie den Maschinenstundensatz der Beschichtungsmaschine!

Lösung:

Kalkulatorische Abschreibungen je Maschinenstunde:

Bei der linearen Abschreibung wird ein jährlich gleichbleibender Betrag von den Kosten des Anlagegutes abgeschrieben. Berechnungsgrundlage ist der **Wiederbeschaffungswert.**

$$\text{Abschreibungsbetrag je Maschinenstunde} = \frac{234\,000}{13 \cdot 1\,600} = \underline{\underline{11{,}25\ \text{EUR/Std.}}}$$

$$\begin{array}{l}\text{Abschreibungsbetrag}\\ \text{je Maschinenstunde}\end{array} = \frac{\text{Wiederbeschaffungswert}^{1}}{\text{Nutzungsdauer} \cdot \text{Laufzeit/Jahr}}$$

Kalkulatorische Zinskosten je Maschinenstunde:

Für die Berechnung der kalkulatorischen Zinsen wird von den halben **Anschaffungskosten** ausgegangen.

$$\text{Zinskosten je Maschinenstunde} = \frac{214\,500 \cdot 8}{2 \cdot 100 \cdot 1\,600} = \underline{\underline{5{,}36\ \text{EUR/Std.}}}$$

$$\begin{array}{l}\text{Zinskosten}\\ \text{je Maschinenstunde}\end{array} = \frac{{}^{1}/_{2}\ \text{Anschaffungskosten} \cdot \text{kalk. Zinssatz}}{100 \cdot \text{Laufzeit/Jahr}}$$

1 $\text{Wiederbeschaffungswert} = \frac{\text{Anschaffungskosten} \cdot \text{Preisindex}}{100}$

Platzkosten je Maschinenstunde:

Die auf eine Maschine entfallenden Platzkosten (Reparaturen, Werkzeuge, Wartung) sind nicht exakt voraussehbar. Man muss daher auf die Angaben des Herstellers oder auf Erfahrungswerte der Vergangenheit zurückgreifen.

$$\text{Platzkosten je Maschinenstunde} = \frac{62\,400}{13 \cdot 1\,600} = \underline{\underline{3{,}00\ \text{EUR/Std.}}}$$

$$\text{Platzkosten je Maschinenstunde} = \frac{\text{gesamte Platzkosten}}{\text{Nutzungsdauer} \cdot \text{Laufzeit/Jahr}}$$

Raumkosten je Maschinenstunde:

Die Raumkosten einer Maschine sind abhängig vom Raumbedarf und vom Raumkostensatz.

- Der **Raumbedarf** einer Maschine (gemessen in m^2) umfasst die Grundfläche der Maschine, Bedienungsflächen sowie die Abstellfläche für die Werkstücke.
- Im **Raumkostensatz** werden die anteiligen Abschreibungen, Zinsen, Instandhaltungskosten für Gebäude, ferner die anteiligen Heizungs-, Licht-, Klimatisierungs- und Versicherungskosten sowie die anteiligen personellen Kosten erfasst.

$$\text{Raumkosten je Maschinenstunde} = \frac{24{,}50 \cdot 212{,}00}{1\,600} = \underline{\underline{3{,}25\ \text{EUR/Std.}}}$$

$$\text{Raumkosten je Maschinenstunde} = \frac{\text{Raumbedarf je Maschine} \cdot \text{Raumkostensatz je Maschine}}{\text{Laufzeit/Jahr}}$$

Energiekosten je Maschinenstunde:

Der Energieverbrauch einer Maschine ist je nach Energieart in Litern/Stunde (z. B. Diesel, Benzin), in m^3/Stunde (z. B. Gas, Dampf) oder in kWh (Strom) anzugeben. Der durchschnittliche Energieverbrauch wird vom Hersteller der Maschine in aller Regel in der Betriebsanleitung ausgewiesen. Allerdings ist in der Praxis davon auszugehen, dass der tatsächliche Energieverbrauch nicht mit 100 % anzusetzen ist, da eine Maschine im Durchschnitt nicht mit der vollen Leistungsfähigkeit belastet wird.

Bei der Berechnung der Energiekosten geht man von der Annahme aus, dass sich die Energiekosten proportional zu der tatsächlichen Leistungsaufnahme verhalten.

Energiekosten je Maschinenstunde[1] $= 45 \cdot 0{,}30 = \underline{\underline{13{,}50\ \text{EUR/Std.}}}$

Sonstige fixe Maschinenkosten:

Hierzu zählen z. B. Umrüstkosten für die Produktion einer anderen Produktart; Bereitstellung von Maschinen für Notfälle bzw. kurzfristige Produktionssteigerung; Ausmustern von Maschinen.

$$\text{sonstige fixe Maschinenstunden} = \frac{28\,912{,}00\ \text{EUR}}{13\ \text{Jahre} \cdot 1\,600\ \text{Std.}} = \underline{\underline{1{,}39\ \text{EUR/Std.}}}$$

Der **Maschinenstundensatz** ergibt sich aus der Addition der einzelnen maschinenabhängigen Kosten je Stunde.

Maschinenstundensatz: $11{,}25 + 5{,}36 + 3{,}00 + 3{,}25 + 13{,}50 + 1{,}39 = \underline{\underline{37{,}75\ \text{EUR/Std.}}}$

1 Eine allgemeine Formel zur Berechnung der Energiekosten je Maschinenstunde kann nicht angeboten werden.

Kompetenztraining

31 Berechnung der Maschinenstundensätze und der Maschinenkosten

Die Kosten- und Leistungsrechnung einer Metallwarenfabrik weist für die Maschinengruppe Formpresse folgende Daten aus:

Das Unternehmen arbeitet mit 8 gleichartigen Formpressen. Die Anschaffungskosten einer Formpresse betragen 32600,00 EUR. Die jährliche Arbeitszeit in der Abteilung beträgt 240 Tage, die tägliche Arbeitszeit $8\,^1/_2$ Stunden. An Ausfallzeit (Leerstunden) sind für die Abteilung 220 Arbeitsstunden anzusetzen.

Die kalkulatorische Nutzungsdauer[1] beträgt 8 Jahre. Der Wiederbeschaffungswert je Maschine wird mit 36400,00 EUR angesetzt. Kalkulatorisch wird linear abgeschrieben.

Als kalkulatorischer Zinssatz für das in die Maschinen investierte Kapital sind 7,5 % von den halben Anschaffungskosten zu veranschlagen.

Für die Platzkosten aller Formpressen sind jährlich 48594,00 EUR zu berücksichtigen. Der Raumbedarf je Formpresse beträgt 32 m^2. Als Raumkostensatz werden je m^2 164,00 EUR pro Jahr angesetzt.

Der Strombedarf für eine Formpresse beträgt 72 kWh, der Strompreis 0,32 EUR je kWh. An sonstigen fixen Maschinenkosten fallen 28236,00 EUR für die Nutzungsdauer an.

Aufgabe:

Berechnen Sie den Maschinenstundensatz!

3.3 Behandlung der Rest-Fertigungsgemeinkosten

Bei der Ermittlung des Maschinenstundensatzes werden die **Gemeinkosten der Fertigung** in **maschinenabhängige Fertigungsgemeinkosten** und in **lohnabhängige Rest-Fertigungsgemeinkosten** aufgeteilt. Als Bezugsgrundlage für die maschinenabhängigen Fertigungsgemeinkosten werden die Maschinenlaufzeiten gewählt, für die lohnabhängigen Rest-Fertigungsgemeinkosten die Fertigungslöhne.

Beispiel:

Fertigung					
Gemeinkosten der Fertigung	Maschinenabhängige Fertigungsgemeinkosten			Rest-Fertigungsgemeinkosten	
	Maschine I	Maschine II	Maschine III		
Summe der Gemeinkosten	13632,00 EUR	14892,00 EUR	7728,00 EUR		6760,00 EUR
effektive Laufzeit	160 Std.	120 Std.	140 Std.	Fertigungslöhne	28400,00 EUR
Maschinen-Std.-Satz	85,20 EUR	124,10 EUR	55,20 EUR	Rest-FGK-Satz	23,8 %

1 Das ist die erwartete Nutzungsdauer, mit der das Unternehmen kalkuliert.

- $\text{Maschinenstundensatz} = \dfrac{\text{maschinenabhängige Fertigungsgemeinkosten}}{\text{effektive Maschinenlaufzeit}}$

- $\text{Rest-Fertigungsgemeinkostensatz} = \dfrac{\text{Rest-FGK}}{\text{Fertigungslöhne}} \cdot 100$

3.4 Kalkulation der Selbstkosten mit Maschinenstundensätzen

Beispiel:

Für einen Auftrag, bei dem nach den oben ermittelten Maschinenstundensätzen nur Maschine I und Maschine II zum Einsatz kommen, sind die Selbstkosten aufgrund folgender Angaben zu berechnen:

Verbrauch von Fertigungsmaterial	1210,00 EUR	Maschine I	3 Std. zu je	85,20 EUR
Fertigungslöhne	820,00 EUR	Maschine II	2 Std. zu je	124,10 EUR

Die Zuschlagssätze betragen:	MGK	8 %	VwGK	12 %
	Rest-FGK	23,8 %	VtGK	8 %

Aufgabe:

Berechnen Sie die geplanten Selbstkosten des Auftrags!

Lösung:

Fertigungsmaterial	1210,00 EUR	
+ 8 % Materialgemeinkosten	96,80 EUR	
= **Materialkosten**		1306,80 EUR
+ Fertigungslöhne	820,00 EUR	
+ 23,8 % Rest-FGK	195,16 EUR	
+ Maschine I : 3 Std. · 85,20 EUR/Std.	255,60 EUR	
+ Maschine II: 2 Std. · 124,10 EUR/Std.	248,20 EUR	
+ Fertigungskosten		1518,96 EUR
= **Herstellkosten**		2825,76 EUR
+ 12 % Verwaltungsgemeinkosten		339,09 EUR
+ 8 % Vertriebsgemeinkosten		226,06 EUR
= **Selbstkosten**		3390,91 EUR

Kompetenztraining

32 Berechnung des Maschinenstundensatzes und der Selbstkosten

1. Nennen Sie Kostenarten, die zu den maschinenabhängigen Kosten zu rechnen sind, und geben Sie an, wie aus diesen der Maschinenstundensatz errechnet wird!
2. Erklären Sie, welche Folgen sich aus der Anwendung der Maschinenstundensatzrechnung für den Aufbau der Kostenstelle Fertigung ergeben!
3. Die Weber Metallbau GmbH richtet nach Anschaffung einer neuen Multifunktionswerkbank eine zusätzliche Kostenstelle für die Fertigung ein.

   Aufgabe:

Ermitteln Sie den Maschinenstundensatz für die Multifunktionswerkbank auf Basis der Angaben auf der folgenden Seite!

Anschaffungskosten 580 000,00 EUR, Wiederbeschaffungswert 600 000,00 EUR, betriebliche Nutzungsdauer 10 Jahre, jährliche Maschinenlaufzeit je Anlage 1 944 Stunden, kalkulatorischer Zinssatz 9 %, Platzkosten 22 770,00 EUR jährlich, jährliche Raumkosten 104,00 EUR pro m^2 bei einem Platzbedarf von 30 m^2, Energiebedarf 25 kWh; Strompreis 0,32 EUR/kWh, Grundgebühr monatlich 80,00 EUR.

4. Die Kostenrechnung eines Industriebetriebs weist folgende Daten aus:

   Zuschlagssätze:

   MGK 12,5 %, Rest-FGK 110 %, VwGK 7,6 %, VtGK 12,2 %

   Maschinenkosten:

   Maschine A: 200,00 EUR, Maschine B 80,00 EUR, Maschine C 125,00 EUR

   Für die Herstellung eines Produkts kalkuliert der Industriebetrieb zusätzlich mit folgenden Daten: Fertigungsmaterial 210,00 EUR, Fertigungslöhne 170,00 EUR, Beanspruchung von Maschine A 12 Min., Maschine B 9 Min. und Maschine C 18 Min.

   Aufgabe:

   Ermitteln Sie die geplanten Selbstkosten!

33 Kalkulation der Selbstkosten mit Maschinenstundensätzen

1. Eine Maschinenfabrik rechnet für einen neuen Maschinentyp mit folgenden Kalkulationsdaten:

Verbrauch von Fertigungsmaterial		1 040,00 EUR		
Fertigungslöhne		870,00 EUR		
Gemeinkostenzuschläge:	MGK	5 %	VwGK	9 %
	Rest-FGK	85 %	VtGK	7 %
Nutzung von Maschinen:	Maschine A:	25 Minuten 108,00 EUR Maschinenstundensatz		
	Maschine B:	13 Minuten 78,00 EUR Maschinenstundensatz		

   Aufgabe:

   Berechnen Sie die geplanten Selbstkosten!

2. Für einen Reparaturauftrag sind die geplanten Selbstkosten unter Berücksichtigung folgender Angaben zu kalkulieren:

Verbrauch von Reparaturmaterial		195,80 EUR
Fertigungslöhne	2,6 Stunden zu je	45,00 EUR
Maschine I	0,6 Stunden zu je	104,90 EUR
Maschine II	1,3 Stunden zu je	63,50 EUR

   Normalzuschlagssätze:
   - MGK 7,5 %
   - Rest-FGK 101,8 %
   - VwGK 9,4 %
   - VtGK 8,8 %

   Aufgabe:

   Berechnen Sie die geplanten Selbstkosten für den Reparaturauftrag!

3. Nennen Sie zwei Gründe, warum im Allgemeinen die Kalkulation der Fertigungskosten auf der Basis von Maschinenstundensätzen genauer wird!

4 Abweichungen zwischen den tatsächlich angefallenen Gemeinkosten und den mit Vorkalkulationssätzen ermittelten Werten berechnen (Kostenträgerzeitrechnung)

LB 4 Handlungssituation 4: Kostenträgerblatt erstellen

Die MicroTex Technologies GmbH ist als Zulieferer für Brandschutzmatten für mehrere Maschinenfabriken tätig. Die Nettoverkaufserlöse betrugen in der vergangenen Abrechnungsperiode 1 560 000,00 EUR. Im gleichen Zeitraum fielen folgende Kosten an: Verbrauch von Fertigungsmaterial 732 800,00 EUR, Fertigungslöhne 240 000,00 EUR, Sondereinzelkosten des Vertriebs 20 000,00 EUR.

In der vergangenen Abrechnungsperiode wurde mit folgenden Zuschlagssätzen gerechnet: MGK 10 %, FGK 110 %, VwGK 8 % und VtGK 5 %.

Die Istgemeinkosten sind im BAB wie folgt aufgeteilt:

	Zahlen der KLR	Materialbereich	Fertigungsbereich	Verwaltung	Vertrieb
Summe der Gemeinkosten	489 624,80 EUR	69 940,00 EUR	245 740,00 EUR	95 347,52 EUR	78 597,28 EUR

Kompetenzorientierte Arbeitsaufträge:

1. Ermitteln Sie auf einem Kostenträgerblatt die Istzuschlagssätze (auf eine Dezimale gerundet) sowie die Über- und Unterdeckungen und das Betriebsergebnis!
2. Die Kostenanalyse zeigt, dass abgesehen von den Vertriebsgemeinkosten die Istgemeinkosten in allen anderen Kostenstellen niedriger sind als die Normalgemeinkosten.
   - 2.1 Begründen Sie, ob diese niedrigeren Istgemeinkosten zu einer Kostenüber- bzw. -unterdeckung führen!
   - 2.2 Nennen Sie zwei Ursachen, die diese Entwicklung ausgelöst haben könnten!
   - 2.3 Stellen Sie die Auswirkungen der festgestellten Kostenabweichung auf das Betriebsergebnis dar!

4.1 Inhalt und Aufgaben der Kostenträgerzeitrechnung

- Bei der **Kostenträgerzeitrechnung** werden die ermittelten **Selbstkosten des Umsatzes** den **Nettoverkaufserlösen der Rechnungsperiode** gegenübergestellt.
- Die **Differenz** zwischen den erzielten **Nettoverkaufserlösen der Rechnungsperiode** und den **Selbstkosten des Umsatzes** ergibt das **Umsatzergebnis.**
- Technisches Hilfsmittel zur Berechnung des Umsatzergebnisses ist das **Kostenträgerblatt.**

Grundlage der Kalkulation **während der Rechnungsperiode** sind die **Normalkosten.** Nach **Abschluss einer Rechnungsperiode** (z. B. eines Monats) muss festgestellt werden, ob die tatsächlich entstandenen Kosten **(Istkosten)** auch gedeckt worden sind.

4.2 Gegenüberstellung von Istkosten und Normalkosten

mvurl.de/jrmr

4.2.1 Gliederung der Kosten nach der zeitlichen Erfassung

(1) Istkosten

Istkosten sind die **tatsächlich angefallenen Kosten** einer **abgelaufenen Rechnungsperiode.**

Werden die Istkosten auf die in der gleichen Abrechnungsperiode hergestellten und verkauften Erzeugnisse weiterverrechnet, wirken sich alle Zufallsschwankungen, denen die Kosten unterliegen können (z. B. Preisschwankungen auf den Rohstoffmärkten, erhöhter Ausschuss, Großreparaturen, erhöhter Energieverbrauch, Überstunden usw.), auf die Preiskalkulation in dieser Rechnungsperiode aus.

(2) Normalkosten

Normalkosten sind **Durchschnittswerte der Istkosten** mehrerer Abrechnungsperioden.

Die Durchschnittswerte gleichen die im Zeitablauf auftretenden Schwankungen der Kosten aus. Außerdem werden in die Normalkosten in der Regel auch zukünftig zu erwartende Schwankungen der Kosten (z. B. Lohnsteigerungen, Steigerung von Rohstoffpreisen) eingerechnet. Angebote werden überwiegend zu Normalkosten kalkuliert **(Vorkalkulation).** Durch den Vergleich der Normalkosten mit den Istkosten lässt sich die Kostenentwicklung in einer Rechnungsperiode kontrollieren **(Nachkalkulation).**

4.2.2 Kostenüberdeckungen und Kostenunterdeckungen

Normalkosten > Istkosten = Kostenüberdeckung

Normalkosten < Istkosten = Kostenunterdeckung

Nach Ablauf der festgelegten Abrechnungsperiode können die **angefallenen Kosten (Istkosten)** den **vorkalkulierten Kosten (Normalkosten)** gegenübergestellt werden. In der Regel weichen die Normalkosten von den Istkosten ab. Die **Abweichungen** bei den Kosten in der Vor- und in der Nachkalkulation beruhen einerseits auf **unterschiedlichen Einzelkosten** und andererseits auf den **unterschiedlichen Zuschlagssätzen** in der Vor- und Nachkalkulation.

Sind die **Normalkosten höher als die Istkosten,** liegt eine **Kostenüberdeckung** vor. Sind die **Normalkosten niedriger als die Istkosten,** liegt eine **Kostenunterdeckung** vor. Liegen erhebliche Abweichungen zwischen der Vor- und Nachkalkulation vor, so sind die Gründe für die aufgetretenen Abweichungen zu ermitteln.

- Bei der **Kostenüberdeckung** liegen die **Normalkosten über den Istkosten,** d. h., die einkalkulierten Selbstkosten sind höher als die wirklich angefallenen Selbstkosten.
- Bei der **Kostenunterdeckung** liegen die **Normalkosten unter den Istkosten,** d. h., die tatsächlich angefallenen Selbstkosten werden durch die einkalkulierten Kosten nicht mehr gedeckt.

Kompetenztraining

34 Kostenträgerrechnung, Ist- und Normalkosten

1. Die verrechneten Gemeinkosten betragen 65 850,00 EUR, die angefallenen Istkosten 62 780,00 EUR.

   Aufgabe:

   Berechnen Sie, ob eine Kostenüber- oder Kostenunterdeckung vorliegt!
2. Nennen Sie einen Vorteil, den die Verrechnung mit Normalkosten hat!
3. Erläutern Sie, wie sich Normalkostenrechnung und Istkostenrechnung unterscheiden!
4. Erläutern Sie den Begriff Kostenträger!
5. Nennen Sie einige Aufgaben der Kostenträgerrechnung!
6. Nennen Sie die beiden Arten der Kostenträgerrechnung und erläutern Sie kurz deren Zielsetzung!

mvurl.de/fids

4.2.3 Rechnerischer Ablauf der Kostenträgerzeitrechnung (Kostenträgerblatt) mit Ist- und Normalkosten – Kostenüberdeckung und Kostenunterdeckung

Die Kostenüber- oder Kostenunterdeckungen lassen sich im Kostenträgerblatt feststellen, wenn man die Normalkosten den Istkosten gegenüberstellt.

Beispiel:

Die Kosten- und Leistungsrechnung eines Industrieunternehmens weist für den Monat Oktober in der Vorkalkulation, in der die Gemeinkosten mit Normalzuschlagssätzen verrechnet wurden, folgende Gesamtdaten auf:

	Insgesamt
Verbr. v. Fertigungsmaterial	480 000,00 EUR
Fertigungslöhne	210 000,00 EUR
Nettoverkaufserlöse	1 460 000,00 EUR
SEKF	8 100,00 EUR
SEKV	4 800,00 EUR

Die Normalzuschlagssätze betragen: MGK 12 %, FGK 85 %, VwGK 18 %, VtGK 7 %

Aufgrund der Nachkalkulation ergeben sich für die Gemeinkosten die folgenden Istzuschlagssätze:

MGK: 10 %	FGK: 90 %	VwGK: 15 %	VtGK: 8 %

Aufgaben:

1. Ermitteln Sie die Selbstkosten als Istkosten und bei Normalzuschlagssätzen!
2. Errechnen Sie die Kostenüber- bzw. Kostenunterdeckung!
3. Ermitteln Sie das Betriebsergebnis!

Lösungen:

Ziffer	Bezeichnungen	Istkosten (EUR)	Normal-zuschlagssätze	Normalkosten (EUR)	Kostenüber-/-unterdeckungen (EUR)
1	Verbrauch v. Fert.-Material	480 000,00		480 000,00	
2	+ 10 % Materialgemeinkosten	48 000,00	12 %	57 600,00	+ 9 600,00
3	= **Materialkosten** (1 + 2)	528 000,00		537 600,00	
4	Fertigungslöhne	210 000,00		210 000,00	
5	+ 90 % Fert.-Gemeinkosten	189 000,00	85 %	178 500,00	– 10 500,00
6	+ Sondereinzelkosten d. Fertigung	8 100,00		8 100,00	
7	= **Fertigungskosten** (4 + 5 + 6)	407 100,00		396 600,00	
8	= **Herstellkosten** (HKA/HKU)[1] (3 + 7)	935 100,00		934 200,00	
9	+ 15 % Verw.-Gemeinkosten (v. 8)	140 265,00	18 %	168.156,00	+ 27 891,00
10	+ 8 % Vertr.-Gemeinkosten (v. 8)	74 808,00	7 %	65.394,00	– 9 414,00
11	+ Sondereinzelkosten d. Vertriebs	4 800,00		4 800,00	
12	= **SKU**[2] (8 + 9 + 10 + 11)	1 154 973,00		1 172 550,00	+ 18 477,00
13	Nettoverkaufserl. d. Re.-Periode	1 460 000,00		1 460 000,00	
14	– SKU	1 154 973,00		1 172 550,00	
15	= **Umsatzergebnis**			287 450,00	
16	+ Kostenüberdeckung			18 477,00	
17	= **Betriebsergebnis**	305 927,00		305 927,00	

Erläuterungen: Vom Umsatzergebnis zum Betriebsergebnis (Ziffer 15 bis 17)

Das Umsatzergebnis bei der Vorkalkulation ergibt sich durch folgende Rechnung:

Nettoverkaufserlöse der Rechnungsperiode – Selbstkosten des Umsatzes = Umsatzergebnis

Die Rechnung mit Normalzuschlagssätzen (Vorkalkulation) führt zu einem anderen Ergebnis als die Nachkalkulation mit Istkosten, da die **Gemeinkosten mit anderen Zuschlagssätzen** berechnet werden. Das Umsatzergebnis in der Normalkostenrechnung unterscheidet sich daher vom Betriebsergebnis in der Istkostenrechnung, und zwar um die **Differenz zwischen den Normalgemeinkosten und den Istgemeinkosten** (Kostenüber- bzw. Kostenunterdeckungen).

Da bei einer **Kostenüberdeckung** die verrechneten Normalkosten **über** den angefallenen Istkosten liegen, fällt das Umsatzergebnis niedriger aus als das mit Istkosten ermittelte Betriebsergebnis. Um im Falle einer Kostenüberdeckung vom Umsatzergebnis zum Betriebsergebnis zu gelangen, muss daher zum Umsatzergebnis eine **Kostenüberdeckung hinzuaddiert** werden.

Im vorliegenden Beispiel ergibt sich eine Kostenüberdeckung in Höhe von 18 477,00 EUR. Bei einem Umsatzergebnis zu Normalkosten in Höhe von 287 450,00 EUR (siehe Ziffer 15) führt das zu einem Betriebsergebnis in Höhe von (287 450,00 EUR + 18 477,00 EUR) 305 927,00 EUR (siehe Ziffer 17).

Bei einer **Kostenunterdeckung** sind die **Normalkosten niedriger** als die tatsächlich angefallenen **Istkosten**. Daher ist das Umsatzergebnis höher als das tatsächliche Ergebnis. Um vom Umsatzergebnis zum Betriebsergebnis zu gelangen, muss daher eine **Kostenunterdeckung vom Umsatzergebnis subtrahiert** werden.

1 **HKA: Herstellkosten der Abrechnungsperiode** (Summe aus Material- und Fertigungskosten); **HKU: Herstellkosten des Umsatzes.** Die HKU berücksichtigen auch die Bestandsveränderungen. Da diese hier und im Folgenden außen vor bleiben, gilt: **HKA = HKU.**

2 **SKU: Selbstkosten des Umsatzes.**

Überblick: Kostenträgerzeitrechnung

- **Gliederung der Kosten nach der zeitlichen Erfassung**
  - Normalkosten > Istkosten → Kostenüberdeckung
  - Normalkosten < Istkosten → Kostenunterdeckung
- **Veränderung des Betriebsergebnisses** durch Abweichungen von den Normalgemeinkosten:
  - Betriebsergebnis = Umsatzergebnis + Kostenüberdeckung
  - Betriebsergebnis = Umsatzergebnis – Kostenunterdeckung

Kompetenztraining

35 Gegenüberstellung von Ist- und Normalkosten im Kostenträgerblatt, Berechnung der Kostenüber- bzw. Kostenunterdeckung

Die Weber Metallbau GmbH entnimmt der Abgrenzungstabelle folgende Zahlenwerte:

Betriebsabrechnungsbogen am Ende der Rechnungsperiode

Gemeinkosten	Material	Fertigung	Verwaltung	Vertrieb
insgesamt	85 260,60 EUR	926 670,00 EUR	309 709,27 EUR	180 663,74 EUR

Einzelkosten und Leistungen

Verbrauch von Fertigungsmaterial	897 480,00 EUR
Fertigungslöhne	671 500,00 EUR
Nettoverkaufserlöse	3 247 200,00 EUR

Normalzuschlagssätze

MGK	9 %
FGK	136,2 %
VwGK	13 %
VtGK	6,5 %

Aufgaben:

1. Ermitteln Sie die Selbstkosten des Umsatzes
   1.1 als Istkosten,
   1.2 bei Normalzuschlagssätzen!
2. Berechnen Sie die Kostenüber- bzw. Kostenunterdeckung sowie das Betriebsergebnis der Abrechnungsperiode!
3. Berechnen Sie die Istzuschlagssätze!

36 Gegenüberstellung von Ist- und Normalkosten im Kostenträgerblatt, Berechnung der Kostenüber- bzw. Kostenunterdeckung

Die Kosten- und Leistungsrechnung eines Industrieunternehmens liefert für den Monat Mai folgende Kalkulationsdaten:

Einzelkosten und Leistungen

Verbrauch von Fertigungsmaterial	210 700,00 EUR
Fertigungslöhne	140 500,00 EUR
SEKF	7 800,00 EUR
SEKV	5 200,00 EUR
Nettoverkaufserlöse	792 322,00 EUR

Zuschlagssätze	Material	Fertigung	Verwaltung	Vertrieb
Istzuschlagssätze	14749,00 EUR	231825,00 EUR	78724,62 EUR	36334,44 EUR
Normalzuschlagssätze	8 %	166 %	11,5 %	7,2 %

Aufgaben:

1. Ermitteln Sie die Selbstkosten des Umsatzes
   1.1 als Istkosten,
   1.2 bei Normalzuschlagssätzen!
2. Errechnen Sie die Kostenüber- bzw. Kostenunterdeckung sowie das Betriebsergebnis der Abrechnungsperiode!

37 Gegenüberstellung von Ist- und Normalkosten im Kostenträgerblatt, Berechnung der Kostenüber- bzw. Kostenunterdeckung

Die Pharmageräte AG kalkuliert mit folgenden Normalzuschlagssätzen:

MGK 12 %, FGK 140 %, VwGK 15 %, VtGK 10 %.

Zur Überprüfung dieser Zuschlagssätze werden die Istkosten des vergangenen Abrechnungszeitraums herangezogen:

Verbrauch von Fertigungsmaterial	460000,00 EUR
Fertigungslöhne	318000,00 EUR
Materialgemeinkosten lt. BAB	58700,00 EUR
Fertigungsgemeinkosten lt. BAB	412300,00 EUR
Vertriebsgemeinkosten lt. BAB	135014,00 EUR
Verwaltungsgemeinkosten lt. BAB	147288,00 EUR
Nettoverkaufserlöse	1580000,00 EUR

Aufgaben:

1. Stellen Sie in einer Gesamtkalkulation die Istkosten und die Normalkosten einander gegenüber und ermitteln Sie, welche Kostenüber- bzw. Kostenunterdeckungen sich für die einzelnen Positionen feststellen lassen!
2. Ermitteln Sie die Ist-Gemeinkostenzuschlagssätze!
3. Berechnen Sie das Betriebsergebnis der Abrechnungsperiode!

5 Angebotspreis je Stück kalkulieren und dabei unterschiedliche Zielsetzungen beachten (Kostenträgerstückrechnung)

LB 4 Handlungssituation 5: Angebotspreis und Gewinn ermitteln

Lasse Birkner hat in der Abteilung Kostenerfassung mithilfe von Alex Rufnik bereits die Gliederung der Kosten nach der Zurechenbarkeit auf die Kostenträger kennengelernt, um so die innerbetriebliche Rechnung vorzubereiten. Gerade ist eine Anfrage für Schutz- und Abdeckmatten für den Einsatz als Arbeits- und Hitzeschutz eingegangen. Alex Rufnik bittet Lasse, den Angebotspreis auf Basis nachfolgender Angaben zu berechnen.

Verbrauch von Fertigungsmaterial:	9 400,00 EUR			
Fertigungslöhne:	16 200,00 EUR			
Gemeinkostenzuschläge:	MGK	12,4 %	VwGK	6 %
	FGK	104 %	VtGK	8 %

Es wird mit 18 % Gewinn, 5 % Vertreterprovision vom Zielverkaufspreis (Angebotspreis) und 2 % Kundenskonto gerechnet.

Kompetenzorientierte Arbeitsaufträge:

1. Unterstützen Sie Lasse beim Berechnen des Angebotspreises!
2. Einige Zeit später erfährt Alex Rufnik, dass ein Konkurrenzunternehmen ein Angebot von 62 084,97 EUR unterbreitet hat. Ermitteln Sie, wie viel Gewinn in EUR und in Prozent der MicroTex Technologies GmbH verbleiben, wenn der Angebotspreis der Konkurrenz um 800,00 EUR unterboten werden soll!

5.1 Begriffe Kostenträger und Kostenträgerrechnung

Die Leistungseinheiten, für die Kosten angefallen sind, nennt man **Kostenträger,** weil sie die Kosten zu tragen haben. Als Kostenträger können, je nach der Struktur des Betriebs, einzelne **Produkte** oder **Produktgruppen** dienen.

- **Kostenträger** sind Leistungseinheiten, für die Kosten angefallen sind.
- Als Kostenträger können einzelne **Produkte** oder auch die Zusammenfassung gleichartiger Produkte zu einer **Produktgruppe** dienen.

Die Hauptaufgabe der **Kostenträgerrechnung** besteht darin, festzustellen, wie viel Kosten auf die einzelnen Kostenträger entfallen.

- Sollen die Kosten für einen **einzelnen Auftrag** (z. B. ein einzelnes Stück) berechnet werden, spricht man von **Kostenträgerstückrechnung.** Sie wird auch als **Kalkulation** bezeichnet.
- Bezieht sich die Zurechnung der Kosten auf eine **Abrechnungsperiode** (Monat, Jahr), spricht man von **Kostenträgerzeitrechnung.**[1] In ihr können sowohl das Betriebsergebnis insgesamt als auch die auf Kostenträger bezogenen Teilergebnisse ermittelt werden.

1 Zur Kostenträgerzeitrechnung siehe Kapitel 4, S. 138ff.

5.2 Angebotspreis kalkulieren (Zuschlagskalkulation)

5.2.1 Aufbau der Zuschlagskalkulation und die Festlegung der Bezugsgrößen für die Gemeinkostenzuschlagssätze

(1) Aufbau der Zuschlagskalkulation

Werden unterschiedliche Produkte hergestellt – und davon wird im Folgenden ausgegangen – ist eine **individuelle Kostenermittlung** für jedes Produkt bzw. für jede Produktgruppe erforderlich. Diese Form der Kostenträgerstückrechnung bezeichnet man als **Zuschlagskalkulation.** Da bei der Zuschlagsrechnung **alle Kosten,** die bei der Herstellung des Produktes anfallen, in die **Preisberechnung eingehen,** liegt eine **Vollkostenrechnung** vor.

Aufbau der Zuschlagskalkulation:

- Die **Einzelkosten** werden in der Kostenrechnung ermittelt und anschließend **direkt** den Kostenträgern zugerechnet. Das betrifft im Wesentlichen das Fertigungsmaterial und die Fertigungslöhne.
- Die in der Kostenrechnung erfassten **Gemeinkosten** werden den Kostenträgern **indirekt** über Zuschlagssätze zugeordnet.

- **Einzelkosten** werden **direkt** auf die **Kostenträger** verrechnet.
- **Gemeinkosten** werden **indirekt** den Kostenstellen zugeschlagen und mithilfe von **Gemeinkostenzuschlagssätzen** auf die **Kostenträger** verrechnet.

!

(2) Festlegung der Bezugsgrößen für die Gemeinkostenzuschlagssätze[1]

Die Gemeinkosten werden mithilfe folgender Gemeinkostenzuschlagssätze in die Angebotskalkulation eingerechnet.

Materialgemeinkosten	Es wird unterstellt, dass die Materialgemeinkosten (MGK) vom Verbrauch an Fertigungsmaterial abhängen. **Bezugsgröße** ist das **Fertigungsmaterial.**
Fertigungsgemeinkosten	Es wird unterstellt, dass die Fertigungsgemeinkosten (FGK) von der Höhe der aufgewendeten Fertigungslöhne abhängen. **Bezugsgröße** sind die **Fertigungslöhne.**[2]
Verwaltungs- und Vertriebsgemeinkosten	Hier wird eine Abhängigkeit von der Höhe der Herstellkosten unterstellt. **Bezugsgrundlage** sind die **Herstellkosten.**

1 Vgl. hierzu die Ausführungen in Kapitel 2.2.2, S. 122 ff.

2 In maschinenintensiven Betrieben werden in der Praxis in aller Regel die maschinenabhängigen Kosten gesondert erfasst und dafür Maschinenstundensätze errechnet. Vgl. Kapitel 3, S. 131 ff.

10 Merkur-Nr. 0659

mvurl.de/8xxu

5.2.2 Anwendung der Zuschlagskalkulation als Angebotskalkulation

Je nach Bedarf wird die Angebotskalkulation

- als Vorwärtskalkulation,
- als Rückwärtskalkulation oder
- als Differenzkalkulation eingesetzt.

mvurl.de/q1os

5.2.2.1 Vorwärtskalkulation

Um einen Verkauf tätigen zu können, ist es in der Praxis oft notwendig, ein Angebot mit einem verbindlichen Angebotspreis abzugeben. Das Unternehmen ist dann gezwungen, vor Beginn der Produktion eine Angebotskalkulation vorzunehmen. Bei der Angebotskalkulation wird mit **voraussichtlichen Kosten (Normalkosten)**[1] gerechnet.

Beispiel:

Eine Maschinenfabrik errechnet zur Abgabe eines Angebots für eine Abfüllmaschine den Listenverkaufspreis. Es wird mit folgenden Kosten kalkuliert:

Verbrauch von Fertigungsmaterial	17 200,00 EUR	SEKF	1 400,00 EUR
Fertigungslöhne	21 400,00 EUR	SEKV	890,00 EUR

Normalzuschlagssätze:	MGK 9 %, FGK 50 %, VwGK 18 %, VtGK 6 %
Maschinenstundensatz (MSS):	1 605,00 EUR/h
Maschinenstundenlaufzeit:	8 Stunden

Bei der Angebotskalkulation der Abfüllmaschine sollen 15 % Gewinn, 7 % Vertreterprovision, 10 % Kundenrabatt und 2 % Skonto einkalkuliert werden.

Aufgabe:

Berechnen Sie den Angebotspreis!

1 Zu Einzelheiten siehe Kapitel 4.2.1, S. 139.

Lösung:

Vorwärtskalkulation

	100 %	Fertigungsmaterial (FM)	17 200,00 EUR	
	9 %	+ Materialgemeinkosten (MGK)	1 548,00 EUR	
		= **Materialkosten** (MK)		18 748,00 EUR
100 %	←	Fertigungslöhne (FL)	21 400,00 EUR	
50 %		+ Rest-Fertigungsgemeinkosten (R-FGK)	10 700,00 EUR	
		+ Maschinenkosten (MaKo)	12 840,00 EUR (1 605,00 EUR · 8 h)	
		= Zwischensumme	44 940,00 EUR	
		+ Sondereinzelkosten der Fertigung (SEKF)	1 400,00 EUR	
		= **Fertigungskosten** (FK)		46 340,00 EUR
	100 %	= **Herstellkosten** (HK)		65 088,00 EUR
	18 %	+ Verwaltungsgemeinkosten (VwGK)	11 715,84 EUR	
	6 %	+ Vertriebsgemeinkosten (VtGK)	3 905,28 EUR	
		+ Sondereinzelkosten des Vertriebs (SEKV)	890,00 EUR	16 511,12 EUR
100 %	←	= **Selbstkosten** (SK)		81 599,12 EUR
15 %		+ Gewinn		12 239,87 EUR
→	91 %	= **vorläufiger Verkaufspreis**[1] (VVP)		93 838,99 EUR
	7 %	+ Vertreterprovision (VerPro)		7 218,38 EUR
		= **Barverkaufspreis** (BVP)		101 057,37 EUR
	2 %	+ Kundenskonto (Sko)		2 062,40 EUR
90 %	100 %	= **Zielverkaufspreis** (ZVP)		103 119,77 EUR
10 %		+ Kundenrabatt (Rab)		11 457,75 EUR
100 %		= **Angebotspreis (Listenpreis)** (AP bzw. LP)		114 577,52 EUR

Erläuterungen zur Berechnung von Vertreterprovision, Kundenskonto und Kundenrabatt

- **Vertreterprovision**

  Da eine evtl. anfallende **Vertreterprovision** den Gewinn schmälern würde, muss diese vorher einkalkuliert werden. Die Vertreterprovision wird vom **Zielverkaufspreis** berechnet.

- **Kundenskonto**

  Die Kunden erwarten im Allgemeinen bei Zahlung innerhalb der Skontofrist einen Preisnachlass. Soll dieser Preisnachlass nicht zulasten des Gewinnes gehen, muss er in den Angebotspreis vorher einkalkuliert werden.

  Da der Kunde den **Skonto** vom **Zielverkaufspreis** berechnet, dieser also aus der Sicht des Kunden 100 % ausmacht, entspricht der Barverkaufspreis aus der Sicht des Anbieters dem verminderten Grundwert (100 % – Prozentsatz des Skontos). Der Skonto muss somit durch eine „im Hundertrechnung“ auf den Barverkaufspreis aufgeschlagen werden.

  Der vorläufige Verkaufspreis beträgt unter Einrechnung von 2 % Kundenskonto und 7 % Vertreterprovision 91 %.

- **Kundenrabatt**

  Aus dem gleichen Grund muss auch der vom Kunden erwartete Rabatt in den Angebotspreis einkalkuliert werden. Da der Kunde den Rabatt vom **Angebotspreis** abzieht, muss der Anbieter ihn durch eine „im Hundertrechnung“ aufschlagen. Beträgt der Kundenrabatt z. B. 10 %, entspricht der Zielverkaufspreis 90 %.

1 Es wird auch der Begriff **„vorläufiger Angebotspreis“** verwendet.

Kompetenztraining

38 Vorwärtskalkulation

Eine Fensterfabrik soll ein Angebot für die Lieferung eines Fensters bestimmter Größe abgeben. Bei günstigem Angebot wird die Bestellung einer größeren Menge in Aussicht gestellt.

Aufgrund der betrieblichen Unterlagen liegen folgende Kalkulationsdaten vor:

Verbrauch von Fertigungsmaterial 44,30 EUR, Fertigungslöhne 61,25 EUR, Sondereinzelkosten der Fertigung 157,66 EUR. Die Normalzuschlagssätze für die Gemeinkosten betragen: Materialgemeinkosten 6,7 %, Fertigungsgemeinkosten 157,4 %, Verwaltungsgemeinkosten 16,4 %, Vertriebsgemeinkosten 9,8 %. Außerdem sollen einkalkuliert werden: 12,5 % Gewinn, 5 % Kundenrabatt, 3 % Kundenskonto und 8 % Vertreterprovision.

Aufgabe:

Berechnen Sie den Angebotspreis!

39 Vorwärtskalkulation

Zur Herstellung einer Spezialmaschine rechnet ein Industriebetrieb mit folgenden Kosten: Verbrauch von Fertigungsmaterial 8420,00 EUR; Fertigungslöhne 3720,00 EUR. Es wird mit folgenden Normalzuschlagssätzen gerechnet: Materialzuschlag (MGK) 10,5 %, Lohnzuschlag (FGK) 145 %, Verwaltungs- und Vertriebsgemeinkostenzuschlag 13,7 %. Die Sondereinzelkosten der Fertigung betragen 890,00 EUR.

Aufgaben:

1. Berechnen Sie die Selbstkosten!
2. Die Maschine wird unter Einrechnung von 12 % Gewinn, von 15 % Kundenrabatt und 2 % Kundenskonto angeboten.

   Berechnen Sie den Listenpreis!

5.2.2.2 Rückwärtskalkulation (retrograde Kalkulation)

mvurl.de/uiwk

Liegt der Angebotspreis aufgrund der gegebenen Markt- bzw. Konkurrenzsituation fest, eignet sich das Kalkulationsschema in umgekehrter Richtung **von unten nach oben** zur Berechnung des aufwendbaren Fertigungsmaterials **(retrograde Kalkulation; Rückwärtskalkulation).** Bei vorgegebenen Kalkulationsbedingungen wird das Fertigungsmaterial errechnet, das höchstens gezahlt werden darf, um den angestrebten Gewinn zu erreichen.

Beispiel:

Aufgrund der Marktsituation muss die Maschinenfabrik Ottmar Zeh OHG eine Schleifmaschine zum Listenpreis in Höhe von 127480,00 EUR anbieten. Die Maschinenfabrik muss branchenüblich 10 % Kundenrabatt und 2 % Kundenskonto gewähren. Die einzurechnende Vertreterprovision vom Zielverkaufspreis beläuft sich auf 7 %. Es soll ein Gewinn von 15 % erzielt werden.

Es wird mit folgenden Kosten kalkuliert:

Fertigungslöhne 19800,00 EUR, SEKF 900,00 EUR, SEKV 940,00 EUR

Zuschlagssätze der Abrechnungsperiode:

MGK	8,5 %	FGK	108 %	VwGK	19 %	VtGK	6,8 %

Aufgabe:

Ermitteln Sie, wie teuer das Fertigungsmaterial höchstens sein darf!

Lösung:[1]

100 %		Fertigungsmaterial	27 038,94 EUR	
8,5 %		– Materialgemeinkosten	2 298,31 EUR	
108,5 %		= **Materialkosten**		29 337,25 EUR
	100 %	Fertigungslöhne	19 800,00 EUR	
	108 %	+ Fertigungsgemeinkosten	21 384,00 EUR	
	208 %	= Zwischensumme	41 184,00 EUR	
		+ Sondereinzelkosten der Fertigung	900,00 EUR	
		= **Fertigungskosten**		42 084,00 EUR
100 %		= **Herstellkosten**		71 421,25 EUR
19 %		– Verwaltungsgemeinkosten	13 570,04 EUR	
6,8 %		– Vertriebsgemeinkosten	4 856,64 EUR	18 426,68 EUR
125,8 %		= Zwischensumme		89 847,93 EUR
		– Sondereinzelkosten des Vertriebs		940,00 EUR
	100 %	= **Selbstkosten**		90 787,93 EUR
	15 %	– Gewinn		13 618,19 EUR
91 %	115 %	= **vorläufiger Verkaufspreis**		104 406,12 EUR
7 %		– Vertreterprovision		8 031,24 EUR
		= **Barverkaufspreis**		112 437,36 EUR
2 %		– Kundenskonto		2 294,64 EUR
100 %	90 %	= **Zielverkaufspreis**		114 732,00 EUR
	10 %	– Kundenrabatt		12 748,00 EUR
	100 %	= **Listenpreis**		127 480,00 EUR

Rückwärtskalkulation

Ergebnis: Die Materialeinzelkosten dürfen höchstens 27 038,94 EUR betragen.

Allgemeiner Rechenweg:

- Stellen Sie zuerst das Kalkulationsschema von **oben nach unten** auf und tragen Sie die in der Aufgabe vorgegebenen Prozentsätze und EUR-Beträge ein.
- Überlegen Sie bei jedem Rechenschritt, ob es sich bei der Rückwärtsrechnung um eine Rechnung **vom Hundert** (Kundenrabatt, Vertreterprovision, Kundenskonto) oder **auf Hundert** (Gewinn, VwGK, VtGK, MGK) handelt.
- **Sonderfall: Berechnung der Fertigungskosten.** Sofern Sondereinzelkosten der Fertigung vorliegen, müssen zunächst die Fertigungskosten in einer Zwischenrechnung im Rahmen einer Vorwärtskalkulation ermittelt (Fertigungslöhne + Fertigungsgemeinkosten = Zwischensumme + Sondereinzelkosten der Fertigung) und von den in der Rückwärtsrechnung ermittelten Herstellkosten subtrahiert werden.
- **Überprüfen** Sie das Ergebnis durch eine **Vorwärtskalkulation.**

1 Die Rechenzeichen verstehen sich aus der Sicht der Rückwärtsrechnung.

Kompetenztraining

40 Rückwärtskalkulation

Aufgrund der starken Konkurrenz können wir eine Maschine für höchstens 55 000,00 EUR verkaufen. Es liegen folgende Kalkulationsdaten vor:

Fertigungslöhne	4800,00 EUR
Sondereinzelkosten des Vertriebs	300,00 EUR
Sondereinzelkosten der Fertigung	500,00 EUR

Kundenskonto	2 %	Verwaltungsgemeinkosten	10 %
Vertriebsgemeinkosten	15 %	Fertigungsgemeinkosten	450 %
Gewinnzuschlag	12,5 %	Kundenrabatt	10 %
Materialgemeinkosten	25 %	Vertreterprovision (vom Zielverkaufspreis)	3 %

Aufgabe:

Berechnen Sie die aufwendbaren Kosten für das Fertigungsmaterial!

41 Rückwärtskalkulation

Eine Druckerei erhält eine Anfrage, ob ein Posten Prospekte zu einem Angebotspreis von 15500,00 EUR gedruckt werden kann.

Es entsteht die Frage, wie viel EUR die Papierkosten höchstens betragen dürfen, wenn folgende Kosten anfallen: Fertigungslöhne 2800,00 EUR, FGK 94 %, MGK 8 %, SEKF 560,00 EUR, VwGK 18 %, VtGK 7 %. Der Kunde erwartet einen Nachlass von 2 % Skonto.

Aufgabe:

Berechnen Sie die höchstmöglichen Papierkosten, wenn ein Gewinn von 10 % erwirtschaftet werden soll!

42 Bestimmung der Kosten für das erforderliche Fertigungsmaterial

Der neue Wohnwagen „Family" soll den Händlern zum Listenpreis von 24450,00 EUR angeboten werden. Die Kalkulationssätze des Wohnwagenherstellers sind: 7 % Materialgemeinkosten, 110 % Fertigungsgemeinkosten, 10 % Verwaltungsgemeinkosten, 6 % Vertriebsgemeinkosten, 9 % Gewinn, 2 % Kundenskonto und 20 % Kundenrabatt. Die anfallenden Fertigungslöhne betragen 4360,00 EUR.

Aufgabe:

Ermitteln Sie die Kosten für das erforderliche Fertigungsmaterial!

5.2.2.3 Differenzkalkulation

mvurl.de/xerh

Häufig verhindert es die „Marktlage", dass das Unternehmen weder die Kosten des Fertigungsmaterials noch den Angebotspreis selbst bestimmen kann. In diesem Fall muss es das Ziel der Kalkulation sein festzustellen, ob der so erwirtschaftete Gewinn ausreichend ist.

Wird die Höhe des anfallenden Gewinnes errechnet, spricht man von **Differenzkalkulation.**[1] Da sowohl die **Kosten des Fertigungsmaterials** als auch der **Angebotspreis** festliegen, muss von **beiden** Werten aus mit dem Rechenweg begonnen werden, und zwar einmal als **Vorwärtskalkulation** (vom Fertigungsmaterial bis zu den Selbstkosten) und zum anderen als **Rückwärtskalkulation** (vom Angebotspreis bis zum vorläufigen Verkaufspreis).

1 Die Differenz zwischen vorläufigem Verkaufspreis und Selbstkosten stellt den Gewinn/Verlust dar. Man spricht daher auch von **Gewinnkalkulation.**

Beispiel:

Bei der Herstellung eines Wäschetrockners fielen 280,00 EUR Materialeinzelkosten und 160,00 EUR Fertigungslöhne an. Es wird mit folgenden Zuschlagssätzen gerechnet: MGK 11 %, FGK 120 %, VwGK 10,5 %, VtGK 6 %, SEKV 40,00 EUR.

Aufgabe:

Berechnen Sie, mit welchem Gewinn in EUR und in Prozent der Hersteller rechnen kann, wenn er 12 % Vertreterprovision (vom Zielverkaufspreis), 3 % Kundenskonto und 15 % Kundenrabatt einrechnet und einen Angebotspreis von 1 259,00 EUR ansetzt!

Lösung:

100 %		Fertigungsmaterial	280,00 EUR		Vorwärtskalkulation
11 %		+ Materialgemeinkosten	30,80 EUR		
		= **Materialkosten**		310,80 EUR	+
→	100 %	Fertigungslöhne	160,00 EUR		
	120 %	+ Fertigungsgemeinkosten	192,00 EUR		
		= **Fertigungskosten**		352,00 EUR	
100 %	←	= **Herstellkosten**		662,80 EUR	
10,5 %		+ Verwaltungsgemeinkosten	69,59 EUR		
6 %		+ Vertriebsgemeinkosten	39,77 EUR	109,36 EUR	**Berechnung des Gewinnzuschlagssatzes**
		= Zwischensumme		772,16 EUR	
		+ Sondereinzelkosten des Vertriebs (SEKV)		40,00 EUR	
→	100 %	= **Selbstkosten**		812,16 EUR	812,16 EUR ≙ 100 %
	x %	− Gewinn		97,47 EUR	97,47 EUR ≙ x %
85 %		= **vorläufiger Verkaufspreis**		909,63 EUR	$x = \frac{100 \cdot 97{,}47}{812{,}16} = \underline{\underline{12\,\%}}$
12 %		− Vertreterprovision		128,42 EUR	
		= **Barverkaufspreis**		1 038,05 EUR	
3 %		− Kundenskonto		32,10 EUR	
100 %	85 %	= **Zielverkaufspreis**		1 070,15 EUR	Rückwärtskalkulation
	15 %	− Kundenrabatt		188,85 EUR	
	100 %	= **Angebotspreis**		1 259,00 EUR	−

Ergebnis: Der Hersteller kann mit einem Gewinn von 12 %, das sind 97,47 EUR, rechnen.

Allgemeiner Rechenweg:

- Stellen Sie zuerst das Kalkulationsschema **von oben nach unten** auf und tragen Sie die in der Aufgabe vorgegebenen Prozentsätze und EUR-Beträge ein!
- Kennzeichnen Sie den Rechenweg durch Pfeile und errechnen Sie stufenweise durch **Vorwärtskalkulation** die **Selbstkosten** bzw. durch **Rückwärtskalkulation** den **vorläufigen Verkaufspreis!**
- Ermitteln Sie den **Gewinn** als **Differenz zwischen dem vorläufigen Verkaufspreis und den Selbstkosten!**
- Berechnen Sie anschließend den **Gewinn in Prozent zu den Selbstkosten** (Gewinnzuschlagssatz)!

Überblick: Vergleich der Kalkulationsverfahren

Art	Vorwärtskalkulation (Verkaufskalkulation)	Rückwärtskalkulation (retrograde Kalkulation)	Differenzkalkulation
Zweck	Ermittlung des Listenverkaufspreises (Angebotspreises)	Ermittlung der höchstmöglichen Kosten für das Fertigungsmaterial	Ermittlung von Gewinn/Gewinnzuschlag bei gegebenem Listenverkaufspreis und gegebenen Einzelkosten
Rechenweg	Fertigungsmaterial + MGK v. H. = **Materialkosten** Fertigungslöhne + FGK v. H. + Sondereinzelkosten der Fertigung = **Fertigungskosten** **Herstellkosten** + VwGK v. H. + VtGK v. H. + Sondereinzelkosten des Vertriebs = **Selbstkosten** + Gewinn v. H. = **vorläufiger Verkaufspreis**[1] + Vertreterprovision i. H. = **Barverkaufspreis** + Kundenskonto i. H. = **Zielverkaufspreis** + Kundenrabatt i. H. = **Angebotspreis**[2]	Fertigungsmaterial – MGK a. H. = **Materialkosten** Fertigungslöhne + FGK v. H. + Sondereinzelkosten der Fertigung = **Fertigungskosten** **Herstellkosten** – VwGK a. H. – VtGK a. H. – Sondereinzelkosten des Vertriebs = **Selbstkosten** – Gewinn a. H. = **vorläufiger Verkaufspreis**[1] – Vertreterprovision v. H. = **Barverkaufspreis** – Kundenskonto v. H. = **Zielverkaufspreis** – Kundenrabatt v. H. = **Angebotspreis**[2]	Fertigungsmaterial + MGK v. H. = **Materialkosten** Fertigungslöhne + FGK v. H. + Sondereinzelkosten der Fertigung = **Fertigungskosten** **Herstellkosten** + VwGK v. H. + VtGK v. H. + Sondereinzelkosten des Vertriebs = **Selbstkosten** – Gewinn v. H. = **vorläufiger Verkaufspreis**[1] – Vertreterprovision v. H. = **Barverkaufspreis** – Kundenskonto v. H. = **Zielverkaufspreis** – Kundenrabatt v. H. = **Angebotspreis**[2]

Kompetenztraining

43 Differenzkalkulation, Vorwärtskalkulation

Eine Maschinenfabrik kalkuliert eine Fräsmaschine nach folgenden Angaben:

– Verbrauch von Fertigungsmaterial	7 350,00 EUR	– MGK	12 %
– Fertigungslohn 58 Std. zu je	52,00 EUR	– FGK	15 %
– Fremdarbeiten 48 Std. zu je	95,00 EUR	– VwGK + VtGK	25 %
– Konstruktionszeichnung	400,00 EUR	– Kundenskonti	3 %
		– Vertreterprovision	5 %

Die Maschinenfabrik verkauft die Fräsmaschine zum Listenpreis von 24 500,00 EUR netto.

Aufgabe:

Ermitteln Sie den Gewinn in EUR und in Prozent!

1 Es wird auch der Begriff **„vorläufiger Angebotspreis"** verwendet.

2 Es wird auch der Begriff **„Listenpreis"** verwendet.

44 Vorwärtskalkulation

1. Die Kalkulation liefert uns für eine Ware folgende Daten:

Herstellkosten	150,40 EUR	Zielverkaufspreis	224,00 EUR
Selbstkosten	175,70 EUR	Listenpreis	239,68 EUR
Barverkaufspreis	190,40 EUR		

   Aufgabe:
   Ermitteln Sie die Höhe des Kundenrabatts!

2. Die Herstellkosten einer Schraubzwinge betragen 14,20 EUR. Der Zuschlagssatz für Verwaltungs- und Vertriebsgemeinkosten beträgt 56 %. Aus Konkurrenzgründen können wir das Produkt zu einem Angebotspreis von 28,30 EUR verkaufen. Den Kunden wird ein Rabatt von 10 % eingeräumt.

   Aufgabe:
   Ermitteln Sie den Gewinn in EUR und in Prozent, der der Werkzeugfabrik verbleibt!

45 Angleichung des Angebotspreises an ein Konkurrenzangebot

Aufgrund der Anfrage der Schreinerei Stuckenberg OHG kalkuliert die Maschinenfabrik Peter GmbH den Angebotspreis für den Schnelltrenn-Säge-Automaten UNI 9 mit folgenden Kalkulationsdaten:

Verbrauch von Fertigungsmaterial:		4 900,00 EUR		
Fertigungslöhne:		1 260,00 EUR		
Gemeinkostenzuschläge:	MGK	8,4 %	VwGK	11 %
	FGK	106 %	VtGK	7 %

Es wird mit 20 % Gewinn, 4 % Vertreterprovision vom Zielverkaufspreis, 2 % Kundenskonto und 15 % Kundenrabatt gerechnet.

Aufgaben:

1. Berechnen Sie den Angebotspreis!
2. Ein Konkurrenzunternehmen hat ein Angebot von 13 980,00 EUR unterbreitet.
   Ermitteln Sie, welcher Gewinn in EUR und in Prozent verbleiben, wenn der Angebotspreis der Konkurrenz um 600,00 EUR unterboten werden soll!

Jahrgangsstufe 12

Lernbereich 1: Jahresabschlussarbeiten durchführen und das Gesamtergebnis eines Unternehmens ermitteln

1 Jahresabschluss bei Kapitalgesellschaften nach HGB hinsichtlich des Informationsgehalts für interne und externe Adressaten beurteilen[1]

LB 1 Handlungssituation 1: Bestandteile des Jahresabschlusses einer großen AG darstellen

Die mittlerweile an der Börse notierte Sport-Burr AG aus dem Augsburger Industriepark verschickt an ihre Aktionäre die folgende Tagesordnung zur Hauptversammlung:

Sport-Burr AG

TAGESORDNUNG zur ORDENTLICHEN HAUPTVERSAMMLUNG
der Sport-Burr AG
am 10. April 20..
Ort: City-Centre Augsburg
Beginn: 11.00 Uhr

TOP 1: Vorlage des festgestellten Jahresabschlusses mit Lagebericht für das vergangene Geschäftsjahr

⋮

TOP 6: Sonstiges

Kompetenzorientierte Arbeitsaufträge:

1. Nennen Sie die gesetzlichen Bestandteile, aus denen der Jahresabschluss der Sport-Burr AG besteht!
2. Erläutern Sie, wer bei einer AG den Jahresabschluss erstellt und welche Bedeutung die Feststellung des Jahresabschlusses hat!
3. Beschreiben Sie die wesentlichen Unterschiede im Informationsgehalt von Anhang und Lagebericht!

1 Der Lehrplan sieht diesen Themenbereich erst am Ende des Lernbereiches 1 vor. Aus didaktischen Gründen wird dieses Kapitel an den Anfang gestellt.

1.1 Aufgaben des Jahresabschlusses

(1) Allgemeine Aufgabe des Jahresabschlusses

Der Jahresabschluss einer Kapitalgesellschaft soll einen möglichst sicheren Einblick in die Vermögens-, Ertrags- und Finanzlage eines Unternehmens gewährleisten. Deshalb stellt der Gesetzgeber hohe Anforderungen an Inhalt und Form des Jahresabschlusses.

Der **Jahresabschluss** ist ein **Dokument** (Beweisstück) und eine **Rechnungslegung** für eine bestimmte Rechnungsperiode.

(2) Aufgaben des Jahresabschlusses im Einzelnen

Bereitstellung von Information und Grundlage für Kontrollmaßnahmen	■ Der Jahresabschluss hat ein den tatsächlichen Verhältnissen entsprechendes Bild der **Vermögens-, Finanz- und Ertragslage des Unternehmens** zu vermitteln [§ 264 II HGB]. ■ An dieser **Informationsfunktion des Jahresabschlusses** sind einerseits Anteilseigner und Arbeitnehmer der Unternehmung interessiert, andererseits aber auch Außenstehende wie z. B. Lieferanten, Kunden, Konkurrenten, die Finanzverwaltung, Kreditgeber oder andere aus der interessierten Öffentlichkeit.[1] ■ Die genannten Personen bzw. Institutionen erhalten durch den Jahresabschluss die Möglichkeit, die Situation des Unternehmens zu kontrollieren und sich so vor Fehlinformationen zu schützen **(Kontrollfunktion des Jahresabschlusses).**
Grundlage für Unternehmensentscheidungen	Für die Unternehmensleitung, die Anteilseigner und das eventuell eingerichtete Kontrollorgan (z. B. Aufsichtsrat) liefert der Jahresabschluss viele entscheidungsrelevante Informationen, die für die zukünftige Ausrichtung der Geschäftspolitik bedeutsam sind **(Steuerungsfunktion des Jahresabschlusses).**
Grundlage für Finanzierungsentscheidungen und die Gewinnverwendung	■ Der Jahresabschlusses weist die genaue Höhe des Gewinns (Verlusts) aus. ■ Der Jahresabschluss ist damit die **Grundlage** für Entscheidungen über die Höhe der **Gewinnausschüttung** und der Zuführung von Mitteln zur **Erhöhung des Eigenkapitals.**
Grundlage für die Steuerermittlung	Für die Finanzverwaltung ist der Jahresabschluss Ausgangspunkt für die **Ermittlung des Steuergewinns** und damit der **Steuerfestsetzung.**

1 Damit Außenstehende eine ausreichende Information erhalten, besteht für Kapitalgesellschaften eine Offenlegungspflicht für den Jahresabschluss [§ 325 I HGB].

1.2 Aufstellungs-, Prüfungs- und Offenlegungspflicht

(1) Abhängigkeit der Rechnungslegungsvorschriften von der Größe der Kapitalgesellschaft

Maßgebend für den Zeitpunkt der Aufstellungspflicht, den Umfang der Prüfungspflicht und die Art der Offenlegungspflicht ist die Größe der Kapitalgesellschaft (KapG). Es wird zwischen kleinsten, kleinen, mittelgroßen und großen Kapitalgesellschaften unterschieden [§ 267 I bis III HGB].

Merkmal / Größenklasse	Bilanzsumme Mio. EUR	Umsatzerlöse Mio. EUR	durchschnittliche Anzahl der Arbeitnehmer
Kleinst-KapG	bis einschl. 0,45	bis einschl. 0,9	bis einschl. 10
kleine KapG	über 0,45 bis 7,5	über 0,9 bis 15	über 10 bis 50
mittelgroße KapG	über 7,5 bis 25	über 15 bis 50	über 50 bis 250
große KapG	über 25	über 50	über 250

Für die Einordnung in eine der vier Größenklassen müssen zwei der drei angegebenen Merkmale an zwei aufeinanderfolgenden Bilanzstichtagen erfüllt sein [§ 267 IV HGB]. Außerdem gelten Kapitalgesellschaften auch dann als groß, wenn sie einen organisierten Markt[1] durch von ihnen ausgegebene Wertpapiere[2] in Anspruch nehmen oder die Zulassung derartiger Wertpapiere zum Handel an einem organisierten Markt beantragt haben [§§ 267 III, 264 d HGB].

(2) Aufstellungs- und Prüfungspflicht

Für die Erstellung (Aufstellung) des Jahresabschlusses bei Kapitalgesellschaften sind deren gesetzliche Vertreter (Vorstand bei der AG, Geschäftsführer bei der GmbH) verantwortlich.

Arten	Aufstellungspflicht	Prüfungspflicht
große und mittelgroße Kapitalgesellschaften	Sie haben den Jahresabschluss und den Lagebericht in den **ersten drei Monaten des Geschäftsjahres** für das vergangene Geschäftsjahr aufzustellen [§ 264 I S. 3 HGB].	Sie müssen ihren Jahresabschluss mit Lagebericht durch einen **Abschlussprüfer** prüfen lassen [§ 316 I S. 1 HGB]. Der Jahresabschluss ist unter **Einbeziehung der Buchführung** zu prüfen [§ 317 I S. 1 HGB].
kleine Kapitalgesellschaften und Kleinstkapitalgesellschaften	Sie können ihren Jahresabschluss innerhalb der **ersten sechs Monate** des Geschäftsjahres aufstellen [§ 264 I S. 4 HGB].	Sie sind von der **Abschlussprüfung befreit** [§ 316 I S. 1 HGB].

1 **Organisierte Märkte** im Sinne des Wertpapierhandelsgesetzes sind Märkte, die von staatlich anerkannten Stellen [vor allem durch die „Bundesanstalt für Finanzdienstleistungsaufsicht (Bafin)"] geregelt und überwacht werden, regelmäßig stattfinden und für das Publikum (z. B. Käufer und Verkäufer der Effekten) unmittelbar oder mittelbar zugänglich sind.

2 Hierzu gehören z. B. Aktien, Zertifikate, Anleihen und Investmentzertifikate der Kapitalanlagegesellschaften.

Billigt der Aufsichtsrat den Jahresabschluss, so ist dieser offiziell festgestellt und somit rechtsverbindlich [§ 172 AktG]. Folglich ist auch die Höhe des Bilanzgewinns festgestellt, welcher der Hauptversammlung zur Beschlussfassung über die genaue Verwendung vorgelegt wird [§ 174 AktG].

(3) Offenlegungspflicht

Für die Speicherung und Veröffentlichung des Jahresabschlusses eines Unternehmens ist der **Betreiber des Bundesanzeigers**[1] zuständig [§ 325 I S. 2 HGB].

Veröffentlichungspflichtig sind:

- **Kapitalgesellschaften** (z. B. AG, GmbH) und
- **Personengesellschaften,** bei denen nicht wenigstens ein persönlich haftender Gesellschafter eine natürliche Person ist (z. B. GmbH & Co. KG). Sobald eine **natürliche Person unbeschränkt** für die Verbindlichkeiten der Personengesellschaft haftet, zählt die Personengesellschaft **nicht** zu den veröffentlichungspflichtigen Unternehmen.

Welche Unterlagen beim Betreiber des Bundesanzeigers einzureichen sind, hängt von der **Größenklasse** der Gesellschaft ab.

	Große Kapitalgesellschaft	**Mittelgroße Kapitalgesellschaft**	**Kleine Kapitalgesellschaft**
Bilanz, GuV	Ungekürzte Gliederung ■ Bilanz [§ 266 II, III HGB] ■ GuV [§ 275 HGB]	■ Ungekürzte Bilanz [§ 266 II, III HGB] ■ Verkürzte GuV [§ 276 HGB]	Verkürztes Schema ■ Bilanz [§ 266 I HGB] ■ GuV [§ 276 HGB]
Anhang[2]	Alle Erläuterungen und Ergänzungen nach § 284 II, III HGB	Teilweise Freistellung von Berichtspflicht [§ 276 II HGB]	Weitgehende Freistellung [§ 288 I HGB]
Lagebericht[2]	Berichtspflicht nach § 289 HGB		Keine Berichtspflicht

Die Unterlagen müssen spätestens **ein Jahr nach dem Abschlussstichtag des Geschäftsjahres elektronisch** beim Betreiber des Bundesanzeigers eingereicht werden. Ein Verstoß gegen die Offenlegungspflicht gilt als Ordnungswidrigkeit und kann mit einem Bußgeld geahndet werden.

1 Der **Bundesanzeiger** ist die zentrale Plattform für amtliche Verkündungen und Bekanntmachungen sowie für rechtlich relevante Unternehmensnachrichten (www.bundesanzeiger.de).

2 Zu Einzelheiten siehe Kapitel 1.3.3 und Kapitel 1.3.4, S. 161 f.

Hinweis:

Kapitalmarktorientierte Kapitalgesellschaften, deren Wertpapiere jeglicher Art auf einem organisierten Kapitalmarkt zugelassen sind, müssen

- zusätzlich noch einen **Eigenkapitalspiegel**[1] und eine **Kapitalflussrechnung**[2] erstellen [§ 264 I S. 2 HGB] sowie
- den **Jahresabschluss innerhalb von vier Monaten** des neuen Geschäftsjahres offenlegen [§ 325 IV HGB].

Ansonsten gelten unabhängig von der Größe die Vorschriften für große Kapitalgesellschaften.

1.3 Bestandteile des Jahresabschlusses

1.3.1 Bilanz

Die **Bilanz** ist grundsätzlich in **Kontoform** aufzustellen. Das gilt unabhängig von der Rechtsform für alle Unternehmen. Für große und mittelgroße Kapitalgesellschaften gelten uneingeschränkt die durch § 266 HGB vorgegebenen **Gliederungsgesichtspunkte:** Grobgliederung (nach großen Buchstaben A bis C), Untergliederung (in römischen Ziffern) und weitere Untergliederung (mit arabischen Ziffern) sowie die Bezeichnungen und die Reihenfolge der einzelnen Bilanzposten.

Große Kapitalgesellschaften müssen ihre Bilanzen veröffentlichen. Außerdem schreibt das HGB zur Erhöhung der Bilanzklarheit noch folgende **Angaben** vor:

- Für jeden einzelnen **Bilanzposten des Anlagevermögens** muss dessen Entwicklung im Anhang dargestellt werden [§ 284 III HGB]. Eine mögliche Darstellungsform ist der Anlagespiegel[3].
- Die **Höhe der Forderungen** mit einer **Restlaufzeit von mehr als einem Jahr** muss bei dem jeweiligen Bilanzposten gesondert ausgewiesen werden [§ 268 IV HGB].
- Der **Betrag der Verbindlichkeiten** mit einer **Restlaufzeit bis zu einem Jahr** und der Betrag der Verbindlichkeiten mit einer **Restlaufzeit von mehr als einem Jahr** ist bei dem jeweiligen Bilanzposten anzugeben oder in Form eines Verbindlichkeitenspiegels[3] darzustellen [§ 268 V S. 1 HGB]. Unabhängig von dieser die Bilanz betreffenden Vorgabe bleibt die Verpflichtung bestehen, **im Anhang** Verbindlichkeiten mit einer **Laufzeit von mehr als fünf Jahren anzugeben** [§ 285 Nr. 1 HGB].
- **Eventualverbindlichkeiten** (z. B. aus Bürgschaften oder aus Gewährleistungsverträgen) müssen unter der Bilanz [§ 251 HGB] oder im Anhang [§ 268 VII HGB] gesondert ausgewiesen werden.

1 Der Lehrplan sieht eine Behandlung des Eigenkapitalspiegels nicht vor.

2 Der Lehrplan sieht eine Behandlung der Kapitalflussrechnung nicht vor.

3 Der Lehrplan sieht die Behandlung des Anlage- und Verbindlichkeitenspiegels nicht vor.

Gliederung der Bilanz [§ 266 II, III HGB]

Aktiva — Bilanz — Passiva

Aktiva

A. Anlagevermögen:
- I. Immaterielle Vermögensgegenstände:
  1. selbst geschaffene gewerbliche Schutzrechte und ähnliche Rechte und Werte;
  2. entgeltlich erworbene Konzessionen, gewerbliche Schutzrechte und ähnliche Rechte sowie Lizenzen an solchen Rechten und Werten;
  3. Geschäfts- oder Firmenwert;
  4. geleistete Anzahlungen;
- II. Sachanlagen:
  1. Grundstücke, grundstücksgleiche Rechte und Bauten einschl. der Bauten auf fremden Grundstücken;
  2. technische Anlagen und Maschinen;
  3. andere Anlagen, Betriebs- und Geschäftsausstattung;
  4. geleistete Anzahlungen u. Anlagen im Bau;
- III. Finanzanlagen:
  1. Anteile an verbundenen Unternehmen;
  2. Ausleihungen an verbundene Unternehmen;
  3. Beteiligungen;
  4. Ausleihungen an Unternehmen, mit denen ein Beteiligungsverhältnis besteht;
  5. Wertpapiere des Anlagevermögens;
  6. sonstige Ausleihungen.

B. Umlaufvermögen:
- I. Vorräte:
  1. Roh-, Hilfs- und Betriebsstoffe;
  2. unfertige Erzeugnisse, unfertige Leistungen;
  3. fertige Erzeugnisse und Waren;
  4. geleistete Anzahlungen;
- II. Forderungen und sonstige Vermögensgegenstände:
  1. Forderungen a. Lieferungen u. Leistungen;
  2. Forderungen gegen verbundene Unternehmen;
  3. Forderungen gegen Unternehmen, mit denen ein Beteiligungsverhältnis besteht;
  4. sonstige Vermögensgegenstände;
- III. Wertpapiere:
  1. Anteile an verbundenen Unternehmen;
  2. sonstige Wertpapiere;
- IV. Kassenbestand, Bundesbankguthaben, Guthaben bei Kreditinstituten und Schecks.

C. Rechnungsabgrenzungsposten.

D. Aktive latente Steuern.

E. Aktiver Unterschiedsbetrag aus der Vermögensverrechnung.

Passiva

A. Eigenkapital:
- I. Gezeichnetes Kapital;
- II. Kapitalrücklage;
- III. Gewinnrücklagen:
  1. gesetzliche Rücklage;
  2. Rücklage für Anteile an einem herrschenden oder mehrheitlich beteiligten Unternehmen;
  3. satzungsmäßige Rücklagen;
  4. andere Gewinnrücklagen;
- IV. Gewinnvortrag/Verlustvortrag;
- V. Jahresüberschuss/Jahresfehlbetrag.

B. Rückstellungen:
1. Rückstellungen für Pensionen und ähnliche Verpflichtungen;
2. Steuerrückstellungen;
3. sonstige Rückstellungen.

C. Verbindlichkeiten:
1. Anleihen, davon konvertibel;
2. Verbindlichkeiten gegenüber Kreditinstituten;
3. erhaltene Anzahlungen auf Bestellungen;
4. Verbindlichkeiten aus Lieferungen und Leistungen;
5. Verbindlichkeiten aus der Annahme gezogener Wechsel und der Ausstellung eigener Wechsel;
6. Verbindlichkeiten gegenüber verbundenen Unternehmen;
7. Verbindlichkeiten gegenüber Unternehmen, mit denen ein Beteiligungsverhältnis besteht;
8. sonstige Verbindlichkeiten, davon aus Steuern, davon im Rahmen der sozialen Sicherheit.

D. Rechnungsabgrenzungsposten.

E. Passive latente Steuern.

Beispiele und Hinweise zu ausgewählten Bilanzpositionen:

Aktivposten	Passivposten
A I 1.: eigene Patente A I 2.: erworbene Lizenzen A I 3.: der bei einem Unternehmenskauf über den Wert der Vermögensgegenstände gezahlte Preisanteil für Kundenstamm, Image des Unternehmens usw. A II 4.: Vorauszahlung für eine bestellte, aber noch nicht gelieferte Maschine A III 1.–4. nur langfristige Finanzanlagen in Aktien, Anleihen oder gewährte Darlehen dürfen im Anlagevermögen stehen B III 1.–2.: kurzfristige Anlagen von liquiden Mitteln gehören zum Umlaufvermögen C.: aktive Abgrenzung von Auszahlungen, die Aufwendungen des nächsten Jahres betreffen D.: Posten wird angesetzt, wenn der Gewinn in der Handelsbilanz kleiner ist als in der Steuerbilanz[1] E.: bei Insolvenz geschütztes Sondervermögen, z. B. für Betriebsrente	A I: Nennwert der ausgegebenen Aktien A III 2.: zweckgebundene Rücklage zum Kauf von Aktien der Muttergesellschaft C I.: konvertible Anleihen werden nicht zurückgezahlt, sondern in Aktien umgetauscht C 8.: noch nicht überwiesene Zahllast oder Sozialversicherungsbeiträge D.: passive Abgrenzung von Einzahlungen, die Erträge des nächsten Jahres betreffen E.: Posten wird angesetzt, wenn der Gewinn in der Handelsbilanz größer ist als der in der Steuerbilanz[1]

1.3.2 Gewinn- und Verlustrechnung

Nach § 275 HGB müssen Kapitalgesellschaften ihre Gewinn- und Verlustrechnung in der **Staffelform** gliedern. Eine Darstellung in der Kontoform ist ihnen nicht gestattet. Sofern in der Buchführung eine GuV-Rechnung in der Kontoform aufgestellt wird, ist diese für den zu veröffentlichenden Jahresabschluss in die Staffelform zu übertragen. Wie bei der Bilanz ist auch hier zu jedem Posten der Vorjahresbetrag anzugeben.

Die Gewinn- und Verlustrechnung darf wahlweise nach dem **Gesamtkostenverfahren** oder nach dem **Umsatzkostenverfahren** gegliedert werden.

Hinweis:

Der Lehrplan sieht die **Ermittlung des Gesamtergebnisses mithilfe des Umsatzkostenverfahrens** vor. Zur Gliederung der GuV-Rechnung in Staffelform nach dem Umsatzkostenverfahren sowie zu den Erläuterungen der einzelnen Positionen siehe Jahrgangsstufe 11, Lernbereich 3, Kapitel 4.2, S. 100 ff.

Nach § 285 HGB sind verschiedene Posten der GuV-Rechnung im Anhang zum Jahresabschluss zu erläutern.

1 Die **Steuerbilanz** ist eine aus der Handelsbilanz abgeleitete Bilanz. Wichtigstes Ziel der Steuerbilanz ist die Ermittlung der steuerrechtlichen Bemessungsgrundlage für die Berechnung der Körperschaftsteuer, der Einkommensteuer und der Gewerbeertragsteuer. Im Lehrplan ist die Behandlung der Steuerbilanz nicht vorgesehen.

- **Kapitalgesellschaften** müssen ihre GuV-Rechnung in **Staffelform** erstellen.
- Das **Umsatzkostenverfahren** stellt den Umsatzerlösen ausschließlich die Aufwendungen gegenüber, die zur Erzielung dieser Umsätze angefallen sind. Bestandsveränderungen wirken sich nicht separat in der GuV aus, sondern sind in den Herstellungskosten der abgesetzten Produkte enthalten.

Der Fokus liegt beim Umsatzkostenverfahren auf den „Kosten der abgesetzten Leistungen": Es werden nur jene Herstellkosten erfasst, die zu den im Zeitraum realisierten Umsätzen gehören. Daher eignet es sich gut für eine periodengerechte Darstellung der Profitabilität je Absatz und somit für Vertriebs- und Produktmargenanalysen.

1.3.3 Anhang

Bei Kapitalgesellschaften gehört zum Inhalt des Jahresabschlusses neben der Bilanz und der Gewinn- und Verlustrechnung außerdem noch der Anhang [§ 264 I HGB].

Der **Anhang** soll zusätzlich zur Bilanz und Gewinn- und Verlustrechnung dazu beitragen, das **Bild über die tatsächlichen Verhältnisse** der Vermögens-, Finanz- und Ertragslage einer Kapitalgesellschaft zu verdeutlichen (Informationsfunktion).

Die §§ 284–288 HGB regeln die erforderlichen Pflichtangaben im Anhang der Kapitalgesellschaften sowie die verschiedenen Ausnahmen, die gewährt werden.

Nach § 284 II, III HGB sind im Anhang **Erläuterungen zur Bilanz und Gewinn- und Verlustrechnung** anzuführen.

Beispiele:

- Angabe der Bilanzierungs- und Bewertungsmethoden.
- Angaben zu Abweichungen von den Bilanzierungs- und Bewertungsmethoden und deren Einfluss auf die Vermögens-, Finanz- und Ertragslage.
- Höhe der Abschreibungen zu Beginn und Ende des Geschäftsjahres.
- Änderungen in den Abschreibungen bei Zu- und Abgängen sowie Umbuchungen im Laufe des Geschäftsjahres.

1.3.4 Lagebericht

Mittelgroße und große Kapitalgesellschaften müssen neben dem Jahresabschluss **zusätzlich einen Lagebericht erstellen** [§ 264 S. 1 HGB]. Von der Aufstellung eines Lageberichts sind kleine und kleinste Kapitalgesellschaften befreit [§ 264 I S. 4 HGB].

Der **Lagebericht** gehört **nicht zu den Bestandteilen des Jahresabschlusses** einer Kapitalgesellschaft.

11 Merkur-Nr. 0659

Im **Lagebericht** ist nach § 289 II HGB auf folgende Punkte einzugehen:

- die Risikomanagementziele und -methoden der Gesellschaft,
- auf besondere Vorgänge nach Schluss des Geschäftsjahres (z.B. Ausfall- und Liquiditätsrisiken),
- auf die voraussichtliche Entwicklung der Kapitalgesellschaft,
- auf den Bereich Forschung und Entwicklung,
- auf bestehende Zweigniederlassungen der Gesellschaft.

Im Gegensatz zum Anhang enthält der Lagebericht auch **zukunftsorientierte Angaben**.

1.3.5 ESRS und ESG-Kriterien

Die **European Sustainability Reporting Standards (ESRS)** sind ein Regelwerk, welches von der Europäischen Union entwickelt wurde, um die Nachhaltigkeitsberichterstattung von Unternehmen zu standardisieren und zu verbessern. Diese Standards sind Teil der umfassenderen Initiative der EU zur Förderung von Transparenz und Verantwortung in Bezug auf **Umwelt-, Sozial- und Governance-Aspekte (ESG)**.

ESG-Kriterien zeigen sich nicht in der Bilanz- oder Gewinn- und Verlustrechnung, sondern werden in einem separaten Nachhaltigkeitsbericht **(Sustainability Report)** offengelegt. Teile davon befinden sich im Lagebericht, andere Bestandteile können aber auch im Anhang des Jahresabschlusses Erwähnung finden.

Die Berücksichtigung von ESG-Kriterien ist nicht nur eine regulatorische Anforderung, sondern auch ein wichtiger Schritt zur **Stärkung des Vertrauens** und der **Transparenz** gegenüber Investoren und anderen Stakeholdern. Eine klare und detaillierte Darstellung der ESG-Leistungen kann zur Verbesserung der Unternehmensreputation[1] und zur Schaffung langfristiger Werte beitragen.

Hinweis:

Die ESG-Kriterien und die Grundlagen der European Sustainability Reporting Standards (ESRS) einschließlich der doppelten Wesentlichkeitsanalyse werden ausführlich in der Jahrgangsstufe 11, Lernbereich 1, Kapitel 2.2.5, S. 42ff., dargestellt.

1.4 Informationsgehalt des Jahresabschlusses für interne und externe Adressaten

(1) Adressaten des Jahresabschlusses

Der Jahresabschluss hat die Aufgabe, den Interessen bestimmter Personen **(Bilanzadressaten)** zu dienen. Sein zentrales Ziel ist – mindestens einmal jährlich – die Adressaten über die wirtschaftliche Lage des Unternehmens zu informieren. Die verschiedenen Bilanzadressaten (z.B. Anteilseigner, Gläubiger, Investoren, Finanzverwaltung) verfolgen dabei unterschiedliche Interessen.

1 **Unternehmensreputation:** Ansehen bzw. öffentliches Bild eines Unternehmens.

Aktionäre	■ Sie erwarten aus dem Jahresabschluss Informationen über den **aktuellen Gewinn** bzw. die **zukünftigen Gewinnerwartungen** und sie möchten aus dem Jahresabschluss Hinweise entnehmen, wie das **Kursentwicklungspotenzial** ihrer Aktien zu beurteilen ist. ■ **Kleinaktionäre** haben dabei insbesondere die Ertrags- und Kursentwicklung des Unternehmens im Blick, während die **Großaktionäre** vor allem auf den Fortbestand des Unternehmens achten.
Gläubiger	■ Sie richten ihr vorrangiges Informationsinteresse darauf, die **Kreditwürdigkeit des Unternehmens** sachgerecht beurteilen zu können. ■ Sie wollen Informationen über die Haftungssubstanz (das Vermögen und die Zahlungsfähigkeit, d. h. die Liquidität) des Unternehmens erhalten.
Investoren	■ Sie möchten mithilfe des Jahresabschlusses **entscheidungsnützliche Informationen** über die Vermögens-, Finanz- und Ertragslage sowie deren Entwicklung im Zeitablauf erhalten. ■ Sie erwarten insbesondere, dass der Jahresabschluss **alle relevanten Informationen** aufweist, die ihre wirtschaftlichen Entscheidungen beeinflussen können. ■ Außerdem möchten die Investoren die Sicherheit haben, dass das Unternehmen über die Zeit hinweg die Vermögens-, Finanz- und Ertragslage nach denselben Kriterien bilanziert und bewertet, sodass sie die Chance haben, **Tendenzen zu erkennen.**
Finanzverwaltung	■ Sie hat ein Interesse daran, dass die steuerpflichtigen Unternehmen ihre **Steuerbemessungsgrundlage** (z. B. zur Berechnung der Einkommensteuer) richtig ermitteln. ■ Sie achtet daher insbesondere darauf, dass das **Prinzip der periodengerechten Gewinnermittlung** eingehalten wird. Sie möchte damit zum einen eine möglichst **hohe Gewinnsteuerzahlung** erzielen und zum anderen möchte sie eine **Gleichbehandlung** aller steuerpflichtigen Unternehmen erreichen **(Problem der Steuergerechtigkeit).**

(2) Grundproblem des Jahresabschlusses

Grundproblem des Jahresabschlusses ist, dass viele Vermögensgegenstände (z. B. Grundstücke, maschinelle Anlagen, Patentrechte) und Verbindlichkeiten (z. B. Fremdwährungsverbindlichkeiten, Sicherheit für den Eingang der Verbindlichkeiten aus Lieferungen und Leistungen) nicht exakt ermittelt werden können. Diese unsicheren Erwartungen führen dazu, dass das eine Unternehmen optimistische und das andere Unternehmen pessimistische Einschätzungen in den Jahresabschluss einfließen lässt, mit Auswirkungen auf die Höhe des Eigenkapitals und des Erfolgs.

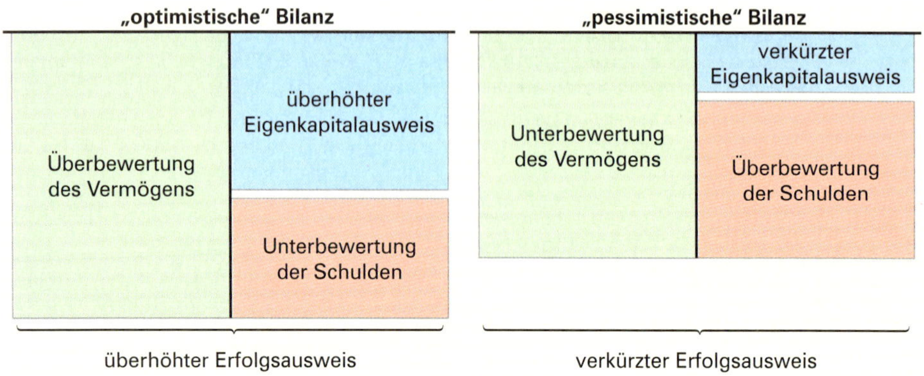

Der Bilanzausweis ist damit ein unzulängliches Abbild der realen Situation eines Unternehmens.

Zum Schutz der Bilanzadressaten vor Falschinformationen und Falschberechnungen und, um die Vergleichbarkeit zwischen den Jahresabschlüssen gleichartiger Unternehmen herzustellen, hat der Gesetzgeber gesetzliche Vorschriften erlassen.

(3) Gläubigerschutz und Informationsfunktion am Beispiel der Handelsbilanz

- Die **Handelsbilanz** ist eine nach handelsrechtlichen Vorschriften[1] erstellte Bilanz.
- Die Handelsbilanz soll ein den tatsächlichen Verhältnissen entsprechendes **Bild der Vermögens-, Finanz- und Ertragslage** des Unternehmens vermitteln.
- Vorherrschendes **Bilanzierungsprinzip** des HGB ist das **Vorsichtsprinzip.**

Das **Vorsichtsprinzip** besagt z. B., dass

- Vermögensgegenstände höchstens mit den Anschaffungs- oder Herstellungskosten und die Verbindlichkeiten mit dem Erfüllungsbetrag anzusetzen sind,
- das Anlagevermögen bei einer dauernden Wertminderung mit dem niedrigeren Wert auszuweisen ist,
- Gewinne erst dann in die Bilanz aufgenommen werden dürfen, wenn sie am Markt realisiert sind, während Verluste auch dann berücksichtigt werden müssen, wenn sie noch nicht realisiert sind.

Die Folge dieser gesetzlichen Regelungen ist, dass die **Vermögensgegenstände eher zu niedrig** und die **Verbindlichkeiten eher zu hoch** angesetzt werden müssen, mit der Folge, dass dadurch ein zu **niedriger Gewinn** ausgewiesen wird. Das HGB weist damit dem **Schutz der Gläubiger** einen **höheren Rang** zu als dem Streben der Eigenkapitalgeber nach einer hohen Gewinnausschüttung **(Gesellschafterschutz).**

Andererseits ist das HGB aber bemüht, den Anteilseignern (z. B. den Aktionären) eine **Mindestausschüttung** zu garantieren, indem es in den speziellen Rechnungslegungsvorschriften für Kapitalgesellschaften die Möglichkeit zur Bildung offener Rücklagen begrenzt. Außerdem muss die Bildung stiller Rücklagen im Anhang erläutert werden.

1 Die handelsrechtlichen Vorschriften finden sich im dritten Buch des HGB [§§ 238–342 e HGB].

- Zwischen dem **Vorsichtsprinzip** und den Erwartungen der Anteilseigner auf eine hohe **Gewinnausschüttung** besteht ein **Zielkonflikt.** Lässt sich nämlich die Unternehmensleitung zu sehr vom Vorsichtsprinzip leiten, kürzt sie die Gewinnausschüttung. Dadurch entsteht die Gefahr, dass die Anteilseigner ihr Kapital aus dem Unternehmen abziehen.

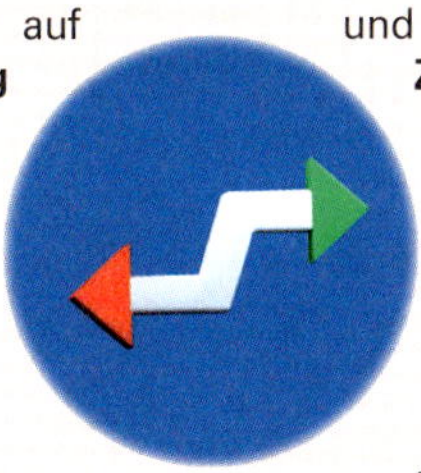

- Auch zwischen der **Informationspflicht** und dem **Vorsichtsprinzip** besteht ein **Zielkonflikt,** denn eine zu weitgehende Informationspolitik durch die Geschäftsleitung über die Entwicklung des Unternehmens gibt den Mitbewerbern die Möglichkeit, sich darauf einzustellen. Zudem besteht die Gefahr, dass (bei einer entsprechenden Unternehmenssituation) die Anteilseigner ihr Kapital aus dem Unternehmen abziehen.

Ein weiteres Ziel der Handelsbilanz ist, den Personen bzw. Institutionen, die ein berechtigtes Interesse an der Entwicklung des Unternehmens haben, **Informationen** zu liefern. Zu diesen Personen bzw. Institutionen zählen insbesondere die Stakeholder:

- **Banken,** da sie bei Kreditgewährungen ihr Risiko besser abschätzen können.
- **Kapitalgeber** (z.B. Mitinhaber, Gläubiger), die ein Recht auf Information besitzen.
- **Mitarbeiter,** die ein Recht auf Unterrichtung über die wirtschaftliche und soziale Lage ihres Unternehmens haben [§ 43 I, II BetrVG].
- **Gerichte,** die bei Vermögensstreitigkeiten im Zweifel von der Richtigkeit der Zahlen der Buchführung und der Handelsbilanz ausgehen.

- Wichtige Kriterien der Handelsbilanz sind **Gläubigerschutz, Gesellschafterschutz** und die **Informationspflicht.**
- Es bestehen **Zielkonflikte** zwischen
  - der vorsichtigen Bewertung **(Gläubigerschutz)** und der Höhe der Gewinnausschüttung **(Gesellschafterschutz),**
  - der **Informationspflicht** und dem **Vorsichtsprinzip.**

Kompetenztraining

46 Vorschriften zur Aufstellung des Jahresabschlusses

1. Fassen Sie die grundlegenden Aussagen des vorangegangenen Kapitels zum Jahresabschluss einer großen AG in einer Mindmap zusammen!
2. Nennen Sie die einzelnen Bestandteile des Jahresabschlusses bei einer börsennotierten Kapitalgesellschaft!
3. Geben Sie an, in welcher Form Kapitalgesellschaften lt. HGB
   3.1 die Bilanz,
   3.2 die Gewinn- und Verlustrechnung aufstellen!
4. Beschreiben Sie die Aufgabe, die der Jahresabschluss zu erfüllen hat!
5. „Für Kapitalgesellschaften wird vom Gesetzgeber für die GuV-Rechnung die Staffelform vorgeschrieben, weil sie den Ausweis von Zwischensummen und Zwischenergebnissen ermöglicht, was bei einer Kontoform nicht möglich wäre."

Aufgabe:

Erläutern Sie mit eigenen Worten, was dieser Satz über den Vorteil der Staffelform ausdrücken möchte!

6. Nennen Sie die Fristen, die Kapitalgesellschaften für die Aufstellung ihres Jahresabschlusses einhalten müssen:
   6.1 für kleine Kapitalgesellschaften,
   6.2 für große und mittelgroße Kapitalgesellschaften.

47 Offenlegung des Jahresabschlusses

Die Allgäu-Milch AG hatte in den beiden letzten Jahren einen Umsatz von 145 Mio. EUR bzw. 153 Mio. EUR, eine durchschnittliche Mitarbeiterzahl von 300 und Bilanzsummen von 29 Mio. EUR bzw. 32 Mio. EUR.

Aufgabe:

Geben Sie an, in welchem Umfang und in welcher Form der Jahresabschluss offengelegt werden muss!

48 Aufstellung des Jahresabschlusses

Zum 31. Dezember 20.. ergaben sich für die Wilken AG aus Bad Kissingen folgende Beträge:

Konten	
Sachanlagen	12 800 000,00 EUR
Finanzanlagen	600 000,00 EUR
flüssige Mittel	800 000,00 EUR
Roh-, Hilfs- und Betriebsstoffe	4 200 000,00 EUR
unfertige und fertige Erzeugnisse	3 200 000,00 EUR
Forderungen aus Lieferungen und Leistungen	2 300 000,00 EUR
gezeichnetes Kapital	9 000 000,00 EUR
gesetzliche Rücklage	1 000 000,00 EUR
andere Gewinnrücklagen	4 140 000,00 EUR
Ergebnisvortrag aus früheren Perioden (Verlustvortrag)	60 000,00 EUR
Pensionsrückstellungen	2 700 000,00 EUR
andere Rückstellungen	300 000,00 EUR
Anleihen	2 900 000,00 EUR
Bankschulden	720 000,00 EUR
Verbindlichkeiten aus Lieferungen und Leistungen	2 220 000,00 EUR
Umsatzerlöse	18 390 000,00 EUR
sonstige betriebliche Erträge	380 000,00 EUR
Herstellungskosten	6 200 000,00 EUR
Vertriebskosten	5 900 000,00 EUR
Abschreibungen auf Finanzanlagen	700 000,00 EUR
sonstige betriebliche Aufwendungen	792 000,00 EUR
Steuern vom Einkommen und vom Ertrag	320 000,00 EUR
sonstige Steuern	100 000,00 EUR
Allgemeine Verwaltungskosten	3 778 000,00 EUR

Aufgaben:

1. Erstellen Sie nach § 266 HGB die vorläufige Jahresbilanz vor Feststellung des Jahresabschlusses!
2. Errechnen Sie nach dem Umsatzkostenverfahren [§ 275 III HGB] den vorläufigen Jahresüberschuss!

2 Bewertungsmaßstäbe anwenden

LB 1 Handlungssituation 2: Anschaffungskosten von den Herstellungskosten abgrenzen

Weber Metallbau GmbH

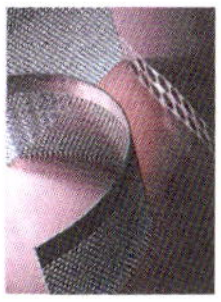

Die Abteilung „Wintergärten und Sonderkonstruktionen" der Weber Metallbau GmbH expandiert stark, sodass der Geschäftsführer Hans-Jörg Weber plant, in eine neue Fertigungsmaschine zu investieren. Tim Noherr, der Leiter der Abteilung Rechnungswesen, erläutert Herrn Weber, dass man zwischen Anschaffungskosten und Herstellungskosten unterscheidet. Beide gelten als Bewertungsmaßstab für Vermögensgegenstände und Wirtschaftsgüter.

Kompetenzorientierte Arbeitsaufträge:

1. Erklären Sie jeweils an einem Beispiel den Unterschied zwischen Anschaffungskosten und Herstellungskosten!
2. Stellen Sie jeweils an einem Beispiel dar, welche Auswirkungen der Ansatz der Wertobergrenze bzw. der Wertuntergrenze bei den Herstellungskosten auf die Bilanz hat!

2.1 Grundsätze ordnungsmäßiger Bewertung

2.1.1 Begriff Bewertung

- **Bewerten** ist eine **Tätigkeit,** die das Ziel hat, den **Wert einer Sache** festzustellen.
- Feststellen bedeutet, dass der **Bewertende** entweder eine Entscheidung treffen kann, indem er **selbst den Wert zumisst,** oder dass er den **vorgefundenen Wert festhält und überträgt.**

Zwei wichtige Bewertungsprinzipien der Handelsbilanz sind die **Informationspflicht** und der **Gläubigerschutz.**

- Die **Informationspflicht** wird durch Bewertungsgrundsätze präzisiert, die insbesondere darauf abzielen, die **Nachhaltigkeit** der Informationen und die **periodengerechte Abgrenzung** des Erfolgs aufzuzeigen.
- Der **Gläubigerschutz** wird durch den **Grundsatz der Vorsicht** repräsentiert und mittels Bewertungsprinzipien präzisiert.

2.1.2 Grundsätze zur Erfüllung der Informationsfunktion

Mit diesen Grundsätzen will der Gesetzgeber einen möglichst uneingeschränkten und vergleichbaren Einblick in die Vermögens-, Finanz- und Ertragslage sicherstellen. Die in der nachfolgenden Tabelle zusammengestellten **Bilanzierungsgrundsätze** sollen die **Informationsfunktion des Jahresabschlusses** erleichtern.

Informationsfunktion	**Grundsatz der Unternehmensfortführung** [§ 252 I, Nr. 2 HGB]	Bei der Bewertung ist grundsätzlich davon auszugehen, dass die Unternehmenstätigkeit fortgeführt wird **(Going-concern-Prinzip).**
	Grundsatz der Ansatzstetigkeit [§ 246 III HGB]	Die **auf den vorhergehenden Jahresabschluss angewandten Ansatzmethoden sind beizubehalten.** Daraus folgt, dass ein einmal in Anspruch genommenes Ansatzwahlrecht in den Folgejahren für diesen Fall nicht geändert werden darf.
	Grundsatz der Einzelbewertung und das Stichtagsprinzip [§ 252 I, Nr. 3 HGB]	Die Vermögensgegenstände und Schulden sind **einzeln** zu bewerten. Die Bewertung ist auf den **Bilanzstichtag** zu beziehen.
	Grundsatz der Bewertungsstetigkeit [§ 252 I, Nr. 6 HGB]	Die auf den vorhergehenden Jahresabschluss angewandten **Bewertungsmethoden sind beizubehalten.**
	Grundsatz der Periodenabgrenzung [§ 252 I, Nr. 5 HGB]	Danach sind Aufwendungen und Erträge **dem Geschäftsjahr zuzuordnen, in dem sie entstanden sind.** Der Zeitpunkt der Zahlung ist nicht zu berücksichtigen.

2.1.3 Grundsätze zur Sicherstellung des Gläubigerschutzes (Bewertungsprinzipien)

Der in der Handelsbilanz[1] im Vordergrund stehende **Gläubigerschutz** wird mit dem **Bewertungsgrundsatz der kaufmännischen Vorsicht** und **den daraus abgeleiteten Prinzipien** erreicht.

Gläubigerschutz	**Grundsatz der kaufmännischen Vorsicht** [§ 252 I, Nr. 4 HGB]	Es sind alle vorhersehbaren Risiken und Verluste zu berücksichtigen, die zum Abschlussstichtag entstanden sind.
	Aus dem Grundsatz der kaufmännischen Vorsicht lassen sich folgende Bewertungsprinzipien ableiten:	

Bewertungsprinzipien			
Realisationsprinzip	Imparitätsprinzip	Niederstwertprinzip	Höchstwertprinzip

Niederstwertprinzip → gemildertes Niederstwertprinzip / strenges Niederstwertprinzip

1 Neben der Handelsbilanz gibt es noch die Steuerbilanz und die IAS/IFRS-Bilanz. Der Lehrplan sieht ausschließlich die Behandlung der Handelsbilanz vor.

(1) Realisationsprinzip

Nach dem **Realisationsprinzip** dürfen **Gewinne erst dann ausgewiesen** werden, wenn sie auch über den Markt, d.h. **durch einen Verkauf, tatsächlich realisiert** sind. **Gewinne,** die bis zum Abschlussstichtag **noch nicht realisiert** sind, dürfen nach dem Grundsatz der Vorsicht auch **nicht berücksichtigt** werden.

Beispiel:

Die Weber Metallbau GmbH hat im Augsburger Gewerbepark vor zwei Jahren ein unbebautes Grundstück für insgesamt 250000,00 EUR erworben. Aufgrund der steigenden Nachfrage nach Baugrundstücken und des gleichzeitig knappen Angebots an Gewerbeflächen schätzt ein unabhängiger Gutachter den Wert des Grundstücks auf mittlerweile 325000,00 EUR.

Aufgabe:

Begründen Sie, mit welchem Bilanzansatz das Grundstück zum 31.12. d.J. zu bewerten ist!

Lösung:

- Das unbebaute Grundstück ist in der Bilanz mit den **Anschaffungskosten von 250000,00 EUR** anzusetzen.
- Die Differenz von 75000,00 EUR stellt einen noch nicht realisierten Gewinn nach § 252 I Nr. 4 HGB dar.
- Erst bei einem Verkauf des Grundstücks sind die Erträge bilanzierungspflichtig.

(2) Imparitätsprinzip

- Nach dem **Imparitätsprinzip**[1] sind **alle vorhersehbaren Risiken und Verluste,** die bis zum Abschlussstichtag entstanden sind, zwingend **zu berücksichtigen** [§ 252 I Nr. 4 HGB].
- Da noch nicht realisierte Verluste zu berücksichtigen sind, nicht realisierte Gewinne jedoch nicht, kommt es zu einer **ungleichen Behandlung** von nicht realisierten Verlusten einerseits und nicht realisierten Gewinnen andererseits.

Beispiel:

Die Starnberger Logistics AG hat im vergangenen Geschäftsjahr ein Grundstück außerhalb der Stadt für ein geplantes Warenlager – unter der Annahme der Entstehung einer Autobahnausfahrt in unmittelbarer Nähe – im Gesamtwert von 500000,00 EUR erworben. Mittlerweile ist politisch entschieden, dass die Autobahnausfahrt nicht gebaut wird und folglich ist das Grundstück für das Unternehmen uninteressant. Es wird mit einem Wiederverkaufswert von 400000,00 EUR gerechnet.

Aufgabe:

Begründen Sie, mit welchem Bilanzansatz das Grundstück zum 31.12. d.J. zu bewerten ist!

Lösung:

- Das unbebaute Grundstück ist in der Bilanz mit **400000,00 EUR** anzusetzen.
- Der drohende Verlust von 100000,00 EUR muss ausgewiesen werden, weil **dauerhaft** ein **niedriger Wert** anzunehmen ist. Das unbebaute Grundstück muss nach § 252 I Nr. 4 HGB außerplanmäßig abgeschrieben werden.

1 **Imparität**: Ungleichheit.

(3) Niederstwertprinzip

Das **Niederstwertprinzip** schreibt vor, dass bei einer Auswahl von verschiedenen Vermögenswerten **grundsätzlich der niedrigere Wert in der Bilanz anzusetzen** ist.

Es lassen sich zwei Varianten des Niederstwertprinzips darstellen:

gemildertes Niederstwertprinzip	■ Das gemilderte Niederstwertprinzip gilt bei der **Bewertung von Anlagevermögen**. ■ Bei einer **vorübergehenden Wertminderung** von Finanzanlagen wird dem Unternehmen ein **Bewertungswahlrecht**[1] eingeräumt [§ 253 III, S. 6 HGB]. ■ Bei einer **voraussichtlich dauernden Wertminderung** sind außerplanmäßige Abschreibungen vorzunehmen, um die Gegenstände des Anlagevermögens mit dem niedrigeren Wert anzusetzen, der ihnen am Abschlussstichtag beizulegen ist.
strenges Niederstwertprinzip	Das strenge Niederstwertprinzip bezieht sich auf die **Bewertung des Umlaufvermögens.** Hier ist zwingend der niedrigste der drei möglichen Wertansätze (Anschaffungs-, Herstellungskosten, Marktpreis) am Bilanzstichtag anzusetzen [§ 253 IV HGB].

Beispiel: Gemildertes Niederstwertprinzip

Die Oberbayerische Glasfabrik AG ist an der Unterfränkischen Glasmanufaktur AG insgesamt mit 750000,00 EUR beteiligt [Bilanzposition nach § 266 II A III Nr. 3 HGB].

Da der Unterfränkischen Glasmanufaktur AG im aktuellen Geschäftsjahr das schwierige Marktumfeld zu schaffen macht, ist der Wert der Beteiligung vorübergehend um 15 % gesunken.

Aufgabe:

Begründen Sie, mit welchem Bilanzansatz die Beteiligung zum 31. 12. d. J. zu bewerten ist!

Lösung:

Bei Finanzanlagevermögen gilt das gemilderte Niederstwertprinzip und folglich besteht nach § 253 III S. 6 HGB ein Bewertungswahlrecht, d. h., die Beteiligung kann entweder mit

- 750000,00 EUR oder mit
- 637500,00 EUR

angesetzt werden.

Beispiel: Strenges Niederstwertprinzip

Die Oberbayerische Glasfabrik AG hat zur kurzfristigen Geldanlage ein Aktienpaket der Deluxe AG über insgesamt 90000,00 EUR erworben [Bilanzposition nach § 266 B III Nr. 2 HGB].

Zum 31. 12. d. J. weist das Aktienpaket nur noch einen Wert über 77000,00 EUR aus. Allerdings ist davon auszugehen, dass der Kurseinbruch nur vorübergehend ist und sich die Wertpapiere im kommenden Jahr wieder erholen.

Aufgabe:

Begründen Sie, mit welchem Bilanzansatz das Aktienpaket zum 31. 12. d. J. zu bewerten ist!

Lösung:

Bei der Bewertung von Umlaufvermögen gilt das strenge Niederstwertprinzip nach § 253 IV HGB, d. h., es muss zwingend der niedrigere Wert von 77000,00 EUR angesetzt werden.

1 Vgl. hierzu auch Kapitel 4.2, S. 183.

(4) Höchstwertprinzip

- Das **Höchstwertprinzip** gibt den **Bewertungsmaßstab für Verbindlichkeiten** vor. Kommen für den **Erfüllungszeitpunkt** verschiedene Bewertungsansätze infrage, so ist **immer der höhere Wert anzusetzen.**
- Es bildet quasi das **Spiegelbild zum strengen Niederstwertprinzip** beim Umlaufvermögen.

Beispiel:

Die MTownTech AG aus Giesing bezieht den Rohstoff Lithium von einem Lieferanten aus Chile für insgesamt 50 000,00 USD auf Ziel. Der Kurs beträgt zum Kaufzeitpunkt 1,25 USD/EUR. Zum Bilanzstichtag ist der Kurs auf 1,10 USD/EUR gesunken.

Aufgabe:

Begründen Sie, mit welchem Bilanzansatz die Verbindlichkeit zum 31.12. d.J. zu bewerten ist!

Lösung:

Wert des Lithiums beim Kauf:	50 000,00 USD	:	1,25 USD/EUR	=	40 000,00 EUR
Wert des Lithiums am Bilanzstichtag:	50 000,00 USD	:	1,10 USD/EUR	=	45 454,54 EUR

Aufgrund des Höchstwertprinzips muss der höhere Wert von 45 454,54 EUR zum 31.12. d.J. in der Bilanz ausgewiesen werden.

2.2 Handelsrechtliche Bewertungsmaßstäbe

2.2.1 Anschaffungskosten

mvurl.de/2qur

Neue **Vermögensgegenstände** sind **höchstens** mit den **Anschaffungs- oder Herstellungskosten**[1] anzusetzen [§ 253 I, S. 1 HGB].

Die **Anschaffungskosten** bestimmen sich nach § 255 I HGB. Sie werden danach wie folgt berechnet:

Anschaffungspreis:	Nettopreis ohne Umsatzsteuer[2]
+ Anschaffungsnebenkosten:	Typische Beispiele sind: Transport-, Umbau-, Montagekosten, Aufwendungen für Provisionen, Notariats-, Gerichts-, Makler- und Registerkosten, Grunderwerbsteuer
– Anschaffungspreisminderungen[3]:	z.B. Rabatte, Skonti, Boni, Gutschriften, Zuschüsse, Subventionen
= Anschaffungskosten	

1 Zur Ermittlung der Herstellungskosten siehe Kapitel 2.2.2, S. 172ff.

2 Der Vorsteuerbetrag, soweit er bei der Umsatzsteuer abgezogen werden kann, gehört nach § 9b EStG i.V.m. § 10 I UStG nicht zu den Anschaffungskosten (dem „aufgewendeten Entgelt des Leistungsempfängers").

3 **Anschaffungspreisminderungen** sind nur dann von den Anschaffungskosten abzusetzen, wenn sie diesen **einzeln zugeordnet** werden können. Andernfalls sind sie als Umsatzerlöse zu erfassen (z.B. mengen- oder umsatzabhängige Boni) [§ 255 I HGB].

Finanzierungskosten (z. B. Kreditzinsen, Diskont, Gebühren) gehören **nicht** zu den Anschaffungsnebenkosten.

Beispiel:

Die Hans Fricker KG kauft Lagerregale bei der Stelzer GmbH gegen Rechnungsstellung. Nettopreis: 18500,00 EUR zuzüglich 19% USt. Der Montagebetrieb Robert Heer KG berechnet an Transportkosten: 410,00 EUR zuzüglich 19% USt und an Montagekosten: 820,00 EUR zuzüglich 19% USt.

Die Rechnung der Stelzer GmbH wird durch Banküberweisung unter Abzug von 3% Skonto beglichen, die Rechnung des Montagebetriebs Robert Heer KG wird ohne Abzug bar bezahlt.

Aufgabe:

Berechnen Sie die Anschaffungskosten!

Lösung:

	Anschaffungspreis			18500,00 EUR
+	Anschaffungsnebenkosten:	Transportkosten	410,00 EUR	
		Montagekosten	820,00 EUR	1230,00 EUR
=	vorläufige Anschaffungskosten			19730,00 EUR
–	3% Skonto aus 18500,00 EUR			555,00 EUR
=	**Anschaffungskosten**			**19175,00 EUR**

2.2.2 Herstellungskosten

mvurl.de/klqr

(1) Begriff Herstellungskosten

Herstellungskosten sind die **Aufwendungen,** die durch den **Verbrauch von Gütern** und die **Inanspruchnahme von Diensten** für die **Herstellung, Erweiterung** oder **wesentliche Verbesserung** eines Vermögensgegenstands entstehen [§ 255 II HGB].

Bei der Berechnung der Herstellungskosten unterscheidet das HGB in Kosten,

- die pflichtgemäß zu den Herstellungskosten zählen **(Aktivierungspflicht),**
- die wahlweise zu den Herstellungskosten gerechnet werden können **(Bewertungswahlrecht in Form des Aktivierungswahlrechts)** und
- die nicht einbezogen werden dürfen **(Aktivierungsverbot).**

(2) Ermittlung der Herstellungskosten

Kostenarten	Handelsrechtliche Vorschriften
Materialeinzelkosten + Fertigungslöhne + Sondereinzelkosten der Fertigung + Materialgemeinkosten + Fertigungsgemeinkosten + fertigungsbedingter Werteverzehr des Anlagevermögens	**Aktivierungspflicht**
= Herstellungskosten (Wertuntergrenze)	
+ Allgemeine Verwaltungskosten + Aufwendungen für freiwillige soziale Leistungen + Aufwendungen für die betriebliche Altersversorgung + Aufwendungen für soziale Einrichtungen des Betriebs + Fremdkapitalzinsen nur bei unmittelbarem Zusammenhang mit der Herstellung eines Vermögensgegenstandes [§ 255 III S. 2 HGB]	**Aktivierungswahlrecht**
= Herstellungskosten (Wertobergrenze)	
Forschungskosten Vertriebskosten	**Aktivierungsverbot**

Forschungskosten werden im HGB definiert als eigenständige und planmäßige Suche nach neuen wissenschaftlichen oder technischen Erkenntnissen oder Erfahrungen **allgemeiner Art,** über deren technische Verwertbarkeit und wirtschaftliche Erfolgsaussichten grundsätzlich keine Aussagen gemacht werden können [§ 255 IIa S. 3 HGB]. Forschungskosten **(Grundlagenforschung)** dürfen **nicht aktiviert** werden [§ 255 II S. 4 HGB]. Sie sind unmittelbar als Aufwand zu buchen.

Beim **Bewertungswahlrecht** überlässt der Gesetzgeber dem Unternehmen einen Spielraum hinsichtlich der Höhe des zu bilanzierenden Postens.

Beispiel:

Aus der KLR einer Maschinenfabrik ergeben sich folgende Kosten für die Herstellung von 800 Stichsägen pro Jahr bei normaler Kapazitätsauslastung:

Verbrauch von Fertigungsmaterial 42500,00 EUR, Fertigungslöhne 44700,00 EUR, Sondereinzelkosten der Fertigung 10900,00 EUR, Materialgemeinkosten 20900,00 EUR, Fertigungsgemeinkosten 44620,00 EUR, Verwaltungsgemeinkosten 4100,00 EUR, Vertriebskosten 8800,00 EUR.

Aufgaben:

1. Ermitteln Sie den Mindestwertansatz (Wertuntergrenze)!
2. Ermitteln Sie den Höchstwertansatz (Wertobergrenze)!
3. Bestimmen Sie den Höchstwertansatz (Wertobergrenze) eines Lagerbestands von 60 Stichsägen am Ende des Geschäftsjahres!
4. Begründen Sie, welcher Ansatz zu wählen ist, um einen möglichst geringen Gewinnausweis zu erzielen!

Lösungen:

Zu 1.–3.:

Materialeinzelkosten	42 500,00 EUR	
Fertigungseinzelkosten	44 700,00 EUR	
Sondereinzelkosten der Fertigung	10 900,00 EUR	
Materialgemeinkosten	20 900,00 EUR	
Fertigungsgemeinkosten	44 620,00 EUR	
Herstellungskosten Wertuntergrenze/800 Stück		163 620,00 EUR
Verwaltungsgemeinkosten		4 100,00 EUR
Herstellungskosten Wertobergrenze/800 Stück		167 720,00 EUR
Herstellungskosten Wertobergrenze/Stück		209,65 EUR
Herstellungskosten Wertobergrenze/60 Stück		12 579,00 EUR

Zu 4.:

In diesem Fall sollte jeweils nur mit der Wertuntergrenze bewertet werden. Dadurch verbleibt mehr Aufwand in der GuV, was zu einem niedrigeren Gewinn führt und damit auch ein niedrigeres Eigenkapital in der Bilanz aufweist.

(3) Aktivierungspflichtige Eigenleistungen

Hat das Unternehmen einen Gegenstand des Anlagevermögens selbst geschaffen, um diesen künftig zu nutzen, so ist eine Aktivierung dieses Vermögensgegenstandes erforderlich.

Zu den aktivierungspflichtigen Eigenleistungen zählen auch Großreparaturen, die zum Erhalt eines Vermögensgegenstandes anfallen.

2.2.3 Folgebewertung

- Ist der Börsen- oder Marktpreis am Abschlussstichtag **niedriger** als die Anschaffungs- oder Herstellungskosten, so **muss** – unabhängig von der Dauer der Wertminderung – nach dem **strengen Niederstwertprinzip** der **niedrigere Wert** angesetzt werden [§ 253 IV, S. 1 HGB].
- Fallen die Gründe für eine vorgenommene Abschreibung später weg, so besteht ein **Zuschreibungsgebot (Wertaufholungsgebot),** maximal bis zu den **Anschaffungs- oder Herstellungskosten** [§ 253 V, S. 1 HGB].

2.2.4 Beizulegender Wert

Die Ermittlung des beizulegenden Wertes[1] ist in § 255 IV HGB geregelt. Danach gilt: Der **beizulegende Wert** entspricht dem **Marktpreis.** Voraussetzung hierfür ist, dass ein **aktiver Markt** besteht. Besteht **kein aktiver Markt,** ist der beizulegende Wert nach **allgemein anerkannten Bewertungsmethoden** zu bestimmen. Liegt kein Marktpreis vor und lässt er sich auch nicht ermitteln, so sind die **Anschaffungs- bzw. Herstellungskosten fortzuführen.**

Der beizulegende Wert wird nur in Ausnahmefällen beim Jahresabschluss herangezogen, z. B. bei der Bewertung von Rückstellungen für die Altersversorgung. In der Regel sind die Anschaffungs- bzw. Herstellungskosten die „Standard"-Bewertungsmaßstäbe.

1 Es wird auch der Begriff **„beizulegender Zeitwert"** verwendet.

Kompetenztraining

49 Ziele und Prinzipien der Bewertung und Darstellung von Bewertungsgrundsätzen

1. Geben Sie den Zweck der Bewertung an!
2. Erklären Sie, aus welchem Grund der Staat handelsrechtliche Bewertungsvorschriften erlässt!
3. Zeigen Sie an einem selbst gewählten Beispiel den Zusammenhang von Bewertung, Eigenkapital und Erfolg auf!
4. Das strenge Niederstwertprinzip besagt, dass bei der Bilanzierung von bestimmten Vermögensgegenständen immer der niedrigere Wert angesetzt werden muss.

   Das Höchstwertprinzip besagt, dass bei der Bilanzierung von Schulden immer der höhere Wert angesetzt werden muss.

   Aufgaben:

   4.1 Nennen Sie den allgemeinen Bewertungsgrundsatz, von welchem beide Bewertungsvorschriften jeweils ausgehen!

   4.2 Begründen Sie Ihre Meinung!

5. Die Bilanzwerte der Deluxe AG werden nach dem Grundsatz der kaufmännischen Vorsicht ermittelt.

   Aufgaben:

   5.1 Nennen Sie zwei wesentliche Ziele des Vorsichtsprinzips!

   5.2 Beschreiben Sie die Absicht, welche hinter diesem Bewertungsprinzip steht!

50 Ermittlung von Anschaffungs- und Herstellungskosten

1. Berechnen Sie jeweils die Anschaffungskosten bzw. die Herstellungskosten!

   1.1 Kauf einer Stanzmaschine zum Listenpreis von 48 000,00 EUR zuzüglich 19 % USt. Der Sonderrabatt beträgt 10 %. An Transportkosten fallen 1 760,00 EUR zuzüglich 19 % USt an. Für die Inbetriebnahme werden Kosten in Höhe von 4 108,00 EUR zuzüglich 19 % USt berechnet. Die Rechnung wird unter Abzug von 2 % Skonto auf den Zieleinkaufspreis durch Banküberweisung beglichen. Für die Skontozahlung wurde ein Kontokorrentkredit aufgenommen. Die Bank berechnet 240,80 EUR Zinsen.

   1.2 Kauf einer Abfüllanlage zu folgenden Bedingungen: Listenpreis 85 100,00 EUR, abzüglich 3 % Rabatt. Verpackungskosten 980,00 EUR, Fracht 1 200,00 EUR, Transportversicherung 90,00 EUR, Fundamentierungskosten 2 000,00 EUR, Aufwendungen für eine Sicherheitsprüfung 150,00 EUR. Der Umsatzsteuersatz beträgt 19 %.

2. Aus der Kosten- und Leistungsrechnung einer Schulmöbelfabrik ergeben sich folgende Kosten für die Herstellung einer selbst genutzten Rohrbiegemaschine pro Jahr bei normaler Kapazitätsauslastung. Verbrauch von Fertigungsmaterial 21 250,00 EUR, Fertigungslöhne 22 350,00 EUR, Sondereinzelkosten der Fertigung 5 450,00 EUR, Materialgemeinkosten 10 450,00 EUR, Fertigungsgemeinkosten 21 400,00 EUR, Verwaltungsgemeinkosten 9 100,00 EUR, Vertriebsgemeinkosten 4 800,00 EUR

   Aufgaben:

   2.1 Ermitteln Sie den Mindestwertansatz (Wertuntergrenze) der Rohrbiegemaschine!

   2.2 Ermitteln Sie den Höchstwertansatz (Wertobergrenze) der Rohrbiegemaschine!

2.3 Begründen Sie, mit welchem Wert die Rohrbiegemaschine am Ende des Geschäftsjahres anzusetzen ist, wenn ein möglichst niedriger Gewinn ausgewiesen werden soll!

2.4 Begründen Sie, welcher Ansatz für einen möglichst hohen Gewinnausweis zu wählen ist!

3. Ein Industrieunternehmen fertigt 50 Werkzeuge für die Produktion eines bestimmten Maschinentyps selbst. Hierfür waren 120 Arbeitsstunden zu je 46,00 EUR notwendig. Der Materialverbrauch betrug laut Entnahmescheinen 8 700,00 EUR. An Modellkosten für das Werkzeug fielen 4 200,00 EUR an. Die Kostenrechnungsabteilung rechnet mit folgenden Gemeinkostenzuschlagssätzen und Gemeinkosten: MGK 9 %, FGK 110 %, VwGK 3 300,00 EUR und VtGK 7 200,00 EUR.

Aufgaben:

Berechnen Sie die Herstellungskosten je Werkzeug

3.1 mit dem Mindestwertansatz (Wertuntergrenze),

3.2 mit dem Höchstwertansatz (Wertobergrenze)!

3 Abnutzbares Anlagevermögen am Beispiel von technischen Anlagen und Maschinen bewerten

mvurl.de/a6h4

LB 1 Handlungssituation 3: Die Weber Metallbau GmbH bewertet eine Maschine

Die Weber Metallbau GmbH hat eine neue Metallschneidemaschine für insgesamt 36000,00 EUR angeschafft. Die Maschine hat eine Nutzungsdauer von 8 Jahren, wird linear abgeschrieben und soll am Ende des 3. Nutzungsjahres mit dem entsprechenden Buchwert bewertet werden.

Weber Metallbau GmbH

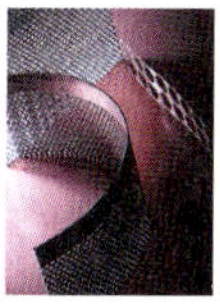

Der Geschäftsführer des Unternehmens gibt zu bedenken, dass eine technisch neu entwickelte Metallschneidemaschine auf den Markt gekommen sei, die zu 30% Kostenersparnis führen solle. Nach seiner Kenntnis seien die Altmaschinen dieses Typs im Wert um 40% gesunken.

Kompetenzorientierte Arbeitsaufträge:

1. Nehmen Sie die Bewertung der Metallschneidemaschine aufgrund der entsprechenden gesetzlichen Bestimmungen vor!

   Wenden Sie hierbei die 5-Schritt-Methode an:

5-Schritt-Methode für die Argumentation und den Bilanzansatz
1. Einordnung des Bewertungsgegenstands in der Bilanz (Anlagevermögen [Sachanlagevermögen, Finanzanlagevermögen], Umlaufvermögen oder Schulden?). 2. Nennung von Regelwert und beizulegendem Wert. 3. Entscheidung, ob ein Wertherauf/-herabsetzungsfall vorliegt (dauerhaft, vorübergehend?). 4. Beschreibung der geltenden Regelung/des geltenden Prinzips mit seinen Konsequenzen. 5. Entscheidung für einen Bilanzansatz mit Betrag.

2. Ermitteln und erklären Sie die Auswirkungen dieses Bewertungsvorgangs auf das Unternehmensergebnis!

3.1 Zugangsbewertung

Zum **beweglichen Sachanlagevermögen** zählen

- die **technischen Anlagen** und **Maschinen** für die Produktion,
- die nicht der Produktion dienenden **anderen Anlagen** (z.B. Fuhrpark) sowie
- die **Betriebs- und Geschäftsausstattung** (z.B. Schreibtische, Computer, Werkstätten, Kantine).

Die **Nutzung** der beweglichen Anlagegüter ist **zeitlich begrenzt** und unterliegt der **Abnutzung**.

Für den Zugang der beweglichen Anlagegüter gilt folgende gesetzliche Bewertungsvorschrift:

Vermögensgegenstände sind **höchstens** mit ihren **Anschaffungs- oder Herstellungskosten** anzusetzen [§ 253 I, S. 1 HGB].

Beispiel:

Die Sport-Burr AG kauft eine neue Bespannungsmaschine für Tennisschläger, Nettopreis 3750,00 EUR zuzüglich 19 % Umsatzsteuer. Das Unternehmen zahlt den Rechnungsbetrag unter Abzug von 2 % Skonto.

Aufgabe:

Berechnen Sie die Anschaffungskosten!

Lösung:

	Anschaffungspreis (netto)	3750,00 EUR
–	2 % Skonto	75,00 EUR
=	Anschaffungskosten	3675,00 EUR

3.2 Folgebewertung

(1) Bilanzwerte auf der Grundlage planmäßiger Abschreibungen

- Die **abnutzbaren Anlagegegenstände** sind **planmäßig** nach ihrer betriebsgewöhnlichen Nutzungsdauer **abzuschreiben**[1] [§ 253 III, S. 1 und S. 2 HGB].
- Zum **Bilanzstichtag** sind die Anlagegüter grundsätzlich mit den **fortgeführten Anschaffungskosten** anzusetzen. Für die Folgebewertung des Anlagevermögens gilt das gemilderte Niederstwertprinzip.

Beispiel:

Die Kramer GmbH kauft am Anfang des Geschäftsjahres eine Büroeinrichtung für 78000,00 EUR zuzüglich 19 % USt; betriebsgewöhnliche Nutzungsdauer: 13 Jahre; lineare Abschreibung.

Aufgabe:

Bestimmen Sie den Wert, mit dem die Büroeinrichtung am Ende des 1. Nutzungsjahres (Nj.) bilanziert werden muss!

Lösung:

	Anschaffungskosten	78000,00 EUR
–	planmäßige Abschreibung	6000,00 EUR
=	**fortgeführte Anschaffungskosten zum 31. Dezember des 1. Nj.**	**72000,00 EUR**

1 Als Abschreibungsverfahren sind sowohl **zeitbezogene** (z.B. lineare oder degressive Abschreibung) als auch **leistungsbezogene Abschreibungen** (Abschreibung nach Leistungseinheiten) zulässig. Die Abschreibung beginnt mit dem **Zeitpunkt der Lieferung** bzw. mit der **Betriebsbereitschaft.** Bei **selbst hergestellten Anlagen** mit deren Fertigstellung. Entscheidend für den **Beginn der Abschreibung** ist der **Abschluss des Anschaffungs- bzw. Herstellungsvorgangs** und nicht der Beginn der Nutzung.

Gemäß Lehrplan wird im Folgenden im Rahmen der planmäßigen Abschreibung das **lineare Abschreibungsverfahren** angewendet. Zu den Grundlagen der Abschreibung und der Berechnung der linearen Abschreibung siehe Jahrgangsstufe 11, Lernbereich 3, Kapitel 3.3, S. 94ff.

(2) Bilanzwerte auf der Grundlage außerplanmäßiger Abschreibung

Keine außerplanmäßige Abschreibung bei vorübergehender Wertminderung

- Eine außerplanmäßige Abschreibung **darf** bei einer **vorübergehenden Wertminderung nicht** vorgenommen werden. Der **nicht realisierte Verlust** darf **nicht erfasst** werden.
- Es gilt das **gemilderte Niederstwertprinzip.**

Beispiel: Vorübergehende Wertminderung beim Anlagevermögen

Die Clean-Tec KG kauft zu Beginn der Geschäftsperiode einen Kleintransporter für 48000,00 EUR zuzüglich 19% USt; betriebsgewöhnliche Nutzungsdauer: 6 Jahre; lineare Abschreibung.

Infolge einer kurzfristigen Wirtschaftsflaute sind die Marktpreise für Kleintransporter allgemein gesunken. Der Marktpreis für den Kleintransporter liegt am Ende des 2. Nutzungsjahres bei ca. 30000,00 EUR.

Aufgabe:

Ermitteln Sie den Wert, mit welchem der Kleintransporter am Ende des 2. Nutzungsjahres bilanziert werden muss!

Lösung:

Eine außerplanmäßige Abschreibung darf nicht vorgenommen werden. Bilanziert wird mit den fortgeführten Anschaffungskosten in Höhe von 32000,00 EUR.

	Anschaffungskosten	48000,00 EUR
–	planmäßige Abschreibung zum 31. Dez. des 1. Nj.	8000,00 EUR
=	fortgeführte Anschaffungskosten zum 31. Dez. des 1. Nj.	40000,00 EUR
–	planmäßige Abschreibung zum 31. Dez. des 2. Nj.	8000,00 EUR
=	**fortgeführte Anschaffungskosten zum 31. Dez. des 2. Nj.**	**32000,00 EUR**

Erläuterungen:

1. Anlagevermögen, Sachanlagevermögen, abnutzbar
2. Regelwert: 32000,00 EUR; beizulegender Wert (Marktpreis): 30000,00 EUR
3. Regelwert > beizulegender Wert, es liegt ein Wertherabsetzungsfall vor.
4. Es liegt eine voraussichtlich vorübergehende Wertminderung vor. Abschreibungsverbot: Es darf nicht auf den niedrigeren Wert abgeschrieben werden (gemildertes Niederstwertprinzip).
5. Bilanzansatz zum 31.12. des 2. Nj.: 32000,00 EUR

Außerplanmäßige Abschreibung bei voraussichtlich dauernder Wertminderung

- Eine außerplanmäßige Abschreibung **muss** vorgenommen werden, wenn es sich um eine voraussichtlich **dauernde Wertminderung** handelt [§ 253 III, S. 5 HGB]. Der noch **nicht realisierte Verlust ist zu erfassen.**[1]
- Es gilt das **gemilderte Niederstwertprinzip.**

1 Es gilt das **Vorsichtsprinzip**. Durch die außerplanmäßige Abschreibung sinkt das Vermögen und der Aufwand steigt.

Beispiel: Voraussichtlich dauernde Wertminderung beim Anlagevermögen

Die Augsburger Büromöbel AG kauft für ihren Außendienstmitarbeiter zu Beginn der Geschäftsperiode einen Pkw für 30 000,00 EUR zuzüglich 19 % USt; betriebsgewöhnliche Nutzungsdauer: 6 Jahre; lineare Abschreibung.

Da inzwischen ein neues Modell mit erheblichen technischen Verbesserungen auf den Markt gebracht wurde, ist der Marktwert des alten Modells nachweislich gesunken. Der Pkw hat daher am Ende des 2. Nutzungsjahres einen Wert von ca. 9 900,00 EUR.

Aufgaben:

1. Berechnen Sie den Wert, mit dem der Pkw am Ende des 2. Nutzungsjahres zu bilanzieren ist!
2. Beurteilen Sie die Auswirkungen dieser Bewertung auf das Unternehmensergebnis!

Lösungen:

Zu 1.:

	Anschaffungskosten	30 000,00 EUR
–	planmäßige Abschreibung zum 31. Dez. des 1. Nj.	5 000,00 EUR
=	fortgeführte Anschaffungskosten zum 31. Dez. des 1. Nj.	25 000,00 EUR
–	planmäßige Abschreibung zum 31. Dez. des 2. Nj.	5 000,00 EUR
–	außerplanmäßige Abschreibung zum 31. Dez. des 2. Nj.	10 100,00 EUR
=	**Wertansatz zum 31. Dez. des 2. Nj.**	**9 900,00 EUR**

Erläuterungen:

1. Anlagevermögen, Sachanlagevermögen, abnutzbar
2. Regelwert: 20 000,00 EUR; beizulegender Wert (Marktpreis): 9 900,00 EUR
3. Regelwert > beizulegender Wert, es liegt ein Wertherabsetzungsfall vor.
4. Es liegt eine voraussichtlich dauerhafte Wertminderung vor. Der niedrigere beizulegende Wert muss angesetzt werden (gemildertes Niederstwertprinzip), d. h., es besteht eine Abschreibungspflicht.
5. Bilanzansatz zum 31. 12. des 2. Nj.: 9 900,00 EUR

Zu 2.:

Das Unternehmensergebnis verschlechtert sich zusätzlich um 10 100,00 EUR.

Obwohl der Pkw noch nicht zu dem niedrigen Wert verkauft ist, muss der Wert wegen der dauernden Wertminderung und aus Gründen kaufmännischer Vorsicht herabgesetzt werden. Das **Niederstwertprinzip** führt somit zum **Ausweis** eines **noch nicht realisierten** (entstandenen) **Verlustes.**

3.3 Zuschreibung (Wertaufholungsgebot)[1]

Werden beim **Sachanlagevermögen** außerplanmäßige Abschreibungen vorgenommen und stellt sich später heraus, dass die Gründe für diese Abschreibung nicht mehr bestehen, dann **muss** eine **Zuschreibung,** maximal bis zu den **(fortgeführten) Anschaffungskosten,** erfolgen. Eine Beibehaltung des niedrigeren Wertes ist nicht möglich [§ 253 V, S. 1 HGB].

Mit dieser generellen Zuschreibungspflicht besteht für den Bilanzierenden zu jedem Bilanzstichtag die Verpflichtung, die Voraussetzungen für eine Wertaufholung zu prüfen.

1 Der Lehrplan sieht eine Behandlung der Wertaufholung nicht vor. Aus didaktischen Gründen und zum besseren Verständnis wird an dieser Stelle kurz darauf eingegangen.

Kompetenztraining

51 Bewertung des beweglichen Sachanlagevermögens

1. Die Werkzeugfabrik Böhler KG kauft zu Beginn des Geschäftsjahres 20.. einen neuen Lkw. Der Lkw mit einer Nutzungsdauer von 9 Jahren wird nach dreimaliger linearer Abschreibung vor dem Abschluss in der Buchführung mit den fortgeführten Anschaffungskosten in Höhe von 52800,00 EUR ausgewiesen. Inzwischen ist der gleiche Typ mit verbesserter Technik auf den Markt gekommen. Dadurch ist der Marktwert für vergleichbare Altmodelle um 25 % gesunken.

   Aufgaben:

   1.1 Geben Sie den jährlichen Abschreibungsbetrag an!

   1.2 Berechnen Sie die Anschaffungskosten!

   1.3 Bestimmen und begründen Sie den Wert, mit dem der Lkw beim Jahresabschluss des vierten Geschäftsjahres zu bilanzieren ist!

2. Die Hans Lemmer GmbH kauft zu Beginn des Jahres einen Kombiwagen:

Listeneinkaufspreis netto	32376,00 EUR
+ Überführungskosten	600,00 EUR
	32976,00 EUR
+ 19 % USt	6265,44 EUR
= Kaufpreis	39241,44 EUR

   Aufgaben:

   2.1 Ermitteln Sie die Anschaffungskosten!

   2.2 Die Nutzungsdauer des Autos beträgt 6 Jahre (lineare Abschreibung). Berechnen Sie den Wertansatz zu Beginn des 2. Jahres!

   2.3 Durch einen selbst verschuldeten Unfall tritt im 2. Jahr ein Wertverlust von 2500,00 EUR ein. Ermitteln Sie den Wertansatz am Ende des 2. Jahres!

3. Die Allgäuer Getränke AG weist ihre Abfüllanlage, deren Nutzungsdauer 10 Jahre beträgt, zu Beginn des 7. Geschäftsjahres bei planmäßiger linearer Abschreibung mit den fortgeführten Anschaffungskosten in Höhe von 280000,00 EUR aus. Inzwischen ist eine technisch wesentlich verbesserte Anlage auf den Markt gekommen. Dadurch ist der Wert der alten Anlage um 50 % gesunken.

   Aufgaben:

   3.1 Berechnen Sie die Anschaffungskosten!

   3.2 Bestimmen Sie den Wert, mit dem die Anlage beim Jahresabschluss im 7. Jahr zu bilanzieren ist!

4. Die fortgeführten Anschaffungskosten einer Nietmaschine der Kontakt AG, deren Nutzungsdauer mit 10 Jahren anzusetzen ist, betragen zu Beginn des 4. Jahres nach der Anschaffung 49000,00 EUR. Aufgrund einer Konjunkturschwäche ist das Preisniveau für derartige Maschinen nachweislich um 20 % gesunken.

   Aufgabe:

   Stellen Sie den zulässigen Bilanzansatz am Ende des 4. Geschäftsjahres nach der Anschaffung fest!

4 Finanzanlagevermögen am Beispiel der Wertpapiere des Anlagevermögens bewerten

LB 1 **Handlungssituation 4: Die Augsburger Büromöbel AG bewertet Aktien**

Die Augsburger Büromöbel AG hat 25000,00 EUR in Aktien der börsennotierten MiLi AG angelegt. Die Aktien sollen langfristig für mehrere Jahre gehalten werden. Folgende Aspekte sind bei der Bewertung zu beachten:

- Der Kaufkurs betrug am 08.08. d.J. 5,00 EUR je Aktie.
- Am 31.12. d.J. notierten die Aktien bei 4,80 EUR je Aktie.
- Der Vorstand der Augsburger Büromöbel AG rechnet damit, dass der Kurs in Zukunft wieder steigen wird, da die Aktie der MiLi AG des Öfteren eine hohe Volatilität[1] aufweist.
- Die Augsburger Büromöbel AG möchte im laufenden Geschäftsjahr einen möglichst niedrigen Gewinn ausweisen.

KOMPETENZORIENTIERTE ARBEITSAUFTRÄGE:

1. Geben Sie an, unter welcher Bilanzposition die Augsburger Büromöbel AG das Aktienpaket in der Bilanz aufführt!
2. Ermitteln Sie den Wert, mit welchem die Aktien zum 31.12. d.J. bilanziert werden können!
3. Begründen Sie den unter Teilaufgabe 2 dargelegten Bewertungsansatz!

4.1 Zugangsbewertung

Zu den **Finanzanlagen** zählen [§ 266 II HGB]:

- **Anteile an verbundenen Unternehmen** (z.B. ein Zweigwerk ist am Mutterkonzern mit 20% beteiligt).
- **Ausleihungen an verbundene Unternehmen** (z.B. Gewährung eines Darlehens an eine Tochtergesellschaft).
- **Beteiligungen** (z.B. Beteiligung am Unternehmen eines Zulieferers).
- **Wertpapiere des Anlagevermögens** (z.B. Geldanlage in festverzinsliche Wertpapiere, Bundesanleihen).

Ziel einer Finanzanlage ist eine Vermögensmehrung über Zinsen, Dividenden oder Mieten.

- **Finanzanlagen** sind Werte, die **auf Dauer** finanziellen Anlagezwecken dienen.
- Finanzanlagen sind **nicht abnutzbare** Vermögensgegenstände. Eine **planmäßige Abschreibung** ist daher nicht möglich.

1 **Volatilität**: Schwankung.

Für Finanzanlagen gilt folgende **Bewertungsregel**:

Die **Bewertung von Finanzanlagen** erfolgt bei deren Zugang zu **Anschaffungskosten**.

4.2 Folgebewertung

- Bei Finanzanlagen **können** außerplanmäßige Abschreibungen bei einer vorübergehenden Wertminderung vorgenommen werden [§ 253 III, S. 6 HGB].
- Es handelt sich um ein **Bewertungswahlrecht (gemildertes Niederstwertprinzip).**

Beispiel:

Die Fritz Hulter GmbH kauft zu Beginn des Jahres 01 zur langfristigen Anlage 80 000 Aktien der Delphin AG zum Kurs von 14,20 EUR. Am Bilanzstichtag notiert die Aktie mit 12,50 EUR. Im darauffolgenden Jahr notiert die Aktie mit 15,80 EUR. Das Unternehmen möchte einen möglichst niedrigen Gewinn ausweisen.

Aufgabe:

Begründen Sie die Bilanzansätze der Aktien für die Jahre 01 und 02!

Lösung:

Jahr 01:

1. Anlagevermögen, Finanzanlagevermögen, nicht abnutzbar
2. Regelwert: 1 136 000,00 EUR; beizulegender Wert: 1 000 000,00 EUR
3. Regelwert > beizulegender Wert, es liegt ein Wertherabsetzungsfall vor.
4. Da die Wertminderung voraussichtlich nicht dauerhaft ist, besteht ein Bewertungswahlrecht.
   Es kann der niedrigere beizulegende Wert angesetzt werden, muss aber nicht (gemildertes Niederstwertprinzip). Wenn das Unternehmen einen möglichst niedrigen Gewinnausweis ansetzen möchte, wählt es den niedrigeren beizulegenden Wert.
5. Bilanzansatz: 1 000 000,00 EUR

Jahr 02:

1. Anlagevermögen, Finanzanlagevermögen, nicht abnutzbar
2. Regelwert: 1 000 000,00 EUR; beizulegender Wert: 1 264 000,00 EUR
3. Regelwert < beizulegender Wert, es liegt ein Wertheraufsetzungsfall vor.
4. Es gilt das Wertaufholungsgebot. Allerdings bilden die ursprünglichen Anschaffungskosten die absolute Wertobergrenze [§ 253 V S. 1 HGB].
5. Bilanzansatz: 1 136 000,00 EUR

Überblick: Bewertung Finanzanlagevermögen

1. Zugang	§ 253 I HGB	Anschaffungs- und Herstellungskosten
2. vorübergehende Wertminderung	§ 253 III S. 6 HGB	Bewertungswahlrecht
3. dauernde Wertminderung	§ 253 III S. 5 HGB	Pflicht zur außerplanmäßigen Abschreibung
4. Wegfall der Wertminderung	§ 253 V S. 1 HGB	Pflicht zur Zuschreibung (Wertaufholung)

Kompetenztraining

52 Bewertung von Finanzanlagen

1. Die Textilwerke Walter Wetzel GmbH besitzen in ihrem Anlagevermögen 5000 Stückaktien der Patrik Weibel AG. Kurs am Anschaffungstag 14,25 EUR/Stück.

   Aufgabe:

   Geben Sie die möglichen Bilanzansätze an, wenn der Kurs der Aktien am 31. Dezember 2025 auf 13,05 EUR/Stück gesunken und zu Beginn des Jahres 2026 wieder auf 14,55 EUR/Stück gestiegen ist!

2. Die Streich AG aus Coburg hat unter den Wertpapieren des Anlagevermögens 1500 Stückaktien der Hofer Cycling AG. Das Aktienpaket wurde am 05.05.20.. für 27,50 EUR je Aktie gekauft. Die Aktie unterliegt erheblichen Kursschwankungen und notiert am 31.12.20.. mit 22,25 EUR je Aktie.

   Die Streich AG möchte einen möglichst hohen Jahresüberschuss ausweisen.

   Aufgabe:

   Begründen Sie mithilfe des Gesetzes, mit welchem Wert das Aktienpaket zum 31.12.20.. bei der Streich AG bilanziert wird!

3. Die Druck-Zuck KG hat in der Bilanz des Geschäftsjahres 2024 bei den Finanzanlagen ein Aktienpaket in Höhe der Anschaffungskosten von 150000,00 EUR ausgewiesen. Beim Abschluss des Geschäftsjahres 2025 beträgt der Kurswert der Aktien 170000,00 EUR, beim Abschluss 2026 ergibt sich ein Wert von 120000,00 EUR und beim Abschluss 2027 haben die Aktien einen Kurswert von 160000,00 EUR.

   Aufgabe:

   Diskutieren Sie über die Möglichkeit der Bewertung der Aktien bei den Jahresabschlüssen 2025, 2026 und 2027!

4. Die börsennotierte Bavatex AG mit Sitz in Nürnberg erstellt zum Jahresende ihren Jahresabschluss nach den Vorschriften des HGB. Unter Beachtung der Bewertungsstetigkeit soll ein möglichst hoher Jahresüberschuss ausgewiesen werden.

   4.1 Am 24. Februar wurden 5000 Stückaktien der Memminger Stahl AG zur langfristigen Anlage gekauft. Die Aktien der Memminger Stahl AG notierten an der Börse zu folgenden Kursen:

   Kurs am 24. Februar: 26,50 EUR/Aktie
   Kurs am 31. Dezember: 24,00 EUR/Aktie

   Der Vorstand der Bavatex AG erwartet trotz des Kursrückgangs zum Jahresende eine positive Entwicklung des Aktienkurses der Memminger Stahl AG.

   Begründen und ermitteln Sie den Wertansatz dieser Aktien im Jahresabschluss! (Spesen und Gebühren bleiben unberücksichtigt!)

   4.2 Begründen Sie den Wertansatz der 10000 Aktien der Memminger Stahl AG im Jahresabschluss zum 31. Dezember des folgenden Jahres, wenn der Börsenkurs an diesem Bilanzstichtag auf 33,00 EUR steigen würde.

5 Umlaufvermögen am Beispiel von Roh-, Hilfs-, Betriebsstoffen sowie Fremdbauteilen mithilfe des Durchschnittswertverfahrens bewerten

LB 1 Handlungssituation 5: Die Weber Metallbau GmbH bewertet Rohstoffe

Nach Abschluss der Inventurarbeiten werden Problemfälle der Bewertung des Umlaufvermögens zwischen den Geschäftsführern Hans-Jörg Weber und Dr. Klaus Junginger von der Weber Metallbau GmbH besprochen.

Weber Metallbau GmbH

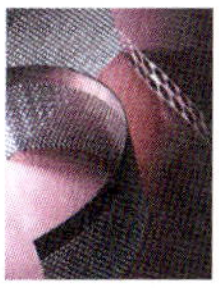

Kompetenzorientierte Arbeitsaufträge:

1. Die Anschaffungskosten der Stahlträger im Lager betragen 17400,00 EUR. Am Ende des Geschäftsjahres beläuft sich der Wert der Stahlträger auf
   1.1 15900,00 EUR,
   1.2 19700,00 EUR.
   Erläutern Sie jeweils den Wert, mit dem der Lagerbestand am Ende des Geschäftsjahres zu bewerten ist und nennen Sie die dafür geltenden Bewertungsgrundsätze!
2. Des Weiteren hat die Weber Metallbau GmbH 20 Tonnen Baustahl im Lager (eingekauft zu 600,00 EUR je Tonne). Aufgrund einer Preissteigerung beträgt der Preis je Tonne Baustahl am Jahresende 750,00 EUR. Restbestand: 12 Tonnen Baustahl.
   Begründen Sie, wie der Baustahl in der Bilanz anzusetzen ist!

5.1 Allgemeine Bewertungsregeln

(1) Zugangsbewertung

Vermögensgegenstände des Umlaufvermögens sind mit den **Anschaffungs- oder Herstellungskosten** zu bewerten.

(2) Folgebewertung

- Für die **Bewertung des Umlaufvermögens** gilt das **strenge Niederstwertprinzip.**
  - Ist der Börsen- oder Marktpreis am Abschlussstichtag **niedriger** als die Anschaffungs- oder Herstellungskosten, so **muss** – unabhängig von der Dauer der Wertminderung – nach dem **strengen Niederstwertprinzip** der **niedrigere Wert** angesetzt werden [§ 253 IV S. 1 HGB].
  - Sind die **Anschaffungskosten höher** als der **Markt- oder Börsenpreis,** wird zum **Markt- oder Börsenpreis** bewertet. Nicht realisierte Verluste müssen ausgewiesen werden.
- Diese verschiedene Behandlung nicht realisierter Gewinne und nicht realisierter Verluste wird als **Imparitätsprinzip** bezeichnet.

Beispiel:

Am 31. Dezember hat die Maschinenfabrik Blix AG lt. Inventur 1 000 Einheiten Blechteile auf Lager. Die Anschaffungskosten betrugen je Blechteil 15,00 EUR.

Aufgabe:

Erläutern Sie, wie der Bestand beim Jahresabschluss zum 31. Dezember zu bewerten ist, wenn im 1. Fall der Marktpreis 15,80 EUR und im 2. Fall der Marktpreis 13,50 EUR beträgt!

Lösung:

1. Fall: Der Marktpreis beträgt pro Blechteil 15,80 EUR.

Der Bestand ist mit den Anschaffungskosten von 15,00 EUR je Blechteil zu bewerten, da dieser Wert unter dem Marktpreis liegt. Die Anschaffungskosten dürfen nicht überschritten werden. Diese Vorgehensweise führt dazu, dass ein noch **nicht entstandener (nicht realisierter) Gewinn** zum Bilanzstichtag **nicht ausgewiesen wird (Realisationsprinzip).**

Bilanzansatz: 1 000 Blechteile · 15,00 EUR = 15 000,00 EUR

2. Fall: Der Marktpreis beträgt pro Blechteil 13,50 EUR.

Es gilt das **strenge Niederstwertprinzip.** Danach ist der niedrigere von beiden infrage kommenden Preisen zu wählen. Das ist der Marktpreis. Je Blechteil ist eine außerplanmäßige Abschreibung in Höhe von 1,50 EUR vorzunehmen. Die Vorgehensweise führt dazu, dass ein noch nicht entstandener **(nicht realisierter) Verlust** zum Bilanzstichtag **ausgewiesen wird (Grundsatz der Vorsicht).**

Bilanzansatz: 1 000 Blechteile · 13,50 EUR = 13 500,00 EUR

(3) Zuschreibung (Wertaufholungsgebot)

Fallen die Gründe für eine vorgenommene Abschreibung später weg, so besteht ein **Zuschreibungsgebot (Wertaufholungsgebot),** maximal bis zu den **Anschaffungs- oder Herstellungskosten** [§ 253 V S. 1 HGB].

Beispiel:

Die Fabrik für Möbeldesign Gutefreund GmbH hat am 5. März 20.. zur langfristigen Lagerung Edelhölzer im Wert von 32 000,00 EUR gekauft. Am Ende des Berichtsjahres beträgt der Wert der Edelhölzer 29 500,00 EUR und am Ende des Folgejahres 40 000,00 EUR.

Aufgabe:

Nennen und begründen Sie den Bilanzansatz für das Vorratsvermögen an den Bilanzstichtagen des Berichtsjahres und des Folgejahres!

Lösung:

Bilanzansatz	Betrag	Begründung
Berichtsjahr	29 500,00 EUR	Ansatz des niedrigeren Wertes [§ 253 IV, S. 1 HGB]. Strenges Niederstwertprinzip.
Folgejahr	32 000,00 EUR	Wertaufholung bis maximal zu den Anschaffungskosten [§ 253 V, S. 1 HGB].

5.2 Spezielle Vorschriften zur Bewertung des Vorratsvermögens am Beispiel des Durchschnittswertverfahrens

Da der Grundsatz der Einzelbewertung bei der Bewertung des Vorratsvermögens oft mit erheblichen Schwierigkeiten verbunden ist, sind für **gleichartige Vorratsbestände** bestimmte **Vereinfachungsverfahren** der Bewertung zulässig.[1]

(1) Bewertung nach der gewogenen Durchschnittswertermittlung [§ 240 IV HGB]

Bei gleichartigen Gütern kann die Bewertung nach der gewogenen Durchschnittswertermittlung erfolgen. Der Durchschnittswert wird errechnet, indem die Summe der Anschaffungs-/Herstellungskosten aus Anfangsbestand und Zugängen durch die Menge der gekauften (hergestellten) Güter zuzüglich des Schlussbestands dividiert wird. Die durchschnittlichen Anschaffungskosten werden mit dem **Markt- oder Börsenpreis** bzw. **dem beizulegenden Zeitwert am Bilanzstichtag** verglichen und der **niedrigere Wert angesetzt.**

Beispiel 1:

Ein Industrieunternehmen hat im Laufe des Wirtschaftsjahres in seinem Sortiment für Handelswaren gleichartige Waren erworben, und zwar am:

15. Jan.	100 t zum Nettopreis von 800,00 EUR je Tonne =	80 000,00 EUR
15. März	100 t zum Nettopreis von 700,00 EUR je Tonne =	70 000,00 EUR
15. Juli	200 t zum Nettopreis von 850,00 EUR je Tonne =	170 000,00 EUR
15. Nov.	100 t zum Nettopreis von 900,00 EUR je Tonne =	90 000,00 EUR
insgesamt:	500 t	410 000,00 EUR

Schlussbestand am Ende des Wirtschaftsjahres: 50 t. Der Marktpreis am 31. Dezember beträgt 890,00 EUR.

Aufgabe:

Berechnen Sie den Wertansatz in der Bilanz nach der gewogenen Durchschnittswertermittlung!

Lösung:

Summe der Nettopreise 410 000,00 EUR : 500 t = 820,00 EUR gewogener Durchschnittspreis.

Wertansatz: 50 t · 820,00 EUR = 41 000,00 EUR

Marktpreis am 31. Dez.: 50 t · 890,00 EUR = 44 500,00 EUR

Ergebnis: Nach dem strengen Niederstwertprinzip beträgt der Bilanzwert 41 000,00 EUR.

Beispiel 2:

Aus der Finanzbuchhaltung der Plastika GmbH liegen für die Bewertung des Rohstoffs Kunststoffgranulat folgende Informationen vor:

Datum	Menge	Warenwert netto
15.03.	4 000 kg	245,00 EUR/kg
10.10.	1 000 kg	243,60 EUR/kg

Der Wert des Schlussbestands vom Vorjahr betrug 46 840,00 EUR. Dabei wurde ein Kilogramm des Rohstoffs mit 234,20 EUR bewertet.

Die Lieferung vom 15.03. wies Mängel auf, worauf der Lieferant am 17.03. einen Nachlass in Höhe von 117 600,00 EUR netto gewährte.

1 Der Lehrplan gibt das **Durchschnittswertverfahren** als Vereinfachungsverfahren vor.

Für beide Lieferungen fielen Frachtkosten in Höhe von insgesamt 12 052,00 EUR netto an. Am 27. Dezember erhielt die Plastika GmbH einen Bonus auf die beiden Lieferungen in Höhe von 44 240,00 EUR netto.

Der Verbrauch des Rohstoffs im aktuellen Jahr betrug 4 800 kg. Zum 31. Dezember beträgt der Marktpreis des Rohstoffs 180,00 EUR.

Aufgabe:

Ermitteln und begründen Sie den Bilanzansatz des Rohstoffs zum 31. Dezember des aktuellen Jahres!

Lösung:

Ab 01.01.	200 kg	234,20 EUR/kg	46 840,00 EUR
+ Zugang 15.03.	4 000 kg	245,00 EUR/kg	980 000,00 EUR
+ Zugang 10.10.	1 000 kg	243,60 EUR/kg	243 600,00 EUR
– Nachlass Mängelrüge			117 600,00 EUR
+ Bezugskosten			12 052,00 EUR
– Bonus			44 240,00 EUR
= Summe	5 200 kg		1 120 652,00 EUR

Durchschnittswert pro kg: 1 120 652,00 EUR/5 200 kg = 215,51 EUR
Schlussbestand: 5 200 kg – 4 800 kg = 400 kg

Begründung:

1. Umlaufvermögen
2. Regelwert: 215,51 EUR · 400 = 86 204,00 EUR;
   beizulegender Wert: 180,00 EUR · 400 = 72 000,00 EUR
3. Regelwert > beizulegender Wert, es liegt ein Wertherabsetzungsfall vor.
4. Es liegt eine vorübergehende Wertminderung vor. Es gilt das strenge Niederstwertprinzip, d. h., der niedrigere beizulegende Wert muss angesetzt werden.
5. Bilanzansatz zum 31. 12.: 72 000,00 EUR

(2) Bewertung nach der permanenten Durchschnittswertermittlung

Bei der permanenten Durchschnittswertermittlung[1] werden die durchschnittlichen Anschaffungskosten **permanent** (laufend) **nach jedem Lagerzugang und -abgang** ermittelt. Da die Abgänge jeweils zum neuesten Durchschnittswert bewertet werden, erhält man zum Bilanzstichtag die **durchschnittlichen Anschaffungskosten des Schlussbestands.** Diese werden mit dem **Markt- oder Börsenpreis am Bilanzstichtag** verglichen und der **niedrigere Wert angesetzt.** Die permanente Durchschnittswertermittlung ist genauer als die gewogene Durchschnittswertermittlung.

Beispiel:

01.01. 15.02.	Anfangsbestand Zugang	100 Stück zu je 10,00 EUR = 1 000,00 EUR 300 Stück zu je 12,00 EUR = 3 600,00 EUR
 20.03.	Bestand Abgang	400 Stück zu je 11,50 EUR = 4 600,00 EUR 150 Stück zu je 11,50 EUR = 1 725,00 EUR

1 Man spricht auch von der Bewertung nach dem **gleitenden gewogenen Durchschnitt.**

10.08.	Bestand Zugang	250 Stück zu je 11,50 EUR = 2875,00 EUR 250 Stück zu je 9,50 EUR = 2375,00 EUR
24.12.	Bestand Abgang	500 Stück zu je 10,50 EUR = 5250,00 EUR 350 Stück zu je 10,50 EUR = 3675,00 EUR
31.12.	Schlussbestand	150 Stück zu je 10,50 EUR = 1575,00 EUR

Überblick: Bewertung der Roh-, Hilfs-, Betriebsstoffe sowie Fremdbauteile

■	**Allgemeine Bewertungsvorschriften**	
§ 253 I S. 1 HGB § 253 IV S. 1 HGB	■ **Zugangsbewertung**: Bewertung zu Anschaffungs- bzw. Herstellungskosten ■ **Folgebewertung**: strenges Niederstwertprinzip – Anschaffungs- bzw. Herstellungskosten < als Markt- oder Börsenwert → Anschaffungs- bzw. Herstellungskosten – Anschaffungs- bzw. Herstellungskosten > als Markt- oder Börsenwert → Bewertung zu Markt- oder Börsenwert	
■	**Durchschnittswertverfahren**	
§ 254 IV HGB	gewogene Durchschnittswertermittlung	permanente Durchschnittswertermittlung
	gewogener Durchschnittspreis einer Periode	durchschnittliche Anschaffungskosten des Schlussbestands
	Es ist immer zu prüfen, ob nicht anstelle der mit dem Durchschnittswertverfahren ermittelten (durchschnittlichen) Anschaffungs- oder Herstellungskosten der niedrigere Markt- oder Börsenpreis zu wählen ist (Niederstwerttest).	
■	**Wertaufholungsgebot**	
§ 253 V S. 1 HGB	Bei späterem Wegfall der Abschreibungsgründe besteht ein Zuschreibungsgebot.	

Kompetenztraining

53 Bewertung des Umlaufvermögens, Auswirkungen der Bewertung

1. Für eine bestimmte Art von Hilfsstoffen liegen folgende Werte vor:

Anfangsbestand am 1. Januar:	80 Stück zu je 13,00 EUR
Einkauf am 15. Februar:	120 Stück zu je 13,50 EUR
Abgang am 14. April:	100 Stück zu je 13,30 EUR
Einkauf am 6. Juni:	140 Stück zu je 14,50 EUR
Abgang am 10. November:	60 Stück zu je 14,00 EUR
Preis am 31. Dezember:	12,80 EUR

Aufgabe:

Bewerten Sie den Restvorrat am 31. Dez. nach der permanenten Durchschnittswertermittlung!

2. Im Laufe des Jahres kauft die Würzburger Industriewaren GmbH einen Posten von 20 Stück einer Handelsware zu je 1 500,00 EUR zuzüglich 19 % USt.

   Durch eine Preissteigerung steigt der Wert eines Stücks am Jahresende auf netto 1 600,00 EUR an. Restbestand: 12 Stück.

   Aufgabe:

   Bestimmen Sie den Wert, mit dem der Restposten zu bewerten ist!

3. Die Möbelfabrik Karl Braun e. Kfm. kauft 400 m^2 Eichenfurnier zum Listenpreis von 18 000,00 EUR zuzüglich 19 % USt. Der Lieferer gewährt 15 % Rabatt und 3 % Skonto. Die Bezugskosten betragen insgesamt 561,00 EUR zuzüglich 19 % USt.

   Aufgaben:

   3.1 Berechnen Sie die Anschaffungskosten insgesamt und je m^2!

   3.2 Ermitteln Sie, mit welchem Wert am 31. Dez. der Restbestand von 150 m^2 Eichenfurnier zu bilanzieren ist, wenn der Einstandspreis auf 35,00 EUR je m^2 abgesunken ist!

   3.3 Erläutern Sie, wie sich dieser Ansatz auf den Gewinn auswirkt!

4. Bei einer Betriebsprüfung wurde der Wertansatz für einen Bestand an Hilfsstoffen zum 31. Dezember von 42 000,00 EUR beanstandet.

   Die Betriebsprüfung stellte anhand der Unterlagen Folgendes fest:

Einkaufspreis während des Jahres	40 000,00 EUR
darauf gewährte Rabatte	5 %
Eingangsfrachten	1 000,00 EUR

   Aufgabe:

   Beurteilen Sie, ob die Beanstandung zu Recht erfolgt ist!

5. Bei der Münchner Tele GmbH wurde der Bestand an SAT-Receivern im Laufe der Zeit durch folgende Einkäufe ergänzt:

   Anfangsbestand: 400 Stück zu je 52,00 EUR

   Einkäufe am:

3. Februar	610 Stück zu je 52,40 EUR	5. Juli	800 Stück zu je 53,10 EUR
14. April	1 200 Stück zu je 52,60 EUR	19. November	150 Stück zu je 58,00 EUR

   Die Anschaffungskosten je Stück betrugen am 31. Dezember 56,20 EUR.

   Restbestand: 120 Stück.

   Aufgabe:

   Bewerten Sie den Restvorrat am 31. Dezember nach der gewogenen Durchschnittswertermittlung!

6. Die Maschinenfabrik Ladicke GmbH in Fürth hat am Schluss des Vorjahres noch Fertigteile (Elektromotore) auf Lager. Der Schlussbestand vom Vorjahr beläuft sich auf 130 Stück, der Wert je Stück betrug 149,80 EUR netto. Während des aktuellen Jahres erhielt die Ladicke GmbH zwei Lieferungen:

Datum	Menge	Warenwert netto
10.04.	1 400 Stück	202,00 EUR
20.08.	800 Stück	198,00 EUR

   Die Bezugskosten für beide Lieferungen betragen 11 160,00 EUR zzgl. 19 % USt. Weil bei beiden Lieferungen Mängel auftraten, gewährte der Lieferant am 15. 10. nachträglich 15 % Nachlass auf den Gesamtnettowert der Lieferungen. Der Marktpreis beträgt am Bilanzstichtag 190,60 EUR netto. Der Verbrauch an Fertigteilen beträgt im aktuellen Jahr 2 170 Stück.

   Aufgabe:

   Ermitteln und begründen Sie den Bilanzansatz der Fertigteile zum Bilanzstichtag am 31. 12. des aktuellen Jahres!

6 Rückstellungen am Beispiel von Pensionsrückstellungen bewerten

LB 1 **Handlungssituation 6: Die Augsburger Büromöbel AG bildet Pensionsrückstellungen**

Im Rahmen der betrieblichen Altersvorsorge spielen Pensionsrückstellungen eine immer wichtigere Rolle für Unternehmen. In den letzten Jahren hat sich die Bilanzposition „Pensionsrückstellungen" auch bei der Augsburger Büromöbel AG stetig erhöht, und zwar auf 1,5 Mio. EUR für das aktuelle Geschäftsjahr. Nachfolgende Fragestellungen sind noch zu klären.

Kompetenzorientierte Arbeitsaufträge:

1. Beurteilen Sie die generelle Problematik bei der Bewertung von Pensionsrückstellungen!
2. Die Augsburger Büromöbel AG bildet zum 31. 12. d. J. die in der Handlungssituation beschriebene Pensionsrückstellung für ihre Beschäftigten. Die Restlaufzeit beträgt 15 Jahre und das Unternehmen macht vom Abzinsungswahlrecht keinen Gebrauch. Es wird pauschal mit 3,0 % abgezinst.
   Berechnen Sie den Barwert der Pensionszusage!
3. Ermitteln Sie den Barwert zum 31. 12. des kommenden Geschäftsjahres!

6.1 Abgrenzung der Begriffe Auszahlungen und Ausgaben

Verwendung der verschiedenen Grundbegriffe des Rechnungswesens

Investitionsrechnung; Finanzrechnung	Einnahmenüberschussrechnung (Steuererklärungen von Kleinunternehmern)	Buchführung (GuV-Rechnung; Jahresabschluss)	Kosten- und Leistungsrechnung
↕	↕	↕	↕
+ Einzahlungen – Auszahlungen	+ Einnahmen – Ausgaben	+ Erträge – Aufwendungen	+ Leistungen – Kosten

6.1.1 Auszahlungen und Einzahlungen

Die Summe aus **Kassenbeständen** und jederzeit verfügbaren **Bankguthaben** bezeichnet man als **Zahlungsmittelbestand.** Der Zahlungsmittelbestand ist **Teil des Geldvermögens.**

- Eine **Auszahlung** ist jeder Vorgang, bei dem der Zahlungsmittelbestand abnimmt.

Beispiele:

- Barkauf von Werkstoffen,
- Barrückzahlung eines Darlehens,
- Kassenentnahmen,
- geleistete Anzahlungen.

- Eine **Einzahlung** ist jeder Vorgang, der zu einer Zunahme des Zahlungsmittelbestandes führt.

Beispiele:

- Barverkauf von Erzeugnissen,
- Bareinlage von Gesellschaftern,
- erhaltene Anzahlungen,
- Aufnahme eines Barkredits.

6.1.2 Ausgaben und Einnahmen

Ausgaben und Einnahmen verändern das Geldvermögen. Als **Geldvermögen** wird die Summe aus Zahlungsmittelbestand und Bestand an Forderungen[1] abzüglich des Bestandes an Verbindlichkeiten[1] bezeichnet.

Geldvermögen = Zahlungsmittelbestand + (Forderungen − Verbindlichkeiten)

- Eine **Ausgabe** ist jeder Geschäftsvorfall, der eine **Verminderung des Geldvermögens** hervorruft.

Ausgabe = Auszahlung + Forderungsabgang + Schuldenzugang

Beispiele:

- Kauf von Werkstoffen auf Ziel (Schuldenzugang);
- Eingang einer Leistung, auf die eine Anzahlung geleistet worden war (Forderungsabgang).

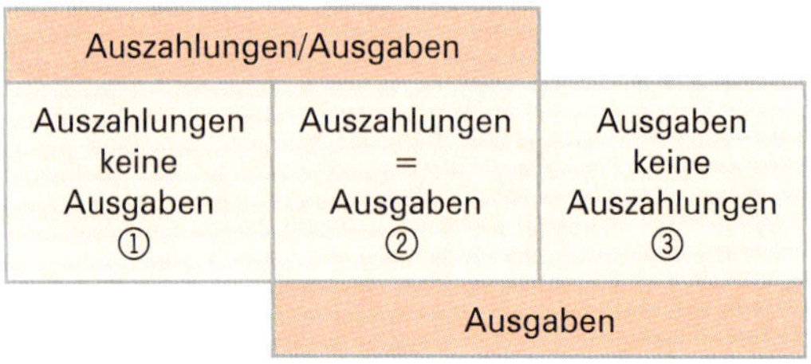

① Bartilgung eines in einer früheren Periode aufgenommenen Kredits

② Kauf von Rohstoffen gegen Barzahlung

③ Betriebsstoffeinkauf auf Ziel (die Bezahlung erfolgt z. B. nach 30 Tagen)

- Eine **Einnahme** ist jeder Geschäftsvorfall, der zu einer **Erhöhung des Geldvermögens** führt

Einnahme = Einzahlung + Forderungszugang + Schuldenabgang

Beispiele:

- Verkauf von Waren auf Ziel (Forderungszugang);
- eine erhaltene Anzahlung eines Kunden wird durch die Lieferung der Leistung an den Kunden aufgehoben (Schuldenabgang).

1 Forderungen und Verbindlichkeiten werden hier als Geldforderungen und Geldverbindlichkeiten verstanden. Sachforderungen und Sachverbindlichkeiten werden nicht erfasst.

Einzahlungen/Einnahmen		
Einzahlungen keine Einnahmen ①	Einzahlungen = Einnahmen ②	Einnahmen keine Einzahlungen ③
	Einnahmen	

① Aufnahme eines Kredits

② Verkauf von Fertigerzeugnissen gegen Barzahlung

③ Verkauf von Handelswaren auf Ziel (Zahlungsfrist z. B. 30 Tage)

6.2 Begriff Rückstellungen und der Bilanzausweis von Rückstellungen

(1) Begriff Rückstellungen

- **Rückstellungen** sind **Schulden für künftige Aufwendungen,** die dem alten Geschäftsjahr zuzurechnen sind, deren genaue **Höhe** und (oder) **Fälligkeit** am Jahresende (Bilanzstichtag) aber noch **nicht feststehen.**
- Die **Bildung von Rückstellungen** bedeutet den **Ausweis einer Schuld** in der Bilanz und gleichzeitig eine **Aufwandserfassung in entsprechender Höhe** in der Gewinn- und Verlustrechnung.

Von den **genau bestimmbaren Verbindlichkeiten** unterscheiden sich die Rückstellungen durch die **Ungewissheit über Höhe und/oder Fälligkeit** der Aufwendungen.

(2) Bilanzausweis von Rückstellungen[1]

Rückstellungen sind **Schulden** und zählen daher in der Bilanz zum **Fremdkapital.** Nach § 266 HGB sind sie in der Bilanz auszuweisen als Pensionsrückstellungen, Steuerrückstellungen und sonstige Rückstellungen.

Art der Rückstellungen	Erläuterungen
Rückstellungen für Pensionen	■ Sind Rückstellungen, die für **Zahlungen aus der betrieblichen Altersversorgung** getätigt werden. Sie dienen der späteren Auszahlungen an anspruchsberechtigte Mitarbeiter eines Betriebs. ■ Pensionsrückstellungen sind **langfristig.**
Steuerrückstellungen	■ Sind Rückstellungen für Steuern, die innerhalb des Geschäftsjahres aus wirtschaftlichen Gründen entstanden sind und deren **Höhe noch unbekannt** ist **(ungewisse Verbindlichkeiten).** ■ Steuerrückstellungen sind **kurzfristig.**
sonstige Rückstellungen	■ Hierzu zählen z. B.: – **Rückstellungen für Gewährleistungen,** – **für andere ungewisse Verbindlichkeiten,** – **drohende Verluste aus schwebenden Geschäften** (z. B. Preisrückgang bei von uns bestellten, aber noch nicht gelieferten Waren). ■ Sonstige Rückstellungen sind **in der Regel kurzfristig.**

1 Zum **Finanzierungseffekt von Rückstellungen** siehe S. 304 f.

13 Merkur-Nr. 0659

6.3 Bewertung von Pensionsrückstellungen

- **Rückstellungen** sind handelsrechtlich in Höhe des nach **vernünftiger kaufmännischer Beurteilung notwendigen Erfüllungsbetrags** anzusetzen.
- Künftige **Preis- und Kostensteigerungen** sind **zwingend** zu berücksichtigen.

Wurden Pensionsrückstellungen für einen Zeitraum von mehr als zwölf Monaten ab dem Bilanzstichtag gebildet, sind sie mit dem **Barwert** anzusetzen. Sie sind dann mit dem **durchschnittlichen Marktzins** der **letzten zehn Jahre** auf den Bilanzstichtag **abzuzinsen.**[1] Nach § 253 II, S. 2 HGB wird bei Rückstellungen für Altersversorgungsverpflichtungen von einer angenommenen Restlaufzeit von 15 Jahren ausgegangen.

Die Barwerte errechnen sich nach der folgenden **Barwert-Formel**:

$$K_0 = K_n \cdot \frac{1}{\left(1 + \frac{p}{100}\right)^n}$$

- Bei der **Abzinsung** (Diskontierung) liegt die Fragestellung zugrunde, wie viel eine Zahlung, die zu einem Zeitpunkt *n* anfällt, zum Bezugszeitpunkt (z. B. am Bilanzstichtag) wert ist.
- Der **Barwert** einer Zahlung ist der auf den **Bezugszeitpunkt abgezinste Wert der Zahlung.** Daher gilt:
  - je später die Zahlung erfolgt und
  - je höher der Abzinsungsfaktor (je niedriger der Kalkulationszinsfuß ist)

  desto geringer ist der **Barwert** der künftigen Zahlung und umgekehrt.

Die gebildeten Pensionsrückstellungen werden in der Regel **fortgeschrieben.** Bei einer **Erhöhung der Pensionsrückstellungen** wird ein entsprechender **Aufwand,** bei einer **Senkung** der entsprechende **Ertrag** gebucht.

Pensionsauszahlungen während des Jahres werden auf dem entsprechenden **Aufwandskonto** gebucht, ohne die Rückstellungen zu verändern. Die Pensionsrückstellungen werden dadurch nicht verändert. Da sich die Restlaufzeiten und der Abzinsungsfaktor ändern können, muss der Barwert an jedem Bilanzstichtag neu ermittelt werden.

1 Die anzuwendenden Abzinsungssätze werden von der Deutschen Bundesbank ermittelt und monatlich bekanntgegeben.

Kompetenztraining

54 Pensionsrückstellungen

1. Es sind Pensionsrückstellungen für 200 Mitarbeiter zu bilden. Die Rückstellungen werden ausschließlich in festverzinslichen Wertpapieren angelegt. Der beizulegende Zeitwert der Wertpapiere beträgt 60000,00 EUR. Gegenüber jedem Mitarbeiter wird eine Pensionszusage mit einem Mindestbetrag von 350,00 EUR abgegeben.

   Aufgabe:

   Begründen Sie, mit welchem Betrag die Pensionsverpflichtung zu bilanzieren ist!

2. 2.1 Erläutern Sie die Auswirkungen, die Rückstellungen auf das Unternehmensergebnis haben!

   2.2 Begründen Sie, ob durch die Bildung von Rückstellungen der Gewinn beeinflusst werden kann!

   2.3 Nennen Sie den Zeitpunkt, zu dem Rückstellungen aufzulösen sind!

3. 3.1 Der Anfangsbestand der Pensionsrückstellungen bei der Hansen GmbH beträgt 241013,30 EUR. Im Laufe des Jahres musste die Hansen GmbH die Anzahl ihrer Mitarbeiter reduzieren. Der (mathematisch errechnete) Erfüllungsbetrag (Barwert) beträgt zum Bilanzstichtag 200844,42 EUR.

   Aufgaben:

   3.1.1 Ermitteln Sie den Anpassungsbedarf der Pensionsverpflichtungen zum Bilanzstichtag!

   3.1.2 Begründen Sie, mit welchem Betrag die Pensionsrückstellung in der Bilanz zum Bilanzstichtag zu bewerten sind!

   3.2 Ab dem Jahr 02 wurden neue Pensionsverpflichtungen eingegangen. Der errechnete Barwert der Pensionsrückstellungen beträgt am Bilanzstichtag 210284,11 EUR.

   Aufgabe:

   Ermitteln Sie den Anpassungsbedarf der Pensionsverpflichtungen zum Bilanzstichtag 02!

7 Vorschläge zur Verwendung des Jahresüberschusses bei einer Aktiengesellschaft entwickeln und diskutieren

LB 1 Handlungssituation 7: Ergebnisverwendungsrechnung einer AG durchführen

Die Sport-Burr AG kann nach einem Vorjahr mit Verlusten nun wieder einen Jahresüberschuss ausweisen. Zum 31.12.20.. wurde die folgende verkürzte Jahresbilanz erstellt.

Aktiva — Bilanz zum 31. Dez. 20.. in EUR — Passiva

Aktiva		Passiva	
Anlagevermögen	954 800,00	Gezeichnetes Kapital	1 000 000,00
Umlaufvermögen	401 200,00	Kapitalrücklage	100 000,00
		Gewinnrücklagen	
		– Gesetzliche Rücklage	0,00
		– Andere Gewinnrücklagen	50 000,00
		Verlustvortrag	– 4 000,00
		Jahresüberschuss	180 000,00
		Verbindlichkeiten	30 000,00
	1 356 000,00		1 356 000,00

Vorstand und Aufsichtsrat stellen den Jahresabschluss fest. Die Gewinnverwendung richtet sich ausschließlich nach den Vorschriften des Aktiengesetzes. Das Grundkapital der AG ist in Aktien zu je 5,00 EUR Nennwert aufgeteilt. Für das Geschäftsjahr 20.. wird eine möglichst hohe offene Selbstfinanzierung angestrebt.

Kompetenzorientierte Arbeitsaufträge:

1. Erklären Sie, was man unter offener Selbstfinanzierung versteht!
2. Berechnen Sie den Bilanzgewinn, die Dividendenzahlung und den Gewinnvortrag! Stellen Sie die Berechnung in einer Übersicht dar! Die Hauptversammlung beschließt, dass eine Dividende von je 0,40 EUR je Aktie ausgeschüttet wird.
3. Ermitteln Sie die Höhe der offenen Selbstfinanzierung!
4. Stellen Sie die Bilanzen nach teilweiser und vollständiger Ergebnisverwendung auf!

7.1 Eigenkapitalgliederung einer AG vor Ergebnisverwendungsrechnung

Für Kapitalgesellschaften ist der Ausweis des Eigenkapitals im § 266 III HGB, ergänzt durch § 272 HGB geregelt. Danach müssen große und mittelgroße Kapitalgesellschaften folgende Posten als **Untergliederung des Eigenkapitals** in die Bilanz aufnehmen:

Aktiva	Ausschnitt aus der Bilanz nach § 266 II, III HGB Passiva
	A. Eigenkapital: I. Gezeichnetes Kapital II. Kapitalrücklage III. Gewinnrücklagen 1. Gesetzliche Rücklage 2. Rücklage für Anteile an einem herrschenden oder mehrheitlich beteiligten Unternehmen 3. Satzungsmäßige Rücklagen 4. Andere Gewinnrücklagen IV. Gewinnvortrag/Verlustvortrag V. Jahresüberschuss/Jahresfehlbetrag

Die Bilanz gemäß § 266 III HGB zeigt die Eigenkapitalgliederung **vor Ergebnisverwendung.** Im Folgenden werden die Positionen des Eigenkapitals einer AG erläutert.

7.1.1 Gezeichnetes Kapital

Der Begriff **gezeichnetes Kapital** wird bei allen Kapitalgesellschaften zum Ausweis des **in der Satzung festgelegten Kapitals** verwendet (z. B. des Grundkapitals bei der AG). Das gezeichnete Kapital ist stets zum Nennwert auszuweisen **(Nominalkapital).** Das gezeichnete Kapital bleibt so lange in der Bilanz unverändert, bis z. B. die Hauptversammlung bei einer AG eine Kapitalerhöhung oder eine Kapitalherabsetzung beschließt.

Das Grundkapital einer AG ist die Summe der Nennwerte der ausgegebenen (emittierten) Aktien. Der Mindestnennbetrag des Grundkapitals ist 50 000,00 EUR. Der Mindestnennbetrag einer Aktie beträgt einen Euro.

7.1.2 Rücklagen

Rücklagen stellen das **variable Eigenkapital der Aktiengesellschaft** dar. Sie dienen insbesondere zwei Zwecken:

- Die Eigenkapitalbasis der AG wird erhöht und
- die Höhe der Haftungsmasse der AG gegenüber ihren Gläubigern wird gestärkt.

Die in der Bilanz ausgewiesenen Rücklagen gliedern sich in Kapital- und Gewinnrücklagen.[1]

1 Da diese Rücklagen in der Bilanz ausgewiesen werden, bezeichnet man diese auch als **offene Rücklagen**.

(1) Kapitalrücklage

In die Kapitalrücklage werden **Zuzahlungen der Kapitalgeber** (z.B. Agio bei der Ausgabe von Aktien, Zuzahlungen für Vorzugsrechte) eingestellt. Es handelt sich um eine Form der **Beteiligungsfinanzierung**.

Beispiel:

Kapitalerhöhung: 10 Mio. EUR, Nennwert junge Aktie 1,00 EUR, Ausgabekurs: 1,50 EUR.
Kapitalrücklage: 10 Mio. EUR · 0,50 = 5 Mio. EUR

(2) Gewinnrücklage

Als **Gewinnrücklagen** dürfen nur Beträge ausgewiesen werden, die im Geschäftsjahr oder in einem früheren Geschäftsjahr aus dem Gewinn gebildet worden sind [§ 272 III HGB]. Bei den Gewinnrücklagen handelt es sich um Mittel, die im Unternehmen durch die **Einbehaltung eines Teils des Jahresüberschusses** gebildet werden. Nach dem Gliederungsschema des § 266 III HGB sind die Gewinnrücklagen in

- **gesetzliche Rücklage,**
- **Rücklage für Anteile an einem herrschenden oder mehrheitlich beteiligten Unternehmen,**[1]
- **satzungsmäßige Rücklagen**[1] und
- **andere Gewinnrücklagen** zu untergliedern.

Gesetzliche Rücklage

Aktiengesellschaften sind nach § 150 I AktG zur Bildung einer gesetzlichen Rücklage verpflichtet **(gesetzlich erzwungene Selbstfinanzierung).** Der zwanzigste Teil (das sind 5 %) vom Jahresüberschuss (vermindert um einen Verlustvortrag aus dem Vorjahr) ist so lange in die gesetzliche Rücklage einzustellen, bis diese zusammen mit der Kapitalrücklage nach § 272 II HGB den zehnten (oder den in der Satzung bestimmten höheren) Teil des Grundkapitals erreicht hat [§ 150 II AktG].

	Jahresüberschuss
–	Verlustvortrag
=	bereinigter Jahresüberschuss
–	5 % gesetzliche Rücklage*
=	Zwischensumme

* **Höchstgrenze:** gesetzliche Rücklage + Kapitalrücklage betragen 10 % des Grundkapitals.

Hinweis:

Haben die **Kapitalrücklagen und die gesetzlichen Rücklagen** zusammen den **zehnten** oder den in der **Satzung bestimmten höheren Teil des Grundkapitals noch nicht überschritten,** können sie nach § 150 III AktG z.B. zum Ausgleich eines Jahresfehlbetrags nur verwandt werden, wenn dieser nicht durch einen Gewinnvortrag aus dem Vorjahr gedeckt ist und nicht durch Auflösung anderer Gewinnrücklagen ausgeglichen werden kann.

1 Der Lehrplan sieht die Behandlung der Rücklage für Anteile an einem herrschenden oder mehrheitlich beteiligten Unternehmen und der satzungsmäßigen Rücklage nicht vor.

Andere Gewinnrücklagen

Stellen **Vorstand und Aufsichtsrat** den Jahresabschluss fest (Normalfall), dann **können** sie bis zur Hälfte des um den Verlustvortrag und um die Einstellung in die gesetzliche Rücklage verminderten Teils des Jahresüberschusses in die anderen Gewinnrücklagen einstellen [§ 58 II, S. 1, 4 AktG]. Ein Gewinnvortrag aus dem Vorjahr bleibt unberücksichtigt. Eine Einstellung in die anderen Gewinnrücklagen ist unabhängig von der bereits erreichten Höhe der anderen Gewinnrücklagen.

	Zwischensumme
–	höchstens 50 % andere Gewinnrücklagen
=	restlicher Jahresüberschuss

Besteht ein Gewinnvortrag aus dem Vorjahr, so wird dieser zum restlichen Jahresüberschuss hinzugezählt. Diese Summe wird dann als Bilanzgewinn ausgewiesen.

	restlicher Jahresüberschuss
+	Gewinnvortrag aus dem Vorjahr
=	Bilanzgewinn[1]

Hinweis:

- Andere Gewinnrücklagen können für **beliebige Zwecke** verwendet werden, z. B. zur Erhöhung der Gewinnausschüttung.
- Die Einstellung in die **anderen Gewinnrücklagen** ist eine freiwillige Rücklagenbildung **(freiwillig vorgenommene Selbstfinanzierung).**

- Die **Bildung von Kapitalrücklagen** ist eine **Form der Beteiligungsfinanzierung.**
- Die **Bildung von Gewinnrücklagen** ist eine **Form der Selbstfinanzierung.**

(3) Bilanzgewinn

Über die Verwendung des Bilanzgewinns entscheidet anschließend die Hauptversammlung [§ 58 III, IV AktG]. Sie beschließt, wie viel vom Bilanzgewinn als Dividende (Gewinn) an die Aktionäre ausgeschüttet wird [§ 58 IV AktG]. Damit entscheidet die Hauptversammlung auch über einen eventuellen Gewinnvortrag für das nächste Geschäftsjahr. Die Hauptversammlung kann außerdem beschließen, dass weitere Beträge des Bilanzgewinns in die anderen Gewinnrücklagen eingestellt werden [§ 58 III AktG].

	Bilanzgewinn (bzw. Bilanzverlust)
–	evtl. Einstellung in andere Gewinnrücklagen durch die Hauptversammlung
–	Dividendenausschüttung
=	Gewinnvortrag des laufenden Geschäftsjahres

1 Liegt aus dem Vorjahr kein Gewinnvortrag vor, stellt der restliche Jahresüberschuss den Bilanzgewinn dar.

(4) Gewinn-/Verlustvortrag und Jahresüberschuss/-fehlbetrag

Bei der Eigenkapitalgliederung vor Ergebnisverwendung erscheinen die Posten

- IV. Gewinnvortrag/Verlustvortrag (wenn vorhanden) und
- V. Jahresüberschuss/Jahresfehlbetrag.

- Ein **Gewinnvortrag/Verlustvortrag** stammt aus dem **vorhergehenden Geschäftsjahr.**
- Ein **Jahresüberschuss/Jahresfehlbetrag** ist der Gewinn oder Verlust aus dem **Berichtsjahr** (laufendes Geschäftsjahr) der Bilanz.

7.2 Ergebnisverwendungsrechnung unter Berücksichtigung der gesetzlichen Vorgaben

7.2.1 Gesetzliche Rücklage

- Einbehaltene Gewinnanteile werden in der Bilanz der AG unter der Position **„Gewinnrücklagen"** ausgewiesen.
- In diesem Schulbuch wird auf **zwei Arten von Gewinnrücklagen** eingegangen:
  - die **gesetzliche Rücklage** (die **gesetzlich erzwungene Selbstfinanzierung** nach § 150 AktG) und
  - die **anderen Gewinnrücklagen** (die **freiwillig vorgenommene Selbstfinanzierung** nach § 58 AktG).

7.2.2 Rechnerischer Ablauf der Ergebnisverwendung

Beispiel:

Die Baustoffe Regensburg AG hat ein Grundkapital in Höhe von 6 000 000,00 EUR. Der Jahresüberschuss des laufenden Geschäftsjahres beträgt 2 500 000,00 EUR. Aus dem Vorjahr wurde ein Verlust in Höhe von 100 000,00 EUR vorgetragen. Am Ende des laufenden Geschäftsjahres ergaben sich folgende Rücklagen:

Kapitalrücklage	100 000,00 EUR
Gesetzliche Rücklage	400 000,00 EUR
Andere Gewinnrücklagen	2 400 000,00 EUR

Die Baustoffe Regensburg AG hat 120 000 Stückaktien ausgegeben.

Die Hauptversammlung beschließt, dass eine Dividende in Höhe von 18 % ausgeschüttet werden soll und der Restbetrag als Gewinnvortrag verbleibt.

Aufgaben:

1. Berechnen Sie den Betrag, der noch in die gesetzliche Rücklage einzustellen ist!
2. Ermitteln Sie den Betrag, der in die anderen Gewinnrücklagen eingestellt werden kann, wenn der Vorstand und der Aufsichtsrat den Jahresabschluss nach § 58 II AktG feststellen!
3. Berechnen Sie den Betrag der Dividendenausschüttung und den Gewinnvortrag!
4. Stellen Sie den rechnerischen Ablauf der Ergebnisverwendung in einer Übersicht dar!

Lösungen:

Zu 1.: Berechnung der gesetzlichen Rücklage

Erforderliche Rücklagenbildung:

10 % von 6 000 000,00 EUR =	600 000,00 EUR
bisher gebildet (Kapitalrücklage + gesetzliche Rücklage)	500 000,00 EUR
noch zu bilden	100 000,00 EUR

Rücklagenbildung im laufenden Geschäftsjahr:

Jahresüberschuss	2 500 000,00 EUR
– Verlustvortrag	100 000,00 EUR
= bereinigter Jahresüberschuss	2 400 000,00 EUR

5 % von 2 400 000,00 EUR = 120 000,00 EUR

Ergebnis: Es sind noch 100 000,00 EUR in die gesetzliche Rücklage einzustellen [§ 150 II AktG].

Zu 2.: Berechnung der anderen Gewinnrücklagen

Jahresüberschuss	2 500 000,00 EUR
– Verlustvortrag aus dem Vorjahr	100 000,00 EUR
= bereinigter Jahresüberschuss	2 400 000,00 EUR
– Einstellung in gesetzliche Rücklage	100 000,00 EUR
= Zwischensumme	2 300 000,00 EUR
Einstellung in die anderen Gewinnrücklagen 50 % =	1 150 000,00 EUR

Erläuterung:

Vorstand und Aufsichtsrat können **bis zu 50 %** in die anderen Gewinnrücklagen einstellen. Durch die Einstellung des Maximalbetrags von 1 150 000,00 EUR streben Vorstand und Aufsichtsrat eine **möglichst hohe offene Selbstfinanzierung** und einen **möglichst geringen Bilanzgewinn** an (und damit eine möglichst **geringe Dividendenzahlung**).

Zu 3.: Berechnung der Dividende und des Gewinnvortrags

6 000 000,00 EUR Grundkapital : 120 000 Aktien = 50,00 EUR Grundkapital/Aktie

18 % von 50,00 EUR = 9,00 EUR Dividende/Aktie

120 000 Aktien · 9,00 EUR = 1 080 000,00 EUR Gesamtdividende

Bilanzgewinn	1 150 000,00 EUR
– Dividendenausschüttung	1 080 000,00 EUR
= Gewinnvortrag aus dem Berichtsjahr	70 000,00 EUR

Erläuterung:

Die Hauptversammlung beschließt, wie viel vom Bilanzgewinn als **Dividende** an die Aktionäre **ausgeschüttet** wird. Zusätzlich kann sie beschließen, dass ein Teil oder der ganze Bilanzgewinn in die **anderen Gewinnrücklagen** eingestellt wird. Je niedriger die Dividendenzahlung, desto höher ist die offene Selbstfinanzierung.

Zu 4.: Zusammenfassende Übersicht

	Jahresüberschuss	2 500 000,00 EUR
–	Verlustvortrag aus dem Vorjahr	100 000,00 EUR
=	bereinigter Jahresüberschuss	2 400 000,00 EUR
–	Einstellung in gesetzliche Rücklage	100 000,00 EUR
=	Zwischensumme	2 300 000,00 EUR
–	Einstellung in andere Gewinnrücklagen	1 150 000,00 EUR
=	Bilanzgewinn	1 150 000,00 EUR
–	Dividendenausschüttung	1 080 000,00 EUR
=	Gewinnvortrag	70 000,00 EUR

Überblick: Rechnerischer Ablauf der Ergebnisverwendung bei der AG

Für die Verwendung des Jahresüberschusses bestimmt das Gesetz [§ 158 AktG] nachstehende Reihenfolge:

	Jahresüberschuss
–	Verlustvortrag aus dem Vorjahr
=	bereinigter Jahresüberschuss
–	Einstellung in die gesetzliche Rücklage
=	Zwischensumme
–	Einstellung in andere Gewinnrücklagen
=	restlicher Jahresüberschuss
+	Gewinnvortrag aus dem Vorjahr
+	Entnahmen aus Gewinnrücklagen oder aus Kapitalrücklage[1]
=	Bilanzgewinn (bzw. Bilanzverlust)
–	evtl. Einstellung in andere Gewinnrücklagen durch die Hauptversammlung
–	Dividendenausschüttung
=	Gewinnvortrag des laufenden Geschäftsjahres

7.2.3 Eigenkapitalgliederung nach teilweiser Ergebnisverwendung

Üblicherweise erfolgt die Bilanzaufstellung bei der AG unter Berücksichtigung der teilweisen Ergebnisverwendung. Der rechnerische Ablauf bei **teilweiser Ergebnisverwendung** wird bis zum Bilanzgewinn durchgeführt:

	Jahresüberschuss
–	Verlustvortrag aus dem Vorjahr
=	bereinigter Jahresüberschuss
–	Einstellung in die gesetzliche Rücklage
=	Zwischensumme
–	Einstellung in andere Gewinnrücklagen
=	restlicher Jahresüberschuss
+	Gewinnvortrag aus dem Vorjahr
+	Entnahmen aus Gewinnrücklagen oder aus Kapitalrücklage
=	**Bilanzgewinn (bzw. Bilanzverlust)**

1 Aufgrund des Lehrplans wird nur die Entnahme aus anderen Gewinnrücklagen behandelt.

Beispiel 1:

Die Bayerische Autowerke AG (BAW AG) kann nach einem Vorjahr mit Verlusten für das Berichtsjahr wieder einen Jahresüberschuss ausweisen. Hier die Zahlen der vorläufigen Bilanz:

Aktiva — Bilanz der BAW AG vor der Gewinnverwendungsrechnung — Passiva

Aktiva		Passiva	
Anlagevermögen	388 000 000,00	**Eigenkapital**	
Umlaufvermögen	1 359 000 000,00	Gezeichnetes Kapital*	492 000 000,00
		Kapitalrücklage	16 000 000,00
		Gesetzliche Rücklage	28 000 000,00
		Andere Gewinnrücklagen	61 000 000,00
		Verlustvortrag	– 3 000 000,00
		Jahresüberschuss	68 000 000,00
		Rückstellungen	213 000 000,00
		Verbindlichkeiten	872 000 000,00
	1 747 000 000,00		1 747 000 000,00

* Die BAW AG hat 98,4 Mio. Stückaktien ausgegeben.

Aufgaben:

1. Ermitteln Sie den Bilanzgewinn! Die Einstellung in die gesetzliche Rücklage erfolgt nach § 150 AktG. In die anderen Gewinnrücklagen werden lt. Beschluss von Vorstand und Aufsichtsrat 30 875 000,00 EUR eingestellt.
2. Erstellen Sie die Bilanz unter Berücksichtigung der teilweisen Verwendung des Jahresüberschusses!

Lösungen:

Zu 1.: Ermittlung des Bilanzgewinnes durch Vorstand und Aufsichtsrat

	Jahresüberschuss	68 000 000,00 EUR
–	Verlustvortrag aus dem Vorjahr	3 000 000,00 EUR
=	bereinigter Jahresüberschuss	65 000 000,00 EUR
–	Einstellung in die gesetzliche Rücklage (5 %)	3 250 000,00 EUR
=	Zwischensumme	61 750 000,00 EUR
–	Andere Gewinnrücklagen	30 875 000,00 EUR
=	Bilanzgewinn	30 875 000,00 EUR

Zu 2.: Bilanz nach der teilweisen Verwendung des Jahresüberschusses

Aktiva — Bilanz der BAW AG nach teilweiser Verwendung des Jahresüberschusses — Passiva

Aktiva		Passiva	
Anlagevermögen	388 000 000,00	**Eigenkapital**	
Umlaufvermögen	1 359 000 000,00	Gezeichnetes Kapital	492 000 000,00
		Kapitalrücklage	16 000 000,00
		Gesetzliche Rücklage	31 250 000,00
		Andere Gewinnrücklagen	91 875 000,00
		Bilanzgewinn	30 875 000,00
		Rückstellungen	213 000 000,00
		Verbindlichkeiten	872 000 000,00
	1 747 000 000,00		1 747 000 000,00

Erläuterung:

In der Eigenkapitalgliederung **nach teilweiser Ergebnisverwendung** erscheint der Bilanzposten **Bilanzgewinn** statt der Bilanzposten Gewinnvortrag/Verlustvortrag und Jahresüberschuss/Jahresfehlbetrag.

Über den Bilanzgewinn entscheidet die Hauptversammlung. Sie hat vier Möglichkeiten:

- der Bilanzgewinn wird völlig ausgeschüttet,
- die Aktionäre verzichten teilweise auf eine Ausschüttung und stellen diesen Betrag in andere Gewinnrücklagen ein,
- die Aktionäre verzichten ganz auf eine Dividende und stellen den Bilanzgewinn in andere Gewinnrücklagen ein,
- die Aktionäre verzichten ganz auf eine Dividende und belassen den Bilanzgewinn als Gewinnvortrag für das nächste Jahr im Unternehmen.

Der folgende rechnerische Ablauf der Gewinnverwendung wird der **Entscheidung** der **Hauptversammlung angepasst**:

=	Bilanzgewinn
–	evtl. Einstellung in andere Gewinnrücklagen durch die Hauptversammlung
–	Dividendenausschüttung
=	**Gewinnvortrag des laufenden Geschäftsjahres**

7.2.4 Eigenkapitalgliederung nach vollständiger Ergebnisverwendung

Bis zur **Auszahlung** stellt der für die Ausschüttung vorgesehene **Dividendenbetrag** eine **Verbindlichkeit** der Aktiengesellschaft gegenüber den Aktionären dar.

Beispiel 2:

Wir erweitern das Beispiel 1 von S. 203 in der folgenden Weise:

Die Hauptversammlung genehmigt die Rücklagenbildung und beschließt, dass eine Dividende in Höhe von 6 % ausgeschüttet werden soll und der Restbetrag als Gewinnvortrag verbleibt.

Aufgaben:

1. Berechnen Sie den Betrag der Dividendenausschüttung und den Gewinnvortrag!
2. Erstellen Sie die Bilanz nach der vollständigen Verwendung des Jahresüberschusses, wobei unterstellt werden soll, dass die Dividende bereits ausgezahlt wurde!
3. Ermitteln Sie die Höhe der Selbstfinanzierung!

Lösungen:

Zu 1.: Berechnung der Dividende und des Gewinnvortrags

492 000 000,00 EUR Grundkapital : 98 400 000 Aktien = 5,00 EUR Grundkapital/Aktie

6 % von 5,00 EUR = 0,30 EUR Dividende/Aktie

98 400 000 Aktien · 0,30 EUR = 29 520 000,00 EUR Dividende

	Bilanzgewinn	30 875 000,00 EUR
–	Dividendenausschüttung	29 520 000,00 EUR
=	Gewinnvortrag aus dem Berichtsjahr	1 355 000,00 EUR

Zu 2.: Bilanz nach der vollständigen Verwendung des Bilanzgewinns

Bilanz der BAW AG
nach vollständiger Verwendung des Bilanzgewinns

Aktiva		Passiva	
Anlagevermögen	388 000 000,00	**Eigenkapital**	
Umlaufvermögen	1 329 480 000,00	Gezeichnetes Kapital	492 000 000,00
		Kapitalrücklage	16 000 000,00
		Gesetzliche Rücklage	31 250 000,00
		Andere Gewinnrücklagen	91 875 000,00
		Gewinnvortrag	1 355 000,00
		Rückstellungen	213 000 000,00
		Verbindlichkeiten	872 000 000,00
	1 717 480 000,00		1 717 480 000,00

Erläuterung:

Bei der Eigenkapitalgliederung **nach vollständiger Ergebnisverwendung** erscheint als Bilanzposten ein (eventuell vorhandener) **Gewinnvortrag/Verlustvortrag** statt des Bilanzpostens Bilanzgewinn.

Zu 3.: Berechnung der Selbstfinanzierung

	Ausgleich des Verlustvortrags	3 000 000,00 EUR
+	Einstellung in die gesetzliche Rücklage	3 250 000,00 EUR
+	Andere Gewinnrücklagen	30 875 000,00 EUR
+	Gewinnvortrag aus dem Berichtsjahr	1 355 000,00 EUR
=	Höhe der Selbstfinanzierung	38 480 000,00 EUR

Alternative Berechnung:

	Jahresüberschuss	68 000 000,00 EUR
–	Dividendenausschüttung	29 520 000,00 EUR
=	Höhe der Selbstfinanzierung	38 480 000,00 EUR

- Der Ausgleich eines **Verlustvortrags** und die Zuführung zur **gesetzlichen Rücklage** stellen eine **gesetzlich erzwungene offene Selbstfinanzierung** dar.
- Die Zuführung zu den **anderen Gewinnrücklagen** und der **Gewinnvortrag** für das nächste Jahr stellen eine **freiwillig vorgenommene offene Selbstfinanzierung** dar.

7.3 Interessenkonflikt bei der Ergebnisverwendungsrechnung

Bei der Ergebnisverwendung tritt ein **Interessenkonflikt** zwischen der **Unternehmensleitung** bzw. den **Gläubigern,** die eine möglichst **hohe Selbstfinanzierung** wünschen, und den **Dividendenansprüchen** der **Aktionäre** auf. Deshalb betont der Gesetzgeber in § 58 IV AktG ausdrücklich das **Recht** der **Aktionäre** auf einen **Anteil am Bilanzgewinn** (auf Dividende).

Großaktionäre haben oft die gleichen Interessen wie Unternehmensleitung und Gläubiger.

Interessen der ...	Erläuterungen	Folgen
Unternehmensleitung, Gläubiger und Großaktionäre	Möglichst hohe Selbstfinanzierung zur Erhöhung des Eigenkapitals als Haftungsgrundlage und zur Stärkung der Finanzkraft.	■ kein Liquiditätsabfluss ■ keine Finanzierungskosten für Fremdkapital ■ Kapital steht unbefristet zur Verfügung ■ Kreditwürdigkeit steigt ■ Wert des Unternehmens steigt: möglicherweise Kurssteigerung
(Klein-)Aktionäre	Auszahlung einer Dividende als Verzinsung der Kapitalanlage in Aktien.	■ positive Stimmung der Aktionäre ■ Aktie wird möglicherweise wegen Dividendenzahlung attraktiv (Kurssteigerung)

Je nachdem, welche Gruppe sich beim Interessenkonflikt um die Ergebnisverwendung durchsetzen kann, sind folgende Extremlösungen denkbar:

- Die **Unternehmensleitung setzt sich durch** und erreicht die **Ausweisung des kleinstmöglichen Bilanzgewinns** und damit eine **möglichst kleine Dividendenzahlung.**
- Die **Aktionäre setzen sich durch** und erreichen die Ausweisung des **größtmöglichen Bilanzgewinns** und damit eine **möglichst hohe Dividendenzahlung.**

Beispiel:

Das Eigenkapital der EXTREM AG weist bei einem Jahresüberschuss von 455 000,00 EUR vor der Gewinnverwendungsrechnung folgende Positionen auf:

Gezeichnetes Kapital	4 500 000,00 EUR
Kapitalrücklage	110 000,00 EUR
Gesetzliche Rücklage	170 000,00 EUR
Andere Gewinnrücklagen	280 000,00 EUR
Gewinnvortrag	1 625,00 EUR

Der kleinste Aktiennennwert beträgt 5,00 EUR.

Aufgaben:

1. Ermitteln Sie den minimalen Bilanzgewinn, den Vorstand und Aufsichtsrat mindestens ausweisen müssen, den Gewinnvortrag sowie die für diesen Fall größtmögliche Dividendenausschüttung und den sich dabei ergebenden Betrag, der zur Selbstfinanzierung zur Verfügung steht!
2. Bestimmen Sie den maximalen Bilanzgewinn, den Vorstand und Aufsichtsrat höchstens ausweisen können, den Gewinnvortrag sowie die für diesen Fall größtmögliche Dividendenausschüttung und den sich dabei ergebenden Betrag, der zur Selbstfinanzierung zur Verfügung steht!

Lösungen:

Zu 1.: Situation bei Ermittlung eines minimalen Bilanzgewinns

Soll ein minimaler Bilanzgewinn ermittelt werden, können neben der gesetzlichen Rücklage im Fall, dass Vorstand und Aufsichtsrat den Jahresabschluss feststellen (Normalfall), noch zusätzlich Beträge in andere Gewinnrücklagen eingestellt werden. Im Folgenden wird unterstellt, dass Vorstand und Aufsichtsrat die höchstmöglichen Beträge nach § 58 II, S. 1 AktG in die anderen Gewinnrücklagen einstellen.

	Jahresüberschuss	455 000,00 EUR
–	Einstellung in die gesetzliche Rücklage	22 750,00 EUR
=	Zwischensumme	432 250,00 EUR
–	Einstellung in andere Gewinnrücklagen	216 125,00 EUR
=	restlicher Jahresüberschuss	216 125,00 EUR
+	Gewinnvortrag aus dem Vorjahr	1 625,00 EUR
=	Bilanzgewinn	217 750,00 EUR
–	Dividendenausschüttung (900 000 Aktien · 0,24 EUR)	216 000,00 EUR
=	Gewinnvortrag	1 750,00 EUR

Die Selbstfinanzierung errechnet sich wie folgt:

	Einstellung in die gesetzliche Rücklage	22 750,00 EUR
+	Einstellung in andere Gewinnrücklagen	216 125,00 EUR
+	neuer Gewinnvortrag	1 750,00 EUR
=	Zwischensumme	240 625,00 EUR
–	alter Gewinnvortrag	1 625,00 EUR
=	gesamte neue Selbstfinanzierung	239 000,00 EUR

Alternative Berechnung:

	Jahresüberschuss	455 000,00 EUR
–	Dividende	216 000,00 EUR
=	gesamte neue Selbstfinanzierung	239 000,00 EUR

Erläuterung:

Da der alte Gewinnvortrag im Bilanzgewinn enthalten ist, ist er in die Dividendenausschüttung eingerechnet und steht daher zur Selbstfinanzierung nicht mehr zur Verfügung. Dagegen bleibt der neue Gewinnvortrag des Unternehmens zur Selbstfinanzierung erhalten.

Zu 2.: Situation bei der Ermittlung eines maximalen Bilanzgewinns

Soll ein maximaler Bilanzgewinn ermittelt werden, wird der Jahresüberschuss nur um die gesetzliche Rücklage gekürzt. Um den Bilanzgewinn möglichst hoch auszuweisen, können die vorhandenen anderen Rücklagen aufgelöst werden.

	Jahresüberschuss	455 000,00 EUR
–	Einstellung in die gesetzliche Rücklage	22 750,00 EUR
=	Zwischensumme	432 250,00 EUR
+	Entnahme aus den anderen Gewinnrücklagen	280 000,00 EUR
+	Gewinnvortrag aus dem Vorjahr	1 625,00 EUR
=	Bilanzgewinn	713 875,00 EUR
–	Dividendenausschüttung (900 000 Aktien · 0,79 EUR)	711 000,00 EUR
=	Gewinnvortrag des laufenden Geschäftsjahres	2 875,00 EUR

Die Selbstfinanzierung errechnet sich wie folgt:

	Einstellung in die gesetzliche Rücklage	22 750,00 EUR
+	Einstellung in andere Gewinnrücklagen	0,00 EUR
+	Gewinnvortrag des laufenden Geschäftsjahres	2 875,00 EUR
=	Zwischensumme	25 625,00 EUR
–	Entnahme aus anderen Gewinnrücklagen	280 000,00 EUR
–	Gewinnvortrag aus dem Vorjahr	1 625,00 EUR
=	Verringerung der Selbstfinanzierung insgesamt	– 256 000,00 EUR

Alternative Berechnung:

	Jahresüberschuss	455 000,00 EUR
–	Dividende	711 000,00 EUR
=	Verringerung der Selbstfinanzierung insgesamt	– 256 000,00 EUR

Erläuterung:

Aus dem Jahresüberschuss bleiben 22 750,00 EUR (Einstellung gesetzliche Rücklage) + 2 875,00 EUR (Gewinnvortrag laufendes Geschäftsjahr) = 25 625,00 EUR in der AG. Aus früheren Jahren wird die Selbstfinanzierung in Höhe von 280 000,00 EUR (Entnahme andere Gewinnrücklagen) + 1 625,00 EUR (Gewinnvortrag Vorjahr) = 281 625,00 EUR rückgängig gemacht. Die Selbstfinanzierung verringert sich im Berichtsjahr um insgesamt 25 625,00 EUR – 281 625,00 EUR = – 256 000,00 EUR.

Die Höhe des für die **Dividendenausschüttung** bereitgestellten Bilanzgewinns **beeinflusst** den Umfang der **Selbstfinanzierung** in starkem Maße.

Zur Entschärfung des Interessenkonflikts hat sich in der Praxis das sogenannte **Schütt-aus-Hol-zurück-Verfahren** herausgebildet. Die AG schüttet dabei eine hohe Dividende an die Aktionäre aus (allerdings ohne Rücklagen aufzulösen), gestaltet dabei gleichzeitig die Konditionen für eine Wiederanlage der erhaltenen Dividenden in junge Aktien so, dass sie für die Aktionäre attraktiv ist.

Kompetenztraining

55 Bildung von Gewinnrücklagen bei der AG

1. | | | | |
   |---|---|---|---|
   | Grundkapital | 18 750 000,00 EUR | Gewinnvortrag | 8 145 000,00 EUR |
   | Kapitalrücklage | 375 000,00 EUR | Andere Gewinnrücklagen | 105 000,00 EUR |
   | Gesetzliche Rücklage | 1 305 000,00 EUR | Jahresüberschuss | 2 250 000,00 EUR |

   Einstellung in die gesetzliche Rücklage nach § 150 AktG, in die anderen Gewinnrücklagen nach § 58 II AktG.

   Aufgabe:

   Berechnen Sie die Rücklagen!

2. | | | | |
   |---|---|---|---|
   | Grundkapital | 12,0 Mio. EUR | Gewinnvortrag | 0,5 Mio. EUR |
   | Gesetzliche Rücklage | 0,4 Mio. EUR | Jahresüberschuss | 1,8 Mio. EUR |
   | Kapitalrücklage | 0,72 Mio. EUR | | |

   Einstellung in die gesetzliche Rücklage nach § 150 AktG, in die anderen Gewinnrücklagen 50 % des Jahresüberschusses nach Einstellung in die gesetzliche Rücklage. Die Einstellung erfolgt durch Vorstand und Aufsichtsrat.

   Aufgabe:

   Berechnen Sie die Rücklagen!

3. Erklären Sie, welche Möglichkeit die Hauptversammlung hat, zur Selbstfinanzierung beizutragen!

4. Formulieren Sie zwei Argumente, die gegen eine maximale offene Selbstfinanzierung von Vorstand und Aufsichtsrat sprechen!

5. Prüfen Sie, wer den Jahresabschluss feststellt, wenn der Aufsichtsrat den Jahresabschluss des Vorstands ablehnt!

6. | | | | |
|---|---|---|---|
| Grundkapital | 80,0 Mio. EUR | Andere Gewinnrücklagen | 38,2 Mio. EUR |
| Gesetzliche Rücklage | 4,5 Mio. EUR | Verlustvortrag | 0,5 Mio. EUR |
| Kapitalrücklage | 1,2 Mio. EUR | Jahresüberschuss | 6,5 Mio. EUR |

Einstellung in die gesetzliche Rücklage nach § 150 AktG. Einstellung in die anderen Gewinnrücklagen: Höchstbetrag nach § 58 II AktG.

Ausgegebene Stückaktien: 1600000

Aufgabe:

Ermitteln Sie die gesetzliche Rücklage und die anderen Gewinnrücklagen!

56 Verwendung des Bilanzgewinns und offene Selbstfinanzierung

1. Nennen Sie die Bilanzposten, die zum Eigenkapital einer Aktiengesellschaft gehören!
2. Geben Sie die Bilanzposten einer Aktiengesellschaft an, die die Selbstfinanzierung zeigen!
3. Stellen Sie eine allgemeingültige Berechnungsregel für die Ermittlung der gesetzlichen Gewinnrücklage auf!
4. Stellen Sie unter der Annahme, dass ein Verlustvortrag vorliegt, ein allgemeingültiges Berechnungsschema für die Ermittlung des Bilanzgewinns auf!
5. Erläutern Sie den Zweck der Rücklagenbildung!
6. Am Ende des Geschäftsjahres hat die Füssener Uhren AG ein Anlagevermögen in Höhe von 75400000,00 EUR und ein Umlaufvermögen in Höhe von 45500000,00 EUR. Das gezeichnete Kapital beträgt 50000000,00 EUR. Die Verbindlichkeiten betragen 44700000,00 EUR. Vor dem Beschluss über die Verwendung des Jahresüberschusses in Höhe von 10300000,00 EUR wurden folgende Rücklagen ausgewiesen:

Kapitalrücklage	550000,00 EUR,
Gewinnrücklagen:	
– Gesetzliche Rücklage	3200000,00 EUR,
– Andere Gewinnrücklagen	11650000,00 EUR.

   Es liegt ein Gewinnvortrag aus dem Vorjahr in Höhe von 500000,00 EUR vor.

   Aufgaben:

   6.1 Berechnen Sie den Bilanzgewinn aufgrund folgender Angaben:

   Nach Einstellung des erforderlichen Betrags in die gesetzliche Gewinnrücklage sollen 3000000,00 EUR in andere Gewinnrücklagen eingestellt werden.

   6.2 Erstellen Sie die Schlussbilanz unter Berücksichtigung der teilweisen Verwendung des Jahresüberschusses durch Vorstand und Aufsichtsrat!

   6.3 Ermitteln Sie die höchstmögliche Dividende! Die Füssener Uhren AG hat 50000000 Stückaktien ausgegeben.

   6.4 Erstellen Sie die Bilanz nach der vollständigen Verwendung des Jahresüberschusses, wobei unterstellt werden soll, dass die Stückdividende von der Hauptversammlung beschlossen und bereits ausbezahlt wurde!

   6.5 Notieren Sie die Summe

   6.5.1 der gesetzlich erzwungenen Selbstfinanzierung,

   6.5.2 der freiwillig vorgenommenen Selbstfinanzierung,

   6.5.3 der Selbstfinanzierung insgesamt!
7. Der Vorstand der Textil AG erwartet für das kommende Geschäftsjahr ein schwieriges Geschäftsjahr, sodass Vorstand und Aufsichtsrat beschließen, die Dividende möglichst gering zu halten.

Für die Gewinnverwendung liegen für das alte Geschäftsjahr folgende Daten vor:

Gezeichnetes Kapital	3 000 000,00 EUR
Kapitalrücklage	750 000,00 EUR
Gesetzliche Rücklage	400 000,00 EUR
Andere Gewinnrücklagen	450 000,00 EUR
Gewinnvortrag	150 000,00 EUR
Jahresüberschuss	510 000,00 EUR

Aufgaben:

7.1 Führen Sie die Gewinnverwendungsrechnung bis zum Bilanzgewinn für das alte Geschäftsjahr durch!

7.2 Die Hauptversammlung beschließt eine Dividende von 10 Cent pro Aktie. Es sind 3 Mio. Stückaktien im Umlauf. Der verbleibende Rest wird auf neue Rechnung vorgetragen. Erstellen Sie den Eigenkapitalausweis nach vollständiger Gewinnverwendung!

7.3 Berechnen Sie den Betrag der Selbstfinanzierung für das alte Geschäftsjahr!

57 Selbstfinanzierung bei einer Aktiengesellschaft

Die BavariaClean AG ist ein Hersteller von umweltfreundlichen Reinigungsmitteln mit Sitz in Kempten. Das Unternehmen hat das Geschäftsjahr 20.. erfolgreich abgeschlossen. Der Vorstand bereitet nun die Hauptversammlung vor und muss Entscheidungen zur Gewinnverwendung treffen.

Aus dem Jahresabschluss sind folgende Passivpositionen bekannt:

Gezeichnetes Kapital	12 000 TEUR
Kapitalrücklage	45 TEUR
Gesetzliche Rücklage	1 080 TEUR
Andere Gewinnrücklagen	430 TEUR
Gewinnvortrag aus dem Vorjahr	18 TEUR
Jahresüberschuss	924 TEUR

Aufgaben:

1. Beurteilen Sie, ob die BavariaClean AG im abgelaufenen Geschäftsjahr verpflichtet ist, einen Teil des Jahresüberschusses in die gesetzliche Rücklage einzustellen!
2. Stellen Sie die zwei möglichen Extremszenarien der Hauptversammlung mithilfe der unten stehenden Tabelle gegenüber (unter der Annahme, dass der Bilanzgewinn 480 TEUR beträgt):
   - Szenario A: maximale Ausschüttung an die Aktionäre
   - Szenario B: maximale Thesaurierung (Einstellung in Rücklagen)!

	Szenario A	Szenario B
Beschluss der Hauptversammlung		
Dividende		
Einstellung in andere Gewinnrücklagen		
Gewinnvortrag		

Lernbereich 2: Entscheidungen mithilfe der Teilkostenrechnung vorbereiten und begründet treffen

1 Für betriebliche Entscheidungen verschiedene Verfahren der Kostenrechnung in Kenntnis ihrer Vor- und Nachteile nutzen

LB 2 Handlungssituation 1: Problem der fixen Kosten formulieren und einen Vergleich zwischen den Ergebnissen der Vollkostenrechnung und der Teilkostenrechnung vornehmen

Die Kosten für einen Bürorollcontainer der Augsburger Büromöbel AG lassen sich bei einer Produktion von 100 Stück wie folgt aufteilen:

Fertigungsmaterial (50,00 EUR · 100 Stück)	5 000,00 EUR
+ 10 % Materialgemeinkosten	500,00 EUR
+ Fertigungslöhne (30,00 EUR · 100 Stück)	3 000,00 EUR
+ 120 % Fertigungsgemeinkosten	3 600,00 EUR
= Herstellkosten für 100 Stück	12 100,00 EUR
Herstellkosten für 1 Stück	121,00 EUR

variable Herstellkosten (80,00 EUR · 100 Stück)	8 000,00 EUR
+ fixe Herstellkosten	4 100,00 EUR
= Herstellkosten für 100 Stück	12 100,00 EUR
Herstellkosten für 1 Stück	121,00 EUR

Bei einer Produktion von 150 Bürorollcontainern ergeben sich folgende Kosten:

Fertigungsmaterial (50,00 EUR · 150 Stück)	7 500,00 EUR
+ 10 % Materialgemeinkosten	750,00 EUR
+ Fertigungslöhne (30,00 EUR · 150 Stück)	4 500,00 EUR
+ 120 % Fertigungsgemeinkosten	5 400,00 EUR
= Herstellkosten für 150 Stück	18 150,00 EUR
Herstellkosten für 1 Stück	121,00 EUR

variable Herstellkosten (80,00 EUR · 150 Stück)	12 000,00 EUR
+ fixe Herstellkosten	4 100,00 EUR
= Herstellkosten für 150 Stück	16 100,00 EUR
Herstellkosten für 1 Stück	107,33 EUR

Bei einer Produktion von 80 Bürorollcontainern ergeben sich folgende Kosten:

Fertigungsmaterial (50,00 EUR · 80 Stück)	4 000,00 EUR
+ 10 % Materialgemeinkosten	400,00 EUR
+ Fertigungslöhne (30,00 EUR · 80 Stück)	2 400,00 EUR
+ 120 % Fertigungsgemeinkosten	2 880,00 EUR
= Herstellkosten für 80 Stück	9 680,00 EUR
Herstellkosten für 1 Stück	121,00 EUR

variable Herstellkosten (80,00 EUR · 80 Stück)	6 400,00 EUR
+ fixe Herstellkosten	4 100,00 EUR
= Herstellkosten für 80 Stück	10 500,00 EUR
Herstellkosten für 1 Stück	131,25 EUR

KOMPETENZORIENTIERTE ARBEITSAUFTRÄGE:

1. Vergleichen Sie die vorgegebene Kalkulation für den Bürorollcontainer bei den verschiedenen Produktionsmengen und erläutern Sie, worauf die unterschiedliche Höhe der Herstellkosten beruht!
2. Erläutern Sie, welche Schlussfolgerung Sie aus dem Vergleich für die Kalkulation ziehen!

1.1 Vorbereitung betrieblicher Entscheidungen mithilfe der Vollkostenrechnung[1] und deren Auswirkungen auf die Kostensituation

1.1.1 Vorteile der Vollkostenrechnung

Bei der Vollkostenrechnung werden **alle Kosten,** die bei der Erstellung und Verwertung von Leistungen anfallen **erfasst** und auf die **Kostenträger verrechnet.** Die Kosten werden dabei untergliedert in **Einzel- und Gemeinkosten.** Zunächst wird mit **Normalkosten** kalkuliert, die anschließend in einer Nachkalkulation mit den angefallenen **Istkosten** überprüft werden.

Die **Vorteile der Vollkostenrechnung** sind:

- Sie zeigt die vollständige **Deckung der Selbstkosten** auf.
- Sie bietet einen guten Überblick über die gesamten anfallenden Kosten.
- Sie ist eine **gute Basis** für **mittel- und langfristige Unternehmensentscheidungen.** Um überleben zu können, muss ein Unternehmen mittel- und langfristig sämtliche Kosten durch seine Umsätze decken können.
- Sie ist das **gebräuchlichste Kostenrechnungsverfahren,** z. B. erfolgt die Bewertung des Vorrats- und Sachanlagevermögens zu Herstellkosten.
- Die Vollkostenrechnung ist mit einem **geringen Aufwand durchzuführen.**

1.1.2 Nachteile der Vollkostenrechnung in Form der Zuschlagskalkulation und deren Auswirkungen auf die Kostensituation

Wird die Zuschlagskalkulation **allein** als Grundlage für die Kalkulation, Preispolitik oder Produktpolitik verwendet, ist rechnerisch nachweisbar, dass ihr Ergebnis zu einer falschen Preispolitik führen kann. Sie eignet sich daher nur bedingt als Steuerungsinstrument eines Unternehmens.

1 Vgl. hierzu auch Jahrgang 11, Lernbereich 4, S. 111 ff.

Beispiel:

Ein Unternehmen kann bei Vollauslastung innerhalb einer Rechnungsperiode 1 000 Stück eines Produktes zum Listenverkaufspreis von 50,00 EUR je Stück absetzen.

Die Stückkosten setzen sich nach der Zuschlagskalkulation zusammen aus Einzelkosten in Höhe von 16,00 EUR und einem Gesamtkostenzuschlagssatz (GKZ) von 181,25 %. Der GKZ hat einen Fixkostenanteil von 15 000,00 EUR und variable Gemeinkosten von 14,00 EUR.

Aufgabe:

Berechnen Sie den Gewinn der Rechnungsperiode nach der Zuschlagskalkulation zunächst ohne und anschließend mit Trennung der Gemeinkosten in fixe und variable Kosten bei unterschiedlichen Ausbringungsmengen!

Lösung:

Die Abrechnung der Rechnungsperiode führt zu folgendem Ergebnis:

Nettoverkaufserlöse insgesamt		50 000,00 EUR
– Kosten		
Einzelkosten (1 000 Stück · 16,00 EUR)	16 000,00 EUR	
+ 181,25 % GKZ	29 000,00 EUR	45 000,00 EUR
= Gewinn		5 000,00 EUR

Die **Stückkosten** betragen 45 000,00 EUR: 1 000 Stück = 45,00 EUR

1. Kritikpunkt: Die Anwendung der einmal auf der Basis der Vollkosten errechneten Stückkosten führt bei abweichender Ausbringungsmenge zu falschen Ergebnissen.

Wird die Veränderung der Kosten aufgrund von Schwankungen der Ausbringungsmenge nicht berücksichtigt und weiterhin mit den einmal errechneten Stückkosten von 45,00 EUR kalkuliert, kann das zu falschen Unternehmensentscheidungen bei der Preispolitik führen, wie nachfolgende Berechnungen zeigen.

Fall 1: Die Ausbringungsmenge sinkt auf 600 Einheiten

Berechnung **ohne Aufteilung der Kosten** und unter Beibehaltung der einmal berechneten Stückkosten in Höhe von 45,00 EUR.

Nettoverkaufserlöse	(600 Stück · 50,00 EUR)	30 000,00 EUR
– Gesamtkosten	(600 Stück · 45,00 EUR)	27 000,00 EUR
= Gewinn		3 000,00 EUR

Berechnung **mit Aufteilung der Gesamtkosten in fixe und variable Kosten** und unter Berücksichtigung der Kostenveränderung bei Änderung der Ausbringungsmenge.

Nettoverkaufserlöse	(600 Stück · 50,00 EUR)		30 000,00 EUR
– Kosten			
Einzelkosten	(600 Stück · 16,00 EUR)	9 600,00 EUR	
variable Gemeinkosten[1]	(600 Stück · 14,00 EUR)	8 400,00 EUR	
fixe Gemeinkosten[1]		15 000,00 EUR	33 000,00 EUR
= Verlust			– 3 000,00 EUR

1 **Fixe Gemeinkosten** sind Gemeinkosten, die sich bei einer Änderung der Ausbringungsmenge in ihrer **absoluten Höhe nicht verändern.** Siehe S. 217.

Variable Gemeinkosten sind Gemeinkosten, die sich bei Änderung der Ausbringungsmenge in ihrer **absoluten Höhe verändern.** Siehe auch S. 217.

Erläuterungen:

Berechnung der Stückkosten unter Berücksichtigung der Kostenaufteilung:

Einzelkosten	16,00 EUR
variable Gemeinkosten	14,00 EUR
fixe Gemeinkosten (15 000,00 EUR : 600 Stück)	25,00 EUR
Stückkosten insgesamt	55,00 EUR

Bei einem Nettoverkaufserlös von 50,00 EUR führt das zu einem Stückverlust von 5,00 EUR. Das ergibt bei 600 Stück einen Gesamtverlust von 3 000,00 EUR.

Fall 2: Die Ausbringungsmenge steigt auf 1 200 Einheiten

Berechnung **ohne Aufteilung der Kosten** und unter Beibehaltung der einmal berechneten Stückkosten in Höhe von 45,00 EUR.

Nettoverkaufserlöse	(1 200 Stück · 50,00 EUR)	60 000,00 EUR
– Gesamtkosten	(1 200 Stück · 45,00 EUR)	54 000,00 EUR
= Gewinn		6 000,00 EUR

Berechnung **mit Aufteilung der Gesamtkosten in fixe und variable Kosten** unter Berücksichtigung der Kostenveränderung bei Änderung der Ausbringungsmenge.

Nettoverkaufserlöse	(1 200 Stück · 50,00 EUR)		60 000,00 EUR
– Kosten			
Einzelkosten	(1 200 Stück · 16,00 EUR)	19 200,00 EUR	
variable Gemeinkosten	(1 200 Stück · 14,00 EUR)	16 800,00 EUR	
fixe Gemeinkosten		15 000,00 EUR	51 000,00 EUR
= Gewinn			9 000,00 EUR

Erläuterungen:

Berechnung der Stückkosten unter Berücksichtigung der Kostenaufteilung:

Einzelkosten	16,00 EUR
variable Gemeinkosten	14,00 EUR
fixe Gemeinkosten (15 000,00 EUR : 1 200 Stück)	12,50 EUR
Stückkosten insgesamt	42,50 EUR

Bei einem Nettoverkaufserlös von 50,00 EUR beträgt der Stückgewinn 7,50 EUR. Beim Verkauf von 1 200 Stück ergibt das einen Gesamtgewinn von 9 000,00 EUR.

- Die Annahme, dass sich die Gemeinkosten im gleichen Verhältnis wie die Einzelkosten ändern, ist nur richtig, wenn der **Fixkostenanteil bei den Gemeinkosten null bzw. gering ist.**
- Die Zurechnung der Gemeinkosten auf die Kostenträger in Form von Zuschlagssätzen ist insbesondere bei **hohen Zuschlagssätzen** problematisch.
- Wird eine Aufteilung des Kostenblocks in fixe und variable Kosten nicht berücksichtigt, führt das hinsichtlich des Stückkostensatzes zu **falschen Kalkulationsgrundlagen** und damit einer **falschen Preispolitik.**

2. Kritikpunkt: Die Vollkostenrechnung kann zu falschen Entscheidungen bei der Produktpolitik führen.

Beispiel:

Ein Unternehmen verkauft zwei Produkte (Produkt A und B).

Die Gesamtkosten betragen nach der Zuschlagskalkulation beim Produkt A 32000,00 EUR und beim Produkt B 58000,00 EUR. Gliedert man die jeweiligen Gesamtkosten auf in variable Kosten (Einzelkosten und variable Gemeinkosten) und Fixkosten, so ergeben sich folgende Werte: variable Kosten Produkt A 18000,00 EUR, Produkt B 30000,00 EUR, fixe Gemeinkosten 42000,00 EUR. Die Nettoverkaufserlöse betragen beim Produkt A 30000,00 EUR, beim Produkt B 90000,00 EUR.

Die fixen Kosten sind auf Produkt A und B im Verhältnis 1 : 2 zu verteilen.

Aufgaben:

1. Berechnen Sie das Betriebsergebnis ohne und mit Aufteilung in fixe und variable Kosten!
2. Begründen Sie, ob ein Produkt, das mit Verlust verkauft wird, aus dem Produktprogramm ausscheiden sollte!

Lösungen:

Zu 1.: Berechnung des Betriebsgewinns

Zuschlagskalkulation	**Produkt A**	**Produkt B**
Nettoverkaufserlöse	30000,00 EUR	90000,00 EUR
– Gesamtkosten	32000,00 EUR	58000,00 EUR
= Verlust/Gewinn	2000,00 EUR	+32000,00 EUR

Aufteilung der Gesamtkosten in variable und fixe Kosten	**Produkt A**	**Produkt B**
Nettoverkaufserlöse	30000,00 EUR	90000,00 EUR
– variable Kosten	18000,00 EUR	30000,00 EUR
Zwischensumme	12000,00 EUR	60000,00 EUR
– fixe Kosten	14000,00 EUR	28000,00 EUR
= Verlust/Gewinn	–2000,00 EUR →	32000,00 EUR
		–2000,00 EUR
= Betriebsgewinn		30000,00 EUR

Ergebnis: Beim Produkt A entsteht ein Verlust von 2000,00 EUR, beim Produkt B ein Gewinn von 32000,00 EUR. Dadurch beträgt der Gesamtgewinn des Unternehmens 30000,00 EUR.

Zu 2.: Ausscheiden aus dem Produktprogramm

Empfehlung nach der Zuschlagskalkulation

Das Produkt A muss als Verlustbringer aus Sicht der Vollkostenrechnung aus dem Produktprogramm herausgenommen werden, da ansonsten der Gesamtgewinn geschmälert wird.

- **Empfehlung bei Aufteilung der Kosten in fixe und variable Anteile**

Lösung:

	Nettoverkaufserlöse bei Produkt B	90 000,00 EUR
–	variable Kosten	30 000,00 EUR
=	Zwischensumme	60 000,00 EUR
–	fixe Kosten (insgesamt)[1]	42 000,00 EUR
=	Betriebsgewinn	18 000,00 EUR

Ergebnis: Durch das Ausscheiden des Produktes A aus dem Produktprogramm hat sich die Gewinnsituation des Unternehmens um 12 000,00 EUR verschlechtert. Das ist genau der Betrag, um den die Nettoverkaufserlöse des Produktes A die variablen Kosten übersteigen. In dieser Höhe konnte nämlich das Produkt A an der Deckung der fixen Kosten beteiligt werden.

Eine **undifferenzierte Anwendung der Vollkostenrechnung** führt zu einer **falschen Produktpolitik.**

Kompetenztraining

58 Kritik der Vollkostenrechnung

1. Nennen Sie Gründe, warum die Vollkostenrechnung als alleiniges Instrument der Unternehmenssteuerung nicht geeignet ist!
2. Zeigen Sie auf, welche Kostenart für die Mängel der Vollkostenrechnung verantwortlich ist!
3. Begründen Sie, warum ein Artikel, bei dem sich auf der Basis der Vollkostenrechnung ein Verlust ergibt, nicht gleich aus dem Produktprogramm ausscheiden muss!

1.2 Abgrenzung der Teilkostenrechnung von der Vollkostenrechnung

1.2.1 Grundlegendes

mvurl.de/vqt1

Die Ausführungen unter Kapitel 1.1.2 haben deutlich gemacht, dass die **Mängel, die der Vollkostenrechnung anhaften,** in den **Fixkosten begründet** liegen. Soll die Kostenrechnung in erster Linie als **Instrument der Unternehmenssteuerung** dienen, liegt es nahe, zunächst auf eine **Verrechnung der Fixkosten zu verzichten** und diese erst bei der Ergebnisermittlung wieder einzubeziehen. Eine solche Rechnung, die zunächst auf einen Teil bei der Weiterverrechnung der Kosten verzichtet, nennt man im Gegensatz zur Vollkostenrechnung eine **Teilkostenrechnung**.

Die **Teilkostenrechnung** geht von einer Aufgliederung der Kosten in **fixe Kosten** und **variable Kosten** aus.

Eine weitverbreitete Form der Teilkostenrechnung ist die **Deckungsbeitragsrechnung.**[2]

1 Durch das Ausscheiden eines Produktes verändert sich die Höhe der Fixkosten insgesamt **zunächst** nicht.

2 Für den Begriff „Deckungsbeitragsrechnung" wird in der betriebswirtschaftlichen Literatur auch der Begriff **„Direct Costing"** verwandt.

1.2.2 Gliederung der Kosten bei Änderung der Ausbringungsmenge

Betrachtet man die Gesamtkosten einer Geschäftsperiode, stellt man fest, dass sich ein Teil der Kosten bei einer Veränderung der Ausbringungsmenge nicht verändert, andere Kosten sich jedoch verändern. Es sind daher zwei Arten von Kosten zu unterscheiden: die **fixen Kosten** und die **variablen Kosten.**

Kostenart	Erläuterungen	Beispiele
fixe Kosten (K_{fix})	Sind Kosten, die sich bei Änderung der Ausbringungsmenge in ihrer **absoluten Höhe nicht verändern.**	Miete, Gehälter der Angestellten, Abschreibungen, Versicherungsbeiträge, Grundsteuern.
variable Kosten (K_V)	Sind Kosten, die sich bei Änderung der Ausbringungsmenge in ihrer **absoluten Höhe verändern.**	Leistungsabhängige Löhne, Verbrauch von Werkstoffen, Treibstoffen, Büromaterial, Versicherungsbeiträge, Reparaturen.

Fixe Kosten fallen unabhängig davon an, ob und wie viel ein Unternehmen produziert. Man nennt sie daher auch Kosten **der Betriebsbereitschaft.**[1]

Kompetenztraining

59 Kostenarten

1. Nennen Sie die Kostenarten, die fixe Kosten sind!

   Frachtkosten beim Verkauf von Erzeugnissen, linearer Abschreibungsbetrag für die Lagerausstattung, Bankzinsen für einen Kontokorrentkredit, Bezugskosten beim Einkauf von Betriebsstoffen, Miete für ein Großlager, Aufwendungen für Rohstoffe, Gehälter, Vertreterprovision, Verpackungs- und Transportkosten.

2. Die variablen Kosten für eine Erzeugnisgruppe betragen bei einem Absatz von 2600 Stück 23140,00 EUR. Die fixen Kosten der Erzeugnisgruppe betragen bis zu einem Umsatz von 2800 Stück 8500,00 EUR. Der Listenverkaufspreis beträgt je Stück 14,80 EUR. Der Verlauf der variablen Kosten ist proportional.

   Aufgaben:

   2.1 Berechnen Sie den Betriebsgewinn/Betriebsverlust bei einem Absatz von

   2.1.1 1200 Stück bzw.

   2.1.2 2500 Stück!

   2.2 Berechnen Sie die jeweiligen Stückkosten!

3. Erklären Sie die Aussage des nebenstehenden Schemas!

<table>
<tr><td>fixe Kosten (K_{fix})</td><td>Gemeinkosten</td></tr>
<tr><td>variable Kosten (K_v)</td><td>Einzelkosten</td></tr>
</table>

1 Allerdings sind die fixen Kosten keineswegs gegenüber jeder Veränderung der Ausbringungsmenge unveränderlich. Soll beispielsweise die Produktion so gesteigert werden, dass sie mit der vorhandenen technischen Ausstattung bzw. den eingestellten Arbeitskräften nicht mehr erhöht werden kann, müssen neue Maschinen gekauft, zusätzliche Arbeitskräfte eingestellt und/oder eine neue Fabrikhalle angemietet werden. In diesem Fall erhöhen sich die fixen Kosten sprunghaft. Die zusätzlich entstehenden Kosten nennt man **sprungfixe Kosten**.

2 Deckungsbeitrag für einzelne Produkte berechnen und verantwortungsvolle Entscheidungen über das Produktprogramm treffen

2.1 Aufbau der Deckungsbeitragsrechnung

Bei der Deckungsbeitragsrechnung werden **Deckungsbeiträge** ermittelt. Diese ergeben sich, indem man von den **Nettoverkaufserlösen** der Produkte die **variablen Kosten** abzieht. Die Deckungsbeiträge sind die Beiträge der Produkte an der Deckung der noch nicht verrechneten Fixkosten.

Das **Grundschema der Deckungsbeitragsrechnung** lautet:

  Nettoverkaufserlöse[1]
− variable Kosten
= Deckungsbeitrag

- **Nettoverkaufserlöse** sind die Erlöse, die dem Unternehmen nach Abzug der Umsatzsteuer und etwaiger Erlösschmälerungen tatsächlich verbleiben.
- Der **Deckungsbeitrag** ist der Überschuss der Nettoverkaufserlöse über die variablen Kosten.
- Der **Deckungsbeitrag** gibt an, welchen Beitrag ein Kostenträger zur **Deckung** der **fixen Kosten** leistet.

Kompetenztraining

60 Grundlagen der Deckungsbeitragsrechnung

1. Erläutern Sie den Begriff Deckungsbeitrag!
2. Erklären Sie, bei welchen wichtigen Unternehmensaufgaben die Deckungsbeitragsrechnung sinnvolle Hilfestellung leisten kann!
3. Begründen Sie, worin Sie den entscheidenden Unterschied zwischen der Vollkostenrechnung und der Deckungsbeitragsrechnung sehen!
4. Notieren Sie außerhalb des Buches, welche Aussage über den Deckungsbeitrag richtig ist!
   ❶ Er deckt höchstens die fixen Kosten ab.
   ❷ Er steigt, wenn bei konstanten Stückerlösen die variablen Stückkosten steigen.
   ❸ Er sinkt, wenn bei konstanten Stückerlösen die variablen Stückkosten steigen.
   ❹ Er errechnet sich als Differenz zwischen den variablen Kosten und den Selbstkosten.
   ❺ Verrechnete Gemeinkosten minus Istgemeinkosten ergibt den Deckungsbeitrag.

1 In der Literatur wird auch der Begriff **Umsatzerlöse** verwendet.

2.2 Deckungsbeitragsrechnung als Stückrechnung

mvurl.de/mbbv

Beispiel:

Ein Hersteller von Sportgeräten erzielt für ein Trimmgerät einen Nettoverkaufserlös (Stückerlös) von 600,00 EUR. Die variablen Kosten betragen 400,00 EUR.

Aufgaben:

1. Berechnen Sie den Deckungsbeitrag je Stück!
2. Stellen Sie den Deckungsbeitrag je Stück grafisch dar!

Lösungen:

Zu 1.: Berechnung des Deckungsbeitrags

	Nettoverkaufserlös (Stückerlös)	600,00 EUR
–	variable Kosten je Stück	400,00 EUR
=	Deckungsbeitrag je Stück	200,00 EUR

Zu 2.: Grafische Darstellung

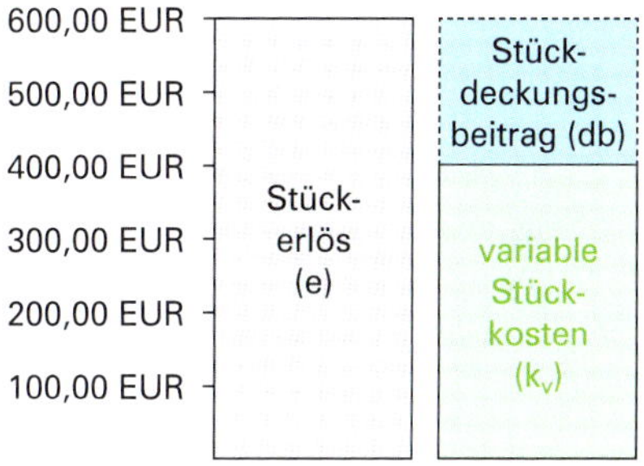

Nettoverkaufserlös je Stück
– variable Kosten je Stück
= Deckungsbeitrag je Stück

Erläuterung:

Der Deckungsbeitrag besagt, dass je Trimmgerät 200,00 EUR zur Deckung der Fixkosten zur Verfügung stehen. Ob der Deckungsbeitrag ausreicht, um neben der Deckung der fixen Kosten auch einen **Stückgewinn** zu erzielen, bleibt offen. Sicher ist aber, dass jeder Preis, der **über** den **variablen Kosten** liegt, zur Deckung der fixen Kosten beiträgt. Insofern dient der **Stückdeckungsbeitrag** als **Entscheidungshilfe** für die **Annahme oder Ablehnung von Aufträgen.**

Jeder **positive Deckungsbeitrag** trägt zur Verbesserung des Betriebsergebnisses bei.

Kompetenztraining

61 Stückdeckungsbeitragsrechnung

1. Aus Wettbewerbsgründen ist ein Betonwerk gezwungen, den Nettoverkaufserlös für ein Bauelement auf 1 799,99 EUR festzusetzen. Die variablen Kosten betragen 1 200,00 EUR.

   Aufgaben:

   1.1 Berechnen Sie den Deckungsbeitrag!

   1.2 Stellen Sie den Deckungsbeitrag je Stück grafisch dar!

   1.3 Stellen Sie dar, welche Rolle der Stückdeckungsbeitrag bei der Entscheidung über die Annahme oder Ablehnung eines Auftrages spielt!

   1.4 Arbeiten Sie das Hauptproblem bei der Anwendung der Deckungsbeitragsrechnung heraus!

2. Die Kosten- und Leistungsrechnung eines Industriebetriebs liefert folgende Zahlen: Der Stückerlös beträgt 885,78 EUR. Es wird ein Deckungsbeitrag von 625,78 EUR erzielt.

   Aufgaben:

   2.1 Berechnen Sie die variablen Kosten je Stück!

   2.2 Um den Marktanteil zu erhöhen, begnügt sich der Industriebetrieb für eine Werbeaktion mit der Deckung der variablen Kosten.

   Formulieren Sie Ihre Meinung zu der Werbeaktion. Gehen Sie dabei auf die Kostengestaltung ein, die das Unternehmen bei der Aktion wählt!

62 Entscheidungen zum Produktprogramm

1. Die Teilkostenrechnung eines Unternehmens weist für ein bestimmtes Produkt folgende Ergebnisse aus:

   ❶ Nettoverkaufserlös > variable Stückkosten.

   ❷ Nettoverkaufserlös < variable Stückkosten.

   ❸ Nettoverkaufserlös = variable Stückkosten.

   ❹ Stückdeckungsbeitrag = 0,00 EUR.

   Aufgabe:

   Notieren Sie außerhalb des Buches, bei welchem Ergebnis das Produkt nicht mehr verkauft werden sollte!

2. Die Selbstkosten für eine Küchenmaschine betragen 540,00 EUR. Die Deckungsbeitragsrechnung ermittelt variable Kosten in Höhe von 290,00 EUR.

   Aufgabe:

   Begründen Sie, unter welcher Voraussetzung es langfristig sinnvoll ist, die Küchenmaschine in das Produktprogramm aufzunehmen!

2.3 Deckungsbeitragsrechnung als Periodenrechnung

mvurl.de/1wvm

Bei der Deckungsbeitragsrechnung als Periodenrechnung werden zur Ermittlung des Betriebsergebnisses die fixen Kosten in einem Block von der Summe der Deckungsbeiträge abgezogen.

Es liegt folgendes Berechnungsschema zugrunde:

Erzeugnis A

  Nettoverkaufserlöse
– variable Kosten
= Deckungsbeitrag von Erzeugnis A

\+

Erzeugnis B

  Nettoverkaufserlöse
– variable Kosten
= Deckungsbeitrag von Erzeugnis B

usw.

⟶ Summe der Deckungsbeiträge
– fixe Kosten
= Betriebsergebnis (Betriebsgewinn/Betriebsverlust)

Beispiel:

Die KLR eines Industrieunternehmens liefert uns für den Monat Juni für die Erzeugnisse A und B folgende Zahlen:

	Erzeugnis A	Erzeugnis B
Produktions- und Absatzmenge	300 Stück	400 Stück
Nettoverkaufserlös je Stück	500,00 EUR	750,00 EUR
Variable Kosten je Stück	160,00 EUR	505,00 EUR
Fixe Kosten des Unternehmens für den Monat Juni	150 000,00 EUR	

Aufgaben:

1. Berechnen Sie den Deckungsbeitrag je Erzeugnis und die Deckungsbeiträge insgesamt!
2. Ermitteln Sie das Betriebsergebnis für den Monat Juni!

Lösungen:

Zu 1. und 2.: Berechnung der Deckungsbeiträge und des Betriebsergebnisses

	Erzeugnis A	Erzeugnis B	Gesamtbeträge
Nettoverkaufserlöse (E)	150 000,00 EUR	300 000,00 EUR	450 000,00 EUR
– variable Kosten (K_v)	48 000,00 EUR	202 000,00 EUR	250 000,00 EUR
= Deckungsbeiträge (DB)	102 000,00 EUR	98 000,00 EUR	200 000,00 EUR
– fixe Kosten (K_{fix})			150 000,00 EUR
= Betriebsergebnis (Gewinn)			50 000,00 EUR

Überblick: Gewinnermittlung bei der Deckungsbeitragsrechnung

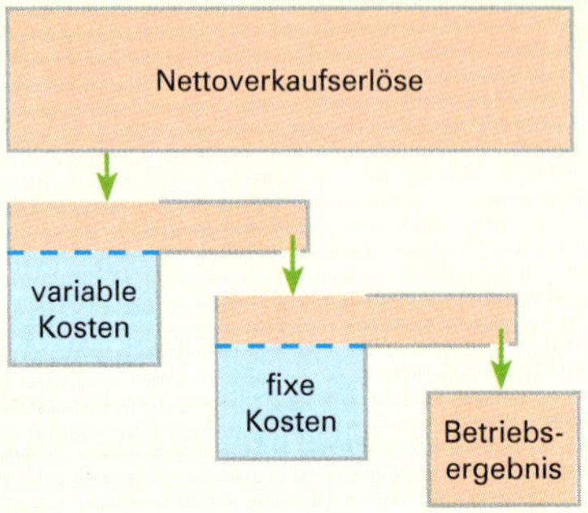

Nettoverkaufserlöse (Gesamterlöse)
– variable Kosten
= Deckungsbeiträge (Gesamtdeckungsbeitrag)
– fixe Kosten
= Betriebsergebnis

Kompetenztraining

63 Deckungsbeitragsrechnung als Periodenrechnung, Betriebsergebnis

Ein Motorenwerk stellt von einem Motor drei verschiedene Modelle her. Die KLR liefert für den Monat Mai folgende Zahlen:

	Modell 1	Modell 2	Modell 3
Verbr. v. Fertigungsmaterial/Stück	900,00 EUR	780,00 EUR	410,00 EUR
Fertigungslöhne/Stück	420,00 EUR	525,00 EUR	190,00 EUR
variable Gemeinkosten/Stück	360,00 EUR	305,00 EUR	280,00 EUR
Summe d. variablen Kosten/Stück	1680,00 EUR	1610,00 EUR	880,00 EUR
produzierte u. verkaufte Anzahl	300 Stück	400 Stück	700 Stück
Nettoverkaufserlöse je Stück	2910,00 EUR	2200,00 EUR	1510,00 EUR

Die Fixkosten im Monat Mai betragen 820000,00 EUR.

Aufgabe:

Ermitteln Sie das Betriebsergebnis für den Monat Mai!

64 Deckungsbeitragsrechnung als Periodenrechnung, Betriebsergebnis

Die Hohmann AG stellt drei verschiedene Typen von Gartenstühlen her. Für den Monat Oktober legt die Kosten- und Leistungsrechnung folgende Zahlen vor:

	Typ A	Typ B	Typ C
Nettoverkaufserlöse je Stück	120,00 EUR	85,00 EUR	76,00 EUR
variable Stückkosten	85,00 EUR	69,00 EUR	65,00 EUR
Verkaufsmengen in Stück	1500	3500	5200

Die fixen Kosten der Rechnungsperiode werden mit 95000,00 EUR veranschlagt.

Aufgaben:

1. Berechnen Sie für jeden Typ den Deckungsbeitrag je Stück!
2. Stellen Sie unter dem Gesichtspunkt der erzielten Stückdeckungsbeiträge eine Rangfolge der Erzeugnisarten auf!
3. Stellen Sie den Stückdeckungsbeitrag für den Kostenträger A grafisch dar!
4. Ermitteln Sie für jeden Typ die Deckungsbeiträge der Rechnungsperiode!
5. Führen Sie die Betriebsergebnisrechnung der Periode durch!
6. Der Produktionsleiter weist auf Rationalisierungsmöglichkeiten in der Produktion hin und empfiehlt der Geschäftsleitung, die Produktion auf zwei Modelle zu begrenzen. Begründen Sie aus Sicht der Kostenrechnung, ob die Geschäftsleitung diesem Vorschlag folgen soll!

65 Deckungsbeitragsrechnung als Periodenrechnung, Betriebsergebnis

Die Kludi GmbH stellt Haushaltskühlschränke und Wäschetrockner her. Auf dem Absatzmarkt erzielt die Kludi GmbH folgende Nettoverkaufserlöse: für Kühlschränke 529,20 EUR, für Wäschetrockner 370,44 EUR. An Einzelkosten fallen an: für einen Kühlschrank 220,00 EUR, für einen Wäschetrockner 185,00 EUR. Die variablen Gemeinkosten betragen jeweils 85 % der Einzelkosten.

Die Fixkosten der Rechnungsperiode betragen 350 000,00 EUR. Die Absatzmengen betrugen bei den Kühlschränken 5 000 Stück, bei den Wäschetrocknern 3 500 Stück.

Aufgaben:

1. Ermitteln Sie die Deckungsbeiträge:
   1.1 für jedes Erzeugnis,
   1.2 für die Rechnungsperiode insgesamt!
2. Ermitteln Sie das Betriebsergebnis der Rechnungsperiode!

3 Kurz- und mittelfristige Preisuntergrenzen für Produkte festsetzen, um in Abhängigkeit von Kapazitätsauslastung und Deckungsbeitrag über die Annahme von Zusatzaufträgen zu entscheiden

3.1 Deckungsbeitragsrechnung als Instrument zur Bestimmung von Preisuntergrenzen

LB 2 **Handlungssituation 2: Bei einem Auftrag die Preisuntergrenze ermitteln**

Weber Metallbau GmbH

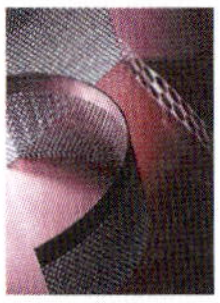

Die Weber Metallbau GmbH kalkuliert einen Großauftrag für die Lieferung von Gartenzäunen an eine Baumarktkette. Angefragt sind 2000 Einheiten mit jeweils 10 Elementen pro Zauneinheit. Die Gesamtkosten belaufen sich lt. Kalkulation auf 289 200,00 EUR, die variablen Stückkosten je Element auf 9,20 EUR. Je Zaunelement soll ein Nettoverkaufserlös von 20,20 EUR erzielt werden.

KOMPETENZORIENTIERTE ARBEITSAUFTRÄGE:

1. Berechnen Sie die Fixkosten!
2. Berechnen Sie den Deckungsbeitrag je Stück!
3. Ermitteln Sie die absolute Preisuntergrenze!
4. Die Baumarktkette akzeptiert je Zaunelement einen Listenverkaufspreis von 18,00 EUR. Berechnen Sie, ob die Weber Metallbau GmbH den Auftrag zu diesen Konditionen annehmen kann und welcher Gewinn gegebenenfalls noch erzielt werden kann!

3.1.1 Bestimmung der kurzfristigen und langfristigen Preisuntergrenze

mvurl.de/aq6n

Ein positiver Deckungsbeitrag kann das Unternehmen dazu nutzen, die Deckungsbeitragsrechnung als Instrument der Preispolitik einzusetzen. Kurzfristig kann das Unternehmen den Preis so absenken, dass lediglich die variablen Kosten abgedeckt sind. Für eine kurze Zeit kann es die fixen Kosten außer Acht lassen, denn diese fallen an, ob ein Verkauf getätigt wird oder nicht. Die **Summe der variablen Kosten** ist damit die **kurzfristige Preisuntergrenze (absolute Preisuntergrenze)**. Liegt der erzielte Stückpreis unter den variablen Kosten, sollte die Produktion des Erzeugnisses eingestellt bzw. ein Auftrag abgelehnt werden.

Langfristig kann ein Unternehmen nicht mit Verlusten produzieren, es muss zumindest kostendeckend arbeiten. Die **langfristige Preisuntergrenze** wird daher durch die **Stückkosten** bestimmt.

- Die **kurzfristige (absolute) Preisuntergrenze** liegt bei dem Preis, bei dem der Stückerlös die **variablen Kosten je Einheit** abdeckt. Der Deckungsbeitrag ist in diesem Fall gleich null.

$$e = k_v$$

- Die **langfristige Preisuntergrenze** liegt bei dem Preis, bei dem der Stückerlös die entstandenen **Selbstkosten je Einheit** abdeckt.

$$e = \frac{K_{fix}}{\text{erzeugte Menge}} + k_v$$

Die Formeln zeigen, dass die **langfristige Preisuntergrenze** mit **zunehmender Ausbringungsmenge absinkt (Degressionseffekt der Fixkosten)**, während die **kurzfristige Preisuntergrenze** von der **jeweiligen Ausbringungsmenge unabhängig** ist.

Beispiel:

Ein Industrieunternehmen stellt nur ein Erzeugnis her. Für den Monat Februar weist die KLR folgende Daten aus: variable Stückkosten 60,00 EUR, Fixkosten 115 000,00 EUR, Produktionsmenge 7 000 Stück.

Aufgaben:

1. Ermitteln Sie die kurzfristige Preisuntergrenze!
2. Berechnen Sie die langfristige Preisuntergrenze!

Lösungen:

Zu 1.: Kurzfristige Preisuntergrenze: 60,00 EUR

Zu 2.: Langfristige Preisuntergrenze:

$$\frac{115\,000{,}00\text{ EUR}}{7\,000\text{ Stück}} + 60{,}00\text{ EUR} = \underline{\underline{76{,}43\text{ EUR/Stück}}}$$

Hinweis:

Wird die Ausbringungsmenge erhöht, muss die **Fixkostenproblematik beachtet** werden, d. h., steigt die Ausbringungsmenge, nimmt der Fixkostenanteil je Einheit ab. Die Stückkosten sinken. Bei einer Verringerung der Ausbringungsmenge tritt der umgekehrte Effekt ein.

15 Merkur-Nr. 0659

3.1.2 Vorteile und Gefahren der Bestimmung von Preisuntergrenzen

(1) Vorteile

- Eine Preissenkung bei einzelnen Erzeugnissen kann das Unternehmen dazu nutzen, auf sein **Produktprogramm aufmerksam zu machen.** Es hofft darauf, dass die niedrig kalkulierten Erzeugnisse Auslöser dafür sind, dass die Kunden auch die übrigen Erzeugnisse des Produktprogramms bestellen. Auf diese Weise erreicht das Unternehmen eine Umsatz- und Gewinnsteigerung.
- Durch die Vorgabe von Preisuntergrenzen bzw. festgelegten Stückdeckungsbeiträgen wird die **Absatzpolitik des Unternehmens flexibler** (beweglicher). So muss z. B. der Handelsvertreter für sein Verkaufsgebiet lediglich sein vorgegebenes Deckungssoll erreichen. Er ist also in der Lage, auf das Marktgeschehen einzugehen und in schlechten oder umkämpften Absatzgebieten geringere Preise in Kauf zu nehmen, sofern es ihm gelingt, in guten Absatzgebieten Preise zu erzielen, die über dem vorgegebenen Deckungsbeitrag liegen. Bei richtiger Anwendung können so Marktchancen besser wahrgenommen werden.
- Preisuntergrenzen ermöglichen es z. B. bei mangelnder Kapazitätsauslastung, Entscheidungen zu treffen, ob **Zusatzaufträge** angenommen werden können.

(2) Gefahren

- Die große **Gefahr der Deckungsbeitragsrechnung als Stückrechnung** liegt darin, dass das Unternehmen insgesamt ein **zu niedriges Preisniveau akzeptiert.** Die Deckungsbeitragsrechnung verführt dazu, dass sich der Verkauf lediglich an einem positiven Deckungsbeitrag orientiert, ohne dabei genau zu wissen, ob die fixen Kosten insgesamt gedeckt sind bzw. ob ein Gewinn erwirtschaftet wird.
- Es besteht die Gefahr, den Blick auf „einen **Teil der Kosten** bzw. auf den **Gewinn zu vernachlässigen**". Erst die Deckungsbeitragsrechnung als Zeitrechnung offenbart dann, ob ein Betriebsgewinn oder ein Betriebsverlust erwirtschaftet wurde.

!

- Durch die **Vorgabe von Preisuntergrenzen** bzw. festgelegten Deckungsbeiträgen wird die **Absatzpolitik des Unternehmens flexibler** (beweglicher).
- Bei der Deckungsbeitragsrechnung besteht die **Gefahr,** eine zu **nachgiebige Preispolitik** zu betreiben und eine vollständige Kostendeckung zu vernachlässigen.

Kompetenztraining

66 Deckungsbeitrag, Preisuntergrenzen

1. Stellen Sie dar, wie die Begriffe „kurzfristige Preisuntergrenze" und „langfristige Preisuntergrenze" bestimmt sind!
2. Entscheiden Sie begründet, ob ein Industriebetrieb langfristig überleben kann, wenn er die Preise für seine Erzeugnisse an der langfristigen Preisuntergrenze ausrichtet!

3. Die Kostenrechnung eines Industriebetriebs liefert uns für den Monat Januar folgende Zahlen:

	Erzeugnis A	Erzeugnis B
Produktions- und Absatzmenge	700 Stück	1300 Stück
Listenverkaufserlös je Stück	580,00 EUR	410,00 EUR
Kundenrabatt	10%	12%
Kundenskonto	3%	2%
variable Kosten je Stück	280,00 EUR	302,00 EUR
fixe Kosten	98500,00 EUR	

Aufgaben:

3.1 Bestimmen Sie den Deckungsbeitrag für die Erzeugnisse A und B!

3.2 Errechnen Sie das Betriebsergebnis!

3.3 Nennen Sie die absolute Preisuntergrenze für die Erzeugnisse A und B!

3.4 Erläutern Sie, warum die Ausbringungsmenge keinen Einfluss auf die kurzfristige Preisuntergrenze hat!

3.5 Nennen Sie drei Beispiele, bei denen es sinnvoll ist, die Preisuntergrenze eines Produktes zu kennen!

67 Preisuntergrenzen, Kapazitätsänderungen, Preispolitik

Eine Maschinenfabrik stellt Abfüllmaschinen her. Vom Typ A werden im Monat Januar 10 Maschinen hergestellt. Hierfür sind folgende Kosten (linearer Kostenverlauf) in den einzelnen Kostenstellen angefallen:

Gesamtkosten / Kostenstellen	Einzelkosten	Gemeinkosten	
		fixe Kosten	variable Kosten
Material	170000,00 EUR	10000,00 EUR	18000,00 EUR
Fertigung	80000,00 EUR	35000,00 EUR	24000,00 EUR
Verwaltung/Vertrieb		15000,00 EUR	

Die Maschine des Typs A erzielt einen Nettoverkaufserlös von 36000,00 EUR. Von der Maschine A können maximal 10 Stück je Monat hergestellt werden.

Aufgaben:

1. Ermitteln Sie die kurzfristige Preisuntergrenze je Maschine des Typs A!
2. Berechnen Sie die langfristige Preisuntergrenze!
3. Die Maschinenfabrik plant eine Erweiterungsinvestition zur Herstellung des Maschinentyps A. Die Kapazität erhöht sich dadurch um 20%.

   Die Kostenstruktur ändert sich wie folgt: Die fixen Kosten steigen um 40%, die variablen Kosten sinken um 25%.

   3.1 Berechnen Sie die neuen Stückkosten je Maschine!

   3.2 Bestimmen Sie den Gewinn, der sich dadurch je Maschine ergibt!
4. Die Preispolitik ist abhängig von der Entwicklung der Beschäftigung. Erläutern und begründen Sie die Preispolitik, die Sie umsetzen würden, wenn

   4.1 die Beschäftigung sinkt,

   4.2 die Beschäftigung steigt!

3.2 Deckungsbeitragsrechnung als Instrument zur Entscheidungsfindung über die Annahme eines Zusatzauftrags

mvurl.de/ny7l

LB 2 Handlungssituation 3: Über die Annahme eines Zusatzauftrags entscheiden

Die Augsburger Büromöbel AG fertigt in einer Abteilung ausschließlich Büroregale. Die Kapazitätsgrenze liegt bei 1750 Stück pro Monat. Der durchschnittliche Verkaufspreis je Regal beträgt 161,00 EUR. Die variablen Stückkosten je Regal betragen 90,00 EUR. Die fixen Abteilungskosten betragen 45500,00 EUR.

Im Monat April erhält die Augsburger Büromöbel AG das Angebot einer Möbelhauskette, 120 Regale mit einem Nachlass von 25 % gegenüber dem üblichen Verkaufspreis abzunehmen. Die Möbelhauskette war bisher nicht Kunde der Augsburger Büromöbel AG.

Da die Kapazität voll ausgelastet ist, kann der Zusatzauftrag nur mit Überstunden der Belegschaft bewältigt werden. Der Überstundenzuschlag beträgt 20 %, der Lohnanteil an den variablen Kosten 26,00 EUR.

Kompetenzorientierte Arbeitsaufträge:

1. Berechnen Sie mit den angegebenen Daten das Betriebsergebnis des Monats April bei voller Kapazitätsauslastung!
2. Berechnen Sie, wie sich die Annahme des Auftrags auf das Betriebsergebnis auswirkt!
3. Erklären Sie, worauf es zurückzuführen ist, dass das Betriebsergebnis bei einem Anstieg der produzierten und verkauften Regale überproportional wächst!
4. Führen Sie jeweils ein weiteres Argument an, welches für bzw. gegen die Annahme des Auftrags der Möbelhauskette spricht!

Zusatzaufträge sind Aufträge, die **unterhalb der derzeitigen Verkaufspreise** angenommen werden. Bei **nicht ausgelasteter Produktionskapazität** kann dadurch unter bestimmten Bedingungen das Betriebsergebnis verbessert werden.

Ein Zusatzauftrag führt dann zu einer Verbesserung des Betriebsergebnisses, wenn die Nettoverkaufserlöse höher liegen als die variablen Kosten des Auftrags. Die fixen Kosten können außer Betracht bleiben, da sie ja unabhängig davon anfallen, ob der Zusatzauftrag angenommen wird oder nicht. Der **erzielbare Deckungsbeitrag** ist das **Kriterium für die Annahme oder Ablehnung** des Zusatzauftrags.

- Für die Annahme bzw. die Ablehnung eines Zusatzauftrags gilt:
  - Deckungsbeitrag > 0 → Annahme des Zusatzauftrags
  - Deckungsbeitrag < 0 → Ablehnung des Zusatzauftrags
- Zusatzaufträge tragen zur besseren Produktionsauslastung und zur Arbeitsplatzerhaltung bei.

Beispiel:

Im laufenden Monat ist folgende Produktions- und Absatzsituation gegeben:

	Erzeugnis I	**Erzeugnis II**
Nettoverkaufserlös variable Stückkosten	198,00 EUR 112,00 EUR	270,00 EUR 120,00 EUR
fixe Kosten insgesamt	150 000,00 EUR	
Absatzmenge Kapazität	700 Stück 900 Stück	950 Stück 1 200 Stück

Das Unternehmen hat die Möglichkeit, von Erzeugnis II 210 Stück zum Festpreis von 180,00 EUR als Sondermodell zu verkaufen.

Aufgabe:

Prüfen Sie, ob sich die Hereinnahme des Zusatzauftrages lohnt!

Lösung:

	Erzeugnis I	**Erzeugnis II**	**Zusatzauftrag**
Nettoverkaufserlöse – variable Kosten	138 600,00 EUR 78 400,00 EUR	256 500,00 EUR 114 000,00 EUR	37 800,00 EUR 25 200,00 EUR
= Deckungsbeitrag	60 200,00 EUR	142 500,00 EUR	12 600,00 EUR
– fixe Kosten	150 000,00 EUR		
= Betriebsgewinn ohne Zusatzauftrag + Deckungsbeitrag Zusatzauftrag	52 700,00 EUR 12 600,00 EUR		
= Betriebsgewinn mit Zusatzauftrag	65 300,00 EUR		

Ergebnis: Die Hereinnahme des Zusatzauftrages lohnt sich, da dadurch der Betriebsgewinn um 12 600,00 EUR gesteigert werden kann.

Hinweis:

Sofern ein **positiver Deckungsbeitrag** erzielt werden kann, **lohnt sich die Hereinnahme des Zusatzauftrages** auch im Fall eines Betriebsverlusts. Ein positiver Deckungsbeitrag trägt dann dazu bei, den Betriebsverlust zu verringern.

Kompetenztraining

68 Deckungsbeitragsrechnung, Zusatzauftrag

Ein Industrieunternehmen produziert drei verschiedene Erzeugnisse. Die KLR gibt uns hierfür folgende Daten an:

	Erzeugnis I	Erzeugnis II	Erzeugnis III
Nettoverkaufserlöse konstante Stückkosten Absatzmenge Kapazität	1 420,00 EUR 1 600,00 EUR 20 Stück 25 Stück	3 390,00 EUR 2 910,00 EUR 30 Stück 50 Stück	7 710,00 EUR 5 850,00 EUR 15 Stück 30 Stück
fixe Kosten insgesamt	45 100,00 EUR		

Das Unternehmen erhält einen Zusatzauftrag über 12 Stück des Erzeugnisses III zum Festpreis von 6200,00 EUR. Das Industrieunternehmen nimmt den Zusatzauftrag aus arbeitsmarktpolitischen Gründen an.

Aufgaben:

1. Berechnen Sie den Betriebsgewinn bzw. Betriebsverlust!
2. Unterbreiten Sie einen Vorschlag zur Produktionsprogrammplanung!
3. Entscheiden Sie begründet, unter welchen Voraussetzungen es sinnvoll ist, Zusatzaufträge anzunehmen, wenn dafür eine Kapazitätserweiterung erforderlich ist!

69 Betriebsergebnis, Zusatzauftrag

Ein Industrieunternehmen produziert drei verschiedene Typen einer Kaffeemaschine. Die KLR ermittelt für den Monat Juli folgende Zahlen:

	Typ A	Typ B	Typ C
produziert und verkauft	6500 Stück	9750 Stück	10400 Stück
Nettoverkaufserlös je Stück	58,50 EUR	88,40 EUR	104,00 EUR
konstante Stückkosten	49,40 EUR	73,45 EUR	89,70 EUR

Aufgaben:

1. Berechnen Sie für jeden Typ den Deckungsbeitrag je Stück und den Deckungsbeitrag insgesamt!
2. Ermitteln Sie das Betriebsergebnis für den Monat Juli, wenn die Fixkosten insgesamt 241150,00 EUR betragen!
3. Begründen Sie rechnerisch, ob es unter wirtschaftlichen Gesichtspunkten empfehlenswert ist, einen Zusatzauftrag von 3900 Stück von Typ B anzunehmen, wenn entsprechend von Typ C dann 3900 Stück weniger produziert werden können!
4. Kostensteigerungen beim Typ C führen zu einer Erhöhung der variablen Stückkosten um 2,30 EUR. Von einem Exporteur kommt gleichzeitig ein Zusatzauftrag über 5000 Kaffeemaschinen des Typs C. Der Exporteur verlangt einen Preisabschlag von 12 % auf den Listenverkaufspreis.

   Berechnen Sie den zusätzlichen Betriebsgewinn/-verlust und entscheiden Sie begründet, ob das Industrieunternehmen den Auftrag annehmen soll!

70 Entscheidung über Zusatzauftrag und Preis

Die Geschäftsleitung der Kunststoffwerke Erler GmbH beschließt, die Deckungsbeitragsrechnung einzuführen. Das Unternehmen erwartet für das kommende Quartal folgende Daten:

	Produkt A	Produkt B
Absatzmenge	350 Stück	800 Stück
Nettoverkaufserlös je Stück	450,00 EUR	325,00 EUR
variable Kosten je Stück	300,00 EUR	200,00 EUR
fixe Kosten	74000,00 EUR	

Aufgaben:

1. Ermitteln Sie das voraussichtliche Betriebsergebnis mithilfe der Deckungsbeitragsrechnung!
2. Mit der Absatzmenge des Produktes A ist die Kapazität des Produktbereichs A nicht ausgelastet. Daher kann noch ein Zusatzauftrag über 40 Einheiten A angenommen werden.

   Bestimmen Sie die Preisuntergrenze für diesen Zusatzauftrag, wenn aus diesem Auftrag noch ein zusätzlicher Gewinn von 2000,00 EUR erwirtschaftet werden soll!
3. Die Deckungsbeitragsrechnung ermöglicht eine marktorientierte Mengenplanung und Preispolitik. Begründen Sie diese Aussage!

4 In Abhängigkeit von der Beschäftigung die Kosten zerlegen, die Gewinnschwelle ermitteln, ihre Einflussgrößen bestimmen, die Auswirkungen von Änderungen berechnen und deren Ursachen aufzeigen

LB 2 Handlungssituation 4: Kosten- und Gewinnsituation darstellen

Die Sport-Burr AG in Augsburg stellt Skateboards her. Ein Skateboard wird für 80,00 EUR verkauft. Bei vollkommener Ausnutzung der Kapazität können insgesamt 500 Skateboards produziert werden. Die Produktion erfolgt nur nach Bestellung. Die Kostenstruktur verläuft linear.

Die Geschäftsleitung will eine Analyse der Kosten durchführen und sich einen Überblick über die Gewinnsituation verschaffen.

Die monatlichen Fixkosten betragen 10 000,00 EUR. Die variablen Stückkosten betragen konstant 40,00 EUR.

Ausbringungsmenge	Gesamtkosten			Stückkosten			Gesamterlös	Gesamt-	
x	K_{fix}	K_v	K	k_{fix}	k_v	k	E	gewinn	verlust
100	10 000,00				40,00				
200									
300									
400									
500									

MUSTER

Kompetenzorientierte Arbeitsaufträge:

1. Ergänzen Sie die angegebene Tabelle!
2. Berechnen Sie die Gewinnschwelle (Break-even-Point)!
3. Ermitteln Sie das Gewinnmaximum!
4. Berechnen Sie die Ausbringungsmenge, bei der ein Gewinn von 3 520,00 EUR erzielt wird!
5. Stellen Sie die Funktionen E, K, K_v und K_{fix} sowie die Funktionen k, k_v und e grafisch dar!
6. Erklären Sie die Bedeutung der Gewinnschwelle für das Unternehmen!
7. Beurteilen Sie, bei welcher Ausbringungsmenge das Gewinnmaximum erreicht ist:
   7.1 theoretisch,
   7.2 praktisch!

4.1 Kapazität und Beschäftigungsgrad

Jedes Unternehmen ist bezüglich seiner räumlichen, technischen und personellen Ausstattung auf eine bestimmte Ausbringungsmenge festgelegt. Diese Ausbringungsmenge je Zeiteinheit (Tag, Monat, Jahr) nennt man **Kapazität.** Von der Kapazität ist die tatsächliche Ausbringungsmenge zu unterscheiden, die man in einem Prozentsatz zur Kapazität angibt. Diesen Prozentsatz nennt man **Beschäftigungsgrad.**

- **Kapazität** ist die Ausbringungsmenge, die bei gegebener Ausstattung erreichbar ist. An der Kapazitätsgrenze beträgt der Beschäftigungsgrad 100 %.
- Der **Beschäftigungsgrad (Kapazitätsausnutzungsgrad)** drückt das prozentuale Verhältnis der tatsächlichen Ausbringungsmenge **(Beschäftigung)** zur Kapazität aus.

$$\text{Beschäftigungsgrad} = \frac{\text{tatsächliche Ausbringungsmenge}}{\text{Kapazität}} \cdot 100$$

Beispiel:

Die Kapazität beträgt pro Monat 8000 Stück eines Erzeugnisses. Im Monat Mai betrug die tatsächliche Ausbringungsmenge 6000 Stück.

Aufgabe:

Berechnen Sie den Beschäftigungsgrad!

Lösung:

$$\text{Beschäftigungsgrad} = \frac{6000 \cdot 100}{8000} = \underline{\underline{75\,\%}}$$

Die Kapazität kann bis zur **technischen Maximalkapazität (Kapazitätsgrenze)** gesteigert werden. Unter **Maximalkapazität** versteht man die technisch bedingte obere Leistungsgrenze eines Betriebs (oder einer Maschine), also die höchste Ausbringung. Daneben gibt es in vielen Betrieben auch eine **Minimalkapazität.** Diese kann aus technischen oder wirtschaftlichen Gründen nicht unterschritten werden, wenn der Betrieb funktionsfähig sein soll (z. B. Mindestgeschwindigkeit eines Fließbands).

4.2 Gliederung der Kosten in Abhängigkeit von der Beschäftigung

4.2.1 Abhängigkeit der fixen Kosten von der Beschäftigung

(1) Absolut fixe Kosten

Gesamtbetrachtung. Absolut fixe Kosten (K_{fix}) verändern sich von der Ausbringungsmenge 0 bis zur Kapazitätsgrenze nicht.

Stückbetrachtung. Bezieht man die angefallenen Fixkosten auf ein einzelnes Stück (k_{fix}), ergibt sich folgender Zusammenhang: Erhöht man die Ausbringungsmenge, verteilt sich der konstant hohe Block an Fixkosten auf eine größere Menge, d. h., die Fixkosten pro Stück sinken **(Fixkostendegression).** Eine sinkende Ausbringungsmenge hat die entsprechend umgekehrte Wirkung.

Beispiele:

- Miete,
- Abschreibungen,
- Gehälter,
- Löhne für die Überwachung des Betriebs,
- Grundsteuern.

$$\text{Fixkosten je Leistungseinheit } (k_{fix}) = \frac{\text{Fixkosten der Periode } (K_{fix})}{\text{Ausbringungsmenge}}$$

Beispiel: Fixkosten

Ausbringungsmenge in Stück	Gesamtbetrachtung in EUR
10 000	60 000,00
20 000	60 000,00
30 000	60 000,00

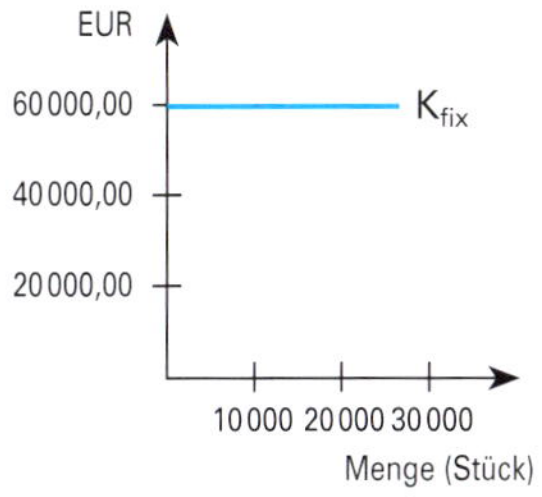

Stückbetrachtung in EUR
6,00
3,00
2,00

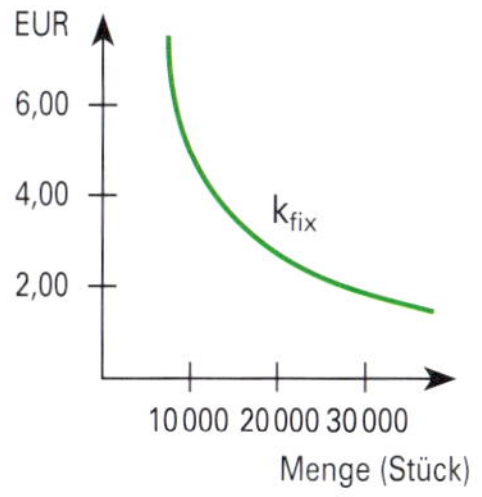

Schlussfolgerung: Ausbringungsmenge und Fixkosten je Stück verlaufen zueinander in entgegengesetzter Richtung.

Die **absolut fixen Kosten** bleiben **bis zur neuen Kapazitätsgrenze** trotz Änderung der Ausbringungsmenge **gleich hoch.**

(2) Relativ fixe Kosten (sprungfixe Kosten)

Soll die Ausbringungsmenge gesteigert werden, erreicht sie irgendwann einen Punkt, von dem ab sie mit der vorhandenen technischen Ausstattung bzw. den beschäftigten Mitarbeitern nicht mehr erhöht werden kann. Es müssen neue Maschinen gekauft, zusätzliche Mitarbeiter eingestellt und/oder eine neue Fabrikhalle angemietet werden. In diesem Fall erhöhen sich die fixen Kosten sprunghaft. Die zusätzlich entstehenden Kosten nennt man **sprungfixe Kosten.**

Die sprungfixen Kosten bleiben innerhalb einer bestimmten Ausbringungsmenge konstant.

Beispiel: sprungfixe Kosten

Ausbringungsmenge in Stück	Gesamtbetrachtung in EUR
10 000	60 000,00
20 000	60 000,00
30 000	60 000,00
40 000	120 000,00
50 000	120 000,00

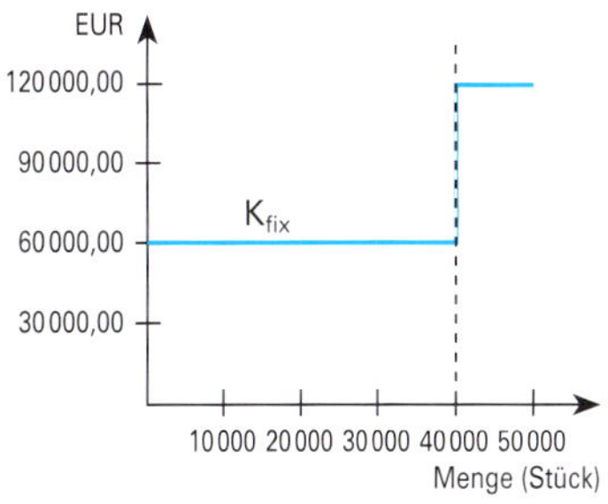

Stückbetrachtung in EUR
6,00
3,00
2,00
3,00
2,40

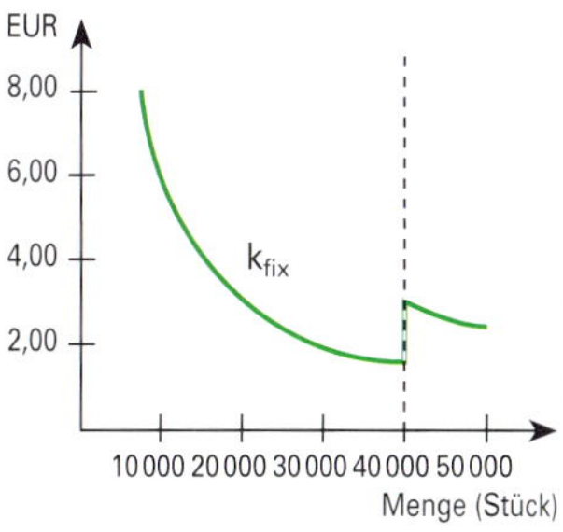

- Wird die **Kapazitätsgrenze überschritten, springen die absolut fixen Kosten** auf ein neues Niveau.
- Die auf eine **Ausbringungseinheit** umgerechneten **fixen Kosten verringern sich bei steigender Ausbringungsmenge** und erhöhen sich bei rückläufiger Ausbringungsmenge.

4.2.2 Abhängigkeit der variablen Kosten von der Beschäftigung

Hinweis:

- Die Veränderung der variablen Kosten kann im gleichen Verhältnis wie die Ausbringungsmenge **(proportionale Kosten),** in einem geringeren Verhältnis **(unterproportionale, degressive Kosten)** oder in einem stärkeren Verhältnis **(überproportionale, progressive Kosten)** erfolgen.
- Aus Vereinfachungsgründen werden nur die **proportional variablen Kosten** betrachtet. Im Folgenden wird daher nur der Begriff **variable Kosten** verwendet.

Gesamtbetrachtung. Die variablen Kosten (K_v) verändern sich im gleichen Verhältnis wie die Ausbringungsmenge.

Stückbetrachtung. Bezieht man die Summe der variablen Kosten auf die Ausbringungsmenge (k_v), sind die variablen Kosten je Ausbringungsmenge konstant.

Beispiele:

- Fertigungsmaterial,
- Fertigungslöhne,
- Provisionen.

$$\text{variable Kosten je Leistungseinheit } (k_v) = \frac{\text{Summe der variablen Kosten } (K_v)}{\text{Ausbringungsmenge}}$$

Beispiel: variable Kosten (mit proportionalem Verlauf)

Ausbringungsmenge in Stück	Gesamtbetrachtung in EUR
10 000	50 000,00
20 000	100 000,00
30 000	150 000,00

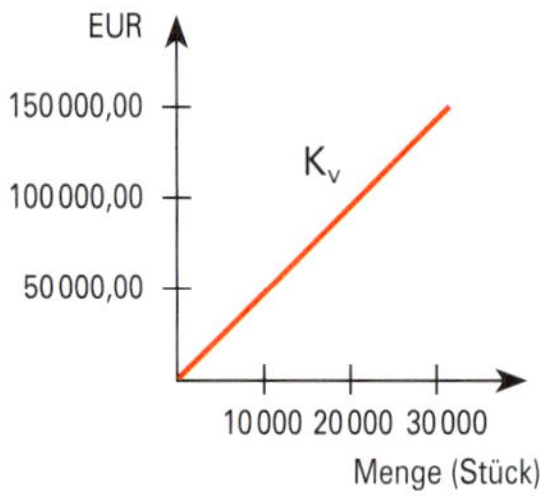

Stückbetrachtung in EUR
5,00
5,00
5,00

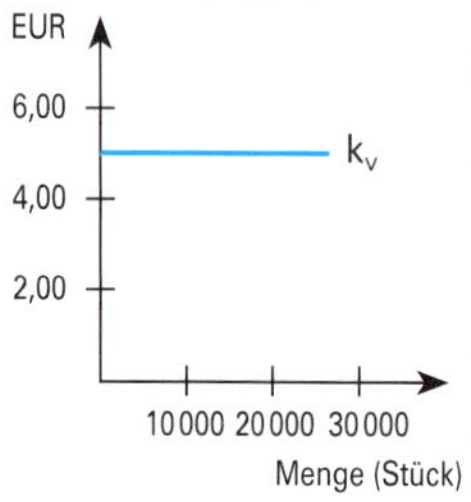

- In der Gesamtbetrachtung verändern sich die **variablen Kosten** im **gleichen Verhältnis wie die Ausbringungsmenge.**
- Auf eine Leistungseinheit (z. B. auf ein Stück) bezogen, bleiben die **variablen Kosten konstant.**

4.2.3 Abhängigkeit der Mischkosten von der Beschäftigung

mvurl.de/pswp

(1) Berechnung der Gesamtkosten

Die **Gesamtkosten (K)** umfassen die gesamten Fixkosten und die gesamten variablen Kosten. $K = K_{fix} + K_v$

Die **variablen Gesamtkosten (K_v)** werden berechnet: variable Kosten je Stück (k_v) · Stückzahl $K_v = k_v \cdot x$

Die Berechnung der Gesamtkosten **(Kostenfunktion)** lautet: $K = K_{fix} + k_v \cdot x$

(2) Auflösung der Mischkosten in fixe und variable Kosten

Neben Kosten, die in vollem Umfang fix bzw. variabel sind, gibt es Kosten, die sich aus fixen **und** variablen Kosten zusammensetzen. Die **Aufgabe der Kostenauflösung** besteht darin, Kosten, die fixe und variable Kostenbestandteile enthalten **(Mischkosten),** in ihre fixen und variablen Kostenbestandteile zu trennen. Zur Trennung genügt es – unter der **Annahme eines linearen Gesamtkostenverlaufs** –, die Gesamtkosten von mindestens zwei Ausbringungsmengen zu kennen.

Beispiel:

In einem Industriebetrieb fielen in den Monaten Oktober und November folgende Ausbringungsmengen und Gesamtkosten an:

Monat	Ausbringungsmenge	Gesamtkosten
Oktober	800 Stück	34000,00 EUR
November	1000 Stück	40000,00 EUR

Die Kapazitätsgrenze liegt bei 1200 Stück.

Aufgabe:

Berechnen Sie die variablen Stückkosten und die fixen Gesamtkosten in den beiden Monaten!

Lösung:

Die Zunahme der Kosten im Monat November um 6000,00 EUR bei einer Erhöhung der Ausbringungsmenge um 200 Stück kann nur auf einen Anstieg des variablen Teils der Gesamtkosten zurückzuführen sein.

Unter der Annahme eines linearen Gesamtkostenverlaufs können die variablen Stückkosten wie folgt errechnet werden:

Berechnung der variablen Stückkosten (k_v):

$$\text{variable Stückkosten } (k_v) = \frac{K_2 - K_1}{x_2 - x_1} \text{ oder } \frac{\text{Kostendifferenz } (\Delta K)}{\text{Mengenänderung } (\Delta x)}$$

$$k_v = \frac{40\,000 - 34\,000}{1\,000 - 800} = \frac{6\,000}{200} = \underline{\underline{30{,}00 \text{ EUR/Stück}}}$$

Berechnung der fixen Gesamtkosten (K_{fix}):

$$\text{fixe Gesamtkosten} = \text{Gesamtkosten} - (\text{Ausbringungsmenge} \cdot \text{variable Stückkosten})$$

$$K_{fix} = 34\,000{,}00 \text{ EUR} - (800 \text{ Stück} \cdot 30{,}00 \text{ EUR/Stück}) = \underline{\underline{10\,000{,}00 \text{ EUR}}}$$

Probe:

Gesamtkosten bei 1 000 Stück:

$K = K_{fix} + k_v \cdot x$

$K = 10000{,}00 + 30{,}00 \cdot 1000 = \underline{\underline{40000{,}00 \text{ EUR}}}$

Ergebnis: Die variablen Stückkosten betragen 30,00 EUR, die fixen Gesamtkosten 10 000,00 EUR.

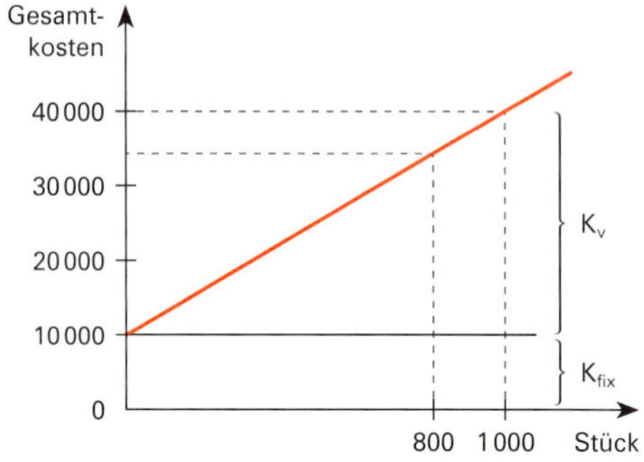

Kompetenztraining

71 Beschäftigungsgrad, Gesamtkosten, Stückkosten

Die Kapazität für die Produktion von Auspuffanlagen in einem Autozulieferbetrieb beträgt je Monat 15 000 Stück (100 % Auslastung). Die variablen Gesamtkosten je Monat betragen 945 000,00 EUR. Der Fixkostenanteil je Stück beträgt bei einer Kapazitätsauslastung von 80 % 52,00 EUR.

Aufgaben:

1. Ermitteln Sie die monatlichen Gesamtkosten sowie die monatlichen Stückkosten bei den angegebenen Beschäftigungsgraden! Verwenden Sie dazu die nachfolgende Tabelle!

Auslastung		K_{fix}	K_v	K	k_{fix}	k_v	k
in %	in Stück						

2. Erläutern Sie den Verlauf der Stückkosten!
3. Stellen Sie dar, wie sich der Gewinn des Autozulieferbetriebs bei konstantem Verkaufspreis entwickelt!

72 Kostenverläufe

Aus der Kosten- und Leistungsrechnung eines Industrieunternehmens sind die nebenstehenden typischen Kostenverläufe entnommen:

Verkaufte Menge	(1) Fixe Kosten		(2) Variable Kosten	
	gesamt	Stück	gesamt	Stück
0	400,00		–	
100	400,00		50,00	
200	400,00		100,00	
300	400,00		150,00	
400	400,00		200,00	
500	400,00		250,00	
600	400,00		300,00	

Aufgaben:

1. Übertragen Sie die Tabelle in Ihre Unterlagen und berechnen Sie die Stückkosten!
2. Nennen Sie je zwei Beispiele für die aufgeführten Kostenverläufe!
3. Stellen Sie den Verlauf der beiden Kostenarten (Gesamtkosten und Stückkosten) jeweils in einem Koordinatensystem grafisch dar!

73 Fixe und sprungfixe Kosten

1. Ein Stahlwerk produziert mit zwei großen Fertigungsmaschinen täglich 195 Tonnen Stahlträger. Die Tagesleistung jeder Maschine beträgt 97,5 Tonnen. Die Investition der zweiten Maschine war erst erfolgt, nachdem die Auftragseingänge die Grenze von 97,5 Tonnen je Tag deutlich überschritten hatten. Infolge des plötzlichen Ausbleibens der Aufträge eines Großabnehmers geht die Tagesproduktion des Betriebs auf 97,5 Tonnen zurück.

   Aufgaben:

   1.1 Skizzieren Sie den Verlauf der fixen Maschinenkosten (Ausbringung 0 – 195 Tonnen je Tag) bei

   1.1.1 Gesamtkostenbetrachtung,

   1.1.2 Stückkostenbetrachtung!

   1.2 Nennen Sie den Fachbegriff für einen derartigen Fixkostenverlauf!

2. Begründen Sie an einem Beispiel die Entstehung von Sprungkosten!

3. Bei modernen Industriebetrieben ist der Anteil der fixen Kosten an den Gesamtkosten in der Regel hoch.

   Aufgaben:

   3.1 Erklären Sie, worauf dieser Sachverhalt zurückzuführen ist!

   3.2 Begründen Sie, warum diese Unternehmen verstärkt darauf achten müssen, dass die Anlagen stets gut ausgelastet sind!

74 Kostenanalyse, Berechnung der Ausbringungsmenge bei vorgegebenem Verkaufspreis

1. Ein kleiner Industriebetrieb will eine Analyse seiner Kosten durchführen. Folgende Zahlenwerte liegen vor:

Ausbringungsmenge	K_{fix}	K_v	K	k_{fix}	k_v	k
0	2000,00	–				
100		400,00				
200		800,00				
300		1200,00				
400		1600,00				
500		2000,00				

MUSTER

   Aufgaben:

   1.1 Berechnen Sie die fehlenden Werte in der Tabelle!

   1.2 Nennen Sie je drei Beispiele für absolut fixe Kosten und variable Kosten!

   1.3 Erklären Sie die Ursache für den Verlauf der Stückkosten (k)!

   1.4 Stellen Sie den Verlauf der Gesamtkosten (K) und der Stückkosten (k) jeweils grafisch dar!

2. Die Gesamtkosten bei der Ausbringungsmenge x_1 240 Einheiten betragen 7700,00 EUR, bei der Ausbringungsmenge x_2 260 Einheiten 8200,00 EUR. Es treten nur absolut fixe und variable Kosten auf.

   Aufgaben:

   2.1 Berechnen Sie die Fixkosten und die variablen Stückkosten!

   2.2 Berechnen Sie die Ausbringungsmenge, die erreicht werden müsste, wenn die Stückkosten aus Wettbewerbsgründen 28,00 EUR nicht übersteigen sollen!

mvurl.de/9vc3

4.3 Ermittlung des Break-even-Points (Gewinnschwelle)

4.3.1 Lineare Erlösfunktion

Die **Erlösfunktion** wird in Abhängigkeit von der Ausbringungsmenge **(x)** dargestellt.

$$E = f(x)$$

Wird die Ausbringungsmenge mit dem Stückerlös **(e)** multipliziert, erhält man den **Gesamterlös (E)**.

$$E = e \cdot x$$

Der **Stückerlös (e)** ergibt sich aus der Formel:

$$e = \frac{E}{x}$$

Sofern der Stückpreis e gleich bleibt (unverändertes Datum), verläuft die **Gesamterlöskurve** linear. Sie hat ihren **Ursprung im Nullpunkt** und **steigt mit zunehmender Ausbringungsmenge** linear an. Der **Stückerlös** bleibt bei einem linearen Verlauf der Erlöse **konstant**.

Grafische Darstellung der linearen Erlösfunktion

Gesamterlöse	Stückerlöse
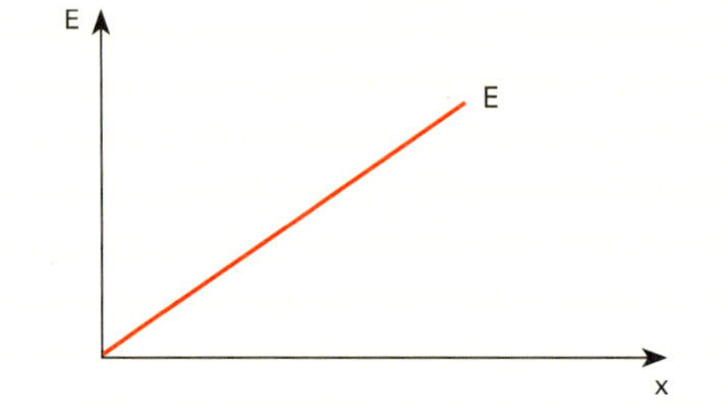	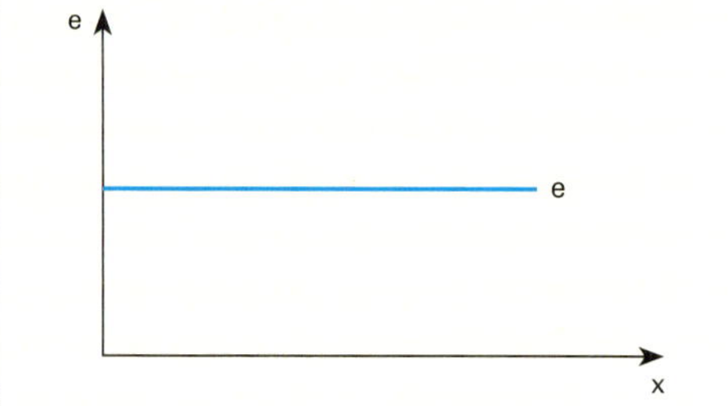

4.3.2 Gewinnschwelle und Gewinnmaximum

(1) Begriff Gewinnschwelle

Die **Gewinnschwelle (Break-even-Point)** liegt bei der Ausbringungsmenge, bei der die Gesamtkosten gleich dem Gesamterlös sind.

(2) Berechnung der Gewinnschwelle

Im Punkt der Gewinnschwelle **(x_0)** gilt folgende Gleichung:

(1) $E = K$

(2) $E = x \cdot e$

(3) $K = x \cdot k_v + K_{fix}$

(4) $x \cdot e = x \cdot k_v + K_{fix}$ | umgeformt ergibt sich

$x \cdot e - x \cdot k_v = K_{fix}$ | durch Ausklammern von x erhält man

$x\,(e - k_v) = K_{fix}$ | daraus folgt für x

$x_0 = \frac{K_{fix}}{e - k_v}$ | für g = 0 gilt: $e - k_v = k_{fix}$

Die letzte Gleichung besagt, dass sich die Gewinnschwelle aus dem Quotienten der gesamten Fixkosten und der Differenz zwischen Stückerlös und variablen Stückkosten ergibt.

(3) Gewinnmaximum (GM)

Unterstellt man einen linearen Verlauf der variablen Gesamtkosten und der Gesamterlöse, liegt das **Gewinnmaximum** an der **Kapazitätsgrenze des Betriebs** (größtmögliche Differenz zwischen Umsatz und Gesamtkosten).

4.3.3 Beispiel für die Berechnung und grafische Darstellung des Break-even-Points und des Gewinnmaximums

Beispiel:

Ein Industriebetrieb stellt Zubehörteile (Plastikbausätze) für Modelleisenbahnen her. Monatlich können maximal 1000 Packungen (Inhalt 10 Bausätze) erzeugt werden. Es wird nur auf Bestellung gearbeitet.

- An **fixen Kosten** fallen monatlich an: für Gehälter 9000,00 EUR, für Miete 1600,00 EUR, für Nebenkosten (Heizung, Licht, Reinigung) 400,00 EUR, für die Verzinsung des investierten Kapitals 3000,00 EUR und für die Abschreibung der Spritzgussmaschinen und der Werkzeuge 6000,00 EUR. Die fixen Kosten betragen also insgesamt 20000,00 EUR.
- Die **variablen Kosten** betragen 30,00 EUR je Verkaufspackung. Sie setzen sich aus den Roh- und Hilfsstoffkosten (6,00 EUR), den Akkordlöhnen (22,00 EUR) und den Energiekosten (2,00 EUR) zusammen.
- Der Absatzpreis je Verkaufspackung beträgt 55,00 EUR.

Aufgaben:

1. Berechnen Sie in Intervallen von jeweils 100 Verkaufspackungen für die Herstellung von 100 bis 1000 Verkaufspackungen die anfallenden Gesamtkosten, die Stückkosten, den Gesamtgewinn bzw. -verlust und den Stückgewinn bzw. -verlust! Erstellen Sie hierzu eine Kosten-Leistungs-Tabelle!
2. Berechnen Sie den Break-even-Point!
3. Stellen Sie E, K, K_v und K_{fix}, k, k_v und e grafisch dar!

Lösungen:

Zu 1.:

Menge der Verkaufspackungen (x)	fixe Gesamtkosten in EUR (K_{fix})	variable Gesamtkosten in EUR (K_v)	Gesamtkosten in EUR (K)	Gesamterlös (abgesetzte Menge · Preis) (E)	Gewinn (schwarze Zahlen) bzw. Verlust (rote Zahlen) (G/V)	variable Stückkosten in EUR (k_v)	fixe Stückkosten in EUR (k_{fix})	Stückkosten in EUR (k)	Stückerlös in EUR (e)	Stückverlust bzw. Stückgewinn (g/v)
100	20000,00	3000,00	23000,00	5500,00	17500,00	30,00	200,00	230,00	55,00	175,00
200	20000,00	6000,00	26000,00	11000,00	15000,00	30,00	100,00	130,00	55,00	75,00
300	20000,00	9000,00	29000,00	16500,00	12500,00	30,00	66,67	96,67	55,00	41,67
400	20000,00	12000,00	32000,00	22000,00	10000,00	30,00	50,00	80,00	55,00	25,00
500	20000,00	15000,00	35000,00	27500,00	7500,00	30,00	40,00	70,00	55,00	15,00
600	20000,00	18000,00	38000,00	33000,00	5000,00	30,00	33,33	63,33	55,00	8,33
700	20000,00	21000,00	41000,00	38500,00	2500,00	30,00	28,57	58,57	55,00	3,57
800	20000,00	24000,00	44000,00	44000,00	–	30,00	25,00	55,00	55,00	–
900	20000,00	27000,00	47000,00	49500,00	2500,00	30,00	22,22	52,22	55,00	2,78
1000	20000,00	30000,00	50000,00	55000,00	5000,00	30,00	20,00	50,00	55,00	5,00

Zu 2.: $x = \frac{20000}{55 - 30}$ = 800 Stück (Break-even-Point)

Zu 3.:

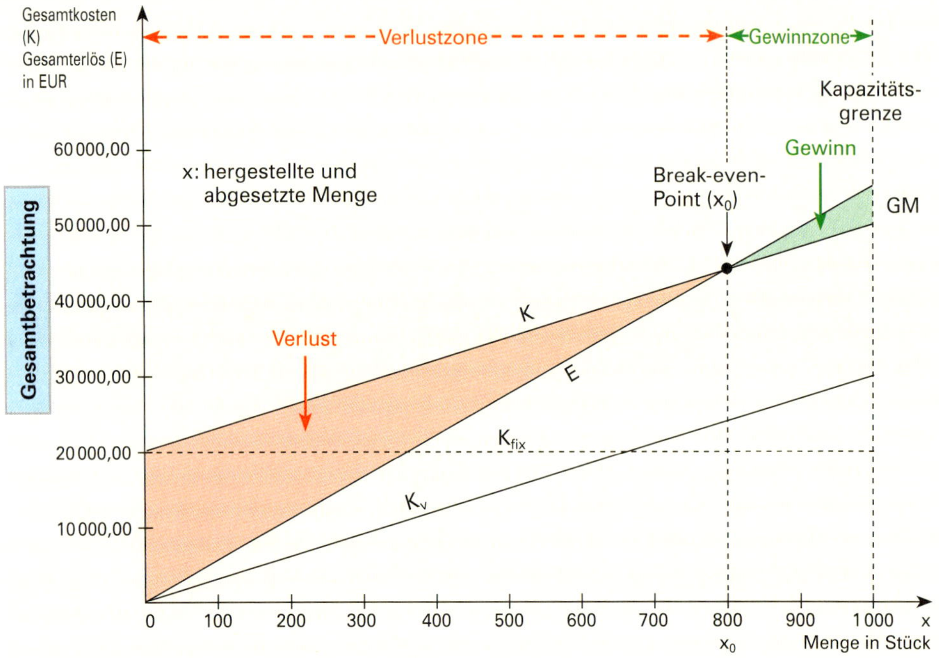
Gesamtkosten (K)
Gesamterlös (E)
in EUR
Gesamtbetrachtung
Verlustzone
Gewinnzone
Kapazitäts-grenze
Gewinn
x: hergestellte und abgesetzte Menge
Break-even-Point (x_0)
GM
K
E
Verlust
K_{fix}
K_v
60 000,00
50 000,00
40 000,00
30 000,00
20 000,00
10 000,00
0
100
200
300
400
500
600
700
800
900
1 000
x
x_0
Menge in Stück

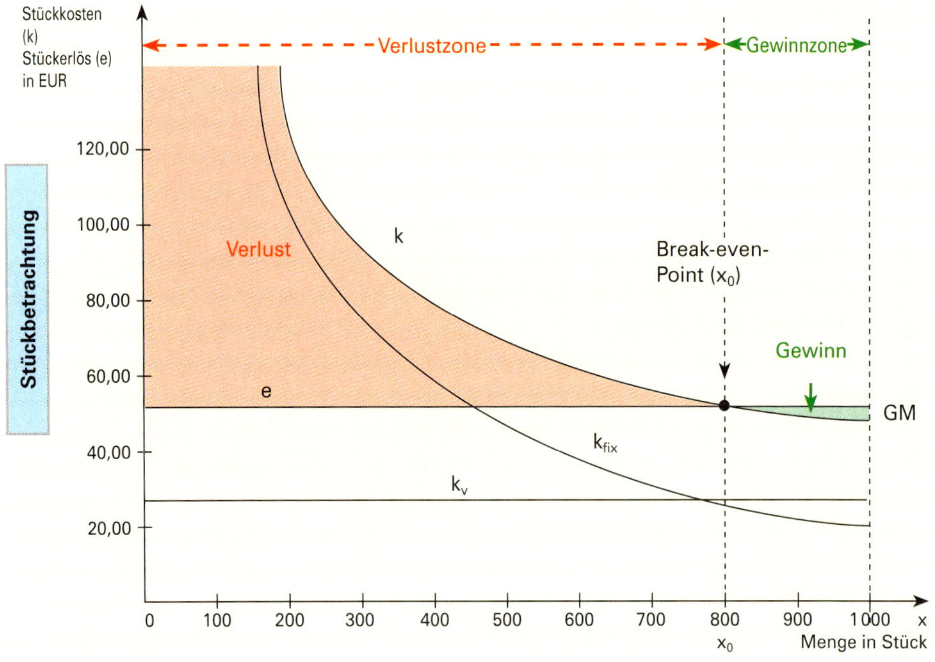
Stückkosten (k)
Stückerlös (e)
in EUR
Stückbetrachtung
Verlustzone
Gewinnzone
Verlust
k
Break-even-Point (x_0)
Gewinn
e
GM
k_{fix}
k_v
120,00
100,00
80,00
60,00
40,00
20,00
0
100
200
300
400
500
600
700
800
900
1 000
x
x_0
Menge in Stück

Erläuterungen:

- Unterstellt man einen linearen Gesamtkostenverlauf, ergibt sich mit zunehmender Ausbringungsmenge eine Kostendegression, weil die variablen Kosten je Stück konstant bleiben, die fixen Kosten je Stück jedoch abnehmen **(Gesetz der Massenproduktion).**

  Das **Massenproduktionsgesetz** besagt: Je höher die Ausbringungsmenge zur Herstellung von Massengütern ist, desto geringer werden die fixen Kosten je Stück und umso niedriger werden damit die Stückkosten. Dadurch wird das Angebot auf dem Markt erhöht. Die Preise sinken, da sie sich den geringeren Stückkosten anpassen. Massengüter sind z. B. Kaugummi, Schrauben, Zement.

  Die Formel für das Massenproduktionsgesetz lautet: $k = k_v + \frac{K_{fix}}{x}$

  Das Stückkostenminimum liegt an der Kapazitätsgrenze.

- Bei linearem Gesamtkostenverlauf und gegebenem Absatzpreis liegt das **Gewinnmaximum** immer an der Kapazitätsgrenze, weil dort die Differenz zwischen Erlös (Umsatz) und Gesamtkosten (Gesamtbetrachtung) bzw. zwischen Absatzpreis je Stück und Stückkosten (Stückbetrachtung) am größten ist **(optimaler Kostenpunkt).**

- Die Ausbringungsmenge, bei der der Umsatz den Gesamtkosten bzw. der Absatzpreis je Stück den Stückkosten entspricht, bezeichnet man als **Gewinnschwelle,** mitunter auch als **Nutzenschwelle** oder als **„toten Punkt" (Break-even-Point).** Kann der Betrieb seine Ausbringungsmenge über die Gewinnschwelle hinaus erhöhen, erzielt er Gewinn. Er tritt in die **Gewinnzone** ein. Liegt die Ausbringungsmenge unter der Gewinnschwelle, arbeitet der Betrieb mit Verlust. Er befindet sich in der **Verlustzone.**

Kompetenztraining

75 Gewinn in Abhängigkeit von der Ausbringungsmenge

Die Hartmut Hug KG in Ansbach stellt Spielpuppen für Kinder her. Eine Puppe wird für 40,00 EUR verkauft. Bei vollkommener Ausnutzung der Kapazität können insgesamt 500 Puppen produziert werden. Die Produktion erfolgt nur nach Bestellung. Die Kostenstruktur verläuft linear.

Die monatlichen Fixkosten betragen 6 000,00 EUR. Die variablen Stückkosten betragen konstant 20,00 EUR.

Menge	Gesamtkosten			Stückkosten			Gesamterlös	Gesamt-	
x	K_{fix}	K_v	K	k_{fix}	k_v	k	E	gewinn	verlust
100	6 000,00				20,00				
200									
300									
400									
500									

Aufgaben:

1. Ergänzen Sie die angegebene Tabelle (ggf. unter Zuhilfenahme einer geeigneten Software)!
2. Berechnen Sie den Break-even-Point! (Hinweis: Weisen Sie Ihren ggf. abgelesenen Break-even-Point nun auch rechnerisch nach).
3. Ermitteln Sie das Gewinnmaximum!
4. Berechnen Sie die Ausbringungsmenge, bei der ein Gewinn von 2 000,00 EUR erzielt wird!

76 Break-even-Point – Berechnung und grafische Darstellung, Ermittlung der Preisstrategie für wirtschaftliches Arbeiten

1. Die MOTRE KG stellt ein Brettspiel her, welches zum herrschenden Marktpreis von 12,00 EUR/Stück absetzbar ist. Es wurden 16000 Stück hergestellt. Die Fixkosten der Abrechnungsperiode betragen 60000,00 EUR, der variable Kostenanteil beträgt 6,00 EUR je Stück.

   Aufgaben:

   1.1 Ermitteln Sie den Break-even-Point (ggf. unter Zuhilfenahme einer geeigneten Software)!

   1.2 Bestimmen Sie den Gesamtgewinn bei Verkauf sämtlicher Spiele!

   1.3 Ermitteln Sie, wie sich der Break-even-Point verändert, wenn die variablen Kosten aufgrund von Lohnerhöhungen 7,00 EUR betragen!

2. In der Marketing-Abteilung der RAWA GmbH wird darüber diskutiert, ob Kochtöpfe im Rahmen einer Sonderaktion angeboten werden sollen. Der variable Kostenanteil pro Stück beträgt 25,00 EUR. Die Kochtopfaktion verursacht zusätzliche Fixkosten in Höhe von 180000,00 EUR. Bei unterschiedlichen Angebotspreisen werden folgende Absatzmengen erwartet:

Preis/Stück	Erwartete Absatzmenge
30,00 EUR	30 000 Stück
35,00 EUR	20 000 Stück
40,00 EUR	8 000 Stück

   Aufgabe:

   Weisen Sie nach, bei welcher Preisstrategie das Unternehmen wirtschaftlich arbeitet!

3. Die Gustav Plau AG stellt im Abrechnungszeitraum I nur das Produkt A her. Dazu liegen folgende Daten vor:

   – Kapazität 16000 Stück
   – variable Stückkosten 70,00 EUR
   – Fixkosten 450000,00 EUR
   – Stückerlös 120,00 EUR

   Aufgaben:

   3.1 Berechnen Sie den Break-even-Point (ggf. unter Zuhilfenahme einer geeigneten Software)!

   3.2 Ermitteln Sie die Ausbringungsmenge, wenn ein Betriebsgewinn von 150000,00 EUR erreicht werden soll!

   3.3 Stellen Sie in einer nicht maßstabsgetreuen Skizze den Break-even-Point und die Höhe des geplanten Gewinns dar. Achten Sie auf die vollständige Beschriftung Ihrer Zeichnung!

   3.4 Nennen Sie Einflussgrößen, die zu einer Verschiebung des Break-even-Points führen!

   3.5 Im nächsten Abrechnungszeitraum wird einem langjährigen Kunden für seinen Auftrag über 700 Stück ein Vorzugspreis von 105,00 EUR je Stück eingeräumt.

   Berechnen Sie, wie viel Stück von A im nächsten Abrechnungszeitraum zusätzlich gefertigt und zum üblichen Stückpreis von 120,00 EUR verkauft werden müssen, wenn der Betriebsgewinn von 150000,00 EUR gehalten werden soll!

5 Über Eigenfertigung und Fremdbezug von Erzeugnissen anhand quantitativer und qualitativer Kriterien entscheiden

LB 2 **Handlungssituation 5: Über Eigenfertigung oder Fremdbezug begründet entscheiden**

Die Augsburger Büromöbel AG benötigt für einen Großauftrag zusätzlich 1000 Bürotische. Ein Zulieferer bietet diese Tische zu einem Preis von 56,40 EUR je Tisch an, wobei noch 1,15 EUR Versandkosten hinzukommen. Andererseits hat die Augsburger Büromöbel AG noch freie Kapazitäten. Die Augsburger Büromöbel AG hat folgende Kostenstruktur ermittelt:

maximale Kapazität	14400 Stück	variable Selbstkosten je Stück	64,79 EUR
derzeitige Auslastung	83 %	variable Herstellkosten je Stück	52,20 EUR

KOMPETENZORIENTIERTE ARBEITSAUFTRÄGE:

1. Berechnen Sie, ob die Kapazität zur Produktion von 1000 Bürotischen ausreicht!
2. Begründen Sie, ob sich der Fremdbezug für die Augsburger Büromöbel AG lohnt!
3. Eine Maschinenfabrik bietet der Augsburger Büromöbel AG für die inzwischen abgenutzte eine moderne Anlage an. Die variablen Herstellkosten je Stück belaufen sich dann bei Vollauslastung auf 40,50 EUR. Die Fixkosten der Produktion pro Monat von bisher 551986,00 EUR würden allerdings auf 674836,00 EUR steigen.

   Als Alternative käme eine Maschine infrage, die die gleiche Kostenstruktur aufweist wie die alte Anlage. Die Verwaltungs- und Vertriebsgemeinkosten sind in beiden Fällen gleich.

   Berechnen Sie, ab welcher Planmenge die modernere Anlage kostengünstiger ist!

5.1 Entscheidung bei noch freien Produktionskapazitäten

mvurl.de/te3p

Im Fall noch freier Produktionskapazitäten muss ein Unternehmen prüfen, ob es nicht kostengünstiger ist, bisher fremdbezogene Vorprodukte/Erzeugnisse künftig zur Auslastung der Kapazitäten selbst herzustellen. In den Vergleich dürfen nur die variablen Herstellkosten einbezogen werden, da die anteiligen Fixkosten auf jeden Fall anfallen – unabhängig davon, ob Eigenfertigung oder Fremdbezug gewählt wird.

Beispiel:

Ein Industriebetrieb hat noch freie Kapazität. Die Geschäftsleitung überlegt daher, ob sie das Getriebe für die neue Maschine selbst herstellen oder von einem Zulieferer beziehen soll. Folgende Daten liegen vor:

Fremdbezug: Bareinkaufspreis 148,00 EUR je Stück, Frachtkosten pauschal 1 % des Bareinkaufspreises.

Eigenfertigung: Verbrauch von Fertigungsmaterial 30,00 EUR, variable MGK 8 %, Fertigungslöhne 45,00 EUR, variable FGK 62 %.

Aufgabe:

Begründen Sie rechnerisch, ob sich die Eigenfertigung lohnt!

Lösung:

Kosten bei Fremdbezug

	Bareinkaufspreis	148,00 EUR
+	1 % Frachtkosten pauschal	1,48 EUR
=	Einstandspreis je Getriebe	149,48 EUR

Kosten bei Eigenfertigung[1]

	Materialeinzelkosten	30,00 EUR
+	8 % variable MGK	2,40 EUR
	Fertigungslöhne	45,00 EUR
+	62 % variable FGK	27,90 EUR
=	variable Herstellkosten je Getriebe	105,30 EUR

Eigenfertigung oder Fremdbezug?

	Einstandspreis je Getriebe bei Fremdbezug	149,48 EUR
–	variable Herstellkosten je Getriebe bei Eigenfertigung	105,30 EUR
=	Kostenvorteil bei Eigenfertigung	44,18 EUR

Ergebnis: Bei der Eigenfertigung entsteht gegenüber dem Fremdbezug ein Kostenvorteil in Höhe von 44,18 EUR. Die Eigenfertigung ist daher vorteilhafter.

! Bei **freier Kapazität** ist die Eigenfertigung dem Fremdbezug dann vorzuziehen, wenn die variablen Herstellkosten unter dem Einstandspreis bei Fremdbezug liegen.

5.2 Entscheidung bei notwendigen Kapazitätserweiterungen

Bei **ausgelasteter Kapazität** müssen neben den variablen Kosten auch die **zusätzlich entstehenden fixen Kosten** der Kapazitätserweiterung einbezogen werden.

Die Frage, ob die Eigenfertigung Kostenvorteile bringt, hängt im Wesentlichen von der Ausbringungsmenge ab. Es gilt daher, die Ausbringungsmenge zu ermitteln, bei der die Kosten der Eigenfertigung und die Kosten des Fremdbezugs gleich hoch sind.

Diese Ausbringungsmenge bezeichnet man als **kritische Menge.** Sie wird wie folgt berechnet:

Kosten bei Fremdbezug = Kosten bei Eigenfertigung

$$k \cdot x = k_v \cdot x + K_{fix}$$

Vor der kritischen Menge ist der Fremdbezug, danach die Eigenfertigung günstiger.

Beispiel:

Wir greifen auf das Beispiel von S. 243 zurück. Da die Kapazität ausgelastet ist, muss im Fall der Eigenfertigung die Kapazität für die Getriebefertigung erweitert werden. Es ist mit Anschaffungskosten in Höhe von 720 000,00 EUR zu rechnen. Die Nutzungsdauer für die neue Anlage liegt bei 8 Jahren. Ferner entstehen zusätzliche Fixkosten für Instandhaltung, Versicherung usw. in Höhe von 4 500,00 EUR.

Aufgaben:

1. Entscheiden Sie, ob sich die Eigenfertigung bei einer Fertigungsmenge von 2 000 Getrieben pro Jahr lohnt!
2. Bestimmen Sie rechnerisch und grafisch die kritische Menge, ab der sich die Eigenfertigung lohnt!

1 Die fixen Kosten sind durch die bisherige Beschäftigung bereits in voller Höhe abgedeckt. Relevante Kosten sind daher ausschließlich die variablen Kosten.

Lösungen:

Zu 1.:

Kosten bei Fremdbezug	
Einstandspreis je Getriebe	149,48 EUR
Einstandspreis von 2000 Getrieben	298 960,00 EUR

Kosten bei Eigenfertigung	
Var. Herstellkosten je Getriebe	105,30 EUR
Var. Herstellkosten von 2000 Getrieben	210 600,00 EUR
+ kalk. Abschreibung	90 000,00 EUR
+ zusätzliche Fixkosten	4 500,00 EUR
	305 100,00 EUR

Ergebnis: Bei der Eigenfertigung entsteht bei einer Fertigungsmenge von 2000 Getrieben gegenüber dem Fremdbezug ein Kostennachteil in Höhe von 6 140,00 EUR. Die Eigenfertigung lohnt sich nicht.

Zu 2.: **Berechnung der kritischen Menge**

$$K_{FB} = K_{EF}$$
$$149{,}48\,x = 105{,}30\,x + 94\,500$$
$$44{,}18\,x = 94\,500$$
$$x = 2\,138{,}98$$

Ergebnis: Die Eigenfertigung ist erst ab einer Fertigungsmenge von 2 139 Getrieben lohnend.

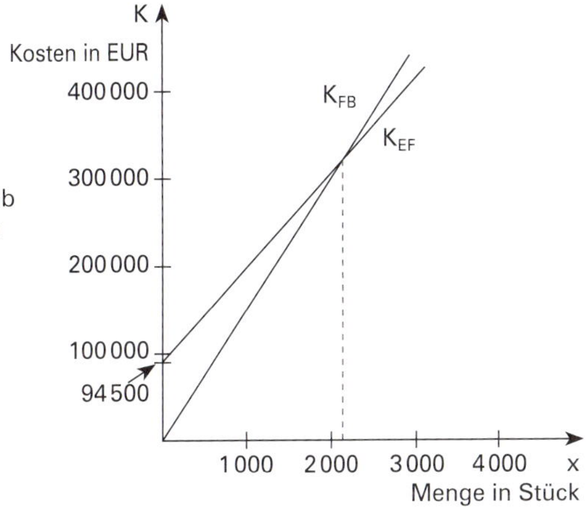

Bei einer **erforderlichen Kapazitätserweiterung** ist die Eigenfertigung dem Fremdbezug dann vorzuziehen, wenn die variablen und die zusätzlich entstehenden fixen Kosten unter den Kosten des Fremdbezugs liegen.

5.3 Qualitative Kriterien mithilfe der Nutzwertanalyse (Scoring-Modell) unter Berücksichtigung von ESG-Kriterien

Neben dem rein kostenrechnerischen Entscheidungskriterium „kritische Menge" **(quantitatives Kriterium)** sind auch noch **weitere Entscheidungskriterien** hinsichtlich Eigenfertigung oder Fremdbezug zu beachten **(qualitative Kriterien)**:

- Qualität der Produkte des Lieferanten
- Zuverlässigkeit bei der Lieferung
- Abhängigkeit vom Lieferanten bzw. von den Lieferketten
- Verlust von Know-how bei vollständigem Outsourcing[1]
- Beschäftigungssituation der eigenen Mitarbeiter

1 **Outsourcing**: Fremdvergabe.

Neben klassischen Kosten- und Qualitätsaspekten gewinnen **ESG-Kriterien** (Environmental, Social und Governance) zunehmend an Bedeutung. Sie streuen das Risiko, stärken die Reputation[1] des Unternehmens und sichern langfristige Wertschöpfung.

ESG-Kriterien in Zusammenhang mit Produktionsentscheidungen sind:

Kriterium	Eigenfertigung	Fremdbezug
Environmental	■ Energie- und Ressourcenverbrauch der eigenen Produktionsanlage ■ Emissionsbilanz (CO_2-Ausstoß) ■ Möglichkeiten zur Kreislaufwirtschaft (Recycling)	■ Umweltstandards des Lieferanten (CO_2-Intensität) ■ Emissionen beim Transport (Logistikkette) ■ Herkunft der Rohstoffe des Lieferanten
Social	■ Arbeitsbedingungen, Gesundheit und Sicherheit in der eigenen Produktionsstätte ■ lokale Wertschöpfung ■ regionale Beschäftigung	■ Einhaltung von Menschenrechten und fairen Arbeitsbedingungen beim Lieferanten ■ Lieferkettentransparenz (z. B. OECD-Leitsätze[2]) ■ soziale Auswirkungen in den Produktionsländern
Governance	■ unternehmensinterne Kontrollsysteme und Compliance[3] ■ transparente Kosten- und Risiko-Berichterstattung ■ verantwortungsvoller Umgang mit Stakeholdern[4]	■ transparente Vertragsgestaltung ■ Korruptionsprävention ■ Lieferanten-Audit und Reporting-Pflichten

Ein Instrument, um eine Entscheidungsfindung bzgl. Eigenfertigung oder Fremdbezug unter Berücksichtigung mehrerer Kriterien treffen zu können, bildet die **Nutzwertanalyse.**[5] Folgende Schritte sind nacheinander zu befolgen:

- Festlegung der Kriterien
- Festlegung der Gewichtungen (prozentual von 0 bis 100)
- Datenerhebung bzw. Punktevergabe
- Berechnung des Scores (gewichtete Punkte) durch Multiplikation der Gewichtungen mit den einzelnen Punkten
- Entscheidungsfindung auf Grundlage der höchsten Gesamtpunktzahl

Beispiel:

Die Kagerer GmbH aus Lindau am Bodensee bietet vorgefertigte Carports mit einer Unterkonstruktion aus Aluminium an. Das Unternehmen überlegt, ob es die Alu-Unterkonstruktion selbst produzieren oder von einem Großhändler aus China beziehen soll.

1 **Reputation:** Wertschätzung. Zu den Grundlagen der ESG-Kriterien siehe Jahrgangsstufe 11, Lernbereich 1, Kapitel 2.2.5, S. 42 ff.

2 Die OECD-Leitsätze für multinationale Unternehmen zu verantwortungsvollem unternehmerischen Handeln stellen Empfehlungen der Regierungen an die multinationalen Unternehmen dar. Vgl. hierzu: https://www.oecd.org/de/publications/2023/06/oecd-guidelines-for-multinational-enterprises-on-responsible-business-conduct_a0b49990.html, zugegriffen am 18.02.2026.

3 **Compliance:** Einhaltung von Regeln und Gesetzen.

4 **Stakeholder:** Interessenvertreter.

5 Synonym werden die Begriffe Scoring-Modell oder Entscheidungsbewertungstabelle verwendet (**Scoring-Modell:** Modell zur Bewertung von Handlungsalternativen). Siehe hierzu auch die Anwendung dieser Methode in Form einer Lieferanten-Matrix in Jahrgangsstufe 11, Lernbereich 2, Kapitel 2.3, S. 63 f.

Nutzwertanalyse:

Auswahlkriterien	Gewichtung	Eigenfertigung (EF)		Fremdbezug (FB)	
		Punkte[1] EF	gewichtete Punkte EF	Punkte[1] FB	gewichtete Punkte FB
(1)	(2)	(3)	(4) = (2) · (3)	(5)	(6) = (2) · (5)
Kosten	30	2	60	5	150
Transportdauer	10	5	50	2	20
rechtzeitige Fertigstellung	10	5	50	3	30
Nachhaltigkeit	20	3	60	3	60
Sozialstandards	15	5	75	2	30
Compliance-Zertifizierung	15	3	45	2	30
Summe der Punkte	**100**		**340**		**320**

Erläuterung:

Die zeilenweise Multiplikation der Gewichtungen mit den Punkten für die einzelnen Kriterien ergibt jeweils die gewichteten Punkte. Deren Summe beträgt bei der Eigenfertigung 340 und beim Fremdbezug 320. Somit fällt die Entscheidung zugunsten der Eigenfertigung aus. Im vorliegenden Fall führt der Einbezug qualitativer Kriterien (einschließlich ESG-Kriterien) zu einer Neubewertung der Entscheidungssituation.

Argumente für Eigenfertigung	Argumente für Fremdbezug
■ Qualitätssicherung liegt in der Hand des eigenen Unternehmens. ■ Keine Abhängigkeit vom Zulieferer (Zuverlässigkeit in der Auftragsabwicklung, wirtschaftliche Stabilität, Weiterentwicklung der Kompetenzen). ■ Keine Abhängigkeit von politischen Entscheidungen (z. B. Importzölle oder Boykott). ■ Eigenes, erfolgskritisches Fachwissen muss nicht außer Haus gegeben werden. ■ Hoher Verwaltungsaufwand zur Durchsetzung internationaler Vorgaben und Bürokratie (z. B. Vorgaben aus dem Lieferkettensorgfaltspflichtengesetz). ■ Auslastung des eigenen Betriebs.	■ Konzentration auf das Kerngeschäft. ■ Durchlaufzeit eines Auftrags wird verkürzt, d. h., damit können pro Zeiteinheit mehr Erzeugnisse hergestellt werden. ■ Flexible Anpassung an veränderte Bedarfe oder Marktbedingungen (z. B. neue bzw. kostengünstigere Anbieter treten in den Markt ein). ■ Produktions- und Beschäftigungsrisiko wird auf die Zulieferer abgewälzt. ■ Geringere Investitionen in die Anlagen sind notwendig. ■ Qualifizierte Mitarbeiter können anderweitig eingesetzt werden. ■ Geringere Stückkosten, da Zulieferer in ihrer Kernkompetenz spezialisiert sind, in größeren Auflagen fertigen und damit kostengünstiger produzieren. ■ Zulieferer trägt Kosten für die Weiterentwicklung des Fremdteils. ■ Keine aufwendige Lagerhaltung notwendig.

1 Die Bewertung erfolgt auf einer Skala von 1 bis 5, wobei 1 die schlechteste und 5 die beste Bewertung ist.

Kompetenztraining

77 Deckungsbeitragsrechnung, Eigenfertigung oder Fremdbezug

Ein Baumaschinenhersteller plant aufgrund noch freier Kapazität ein bisher fremdbezogenes Motorengehäuse selbst herzustellen. Die Produktion des Motorengehäuses verursacht folgende Kosten: Materialkosten 195,00 EUR, variable MGK 7,5 %, Fertigungslohn je Stunde 43,80 EUR, variable FGK 101 %, Sondereinzelkosten der Fertigung 132,50 EUR, Produktionszeit je Motorengehäuse 50 Minuten. Der Einstandspreis des Zulieferers für das Motorengehäuse beträgt 564,95 EUR. Der Nettoverkaufserlös des Motorengehäuses beläuft sich auf 634,95 EUR.

Aufgaben:

1. Berechnen Sie die Gesamtkosten der Eigenproduktion für das Motorengehäuse!
2. Beurteilen Sie, ob sich die Eigenfertigung der Motorengehäuse lohnt!
3. Nennen Sie drei qualitative Entscheidungskriterien, die trotz eines Kostenvorteils gegen einen Fremdbezug sprechen!

78 Eigenfertigung oder Fremdbezug bei einem Verlustprodukt

Im Zweigwerk des Autozulieferers Gustav Heine KG werden verschiedene Typen von Radkappen gefertigt.

Produkt	Radkappe A	Radkappe B	Radkappe C
Deckungsbeitrag pro Stück	26,00 EUR	10,00 EUR	30,00 EUR
Produktions- und Absatzmenge in Stück	3900	2500	8100
Anteil an den Fixkosten	25 %	14 %	61 %

Die gesamten Fixkosten betragen 280000,00 EUR pro Jahr. Der Preis von Radkappe A beläuft sich auf 40,00 EUR.

Aufgaben:

1. Ermitteln Sie die Deckungsbeiträge, das Betriebsergebnis je Produkt und das Betriebsergebnis insgesamt!
2. Die Gustav Heine KG überlegt, die Produktion des Verlustproduktes einzustellen. Dadurch könnten der Anteil der fixen Kosten für die Radkappe B um 80 % abgebaut werden.

   Berechnen Sie, wie sich das Betriebsergebnis durch diese Maßnahme verändern würde!
3. Die Produktion der Radkappe B wird nicht eingestellt. Die Radkappe B wird ausschließlich an die Autosport GmbH verkauft. Die Autosport GmbH würde langfristig von Radkappe B zwischen 7000 und 8000 Stück pro Jahr beziehen, wenn der bisherige Stückpreis (40,00 EUR) um 10 % gesenkt würde.

   Da die bisherige Kapazität für die Produktion der Radkappe B nicht ausreicht, fallen durch die Annahme des Zusatzauftrages zusätzliche Fixkosten in Höhe von 5800,00 EUR/Jahr an. Die variablen Stückkosten würden sich dadurch nicht ändern.

   Bestimmen Sie die Mindestabnahmemenge, die von der Autosport GmbH zugesagt werden müsste, damit die Radkappe B keinen negativen Beitrag zum Betriebsergebnis leistet!
4. Die Kapazitätserweiterung wird nicht durchgeführt. Eine Alternative wäre der komplette Fremdbezug der Radkappe B. Es liegt ein Angebot zum Preis von 50,00 EUR pro Stück vor. Die bisherigen Fixkosten für die Radkappe B könnten in diesem Falle nur um 45 % abgebaut werden.

   Berechnen Sie, bis zu welcher Menge der Fremdbezug vorteilhaft ist!

6 Mithilfe der mehrstufigen Deckungsbeitragsrechnung über die Förderung und Einstellung von Produkten entscheiden

Bei der mehrstufigen Deckungsbeitragsrechnung werden die Fixkosten aufgeteilt, z. B. in Fixkosten für eine Erzeugnisart oder eine Erzeugnisgruppe. Der noch verbleibende Rest stellt Fixkosten für den gesamten Unternehmensbereich dar (Unternehmensfixkosten).

Erzeugnis-fixkosten	Sie sind der Gesamtstückzahl einer Erzeugnisart direkt zurechenbar. **Beispiele:** Forschungs- und Entwicklungskosten für die Erzeugnisart, Zinskosten, Abschreibungen auf Anlagen, die nur für diese Erzeugnisart verwendet werden, Lizenzgebühren für die Erzeugnisart.
Erzeugnis-gruppenfixkosten[1]	Sie entfallen auf mehrere ähnliche Erzeugnisse, die zu einer Erzeugnisgruppe zusammengefasst werden können. **Beispiele:** Kapitalkosten von Anlagen, die nur von der betreffenden Erzeugnisgruppe beansprucht werden, Forschungs- und Entwicklungskosten für diese Erzeugnisgruppen, Gehälter für Angestellte, die nur für eine bestimmte Erzeugnisgruppe tätig sind.
Unternehmens-fixkosten	Sie sind der Rest der Fixkosten, der nicht auf die speziellen Erzeugnisse bzw. Erzeugnisgruppen aufgeteilt werden kann, z. B. Kosten der Unternehmensleitung.

Aufgrund der Fixkostenaufspaltung ergibt sich für die mehrstufige Deckungsbeitragsrechnung folgendes Berechnungsschema:

Erzeugnis A		**Erzeugnis B**		**Erzeugnis C**		**Erzeugnis D**	
Nettoverkaufserlöse – variable Kosten	+	Nettoverkaufserlöse – variable Kosten	+	Nettoverkaufserlöse – variable Kosten	+	Nettoverkaufserlöse – variable Kosten	
= Deckungsbeitrag I – Erzeugnisfixkosten		= Deckungsbeitrag I – Erzeugnisfixkosten		= Deckungsbeitrag I – Erzeugnisfixkosten		= Deckungsbeitrag I – Erzeugnisfixkosten	
= Deckungsbeitrag II		= Deckungsbeitrag II		= Deckungsbeitrag II		= Deckungsbeitrag II	Summe der Deckungsbeiträge II – Unternehmensfixkosten = Betriebsergebnis

Beispiel:

Ein Industriebetrieb stellt im Erzeugnisbereich Metall die Erzeugnisse Stahltank und Stahlleitern und im Erzeugnisbereich Holz die Erzeugnisse Büromöbel und Labormöbel her. Die Fertigung der beiden Erzeugnisbereiche wird in getrennten Kostenstellen erfasst. Verwaltung und Vertrieb

1 Auf die Erzeugnisgruppenfixkosten wird im Folgenden nicht eingegangen.

sind für die beiden Erzeugnisgruppen zentralisiert. Für die Rechnungsperiode liegen folgende Daten vor:

	Metall		Holz	
	Stahltank	Stahlleitern	Büromöbel	Labormöbel
Stückzahl	50	1400	600	1100
Nettoverkaufserlöse je Stück	15000,00 EUR	320,00 EUR	560,00 EUR	960,00 EUR
variable Stückkosten	6100,00 EUR	190,00 EUR	305,00 EUR	520,00 EUR
Erzeugnisfixkosten	103000,00 EUR	74000,00 EUR	170000,00 EUR	196900,00 EUR
Unternehmensfixkosten	486400,00 EUR			

Aufgaben:

1. Ermitteln Sie die Deckungsbeiträge je Erzeugnisart (Deckungsbeitrag II)!
2. Berechnen Sie das Betriebsergebnis der Rechnungsperiode!
3. Es wird erwogen, die Produktion von Büromöbeln einzustellen. Die Erzeugnisfixkosten wären um 65 % abbaubar. Berechnen Sie, unter sonst gleichen Bedingungen, ob es sinnvoll ist, die Produktion von Büromöbeln einzustellen!

Lösungen:

Zu 1. und 2.: Berechnung der Deckungsbeiträge je Erzeugnisart und des Betriebsergebnisses

	Metall		Holz		Insgesamt
	Stahltank	Stahlleitern	Büromöbel	Labormöbel	
Nettoverkaufserlöse	750000,00 EUR	448000,00 EUR	336000,00 EUR	1056000,00 EUR	2590000,00 EUR
– variable Kosten	305000,00 EUR	266000,00 EUR	183000,00 EUR	572000,00 EUR	1326000,00 EUR
= Deckungsbeitrag I	445000,00 EUR	182000,00 EUR	153000,00 EUR	484000,00 EUR	1264000,00 EUR
– Erzeugnisfixkosten	103000,00 EUR	74000,00 EUR	170000,00 EUR	196900,00 EUR	543900,00 EUR
= Deckungsbeitrag II	342000,00 EUR	108000,00 EUR	–17000,00 EUR	287100,00 EUR	720100,00 EUR
– Unternehmens-fixkosten					486400,00 EUR
= Betriebsgewinn der Rechnungsperiode					233700,00 EUR

Zu 3.: Vorschlag zur Einstellung der Produktion von Büromöbeln

	DB II von Büromöbeln	– 17000,00 EUR
–	nicht abbaubare Erzeugnisfixkosten 35 % von 170000,00 EUR	– (–) 59500,00 EUR
=	zusätzliche Kosten	– 42500,00 EUR

Ergebnis: Der Betriebsgewinn verschlechtert sich bei der Einstellung der Produktion von Büromöbeln um 42500,00 EUR. Die Einstellung der Produktion von Büromöbeln ist nicht sinnvoll.

Kompetenztraining

79 Mehrstufige Deckungsbeitragsrechnung, begründete Entscheidung zwischen zwei Fertigungsverfahren

Eine Möbelfabrik stellt Schreibtische im alten Werk in Werkstattfertigung und im Zweigwerk in automatisierter Fertigung her. Die Aufgliederung der Gemeinkosten im BAB für die Teilkostenrechnung ergibt folgende Zuordnungen:

	Fix	Variabel je Schreibtisch
Bereich Werkstattfertigung	1830,00 EUR	30,00 EUR
Bereich automatisierte Fertigung	12000,00 EUR	3,60 EUR
Gesamtunternehmen	1500,00 EUR	

Die monatliche Kapazität beträgt 150 Schreibtische bei Werkstattfertigung und 600 Schreibtische in der automatisierten Fertigung. Der Nettoverkaufserlös je Schreibtisch beträgt einheitlich 121,20 EUR.

Neben den für den Monat April eingeplanten 450 Schreibtischen in der automatisierten Fertigung soll im selben Monat noch ein Großauftrag von 150 Schreibtischen produziert werden. Die Werkstattfertigung besitzt für den Monat April keinen Auftrag.

Im Produktionsbereich fallen neben den Gemeinkosten folgende Einzelkosten an:

	Werkstattfertigung	Automatisierte Fertigung
Materialverbrauch je Schreibtisch	20,00 EUR	20,00 EUR
Fertigungslöhne je Stunde	60,00 EUR	60,00 EUR
Fertigungsdauer je Schreibtisch	60 Minuten	48 Minuten

Aufgaben:

1. Berechnen Sie die Deckungsbeiträge I und II sowie das Betriebsergebnis, wenn der Großauftrag in Werkstattfertigung und in automatisierter Fertigung bzw. nur in automatisierter Fertigung hergestellt wird!
2. Begründen Sie, für welches Fertigungsverfahren Sie sich aufgrund der in 1. angestellten Berechnungen entscheiden!

80 Mehrstufige Deckungsbeitragsrechnung, begründete Entscheidung für die Einstellung der Produktion eines Produkts

Im Industriewerk Fritz Hutter GmbH werden drei Produkte hergestellt. Folgende Daten liegen für Juni 20.. vor:

	A	B	C
Nettoverkaufserlös/Stück in EUR	185,00	230,00	280,00
variable Kosten/Stück in EUR	102,00	92,00	174,00
produzierte und verkaufte Menge in Stück	1400	1200	1150

Die gesamten Fixkosten betragen 310 700,00 EUR. Davon können 20% dem Produkt A zugerechnet werden. Fixkosten in Höhe von 14 000,00 EUR sind keinem Produkt zuzuordnen. Produkt B bringt einen negativen DB II von 12 340,00 EUR.

Aufgaben:

1. Berechnen Sie für den Juni 20.. die Erzeugnisfixkosten der drei Produkte, die fehlenden DB I und DB II sowie das Betriebsergebnis!
2. Es wird erwogen, die Produktion von B einzustellen. Die Erzeugnisfixkosten wären um 75 % abbaubar. Berechnen Sie, wie sich das monatliche Betriebsergebnis unter sonst gleichen Bedingungen verändern würde! Stellen Sie dar, welche Entscheidung die Geschäftsführung bezüglich der Produktion von B treffen wird!

81 Mehrstufige Deckungsbeitragsrechnung, Vorschläge zur Verbesserung des Betriebsergebnisses

Die Hans Schmid OHG stellt die Produkte D, E und F her. Die Kostenrechnung liefert für das Produkt F im 1. Quartal folgende Daten: Fertigungsmaterial je Stück 130,00 EUR, Fertigungslöhne je Stück 210,00 EUR, Gemeinkosten insgesamt 56 000,00 EUR, davon Erzeugnisfixkosten 48 500,00 EUR, Nettoverkaufserlös je Stück 490,00 EUR, hergestellte und verkaufte Menge 300 Stück.

Aufgaben:

1. Ermitteln Sie für das Produkt F die Deckungsbeiträge (DB) I und II!
2. Zur Verbesserung des Betriebsergebnisses werden verschiedene Überlegungen angestellt.
   - 2.1 Die Produktion des Typs F wird eingestellt, wobei die Erzeugnisfixkosten um 34 400,00 EUR abbaubar wären. Eine Marktprognose ergibt eine unveränderte absetzbare Menge von 300 Stück pro Quartal. Begründen Sie rechnerisch, ob diese Maßnahme sinnvoll wäre!
   - 2.2 Die Produktion von F wird beibehalten und eine Erhöhung des Verkaufspreises erwogen. Berechnen Sie den Umsatz pro Quartal, der bei gleichbleibender Absatzmenge die Kosten von F gerade noch deckt!
   - 2.3 Eine weitere Überlegung ist die Erhöhung der Absatzmenge. Der ursprüngliche Preis von 490,00 EUR wird beibehalten. Berechnen Sie, um wie viel Stück der Absatz pro Quartal gesteigert werden müsste, um die dem Produkt F zurechenbaren Kosten zu decken!
   - 2.4 Treffen Sie eine begründete Entscheidung, welche Vorgehensweise Sie bevorzugen würden!

7 System der Vollkostenrechnung und Teilkostenrechnung (Deckungsbeitragsrechnung) vergleichen und beurteilen

Vollkostenrechnung	Deckungsbeitragsrechnung
Aufbau und Zielsetzung	
■ Es werden alle **angefallenen Kostenarten** auf die Kostenträger verrechnet. ■ Ziel der Vollkostenrechnung ist, die Herstell- und Selbstkosten für die einzelnen Kostenträger zu ermitteln. Um alle Kostenarten auf die einzelnen Kostenträger aufteilen zu können, gliedert sie die Kostenarten nach der Zurechenbarkeit der Kostenarten auf die Kostenträger in **Einzelkosten** und **Gemeinkosten** auf. ■ **Ermittlung** der Herstellkosten, der Selbstkosten und des Angebotspreises ist **möglich.** ■ Für die **langfristige Produktions- und Absatzentscheidung** ist von Bedeutung, dass die Selbstkosten erwirtschaftet werden. Daher werden jeweils alle Kosten in die Kostenträger eingerechnet. ■ Die Vollkostenrechnung ist geeignet für die **Preisbildung von Auftragsfertigungen** (öffentliche und private Auftraggeber), für **Preiskontrollen** (Erlöse – Selbstkosten – Vergleiche), für die **Ermittlung von Inventurwerten für die Handels- und Steuerbilanz** und für die **Ergebnisermittlung.**	■ Es wird nur **ein Teil der angefallenen Kosten** auf die Kostenträger verrechnet. ■ Die Gesamtkosten werden aufgespalten, und zwar in einen Teil, der durch die Produktion entstanden ist **(variable Kosten)** und in einen Teil, den die Aufrechterhaltung der Betriebsbereitschaft verursacht hat **(fixe Kosten).** ■ Herstellkosten, Selbstkosten und der Angebotspreis können **nicht ermittelt werden.** ■ Da für die **kurzfristige Produktions- und Absatzentscheidung** nur die variablen Kosten von Bedeutung sind, wird nur dieser Kostenbestandteil auf die Kostenträger verrechnet. ■ Die Deckungsbeitragsrechnung ist geeignet, **Preisuntergrenzen** zu bestimmen, das **Produktionsprogramm zu optimieren** und die **Anpassung des Betriebs an Beschäftigungsschwankungen** zu erleichtern.
Bedeutung für die Unternehmen	
■ Die Vollkostenrechnung **geht von der innerbetrieblichen Kostenstruktur aus** und ermittelt für die einzelnen Leistungseinheiten einen Preis. Das Unternehmen versucht dann, diesen **Preis am Markt durchzusetzen.** Der **Preis wird als Funktion der Kosten gesehen.** ■ In der Vollkostenrechnung lautet die **Fragestellung: Wie viel muss der Betrieb für jede Produktionseinheit mindestens erhalten, um die mit der Produktion direkt und indirekt verbundenen Kosten (Gesamtkosten) zu erwirtschaften?** ■ Die Vollkostenrechnung liefert mit zeitlicher Verzögerung Informationsmaterial über die Vergangenheit. Sie kann damit **keine kurzfristigen Entscheidungshilfen** bereitstellen.	■ Die Deckungsbeitragsrechnung sieht die **Umsatzerlöse als Bezugsgröße** an. Sie geht von den erzielten Umsatzerlösen aus und subtrahiert hiervon die Kosten. Damit wird die **Marktorientierung** dokumentiert und ein retrograder Rechenweg ausgelöst. ■ In der Deckungsbeitragsrechnung lautet die Fragestellung: **Wie viel muss der Betrieb bei gegebener Betriebsbereitschaft mindestens erhalten, um die variablen Stückkosten für diese Produktionseinheit ersetzt zu bekommen?** ■ Durch die Orientierung der Deckungsbeitragsrechnung an den Umsatzerlösen kann sie **kurzfristige Entscheidungshilfen** anbieten. ■ Die Deckungsbeitragsrechnung ist **ein brauchbares Verfahren** im Rahmen der Preispolitik und Produktpolitik.

Fazit:

Die Kostenrechnung kann die vielfältigen Aufgaben der modernen Wirtschaftspraxis (Entscheidungsvorbereitung, Kostenkontrolle, Preisbildung und Preiskontrolle, Inventurbewertung, Ergebnisermittlung, Daten für die Besteuerung und Bereitstellung von Informationsdaten) nur in der Form einer **Kombination** von **Vollkostenrechnung** und **Deckungsbeitragsrechnung** bewältigen.

Lernbereich 3: Finanzierungs- und Investitionsvorgänge analysieren, liquide Mittel beschaffen und Investitionen tätigen

1 Unterschiedliche Investitionsanlässe und die Notwendigkeit von Investitionen für Unternehmen erkennen

1.1 Zusammenhang zwischen Investition und Finanzierung

LB 3 Handlungssituation 1: Investition und Finanzierung voneinander abgrenzen

Die Weber Metallbau GmbH möchte in eine neue Maschine investieren, mit der sie auch größere Stahlelemente für den Fassadenbau vollautomatisch herstellen kann. Die Investition schlägt mit 800 000,00 EUR zu Buche und soll komplett über ein Bankdarlehen der Hausbank finanziert werden.

Der Kreditberater der Hausbank meint:

KOMPETENZORIENTIERTER ARBEITSAUFTRAG:

Beurteilen Sie die Aussage des Kreditberaters!

1.1.1 Begriffe Investition und Finanzierung

mvurl.de/d7vc

Werden im Rahmen der Beschaffungs- und Produktionsphase **größere Beträge** für **einzelne Vermögensgegenstände** (z. B. Grundstücke, Maschinen, Beteiligungen, Patente) aufgewendet und ist die **Kapitalbindung** dabei **längerfristig** (wenigstens länger als eine Abrechnungsperiode) angelegt, so spricht man von **Investitionen.**

- **Investitionen** sind die **Verwendung von Finanzmitteln** zur Beschaffung betrieblichen Vermögens. Sie gehen mit **größeren Anschaffungsauszahlungen** und **langfristiger Kapitalbindung** einher.
- **Sachinvestitionen** sind Investitionen in **Güter des Anlage- und Umlaufvermögens,** die am Leistungserstellungsprozess eines Unternehmens beteiligt sind.
- **Finanzinvestitionen** sind Investitionen, die in **Finanzanlagen** (z. B. Unternehmensbeteiligungen) getätigt werden.

Zur Durchführung von Investitionen muss Kapital beschafft und bereitgestellt werden. Dies ist Aufgabe der Finanzierung.

- **Finanzierung** ist die Bereitstellung von **finanziellen Mitteln** zur Erfüllung betrieblicher Aufgaben.
- **Finanzmittel** sind Mittel, mit denen Ausgaben getätigt werden. Dazu zählen auch noch nicht in Anspruch genommene Kredite.

1.1.2 Statische Betrachtung innerhalb der Bilanz

Betrachtet man die Finanzierung und Investition vom Standpunkt der Bilanz, so steht das **Kapital** auf der **Passivseite** der Bilanz. Es gibt Auskunft darüber, welche Kapitalbeträge dem Betrieb zur Nutzung überlassen worden sind und in welcher rechtlichen Form (Eigenkapital, Fremdkapital) das geschehen ist. Auf der **Aktivseite** der Bilanz ist zu erkennen, welche **Verwendung die Mittel** (Anlage- und Umlaufvermögen) gefunden haben.

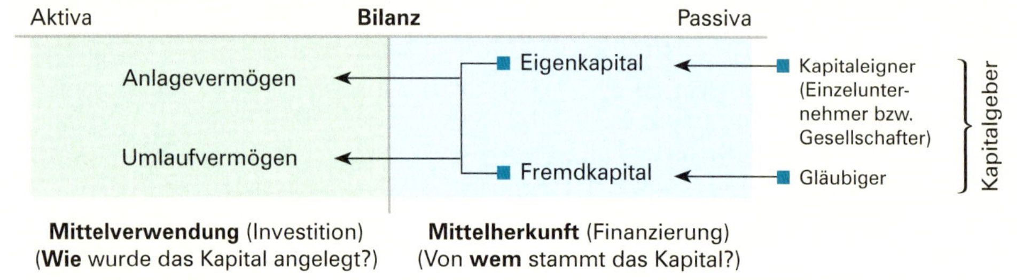

1.1.3 Dynamische Betrachtungsweise im Unternehmenskreislauf

Gelingt die Finanzierung des Investitionsvorhabens, wird die Investition durchgeführt, scheitert die Finanzierung, scheitert auch die Investition. Gehen wir davon aus, dass die Investition gelingt, dann stellt sich die Frage, welche **Auswirkung die Investition** auf den **Finanzfluss im Unternehmen** hat.

Investition und Finanzierung im Unternehmenskreislauf

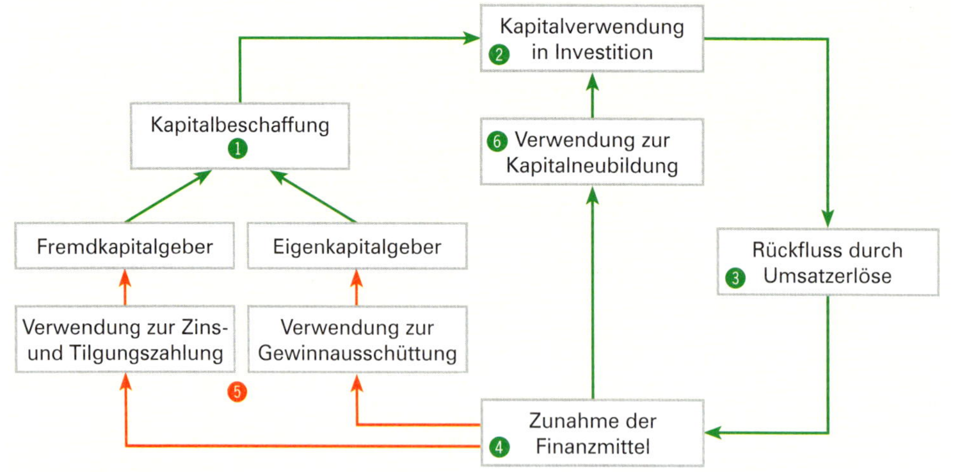

Durch die Kapitalbeschaffung ❶ über Eigenkapital oder Kredite erhält das Unternehmen die Finanzmittel für Investitionen ❷ . Die Investition (z. B. Kauf von Maschinen) ermöglicht es, Güter zu produzieren und zu verkaufen. Über die Umsatzerlöse ❸ erhält das Unternehmen Finanzmittel ❹ . Diese verwendet es, um Zahlungen an die Kapitalgeber zu leisten (z. B. Zahlung von Zins und Tilgung an die Gläubiger bzw. Gewinnausschüttung an die Gesellschafter ❺). Ist der Kapitalrückfluss[1] über die Umsatzerlöse höher als die Zahlungen an die Kapitalgeber, verbleibt dieser Teil im Unternehmen und kann wieder investiert werden (z. B. in den Ersatz der abgenutzten Maschinen oder in zusätzliche Investitionen). Dies führt zu einer Kapitalneubildung ❻ .

- Investitionen sind durch eine **längerfristige Bindung der Finanzmittel mit nachfolgender Kapitalfreisetzung** gekennzeichnet.
- Investitionen sind **ohne Finanzierung nicht durchführbar.**

1.2 Verschiedene Investitionsanlässe und Arten von Sachinvestitionen

mvurl.de/kzmt

Unternehmen haben unterschiedliche Anlässe, Investitionen zu tätigen. Die nachfolgende Übersicht zeigt die Zusammenhänge zwischen den wichtigsten Investitionsanlässen und den entsprechenden Investitionsarten auf.

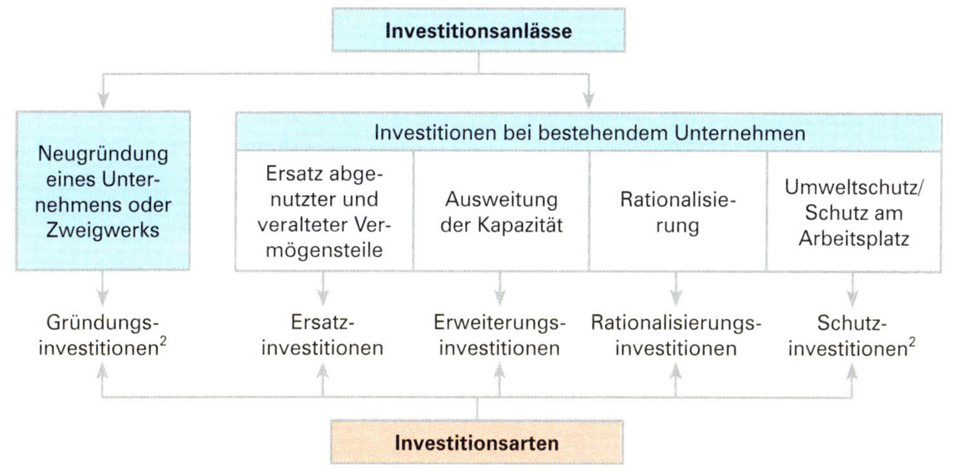

1 Voraussetzung dafür, dass das investierte Kapital in Form von Einzahlungen wieder zurückfließt, ist, dass der Wertverlust der Investition (Abschreibungen) in die Verkaufspreise einkalkuliert wurde und der Verkaufspreis am Markt durchgesetzt werden konnte.

2 Die Gründungs- und Schutzinvestitionen gehen über den Lehrplan hinaus und werden hier aus didaktischen Gründen dargestellt.

Erläuterungen:

Investitionen	Erläuterungen	Beispiele
Gründungsinvestitionen	Sie sind anlässlich der Gründung eines Unternehmens erforderlich. Dazu gehören u.a. Anlageinvestitionen.	Die CompuTec GmbH, ein Start-up-Unternehmen der Software-Branche, möchte sich im Gewerbepark Augsburg ansiedeln. Dazu kauft das Unternehmen von der Stadt Augsburg ein Baugrundstück mit 1 200 m^2 zu 275,00 EUR/m^2.
Ersatzinvestitionen (Reinvestitionen)[1]	Ersatzinvestitionen dienen dazu, abgenutzte Anlagegüter durch neue gleichartige zu ersetzen. Ziel von Unternehmen ist es, die Leistungsfähigkeit des Betriebs zu erhalten. Die Kapazität – bei gleichbleibendem technischen Stand – wird nicht verändert.[2]	Die Kramer GmbH ersetzt ein altes Hochregallager durch ein neues Hochregallager. Des Weiteren gibt das Unternehmen zwei Lkw in Zahlung und ersetzt sie durch zwei neue Lkw.
Erweiterungsinvestitionen (Zusatzinvestitionen, Nettoinvestitionen)[3]	Erweiterungsinvestitionen dienen der Ausweitung der Kapazität eines Betriebs.	Die Sport-Burr AG hat mit den im vergangenen Jahr entwickelten Nordic-Walking-Stöcken „Mountain Deluxe" einen Rekordabsatz erzielt. Um die Kapazität auszuweiten, investiert das Unternehmen in eine zusätzliche Produktionsmaschine im Wert von 150 000,00 EUR.
Rationalisierungsinvestitionen	Diese Investitionen in technisch verbesserte Wirtschaftsgüter verfolgen das Ziel, die Leistungsfähigkeit zu erhöhen und/oder die Kosten zu senken.	Die Clean-Tec KG stattet fünf von ihr verwaltete Mehrfamilienhäuser in Augsburg mit neuen Rasenmährobotern aus. Die bisher für die Rasenpflege zuständigen Hausmeister sparen sich so erheblich Zeit für Mähen und Beseitigung des Rasenschnittes und können für andere Tätigkeiten eingesetzt werden.
Schutzinvestitionen	Diese Investitionen dienen dem Schutz am Arbeitsplatz oder dem Umweltschutz. Sie verändern die Kapazität des Unternehmens nicht unmittelbar.	Beauty Moments Emmy Reisacher e.Kfr. bietet jedem Kunden vor jeder Behandlung einen kostenlosen Corona-Selbsttest an. Somit werden die Mitarbeiter und auch die Kunden geschützt.

1 **Reinvestieren**: wieder investieren.

2 Die Reinvestitionen sind aus der Bilanz nicht ersichtlich, da sich Preise und Qualitäten der Investitionsgüter ändern. Um dennoch bestimmte Aussagen über die Investitionstätigkeit eines Unternehmens oder der Volkswirtschaft machen zu können, behilft man sich damit, dass man die **Abschreibungen** als Ausdruck für die Abnutzung der Investitionsgüter den Reinvestitionen gleichsetzt.

3 **Bruttoinvestitionen** sind die Summe aller in einer Periode vorgenommenen Investitionen.
Bruttoinvestitionen – Ersatzinvestitionen = Nettoinvestitionen.

In der Praxis fällt eine Investition in der Regel unter mehrere Investitionsarten.

Beispiel:

Der Ersatz einer Fräsmaschine durch einen leistungsstärkeren Automaten ist eine Sach-, Ersatz-, Erweiterungs- und Rationalisierungsinvestition.

1.3 Bewertungskriterien für die Investitionsentscheidung

1.3.1 Allgemeine Bewertungskriterien

Ein Investor wird sich für die Durchführung einer Investition entscheiden, wenn sich das gebundene Kapital in einer Höhe verzinst, die er im Vergleich zu alternativen Anlagemöglichkeiten als ausreichend ansieht.

- Eine **Investition** ist z. B. als **lohnend** anzusehen, wenn über den Nutzungszeitraum die aus der Investition fließenden **Einzahlungen**[1] **höher** sind als die damit verbundenen **Auszahlungen.**[2]
- Der **Überschuss der Einzahlungen** muss eine **angemessene Verzinsung** des eingesetzten Kapitals ermöglichen.[3]
- Die Schwierigkeit für den Planer liegt in der Unsicherheit begründet, dass die durch das Investitionsobjekt bedingten zukünftigen Einzahlungen und Auszahlungen nicht exakt einzuschätzen sind.

- Die **Investitionsrechnung** hat die Aufgabe, alle **zahlenmäßig erfassbaren Daten** eines Investitionsobjekts zu sammeln und daraus eine **Beurteilung des Investitionsobjekts** abzuleiten.
- Die **wichtigsten Daten** für die Erstellung einer Investitionsrechnung sind die aus den Investitionsobjekten zu erwartenden **Einzahlungen** und **Auszahlungen** bzw. die zu erwartenden **Kosten.** Die Daten sind umso unsicherer, je weiter die Planung in die Zukunft weist.

Ziel der Investitionsrechnung ist, die **Investitionsentscheidung** abzusichern. Man möchte wissen, welches von mehreren sich gegenseitig ausschließenden Investitionsobjekten das vorteilhafteste ist.

1 **Einzahlungen** führen zu einer Zunahme des Zahlungsmittelbestands.

2 **Auszahlungen** führen zu einer Abnahme des Zahlungsmittelbestands.

3 Man nennt die Investitionsrechnung auch **Wirtschaftlichkeitsrechnung**.

1.3.2 Quantitative Bewertungskriterien

Zu den **quantitativen** (auf Zahlen basierende) Bewertungskriterien zählen sowohl statische als auch dynamische Investitionsrechenverfahren:

statische Verfahren	Die statischen Verfahren (siehe Kapitel 1.4, S. 264 ff.) beurteilen ein Investitionsobjekt aufgrund der **Einzahlungen und Auszahlungen** bzw. **der Kosten einer Nutzungsperiode.** Unterschiede im Hinblick auf den **Zeitpunkt der Ein- und Auszahlungen** werden **nicht berücksichtigt.**
dynamische Verfahren	Die dynamischen Verfahren beurteilen ein Investitionsobjekt aufgrund der **Einzahlungen und Auszahlungen während der gesamten Nutzungsdauer.** Dynamische Verfahren **berücksichtigen** zudem **zeitliche Unterschiede** im Anfall von Einzahlungen und Auszahlungen.

Quantitative Verfahren eignen sich dann, wenn bei Investitionsentscheidungen **mehrere Alternativen** zur Auswahl stehen bzw. ein Vergleich zwischen verschiedenen Alternativen gezogen werden soll. Voraussetzung für die Anwendung quantitativer Bewertungskriterien ist das **Vorhandensein möglichst exakter Daten** der Investitionsauswirkungen der zu vergleichenden Alternativen.

1.3.3 Qualitative Bewertungskriterien unter Einbezug der ESG-Kriterien

Eine umfassende Investitionsbewertung berücksichtigt neben quantitativen Kriterien auch qualitative (nur schwer in Zahlen messbare) Kriterien bei Investitionsentscheidungen, die langfristig über Erfolg oder Misserfolg entscheiden. Diese lassen sich wie folgt unterscheiden:

- wirtschaftliche Aspekte
- technische Aspekte
- ESG-Kriterien unter Berücksichtigung von European Sustainability Reporting Standards (ESRS)[1]

(1) Wirtschaftliche Aspekte

- **Lieferbereitschaft**
  - Verfügbarkeit kritischer (d. h. wichtiger) Komponenten
  - Diversifizierung der Lieferantenbasis
  - Geografische Risiken in der Lieferkette

Beispiele:

- Die Investition in eine lokale Produktionsanlage reduziert die Abhängigkeiten von Lieferanten (z. B. Halbleitern) und verkürzt die Lieferzeiten.
- Der Aufbau eines zusätzlichen Logistikzentrums (Warenverteilzentrum) sichert die Lieferfähigkeit bei regionalen Störungen (z. B. Streiks).
- Die Investition in Lagerhaltungssysteme erhöht Pufferbestände kritischer Rohstoffe.

1 Die ESRS wurden bereits in der Jahrgangsstufe 11, Lernbereich 1, Kapitel 2.2.5, S. 42 ff. detailliert erläutert.

Qualität und Produktstandards

- Ausschussquoten und Fehlerraten
- Langlebigkeit und Wartungsintensität
- Zertifizierungsanforderungen

Beispiele:

- Die Investition in eine automatisierte Qualitätsprüfung kann die Ausschussquote erheblich reduzieren.
- Die Investition in Maschinen der neuesten Technologie verringert die Wartungshäufigkeit erheblich.
- Die Einhaltung von ISO 9001 dient als Standard für Qualitätsmanagement.

(2) Technische Aspekte

Digitalisierung

- Datenerfassung und Nutzung
- Automatisierungsgrad
- Predictive Maintenance-Fähigkeit (d. h. vorausschauende Wartung)

Beispiele:

- Entsprechende Sensorik in Produktionsmaschinen kann ungeplante Stillstände der Maschine deutlich reduzieren.
- Virtuelle Optimierung vor der physischen Umsetzung einer Produkteinführung spart eine erhebliche Summe an Testkosten.
- Sensoren erfassen kontinuierlich Daten. Die Künstliche Intelligenz analysiert diese Daten, erkennt Anomalien (z. B. eine ungewöhnliche Vibration, die auf einen baldigen Lagerbruch hinweist) und prognostiziert den optimalen Wartungszeitpunkt.

Flexibilität und Anpassungsfähigkeit

- Umrüstungszeiten bei Produktwechsel
- Multi-Produkt-Fähigkeit
- Reaktionsfähigkeit bei Nachfrageschwankungen

Beispiele:

- Investition in flexible Fertigungszellen.
- 3D-Druck reduziert Entwicklungszyklen.
- Eine entsprechende Softwarearchitektur ermöglicht regelmäßige Updates.

(3) ESG-Kriterien

Environmental (Umwelt)

- Klimaschutz und CO_2-Reduktion
- Kreislaufwirtschaft und Ressourcenschonung
- Biodiversität und Ökosystemschutz

Beispiele:

- Investitionen in Photovoltaik-Anlagen auf den betriebseigenen Firmendächern führen zu einer erheblichen Reduktion an CO_2.
- Eine Investition in eine Recycling-Anlage sorgt dafür, dass Produktionsabfälle ganz oder teilweise wiederverwendet werden können.
- Begrünung von betriebseigenen Firmendächern schafft Lebensraum für Insekten und bindet CO_2.

Social (Soziales)

- Arbeitssicherheit und Gesundheitsschutz
- Mitarbeiterentwicklung und Qualifizierung
- Diversität und Inklusion

Beispiele:

- Automatisierung besonders gefährlicher Arbeitsschritte im Produktionsprozess (z. B. Schweißarbeiten).
- Investitionen in interne Schulungssysteme.
- Flexible Arbeitsplatzkonzepte, u. a. durch den verstärkten Ausbau von Homeoffice.

Governance (Unternehmensführung)

- Compliance und Ethik
- Transparenz und Berichterstattung
- Risikomanagement

Beispiele:

- Investition in Compliance-Management-Systeme zur automatischen Überwachung regulatorischer Anforderungen.
- Implementierung eines ESG-Reporting-Tools für transparente Nachhaltigkeitsberichterstattung.
- Investition in den Hochwasserschutz für Produktionsstandorte in Risikogebieten.

Kompetenztraining

82 Investitionsarten

1. Die Metallwarenfabrik Haller GmbH fertigt Auspuffanlagen für die Autoindustrie auf zwei Spezialmaschinen mit einer Monatskapazität von jeweils 400 Stück.

   Die Haller GmbH möchte in das Geschäft mit dem Zubehörhandel einsteigen. Deshalb soll eine alte Maschine durch eine computergesteuerte Universalmaschine ersetzt werden. Die neue Maschine hat die doppelte Kapazität der alten Maschine bei sinkenden Kosten.

   Aufgaben:

   1.1 Erläutern Sie je drei Argumente, die für und die gegen die Einführung einer anlageintensiven Fertigungsmethode sprechen!

   1.2 Nennen Sie die vorliegende Investitionsart und formulieren Sie das zugrunde liegende Investitionsziel!

2. Nennen Sie für die nachfolgenden Investitionsentscheidungen die Investitionsart!

   2.1 In der Kantine der Clean-Tec KG ist die Frischhaltetheke nach einer Nutzungsdauer von 6 Jahren ausgefallen. Die Geschäftsleitung entschließt sich, die Frischhaltetheke durch das gleiche Modell mit einem geringeren Energieverbrauch zu ersetzen.

   2.2 Die Kramer GmbH erwirbt für ihre Buchhaltung ein neues Softwareprogramm für 26 800,00 EUR zur Bearbeitung der immer umfangreicheren Daten.

   2.3 Die MicroTex Technologies GmbH gründet in China ein Zweigwerk. Die Garnproduktion beliefert die asiatischen Länder.

   2.4 Aufgrund einer technischen Neuerung muss die MicroTex Technologies GmbH ihre Garnmaschinen im Stammwerk umrüsten. Die Umrüstung verursacht Kosten in Höhe von 300 000,00 EUR.

3. In einem Betrieb wurden im vergangenen Jahr 10 Fräsmaschinen zu je 160 000,00 EUR angeschafft. Ausgeschieden sind 7 Fräsmaschinen zu je 160 000,00 EUR Anschaffungswert.

   Aufgaben:

   3.1 Berechnen Sie die Brutto-, Netto- und Reinvestition in Stück und in EUR!

   3.2 Erläutern Sie, warum mit der Annahme konstanter Preise gerechnet werden muss, wenn die reale (wirkliche) Höhe von Brutto-, Netto- und Reinvestitionen berechnet werden soll!

4. Definieren Sie den Begriff Desinvestition in eigenen Worten!

   Hinweis: Recherchieren Sie hierzu auch im Internet!

5. Die Sport-Burr AG gewährt dem EV Landshut einen zinslosen Kredit über 10 000,00 EUR.

   Aufgabe:

   Überprüfen Sie, ob eine Investition vorliegt!

1.4 Verfahren der Investitionsrechnung

LB 3 Handlungssituation 2: Eine Investitionsentscheidung mithilfe der statischen Investitionsrechnung treffen

Die Sport-Burr AG möchte eine neue Maschine zur Produktion ihrer Badmintonschläger anschaffen. Die benötigte Maschine wird von zwei Unternehmen angeboten. Von beiden Anbietern hat die Sport-Burr AG bereits in der Vergangenheit Maschinen angeschafft. Folgende Daten sind bekannt:

	Maschine 1	Maschine 2
Anschaffungskosten	220 000,00 EUR	320 000,00 EUR
Wiederbeschaffungswert	250 000,00 EUR	330 000,00 EUR
geplante Nutzungsdauer	5 Jahre	6 Jahre
sonstige Fixkosten pro Jahr	25 000,00 EUR	27 500,00 EUR
variable Kosten pro Stück	82,00 EUR	80,00 EUR
maximale Kapazität pro Monat	600 Stück	600 Stück

Die Maschine wird linear abgeschrieben. Die geplante Produktionsmenge beträgt 500 Stück pro Monat. Die Sport-Burr AG legt einen Kalkulationszinssatz von 6 % zugrunde.

Kompetenzorientierte Arbeitsaufträge:

1. Zeigen Sie mithilfe der Kostenvergleichsrechnung, welche Maschine in Bezug auf die Stückkosten bei der geplanten Produktionsmenge günstiger ist!
2. Berechnen Sie die kritische Produktionsmenge und interpretieren Sie das Ergebnis!
3. Erläutern Sie zwei Kritikpunkte an der Kostenvergleichsrechnung!

1.4.1 Grundlegendes

Ziel der Investitionsrechnung ist es, die **Investitionsentscheidung** auf stabile Beine zu stellen. Man möchte wissen, welches von mehreren sich gegenseitig ausschließenden Investitionsobjekten das vorteilhafteste ist.

Um die Vorteilhaftigkeit von Investitionen zu bestimmen, haben Theorie und Praxis Rechenverfahren entwickelt. Man unterscheidet **statische** und **dynamische Investitionsrechnungen**.

Statische Verfahren	Dynamische Verfahren[1]
■ Sie beurteilen eine Investition aufgrund der anfallenden **Kosten,** des **Gewinns,** der **Rentabilität** oder der zu erwartenden **Einzahlungen** und **Auszahlungen.** ■ Unterschiede im Hinblick auf den **Zeitpunkt der Ein- und Auszahlungen** werden **nicht berücksichtigt.**	■ Hier spielt nicht nur die **Höhe** der Ein- und Auszahlungen eine Rolle, sondern auch der **Zeitpunkt,** zu welchem dieser Vorgang stattfindet. ■ **Einzahlungen** sind umso **weniger wert,** je **weiter** sie in der **Zukunft liegen.**

1.4.2 Statische Verfahren der Investitionsrechnung zur Beurteilung von Investitionsalternativen

Im Folgenden werden vier Verfahren vorgestellt:

- die **Kostenvergleichsrechnung,**
- die **Gewinnvergleichsrechnung,**
- die **Rentabilitätsrechnung** und
- die **Amortisationsrechnung.**

Für die Darstellung der einzelnen Verfahren verwenden wir das nachfolgende Investitionsvorhaben.

Beispiel:

Die Rosenheimer Stahl AG möchte eine moderne Presse zur Produktion von Formteilen beschaffen. Es liegen zwei Angebote vor, die von der Abteilung Controlling ausgewertet werden:

Angebot 1 (vollautomatische Presse)

Anschaffungskosten 162000,00 EUR, geplante Nutzungsdauer sechs Jahre, geplante Leistungsmenge pro Jahr 18000 Teile, Kapazitätsgrenze 28000 Teile, Fixkosten pro Jahr: lineare Abschreibung, kalkulatorische Zinsen (Zinssatz 4%) und sonstige Fixkosten in Höhe von 40100,00 EUR, variable Kosten je Stück 9,50 EUR. Der Wiederbeschaffungswert der Presse beträgt 168000,00 EUR.

Angebot 2 (halbautomatische Presse)

Anschaffungskosten 90000,00 EUR, geplante Nutzungsdauer vier Jahre, geplante Leistungsmenge pro Jahr 18000 Teile, Kapazitätsgrenze 27000 Teile, gesamte Fixkosten (einschließlich Abschreibungen und Zinsen [Zinssatz 4%]) pro Jahr 23200,00 EUR, variable Kosten je Stück 12,00 EUR. Der Wiederbeschaffungswert der halbautomatischen Presse entspricht den Anschaffungskosten. Es wird Preisstabilität unterstellt.

Der Verkaufspreis für ein Formteil liegt zurzeit bei 14,00 EUR. Die Rosenheimer Stahl AG schreibt linear ab.

Aufgabe:

Werten Sie die beiden Angebote für das erste Wirtschaftsjahr mithilfe der Kostenvergleichsrechnung, der Gewinnvergleichsrechnung, der Rentabilitätsrechnung und der Amortisationsrechnung aus!

1 Aufgrund des Lehrplans werden die dynamischen Verfahren nicht dargestellt.

mvurl.de/yjcb

1.4.2.1 Kostenvergleichsrechnung

(1) Grundlegendes

Die Kostenvergleichsrechnung beurteilt Investitionsalternativen **ausschließlich** nach den von ihnen **verursachten Kosten.** Dabei soll sich der Investor für das Investitionsobjekt mit den geringsten Kosten entscheiden. Der Entscheidung können die **Jahreskosten** oder die **Stückkosten** zugrunde gelegt werden.

Die Kostenvergleichsrechnung verwendet die Rechengröße **Kosten.**

Die zur Beurteilung heranzuziehenden Kosten setzen sich zusammen aus den fixen[1] und variablen[2] Kosten.

$$K = K_{fix} + k_v \cdot x$$

- Zu den **variablen Kosten** zählen z. B. die Fertigungslöhne und die Materialkosten.
- Die **fixen Kosten** umfassen insbesondere die kalkulatorische Abschreibung und die kalkulatorischen Zinsen.

Mithilfe der **kalkulatorischen Abschreibung** wird der Werteverzehr des Investitionsobjekts erfasst. Dabei wird im Folgenden von einer linearen Abschreibung ausgegangen.

$$\text{kalkulatorische Abschreibung} = \frac{\text{Wiederbeschaffungswert}^3}{\text{Nutzungsdauer}}$$

Die **kalkulatorischen Zinsen** werden vom durchschnittlich gebundenen Kapital berechnet.

$$\text{kalkulatorische Zinsen} = \frac{\text{Anschaffungskosten} \cdot \text{Zinssatz}^4}{2}$$

- Bei der **Kostenvergleichsrechnung** vergleicht der Investor die **investitionsbedingten Kosten** der verschiedenen Investitionsalternativen in **einer Nutzungsperiode.**
- **Entscheidungsregel:**
  Bevorzugen Sie die Investition mit den **geringsten Gesamt- bzw. Stückkosten!**

(2) Lösung des Beispiels von S. 265 nach der Kostenvergleichsrechnung

	Angebot 1	Angebot 2
Fixkosten	71 340,00 EUR	23 200,00 EUR
variable Kosten	171 000,00 EUR	216 000,00 EUR
Gesamtkosten	242 340,00 EUR	239 200,00 EUR

1 Zur Erinnerung: **Fixe Kosten** sind Kosten, die sich bei Änderung der Produktionsmenge in ihrer **absoluten Höhe nicht verändern.**

2 Zur Erinnerung: **Variable Kosten** sind Kosten, die sich bei Änderung der Produktionsmenge in ihrer **absoluten Höhe verändern.**

3 $\text{Wiederbeschaffungswert} = \text{Anschaffungskosten} \cdot \frac{\text{Preisindex*}}{100}$

* bezogen auf das Jahr der Anschaffung (≙ 100).

4 Zinssatz als Dezimalzahl.

Erläuterungen zu Angebot 1:

$$\text{kalkulatorische Abschreibung} = \frac{168\,000{,}00}{6} = 28\,000{,}00 \text{ EUR/Jahr}$$

$$\text{kalkulatorische Zinsen} = \frac{162\,000{,}00 \cdot 0{,}04}{2} = 3\,240{,}00 \text{ EUR/Jahr}$$

$$\text{gesamte Fixkosten} = 28\,000{,}00 + 3\,240{,}00 + 40\,100{,}00 = 71\,340{,}00 \text{ EUR}$$

Ergebnis:

Unter dem Gesichtspunkt der Gesamtkosten hat die halbautomatische Presse (Angebot 2) bei einer Produktionsmenge von 18 000 Stück einen jährlichen Kostenvorteil von 3 140,00 EUR.

(3) Berechnung der kritischen Produktionsmenge

Bei Unsicherheit, ob die angenommenen Absatzmengen erreicht werden können, muss die kritische Ausbringungsmenge (kritische Auslastung) ermittelt werden. Die **kritische Produktionsmenge** gibt diejenige Absatzmenge an, bei der die **Kosten für beide Anlagen gleich hoch** sind.

$$\begin{aligned} \text{Gesamtkosten Angebot 1} &= \text{Gesamtkosten Angebot 2} \\ 71\,340{,}00 + 9{,}50x &= 23\,200{,}00 + 12x \\ 2{,}5x &= 48\,140 \\ x &= \underline{\underline{19\,256}} \end{aligned}$$

Ergebnis:

Die kritische Produktionsmenge beträgt 19 256 Stück. Werden weniger Teile produziert, lohnt sich unter Kostengesichtspunkten die halbautomatische Presse (Angebot 2). Werden mehr Teile hergestellt, lohnt sich die vollautomatische Presse (Angebot 1).

Probe: Angebot 1: 71 340,00 EUR + 182 932,00 EUR = 254 272,00 EUR
Angebot 2: 23 200,00 EUR + 231 072,00 EUR = 254 272,00 EUR

(4) Kritische Anmerkungen zur Kostenvergleichsrechnung

- Die Kostenvergleichsrechnung lässt die **Erlöse außer Betracht.** Sie unterstellt, dass die **Erlöse** bei allen Investitionsobjekten **gleich hoch** sind.
- **Kostenentwicklungen** im Zeitablauf (z. B. Lohnerhöhungen) bleiben **unberücksichtigt.**
- Die Kostenvergleichsrechnung gibt nur die **absolute Höhe der durch die Investition verursachten Kosten** an. Da die Kosten nicht in Relation zum eingesetzten Kapital gesetzt werden, lassen sich **keine Vergleiche mit alternativen Kapitalanlagen** anstellen.
- Mithilfe der Kostenvergleichsrechnung lassen sich nur **sachlich ähnliche bzw. identische Investitionsprojekte** (z. B. Ersatzinvestitionen oder gleichartige Erweiterungsinvestitionen) **vergleichen.** D. h., **Qualitätsunterschiede** zwischen zwei Alternativen bleiben **unberücksichtigt.**

mvurl.de/6vn1

1.4.2.2 Gewinnvergleichsrechnung

(1) Grundlegendes

Ein grundlegender Mangel der Kostenvergleichsrechnung ist, dass nur die Kosten und die Produktionsmenge berücksichtigt werden. Diesen Mangel versucht die **Gewinnvergleichsrechnung** zu beheben, indem sie die Erlöse mit in die Rechnung einbezieht.

Die Gewinnvergleichsrechnung verwendet die Rechengrößen **Kosten** und **Erlöse**.

- **Beurteilungsmaßstab** für eine Investitionsentscheidung ist der durch die Investition erzielte **Gewinn einer Nutzungsperiode.**
- **Entscheidungsregel:**
  Bevorzugen Sie die Investition mit dem **höchsten Gewinn**!

(2) Lösung des Beispiels von S. 265 nach der Gewinnvergleichsrechnung

	Angebot 1	Angebot 2
Verkaufserlöse – Gesamtkosten[1]	252 000,00 EUR 242 340,00 EUR	252 000,00 EUR 239 200,00 EUR
= Gewinn	9 660,00 EUR	12 800,00 EUR

Ergebnis:

Die halbautomatische Presse (Angebot 2) hat bei einer Produktionsmenge von 18 000 Stück einen jährlichen Gewinnvorteil von 3 140,00 EUR.

(3) Kritische Anmerkungen zur Gewinnvergleichsrechnung

- Es wird unterstellt, dass sich die **Gesamtproduktion** zum **geplanten Verkaufspreis** absetzen lässt.
- Die Gewinnvergleichsrechnung gibt nur die **absolute Höhe des durch die Investition erzielten Gewinns** an. Da der Gewinn nicht in Beziehung zum eingesetzten Kapital gesetzt wird, lassen sich **keine Vergleiche mit alternativen Kapitalanlagen** anstellen.
- Solange sich die Erzeugnisse beider Alternativen nur zum gleichen Preis verkaufen lassen, bedeutet der **Kostenvorteil** einer Alternative einen **Gewinnvorteil** in derselben Höhe.
- Anders wird die Situation, wenn die Produkte der einen Anlage sich zu einem anderen Preis verkaufen lassen als jene der anderen Anlage.

1 Vgl. S. 266.

1.4.2.3 Rentabilitätsrechnung

Die Rentabilitätsrechnung verwendet die Rechengrößen **Gewinn** und **Kapitaleinsatz.**

mvurl.de/57hw

(1) Grundlegendes

- Beurteilungsmaßstab der Rentabilitätsrechnung ist die Verzinsung des durchschnittlichen Kapitaleinsatzes.

$$\text{Rentabilität} = \frac{(\text{Gewinn} + \text{kalkulatorische Zinsen}^{1}) \cdot 100\,\%}{\text{Anschaffungskosten} \cdot 0{,}5}$$

- **Entscheidungsregel:**
  Die Investition mit der **größten Rentabilität** erhält den Vorzug.

Hinweis:

Da die ermittelte Rentabilität die **Rentabilität des Gesamtkapitals** ausdrückt, müssen die kalkulatorischen Zinsen für das Fremdkapital zum Gewinn hinzugezählt werden.

(2) Lösung des Beispiels von S. 265 nach der Rentabilitätsrechnung[2]

	Angebot 1	Angebot 2
Rentabilität	$\frac{(9660 + 3240) \cdot 100\,\%}{162000 \cdot 0{,}5} = \underline{\underline{15{,}93\,\%}}$	$\frac{(12800 + 1800^{3}) \cdot 100\,\%}{90000 \cdot 0{,}5} = \underline{\underline{32{,}44\,\%}}$

Ergebnis:

Die Rentabilität der halbautomatischen Presse (Angebot 2) ist höher als die der vollautomatischen Presse (Angebot 1). Unter dem Gesichtspunkt der Rentabilität sollte die Rosenheimer Stahl AG das Angebot 2 annehmen.

(3) Kritische Anmerkungen zur Rentabilitätsrechnung

- Gegenüber der Gewinnvergleichsrechnung stellt die Rentabilitätsrechnung eine Verbesserung dar, da sie auch den **Vergleich mit verschiedenartigen Investitionsprojekten ermöglicht.**
- Die Rentabilitätsrechnung hat allerdings die **gleichen Schwächen wie die Kosten- und Gewinnvergleichsrechnung,** da sie auf diesen Verfahren aufbaut.

---

1 Um das Investitionsobjekt zu finanzieren, waren ggf. Zinsaufwendungen erforderlich. Diese haben den Gewinn gemindert. Damit die Rentabilität unabhängig von der Art der Finanzierung bestimmt werden kann, werden die Zinsen hinzuaddiert.

2 Der nicht getätigte Kapitaleinsatz in Höhe von 36000,00 EUR bei Angebot 2 müsste eigentlich in die Betrachtung der Alternativen einbezogen werden. Aufgrund des Lehrplans wird auf die Differenzinvestition im Folgenden nicht eingegangen.

3 Kalkulatorische Zinsen $= \frac{90000 \cdot 0{,}04}{2} = \underline{\underline{1800{,}00\text{ EUR}}}$.

mvurl.de/26ef

1.4.2.4 Amortisationsrechnung

(1) Grundlegendes

Die Amortisationsrechnung[1] prüft, ob sich der Kapitaleinsatz für eine Investition und ein Gewinn in dem vom Investor gewünschten Zeitraum erwirtschaften lässt oder nicht. Hierzu ermittelt sie, wie viele Perioden es dauert, bis die **Anschaffungsauszahlung** (die Anschaffungskosten) des Investitionsobjektes durch den **Einzahlungsüberschuss (Einzahlungen – Auszahlungen)** zurückfließt. Die Investitionsentscheidung hängt folglich von der Zeitdauer **(Amortisationsdauer, Wiedergewinnungszeit, Pay-off-Period)** ab, über die die Anschaffungsauszahlung (Anschaffungskosten) wieder zurück in das Unternehmen fließen wird.

Die Amortisationsrechnung verwendet die Rechengrößen **Einzahlungen** und **Auszahlungen.**

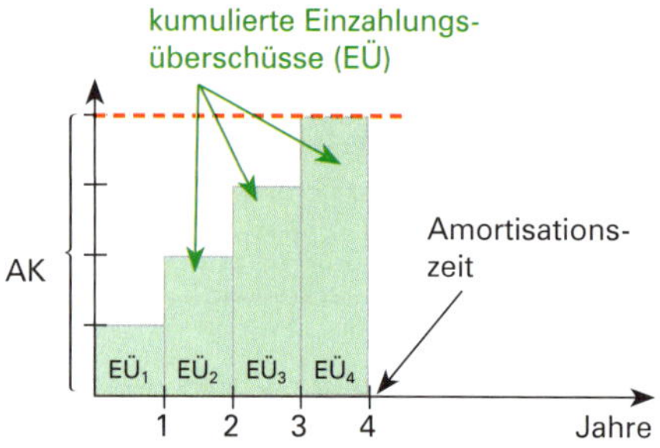

Die Investition hat sich amortisiert, sobald die **Einzahlungsüberschüsse** die **Anschaffungsauszahlung** und die **laufenden Betriebskosten (auszahlungswirksame Kosten)** decken. Das Investitionsobjekt mit der kürzesten Amortisationsdauer ist das vorteilhafteste.

Der **Einzahlungsüberschuss,** durch den sich das eingesetzte Kapital amortisiert, setzt sich aus zwei Faktoren zusammen:

- den **kalkulatorischen Abschreibungen (auszahlungsunwirksame Kosten)** und
- dem **Gewinn.**

- Die Amortisationsrechnung beurteilt ein Investitionsobjekt nach der **Amortisationsdauer.**

$$\text{Amortisationsdauer} = \frac{\text{Anschaffungskosten}}{\text{Gewinn} + \text{kalkulatorische Abschreibungen}^{2}}$$

- Die **Einzahlungsüberschüsse** setzen sich zusammen aus den **Kosten,** denen **keine Auszahlungen** gegenüberstehen (kalkulatorische Abschreibungen), und dem **Gewinn.**
- **Entscheidungsregel:**
  Die Alternative mit der **kürzesten Amortisationsdauer** gilt als vorteilhafteste.

1 **Amortisation:** Tilgung, Abzahlung.

2 Abschreibungen mindern zwar den Gewinn, sie führen aber nicht zu Ausgaben. Daher sind die Mittelzuflüsse um den Betrag der Abschreibungen größer als der Gewinn.

(2) Lösung des Beispiels von S. 265 nach der Amortisationsrechnung

	Angebot 1	Angebot 2
Amortisationsdauer	$\frac{162\,000}{9\,660 + 28\,000} = \underline{\underline{4{,}3 \text{ Jahre}}}$	$\frac{90\,000}{12\,800 + 22\,500} = \underline{\underline{2{,}55 \text{ Jahre}}}$

Ergebnis:

Die Amortisationsdauer der halbautomatischen Presse (Angebot 2) ist deutlich geringer als die Amortisationsdauer der vollautomatischen Presse (Angebot 1). Unter dem Gesichtspunkt der Amortisationsdauer sollte die Rosenheimer Stahl AG das Angebot 2 annehmen.

(3) Kritische Anmerkungen zur Amortisationsrechnung

- Die Amortisationsrechnung will das Risiko einer Investition berücksichtigen. Die Amortisationsdauer ist aber ein **sehr grober Risikomaßstab.**
- Da die Gewinnentwicklung eines Investitionsobjekts nur während der Amortisationsdauer betrachtet wird, erlaubt die Amortisationsrechnung **keine Aussage über die Rentabilität eines Investitionsobjekts.** Vielmehr ist es möglich, dass eine Alternative mit der höheren Rentabilität die längere Amortisationsdauer hat.
- Die Schätzung der Einzahlungsüberschüsse ist schwierig. Außerdem ist die **Zurechnung der kalkulatorischen Kosten** bzw. des **Gewinns** auf ein bestimmtes Investitionsobjekt oft nur **schwer möglich.**
- Der **Zeitpunkt der Kapitalrückflüsse** wird nicht berücksichtigt.
- Auch die **Kapitalrückflüsse nach Ablauf der Amortisationsdauer** werden nicht berücksichtigt, sodass unter Umständen Investitionsalternativen nicht genutzt werden, die langfristig höhere Rückflüsse erzielen.

1.4.3 Entscheidung für eine Investitionsalternative mithilfe der Nutzwertanalyse[1]

Beispiel:

Die TechProduktion GmbH aus Nürnberg plant die Anschaffung einer neuen Produktionsanlage und hat die Auswahl zwischen zwei Investitionsalternativen:

	Produktionsanlage Standard	Produktionsanlage Premium
Anschaffungskosten in EUR	180 000,00	280 000,00
Wiederbeschaffungswert in EUR	200 000,00	300 000,00
Betriebskosten pro Jahr in EUR	28 000,00	24 000,00
Wartungskosten pro Jahr in EUR	8 500,00	7 800,00
Nutzungsdauer in Jahren	8	8
maximale Kapazität in Stück	10 000	10 000
geplante Kapazität in Stück	8 000	8 000
Kalkulationszinssatz in %	6	6

Das Unternehmen legt für die Nutzwertanalyse folgende Kriterien und Gewichtungen fest:

Nr.	Kriterium	Gewichtung	Kategorie
1	Kosteneffizienz (Gesamtkosten)	40 %	Ökonomie
2	Energieeffizienz und CO_2-Bilanz	30 %	Environmental (Umwelt)
3	Arbeitssicherheit	20 %	Social (Soziales)
4	Lieferantenethik und Compliance	10 %	Governance (Unternehmensführung)

Das Unternehmen bewertet die beiden Investitionsalternativen wie folgt:

Nr.	Kriterium	Gewichtung	Standard	Premium
1	Kosteneffizienz (Gesamtkosten)	40 %	10	6
2	Energieeffizienz und CO_2-Bilanz	30 %	5	9
3	Arbeitssicherheit	20 %	6	10
4	Lieferantenethik und Compliance	10 %	7	9

1 Mithilfe der Nutzwertanalyse lassen sich verschiedene quantitative und qualitative Kriterien gemeinsam bewerten und als Entscheidungsbasis für Investitionen heranziehen. Das nachstehende Beispiel verdeutlicht diese Vorgehensweise ausführlich.
Der Lehrplan sieht vor, die Ergebnisse auch im Rahmen einer dynamischen Geometriesoftware zu betrachten. Dies kann beispielsweise die Software „GeoGebra" sein, welche im Mathematik-Unterricht eingesetzt wird.

Das Unternehmen begründet die vorgenommenen Bewertungen wie folgt:

Kriterium 1 – Kosteneffizienz (basierend auf der Kostenvergleichsrechnung)	■ Produktionsanlage Standard 10/10 – niedrigere Gesamtkosten ■ Produktionsanlage Premium 6/10 – niedrigere Gesamtkosten
Kriterium 2 – Energieeffizienz und CO_2-Bilanz	■ Produktionsanlage Standard 5/10 – Energieverbrauch: 45 kW – CO_2-Ausstoß: ca. 40 Tonnen/Jahr – keine Umweltzertifizierung ■ Produktionsanlage Premium 9/10 – Energieverbrauch: 32 kW – CO_2-Ausstoß: ca. 28 Tonnen/Jahr – ISO 14001 (Umweltmanagement) zertifiziert
Kriterium 3 – Arbeitssicherheit	■ Produktionsanlage Standard 6/10 – Standard-Sicherheitssysteme – Lichtschranken an kritischen Stellen – Lärmemission: 85 dB (Gehörschutz erforderlich) ■ Produktionsanlage Premium 10/10 – KI-gestützte Gefahrenerkennung in Echtzeit – 3D-Kamerasystem zur Personenerkennung im Gefahrenbereich – Lärmemission: 68 dB
Kriterium 4 – Lieferantenethik und Compliance	■ Produktionsanlage Standard 7/10 – Hersteller aus China – grundlegende Compliance-Standards – Lieferkette teilweise transparent ■ Produktionsanlage Premium 9/10 – Premium-Hersteller aus Deutschland – ISO 26000 (Gesellschaftliche Verantwortung) zertifiziert – vollständig transparente Lieferkette

Aufgaben:

1. Begründen Sie mithilfe der Kostenvergleichsrechnung, welche Produktionsanlage vorzuziehen ist!
2. Erstellen Sie unter Berücksichtigung der vorgenommenen Gewichtungen und der Punktevergabe eine Nutzwertanalyse!
3. Beurteilen Sie Ihre Ergebnisse aus den Teilaufgaben 1 und 2!

Lösungen:

Zu 1.: Kostenvergleich

Produktionsanlage Standard:

kalkulatorische Abschreibung $= \frac{200\,000{,}00}{8} = \underline{\underline{25\,000{,}00 \text{ EUR}}}$

kalkulatorische Zinsen $= \frac{180\,000{,}00 \cdot 0{,}06}{2} = \underline{\underline{5\,400{,}00 \text{ EUR}}}$

Produktionsanlage Premium:

kalkulatorische Abschreibung $= \frac{300\,000{,}00}{8} = \underline{\underline{37\,500{,}00 \text{ EUR}}}$

kalkulatorische Zinsen $= \frac{280\,000{,}00 \cdot 0{,}06}{2} = \underline{\underline{8\,400{,}00 \text{ EUR}}}$

Gesamtkostenübersicht		
Kostenart	**Produktionsanlage Standard**	**Produktionsanlage Premium**
kalkulatorische Abschreibung	25 000,00 EUR	37 500,00 EUR
kalkulatorische Zinsen	5 400,00 EUR	8 400,00 EUR
Summe Fixkosten	**30 400,00 EUR**	**45 900,00 EUR**
Betriebskosten	28 000,00 EUR	24 000,00 EUR
Wartungskosten	8 500,00 EUR	7 800,00 EUR
Summe variable Kosten	**36 500,00 EUR**	**31 800,00 EUR**
Gesamtkosten/Jahr	**66 900,00 EUR**	**77 700,00 EUR**

Begründung:

Aus rein kostenorientierter Sicht ist die Produktionsanlage Standard vorzuziehen, da sie um 10 800,00 EUR pro Jahr kostengünstiger ist.

Die höheren Anschaffungskosten der Premium-Anlage werden durch die geringeren Betriebs- und Wartungskosten nicht kompensiert.

Zu 2.: Nutzwertanalyse

Nr.	Kriterium	Gewichtung	Standard Punkte	Standard gewichtet	Premium Punkte	Premium gewichtet
1	Kosteneffizienz (Gesamtkosten)	40	10	400	6	240
2	Energieeffizienz und CO_2-Bilanz	30	5	150	9	270
3	Arbeitssicherheit	20	6	120	10	200
4	Lieferantenethik und Compliance	10	7	70	9	90
	Gesamtnutzwert	**100**	–	**740**	–	**800**

Zu 3.: Beurteilung

Die Produktionsanlage Premium ist mit einem Gesamtnutzwert von 800 Punkten gegenüber 740 Punkten der Standard-Anlage vorzuziehen.

Begründetes Sachurteil:

- Obwohl die Premium-Anlage bei der Kosteneffizienz schlechter abschneidet, überkompensieren die deutlich besseren Werte bei Energieeffizienz und CO_2-Bilanz, Arbeitssicherheit und Lieferantenethik diesen Nachteil.

- Die Premium-Anlage entspricht besser den ESG-Kriterien (Environmental, Social, Governance) des Unternehmens.
- Der Unterschied von 60 Nutzwertpunkten zeigt eine klare, wenn auch nicht überwältigende Präferenz für die Premium-Variante.
- Interessanter Konflikt: Die Kostenvergleichsrechnung favorisiert die Standard-Anlage, während die Nutzwertanalyse die Premium-Anlage empfiehlt. Dies zeigt, dass eine rein kostenorientierte Betrachtung zu kurz greift, wenn Nachhaltigkeits- und Sozialaspekte relevant sind.

Kompetenztraining

83 Grundlagen der Kostenvergleichsrechnung

Die Maschinenwerke Wolff GmbH plant, in eine neue Produktionsmaschine zu investieren. Auf Grundlage zweier Angebote erstellt die Geschäftsführung folgende Skizze als Entscheidungshilfe:

Aufgabe:

Interpretieren Sie den Sachverhalt!

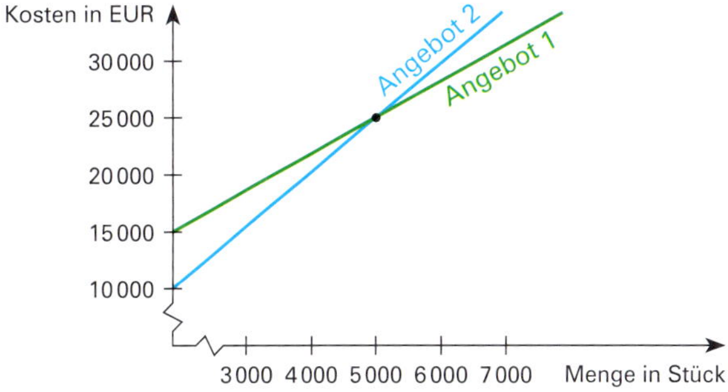

84 Kostenvergleichs- und Amortisationsrechnung

1. Die Aggregatebau Kulmbach GmbH beabsichtigt, eine neue Anlage anzuschaffen, um die Kapazität zu erweitern. Für die vorliegenden Angebote Halbautomat (Angebot 1) bzw. Vollautomat (Angebot 2) liegen die nachfolgenden Daten vor.

	Angebot 1	**Angebot 2**
Anschaffungskosten	130 000,00 EUR	364 000,00 EUR
geplante Nutzungsdauer	6 Jahre	8 Jahre
geplante Leistungsmenge	20 800 Stück/Jahr	20 800 Stück/Jahr
Kapazitätsgrenze	28 000 Stück/Jahr	29 000 Stück/Jahr
gesamte Fixkosten/Jahr	95 600,00 EUR	161 400,00 EUR
variable Kosten je Stück	11,40 EUR	8,90 EUR
Verkaufspreis je Stück	16,90 EUR	16,90 EUR

Aufgaben:

1.1 Berechnen Sie die Gesamtkosten und die Stückkosten!

1.2 Berechnen Sie die kritische Menge und geben Sie an, ab welcher Stückzahl sich der Halbautomat bzw. der Vollautomat lohnen würde!

1.3 Ermitteln Sie die Amortisationsdauer der beiden Angebote! Die Anschaffungskosten entsprechen dem Wiederbeschaffungswert.

2. 2.1 Bestimmen Sie die Amortisationsdauer der folgenden Investitionsalternativen:

	Investitionsalternative 1	Investitionsalternative 2
Kapitaleinsatz	180 000,00	160 000,00
Nutzungsdauer	5	5
Gewinn 1. Periode	8 000,00	0,00
Gewinn 2. Periode	13 000,00	6 000,00
Gewinn 3. Periode	30 000,00	10 000,00
Gewinn 4. Periode	11 000,00	26 000,00
Gewinn 5. Periode	10 000,00	40 000,00

Die Abschreibung erfolgt linear. Der Kapitaleinsatz entspricht den Anschaffungskosten und dem Wiederbeschaffungswert.

2.2 Entscheiden Sie begründet, welche Investitionsalternative vorteilhafter ist!

2.3 Beschreiben Sie zwei Kritikpunkte an der Amortisationsrechnung!

85 Verfahren der statischen Investitionsrechnung

Die Günzburger Puzzle GmbH produziert und vertreibt hochwertige 3D-Puzzle für Kinder und Erwachsene. Im Handelsregister sind als Geschäftsführer Laura Weber und Marc Siglinger eingetragen.

Aufgrund positiver Absatzprognosen für die Zukunft planen Laura Weber und Marc Siglinger die Investition in eine zusätzliche Produktionsanlage für 3D-Puzzle.

Zur Auswahl stehen die Investitionsalternativen Produktionsanlage Alpha und Produktionsanlage Beta. Als Anschaffungsauszahlung müssen für beide Produktionsanlagen jeweils 220 000,00 EUR aufgewendet werden. Die Produktionskapazität beträgt bei beiden Anlagen jeweils 30 000 Stück im Jahr.

Marc Siglinger informiert sich über die anfallenden Kosten bei einer Investitionsentscheidung für Produktionsanlage Alpha. Bei einer Produktionsmenge von 30 000 Stück im Jahr wird mit folgenden jährlichen Betriebskosten gerechnet:

Fixe Betriebskosten 52 000,00 EUR

Variable Betriebskosten 300 000,00 EUR

Folgende Kapitalkosten werden angesetzt:

- Die kalkulatorischen Zinsen für das während der Nutzungsdauer durchschnittlich gebundene Kapital werden mit einem Zinssatz von 8 % berücksichtigt.
- Die kalkulatorischen Abschreibungen werden nach der linearen Abschreibungsmethode berechnet. Dabei wird angenommen, dass der Wiederbeschaffungswert den Anschaffungskosten entspricht.

Aufgaben:

1. Begründen Sie, um welche Art von Sachinvestition es sich im vorliegenden Fall handelt!

2. 2.1 Ermitteln Sie die Stückkosten für Produktionsanlage Alpha bei einer Produktion von 30 000 Stück im Jahr!

   2.2 Stellen Sie für die Produktionsanlage Alpha die Kostenfunktion K_{Alpha} auf!

3. Nach einer Anpassung der kalkulierten Kosten für die Produktionsanlage Alpha ergibt sich folgende Kostenfunktion:

$$\mathbf{K_{Alpha}(x) = 86000 + 10{,}5x}$$

Die Kostenfunktion für die Produktionsanlage Beta lautet:

$$\mathbf{K_{Beta}(x) = 35000 + 13x}$$

3.1 Treffen Sie mithilfe der Kostenvergleichsrechnung eine begründete Entscheidung, für welche Produktionsanlage sich die Günzburger Puzzle GmbH bei einer jährlichen Produktion von 30000 Stück entscheiden sollte!

3.2 Berechnen Sie die kritische Menge der beiden Investitionsalternativen und interpretieren Sie das Ergebnis!

3.3 Nennen Sie vier Nachteile einer Investitionsentscheidung auf Basis der Kostenvergleichsrechnung!

4. Nach eingehender Prüfung weiterer Aspekte entscheiden sich die Geschäftsführer gegen Produktionsanlage Alpha als Investitionsobjekt. Laura Weber und Marc Siglinger wollen stattdessen eine Investition in die Produktionsanlage Beta anhand weiterer Kriterien überprüfen und fordern Informationen über die zu erwartenden Einzahlungsüberschüsse an.

Schätzungen aus dem Rechnungswesen der Günzburger Puzzle GmbH ergeben für die Nutzungsdauer von 8 Jahren einen jährlichen Gewinn von 22000,00 EUR.

4.1 Die Einzahlungsüberschüsse ergeben sich indirekt aus der Summe von Gewinnen und Abschreibungen. Erläutern Sie diesen Zusammenhang!

4.2 Laura Weber erwartet, dass sich die Investition in Produktionsanlage Beta in spätestens 4 Jahren amortisiert hat. Überprüfen Sie, ob die Annahme von Laura Weber erfüllt werden kann!

86 Quantitative Bewertungskriterien der statischen Investitionsrechnung

Die MicroTex Technologies GmbH, Hersteller technischer Garne, möchte aufgrund steigender Nachfrage Erweiterungsinvestitionen tätigen. Es soll in eine vollautomatische Maschine zur Garnproduktion und in eine neue Produktionshalle investiert werden.

Die Anschaffung der Spezialmaschine kann kurzfristig aus eigenen Mitteln finanziert werden. Der Bau der neuen Produktionshalle soll dagegen fremdfinanziert werden.

Zur Herstellung der Garne stehen der MicroTex Technologies GmbH zwei Maschinen vom Typ „PowerGarn“ und Typ „Garnmaster“ mit folgenden Informationen zur Auswahl:

Kosten	Typ „PowerGarn“	Typ „Garnmaster“
Anschaffungskosten	315000,00 EUR	340000,00 EUR
Gehälter pro Jahr	42000,00 EUR	42000,00 EUR
sonstige fixe Kosten pro Jahr	30000,00 EUR	33000,00 EUR
variable Betriebskosten pro kg Garn	2,60 EUR	2,20 EUR
geplante Nutzungsdauer	4 Jahre	4 Jahre
Kapazität pro Jahr	40000 kg Garn	45000 kg Garn
Verkaufserlös pro kg Garn	8,05 EUR	8,05 EUR

Hinweis: Die Anschaffungskosten entsprechen dem Wiederbeschaffungswert.

geplante Absatzmenge Jahr 1: 30000 kg
geplante Absatzmenge Jahr 2: 32000 kg
geplante Absatzmenge Jahr 3: 35000 kg
geplante Absatzmenge Jahr 4: 39000 kg

Das Unternehmen kalkuliert mit einem Zinssatz von 4 %.

Aufgaben:

1. Führen Sie für das erste Nutzungsjahr eine Kostenvergleichsrechnung durch!
2. Beschreiben Sie zwei Kritikpunkte an der Kostenvergleichsrechnung als Verfahren der Investitionsrechnung!
3. Begründen Sie, für welchen Maschinentyp sich das Unternehmen unter Berücksichtigung der kritischen Produktionsmenge entscheiden sollte!
4. Stellen Sie den Sachverhalt grafisch dar!
5. Ermitteln Sie für das erste Nutzungsjahr den Gewinn beider Maschinentypen!
6. Ein Mitarbeiter des Rechnungswesens wendet ein, dass bei der Entscheidung für eine der beiden Alternativen (Typ „PowerGarn" oder Typ „Garnmaster") auch die jeweilige Amortisationsdauer einbezogen werden müsse. Wegen der zu erwartenden Risiken dürfe diese nicht mehr als 4 Jahre betragen.
   6.1 Berechnen Sie für beide Maschinentypen die Amortisationsdauer und beurteilen Sie das Ergebnis!
   6.2 Erläutern Sie, ob das Verfahren der Amortisationsrechnung als Entscheidungshilfe für die Beurteilung von Investitionsalternativen besser geeignet ist als die Kostenvergleichsrechnung!

2 Finanzierungsarten nach Rechtsstellung der Kapitalgeber und der Kapitalherkunft diskutieren

2.1 Finanzierungsarten im Überblick

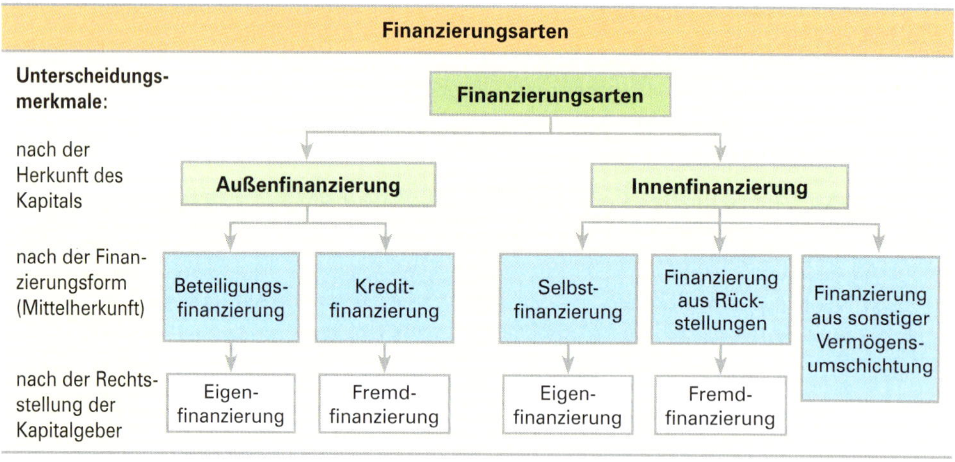

Erläuterungen:

- **Außenfinanzierung** liegt vor, wenn dem Unternehmen Kapital von außen zufließt, z. B. aus Kapitaleinlagen der Gesellschafter und/oder Kapitalgewährungen durch Gläubiger.
- Bei der **Innenfinanzierung** stammen die Mittel aus dem Umsatzprozess, der auf dem Leistungsprozess des Unternehmens beruht.

2.2 Beteiligungsfinanzierung

LB 3 Handlungssituation 3: Eine Kapitalerhöhung durchführen

Die Sport-Burr AG möchte ein benachbartes Betriebsgrundstück erwerben, um darauf eine neue Lagerhalle zu bauen. Der Kapitalbedarf in Höhe von 400 000,00 EUR soll durch eine Kapitalerhöhung gegen Einlagen gedeckt werden.

Bisher hat die Sport-Burr AG ein Grundkapital von 1 Mio. EUR, welches in Aktien zu je 5,00 EUR Nennwert aufgeteilt ist. Der Kurs der alten Aktie beträgt 12,00 EUR, der Ausgabekurs der jungen Aktien wird auf 10,00 EUR festgelegt.

Außerdem fallen Emissionskosten in Höhe von 50 000,00 EUR an, die auch durch die Kapitalerhöhung gedeckt werden sollen.

Die Aktien der Sport-Burr AG werden nicht an einer Börse gehandelt.

Kompetenzorientierte Arbeitsaufträge:

1. Erläutern Sie, warum es sich bei einer Kapitalerhöhung gegen Einlagen um eine Beteiligungsfinanzierung handelt!
2. Der Vorstand der Sport-Burr AG möchte eine Kapitalerhöhung gegen Einlagen durchführen. Geben Sie die Höhe des Kapitalbedarfs an!
3. Ermitteln Sie die Anzahl der auszugebenden jungen Aktien!
4. Ermitteln Sie den Gesamtnennbetrag der Grundkapitalerhöhung!
5. Berechnen Sie den Wert des Bezugsrechts!
6. Berechnen Sie den Mittelkurs der Aktien nach der Kapitalerhöhung!

2.2.1 Begriff Beteiligungsfinanzierung

Bei der **Beteiligungsfinanzierung** wird dem Unternehmen **Kapital von außen** zugeführt, indem

- die **bisherigen Gesellschafter** ihre Einlagen erhöhen und/oder
- **neue Gesellschafter Einlagen leisten.**

Die **Beteiligungsfinanzierung** umfasst sämtliche Finanzierungsvorgänge, bei denen ein Unternehmen **zusätzliches Eigenkapital** von **bisherigen** oder **neuen Eigentümern** erhält.

Durch die Bereitstellung der Finanzmittel

- erwerben die Kapitalgeber **Eigentumsrechte** an dem Unternehmen in Höhe ihrer Einlage,
- erhalten die Kapitalgeber eine **gewinnabhängige Vergütung,**
- erwerben die Kapitalgeber **Mitwirkungsrechte** (z. B. Geschäftsführungsrecht).

Unter dem **Gesichtspunkt der Kapitalherkunft** zählt die Beteiligungsfinanzierung zur **Außenfinanzierung,** weil die Mittel von außen zugeführt werden. Das Unternehmen erhält die Finanzmittel grundsätzlich **unbefristet** und **ohne Rückzahlungsverpflichtung**.

2.2.2 Ordentliche Kapitalerhöhung (Kapitalerhöhung gegen Einlagen)

2.2.2.1 Grundlagen

(1) Grundkapital

> Das **Grundkapital** der Aktiengesellschaft ist der Teil des Eigenkapitals, der der Summe der Nennwerte der ausgegebenen Aktien entspricht.

Die **Höhe** des Grundkapitals wird in der **Satzung** (Gesellschaftsvertrag der AG) festgelegt. Es muss **mindestens 50000,00 EUR** betragen. In der Bilanz einer Aktiengesellschaft wird das Grundkapital entsprechend den HGB-Vorschriften in der Bilanzposition **„Gezeichnetes Kapital"** ausgewiesen. Das Grundkapital einer Aktiengesellschaft ist **in Aktien zerlegt.** Die ersten Aktionäre sind die Gründer der Aktiengesellschaft. Die **Gründer übernehmen** die **Aktien** gegen Einlagen. Einlagen können in Geld- oder Sachwerten bestehen. Leisten die Gründer ihre Einlagen **nicht vollständig,** sind auf der Aktiva **ausstehende Einlagen** zu bilanzieren.

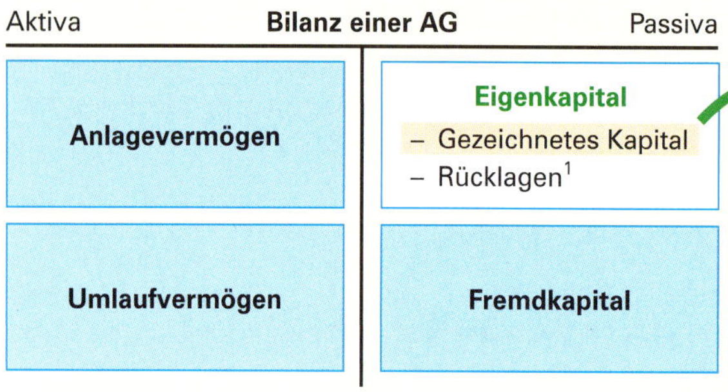

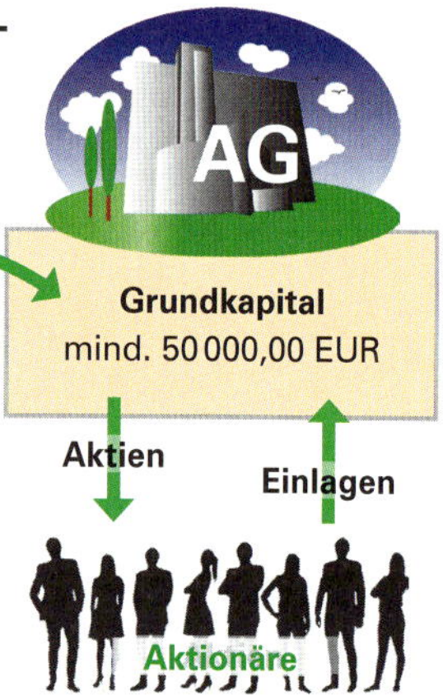

(2) Begriff Aktie

Die Aktie verbrieft eine Beteiligung am Eigenkapital und ein Mitgliedschaftsrecht an einer Aktiengesellschaft. Der Aktionär ist **nominal** (mit dem Nennwert)[2] mit einem bestimmten **Anteil am Grundkapital** und **real** am gesamten **Eigenkapital** beteiligt.

> **Aktien** sind **vertretbare Kapitalwertpapiere (Effekten),** die ein Anteilsrecht (Mitgliedschaftsrecht) an einer Aktiengesellschaft verbriefen **(Teilhaberpapiere).**

Erläuterungen:

- **Wertpapiere** sind Urkunden, die ein privates Recht in der Weise verbriefen, dass zur Ausübung dieses Rechts die Innehabung der Urkunde erforderlich ist. Das Recht aus dem Papier folgt dem Recht am Papier.
- **Kapitalwertpapiere** sind Wertpapiere, die einen Ertrag abwerfen und langfristige Forderungen oder Beteiligungen verbriefen.
- **Effekten** sind vertretbare (fungible) Kapitalwertpapiere mit Ertragsanspruch.

1 Die Rücklagen werden im Rahmen der offenen Selbstfinanzierung, Kapitel 2.4, S. 302f., näher erläutert.

2 Nennwert ist der auf einem Wertpapier genannte, aufgedruckte Betrag.

Der Aktionär ist über das Grundkapital am Eigenkapital der Aktiengesellschaft beteiligt. Dies bedeutet, dass der Wert der Aktie die Rücklagen und den Gewinnvortrag mit einschließt. Der **Preis (Kurs),** der für die Aktie bezahlt wird, hängt von der Nachfrage nach Aktien und vom Angebot von Aktien ab. Angebot und Nachfrage werden bestimmt durch die Höhe des Eigenkapitals einer AG, die Gewinnerwartungen der Anbieter und Nachfrager, den Konjunkturverlauf, die politische Lage und durch die spekulativen Überlegungen der Aktienanbieter und -nachfrager.

- Die Aktien der meisten Aktiengesellschaften werden an der Wertpapierbörse gehandelt. Der **Marktpreis (Kurs)** für diese Aktien bildet sich an der Wertpapierbörse. Die Notierung erfolgt in Euro, bezogen auf die kleinste Stückelung (Stückkurs).
- Der **Kurswert** ist der Preis, der für die gekauften Aktien bezahlt werden muss.

Kurswert = Stückkurs · Anzahl der gekauften Aktien

(3) Arten der Aktien nach ihrer Übertragbarkeit

Inhaberaktien	■ Bei Inhaberaktien kann jeweils der Besitzer das in der Urkunde verbriefte Recht geltend machen. Der Eigentümer (Inhaber) der Aktien bleibt für die Aktiengesellschaft in der Regel unbekannt. ■ Die Übertragung erfolgt durch **Einigung und Übergabe** [§§ 929ff. BGB].
Namensaktien	■ Auf ihnen ist bei **effektiven Stücken (Urkunden)** der Name des Anteilseigners (Aktionärs) eingetragen. ■ Bei **nicht verbrieften Namensaktien (ohne Urkunde)** werden z.B. die Namen der Aktionäre, der Wohnort und die Geburtsdaten der Aktionäre im **Aktienregister** der AG eingetragen [§ 67 I AktG].[1] ■ Die Übertragung erfolgt durch **Löschung und Neueintragung im Aktienregister** [§ 67 III AktG].[2]
vinkulierte Namensaktien[3]	Sie stellen Namensaktien dar, bei denen die Übertragung an die **Zustimmung der AG** gebunden ist [§ 68 II AktG].

(4) Arten der Aktien nach ihrem Ausgabezeitpunkt

alte Aktien	Sind die zum Zeitpunkt einer Grundkapitalerhöhung bereits vorhandenen Aktien. Sie gewähren ein Bezugsrecht auf „junge Aktien".
junge Aktien	Sind Aktien, die bei einer Grundkapitalerhöhung den Aktionären zum Kauf angeboten werden.

1 **Effektive (gedruckte) Namensaktien** werden durch Indossament (Übertragungsvermerk mit Unterschrift) übertragen.

2 Nicht voll eingezahlte Aktien (Mindesteinzahlung 25 % des Nennwerts) sind immer Namensaktien [§ 10 II AktG].

3 **Vinkulieren:** das Recht der Übertragung eines Wertpapiers an die Genehmigung des Emittenten (Aussteller) binden.

(5) Arten der Aktien nach der Angabe der Beteiligungshöhe

Nennbetragsaktien (Nennwertaktien)	Sie müssen auf einen bestimmten Nennbetrag (Nennwert) in EUR lauten. Dieser ist auf den Aktien aufgedruckt. Der **Mindestnennbetrag** einer Aktie beträgt **einen Euro**. Höhere Aktiennennbeträge müssen auf volle Euro lauten [§ 8 II AktG]. Die Summe der Nennwerte aller ausgegebenen Aktien ergibt das Grundkapital. $\text{Grundkapital} = \text{Aktienanzahl} \cdot \text{Nennwert je Aktie}$
Stückaktien	Stückaktien **(nennwertlose Aktien)** repräsentieren einen anteiligen Betrag am Grundkapital. Der Anteil steht auf der Aktie aufgedruckt, z. B. 1 Aktie der X-AG. Der Anteilswert **(fiktiver[1] Nennwert)** wird berechnet: $\text{fiktiver Nennwert (Stückaktien)} = \frac{\text{Grundkapital}}{\text{Aktienanzahl}}$ **Beispiel:** Hat eine Aktiengesellschaft ein Grundkapital von 10 Mio. EUR und gibt sie 2 Mio. Stückaktien aus, so ist jede Stückaktie mit einem zweimillionstel Teil am Grundkapital der AG beteiligt. Der auf die einzelne Aktie entfallende Betrag des Grundkapitals darf **einen** Euro nicht unterschreiten [§ 8 III AktG]. Eine Ausgabe mit einem höheren Betrag ist zulässig [§ 9 II AktG].

(6) Arten der Aktien nach den verbrieften Rechten

Stammaktien	Diese Aktien gewähren dem Aktionär die nach dem Aktiengesetz oder der Satzung zustehenden Rechte.
Vorzugsaktien	■ Vorzugsaktien sind gegenüber Stammaktien mit bestimmten Vorzügen ausgestattet. Diese Vorzüge können im **Ertrag** (z. B. Vorzugsdividende), **Bezugsrecht** und/oder bei der **Liquidation** der Gesellschaft liegen. ■ Von praktischer Bedeutung sind vor allem die **stimmrechtlosen Vorzugsaktien**. Ihre Inhaber erhalten z. B. eine höhere Dividende, verzichten dafür jedoch auf ihr Stimmrecht. Für die Stammaktionäre kann die Ausgabe stimmrechtloser Vorzugsaktien bei einer Kapitalerhöhung vorteilhaft sein, da sich dadurch das Stimmrechtsverhältnis in der Hauptversammlung nicht verändert. ■ Die Ausgabe von **Mehrstimmrechtsaktien** ist nach § 12 II AktG **unzulässig**.

1 **Fiktiv**: angenommen.

2.2.2.2 Durchführung der ordentlichen Kapitalerhöhung

Benötigt eine Aktiengesellschaft frisches Kapital, hat sie die Möglichkeit, sich dieses durch die **Emission** (Ausgabe) junger Aktien zu beschaffen. Die ausgebende Aktiengesellschaft bezeichnet man als **Emittent**.

Die **Kapitalerhöhung gegen Einlagen** (ordentliche Kapitalerhöhung) dient der Aktiengesellschaft zur **Beschaffung neuen Kapitals** durch die **Ausgabe junger (neuer) Aktien**.

Die **Kapitalerhöhung gegen Einlagen** ist eine Form der **Außenfinanzierung,** da dem Unternehmen von außen Kapital zugeführt wird. Es handelt sich auch um eine Form der **Beteiligungsfinanzierung,** da bisherige oder neue Gesellschafter (Aktionäre) Einlagen leisten (Kapitalerhöhung gegen Einlagen). Außerdem liegt eine **Eigenfinanzierung** vor, da Kapital durch Gesellschafter (Aktionäre) aufgebracht wird.

Die aus der Kapitalerhöhung gegen Einlagen stammenden Mittel bezeichnet man bilanzrechtlich als **Eigenkapital.**

Die Kapitalerhöhung gegen Einlagen bedarf einer Satzungsänderung, wozu ein **Beschluss der Hauptversammlung mit qualifizierter Mehrheit** (drei Viertel des bei der Beschlussfassung vertretenen Grundkapitals) notwendig ist.

Ablauf einer Kapitalerhöhung gegen Einlagen:

- Satzungsänderung durch die Hauptversammlung (Mehrheit von drei Vierteln des bei der Beschlussfassung vertretenen Grundkapitals [§ 182 AktG])
- Eintragung des Beschlusses ins Handelsregister [§ 184 AktG]
- Zeichnung der neuen Aktien [§ 185 AktG; § 36a Abs. 2 AktG]
- Eintragung der Durchführung der Kapitalerhöhung ins Handelsregister [§ 188 AktG]. Die Kapitalerhöhung ist damit wirksam [§ 189 AktG]
- Ausweis des erhöhten Kapitals in der Bilanz

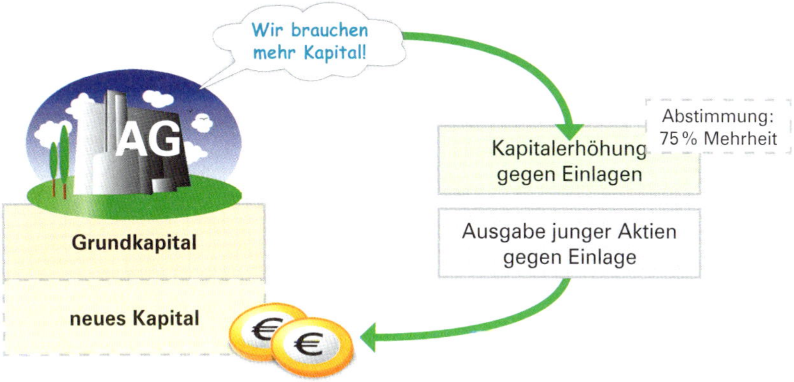

Bei der Kapitalerhöhung gegen Einlagen [§§ 182–191 AktG] erfolgt die Beschaffung der liquiden Mittel gegen **Ausgabe junger (neuer) Aktien.** Ob **Nennwertaktien** oder **Stückaktien** ausgegeben werden, wird in der **Satzung** der AG **bestimmt.**

- Der **Emissionskurs** (Ausgabekurs, Bezugskurs) **der jungen Aktien** darf bei **Nennwertaktien** nicht unter dem Nennwert (unter pari) liegen.
- Bei **Stückaktien** darf der Emissionskurs **nicht unter dem Beteiligungswert einer Aktie** (dem „fiktiven Nennwert") liegen.

Eine Überpari-Emission (Ausgabekurs über dem Nennwert) ist zulässig. Sie hat zur Folge, dass der Nennwert der Kapitalerhöhung wesentlich geringer sein kann als der erforderliche Kapitalbedarf. Beispielsweise werden Aktien, die einen Nennwert von je 5,00 EUR haben, für 7,50 EUR je Aktie ausgegeben.

2.2.3 Auswirkungen einer Kapitalerhöhung auf die Unternehmensbilanz

In **Höhe des Nennbetrags der gezeichneten Aktien** erhöht sich das **gezeichnete Kapital (Grundkapital)** der Gesellschaft. Bei einer AG mit Stückaktien muss sich die Zahl der Aktien in demselben Verhältnis wie das Grundkapital erhöhen [§ 182 I S. 5 AktG].

Der über den Nennbetrag hinausgehende Mittelzufluss, das sogenannte **Agio,** wird als **Kapitalrücklage ausgewiesen** [§ 272 II Nr. 1 HGB]. In Höhe des gesamten Mittelzuflusses erhöht sich das **bilanzierte Eigenkapital** der AG.

Beispiel:

Die Poggo AG weist vor der Kapitalerhöhung gegen Einlagen folgende (vereinfachte) Bilanz auf:

Aktiva	Bilanz der Poggo AG (vereinfacht)		Passiva
A. Anlagevermögen	10 000 000,00	**A. Eigenkapital**	
B. Umlaufvermögen		I. Gezeichnetes Kapital	6 000 000,00
1. Vorräte	3 000 000,00	II. Kapitalrücklage	400 000,00
2. Forderungen	1 800 000,00	III. Gewinnrücklagen	
3. Bank/Kasse	200 000,00	1. Gesetzliche Rücklage	600 000,00
		2. And. Gewinnrückl.	2 000 000,00
		B. Fremdkapital	6 000 000,00
	15 000 000,00		15 000 000,00

Das bisherige Grundkapital der Poggo AG ist aufgeteilt in 1,2 Mio. Aktien mit einem Nennwert von je 5,00 EUR. Es wird eine Kapitalerhöhung um 2 Mio. EUR mit einem Ausgabekurs von 8,00 EUR durchgeführt.[1]

Aufgaben:

1. Berechnen Sie den Mittelzufluss!
2. Ermitteln Sie das neue Eigenkapital!
3. Erstellen Sie die Bilanz nach Abschluss der Kapitalerhöhung gegen Einlagen!

Lösungen:

Zu 1.:

Kapitalerhöhung (Geldmittelzufluss) 0,4 Mio. Aktien · 8,00 EUR = 3 200 000,00 EUR

1 Aus Vereinfachungsgründen wird auf die Angabe von Emissionskosten verzichtet.

Zu 2.:

	bisheriges Gezeichnetes Kapital		6 000 000,00 EUR
+	Erhöhung des Gezeichneten Kapitals 0,4 Mio. Aktien · 5,00 EUR =		2 000 000,00 EUR
=	neues Gezeichnetes Kapital		8 000 000,00 EUR
+	bisherige Kapitalrücklage	400 000,00 EUR	
+	Erhöhung der Kapitalrücklage 0,4 Mio. Aktien · 3,00 EUR =	1 200 000,00 EUR	
=	neue Kapitalrücklage		1 600 000,00 EUR
+	Gewinnrücklagen		2 600 000,00 EUR
=	neues Eigenkapital		12 200 000,00 EUR

Zu 3.:

Bilanz der Poggo AG nach Abschluss der Kapitalerhöhung gegen Einlagen (vereinfacht)

Aktiva		Passiva	
A. Anlagevermögen	10 000 000,00	**A. Eigenkapital**	
B. Umlaufvermögen		I. Gezeichnetes Kapital	8 000 000,00
1. Vorräte	3 000 000,00	II. Kapitalrücklage	1 600 000,00
2. Forderungen	1 800 000,00	III. Gewinnrücklagen	
3. Bank/Kasse	3 400 000,00	1. Gesetzliche Rücklage	600 000,00
		2. And. Gewinnrückl.	2 000 000,00
		B. Fremdkapital	6 000 000,00
	18 200 000,00		18 200 000,00

2.2.4 Auswirkungen einer Kapitalerhöhung auf die Aktionäre

2.2.4.1 Begriff Bezugsrecht

Damit die bisherigen Aktionäre bei der Ausgabe junger (neuer) Aktien nicht benachteiligt werden, muss nach § 186 I AktG jedem Altaktionär auf sein Verlangen ein seinem Anteil an dem bisherigen Grundkapital entsprechender Teil der jungen Aktien zugeteilt werden.

Bezugsrecht ist das dem Aktionär zustehende Recht, bei einer Kapitalerhöhung einen seinem Anteil am bisherigen Grundkapital entsprechenden Teil der jungen Aktien zu beziehen.

Das Bezugsrecht kann von der Hauptversammlung mit qualifizierter Mehrheit **ausgeschlossen** werden. Ein Ausschluss kommt z. B. infrage, wenn

- die Übernahme eines Unternehmens mit den jungen Aktien der Kapitalerhöhung bezahlt werden.
- die jungen Aktien ausschließlich der Belegschaft angeboten werden.
- der Emissionskurs nahe am Börsenkurs festgelegt wird, und somit der Wert des Bezugsrechts gering ist.

Wird das Bezugsrecht ausgeschlossen, führt dies bei den Altaktionären zu einem Verlust, es sei denn, die jungen Aktien werden zum Börsenkurs emittiert.

2.2.4.2 Bezugsverhältnis

Das Bezugsverhältnis drückt das Verhältnis zwischen dem Nennwert des bisherigen Grundkapitals und dem Nennwert der Kapitalerhöhung aus.

Beispiel:

Die Poggo AG mit einem Grundkapital in Höhe von 6 000 000,00 EUR beschließt eine Kapitalerhöhung auf 8 000 000,00 EUR. Sie gibt hierzu Aktien im Nennwert von 2 000 000,00 EUR aus (siehe S. 284).

Aufgabe:

Berechnen Sie das Bezugsverhältnis!

Lösung:

$$\text{Bezugsverhältnis} = \frac{6\,000\,000 \text{ EUR}}{2\,000\,000 \text{ EUR}} = \underline{\underline{\frac{3}{1}}}$$

Ergebnis: Das Bezugsverhältnis beträgt 3 : 1 und besagt, dass drei Altaktien (Bezugsrechte) erforderlich sind, um eine junge Aktie erwerben zu können.

$$\text{Bezugsverhältnis} = \frac{\text{Nennwert des bisherigen Grundkapitals}}{\text{Nennwert der Kapitalerhöhung}}$$

2.2.4.3 Zweck und Wert des Bezugsrechts

Die Einräumung von Bezugsrechten für Altaktionäre **bewirkt zweierlei:**

- **Aufrechterhaltung** der bisherigen **Stimmrechtsverhältnisse** der Altaktionäre.
- **Ausgleich** von **Vermögensnachteilen** infolge der Kurssenkung in unterschiedlichen Vermögenssituationen.

(1) Aufrechterhaltung der bisherigen Stimmrechtsverhältnisse der Altaktionäre

Beispiel:

Die Passauer Chemie AG mit einem Grundkapital in Höhe von 4 000 000,00 EUR beschließt eine Kapitalerhöhung gegen Einlagen auf 6 000 000,00 EUR. Sie gibt hierzu Aktien im Nennwert von 2 000 000,00 EUR aus. Der Altaktionär Franz Wohlhaben besitzt ein Aktienpaket im Nennwert von 1 000 000,00 EUR an dieser AG. Der Mindestnennwert der Aktie beträgt 5,00 EUR.

Aufgaben:

1. Berechnen Sie das Bezugsverhältnis!
2. Ermitteln Sie, mit wie viel Prozent Franz Wohlhaben am Grundkapital vor der Grundkapitalerhöhung beteiligt ist!
3. Ermitteln Sie, auf wie viel Prozent der Anteil von Franz Wohlhaben am Grundkapital absinken könnte, wenn kein Bezugsrecht besteht!
4. Bestimmen Sie, wie viel junge Aktien Franz Wohlhaben erwerben muss, um nach der Grundkapitalerhöhung den gleichen Anteil am erhöhten Grundkapital der Passauer Chemie AG zu haben wie vor der Grundkapitalerhöhung!

Lösungen:

Zu 1.:

$$\text{Bezugsverhältnis} = \frac{4\,000\,000 \text{ EUR}}{2\,000\,000 \text{ EUR}} = \frac{2}{1}$$

Zu 2.:

Franz Wohlhaben ist mit $^1/_4$ (1 Mio. EUR : 4 Mio. EUR), das sind 25 %, an der AG beteiligt.

Zu 3.:

Ohne die Einräumung eines Bezugsrechts sinkt der Anteil von Franz Wohlhaben am Grundkapital der AG auf $^1/_6$ (1 Mio. EUR : 6 Mio. EUR), das sind $16^2/_3$ %, ab.

Zu 4.:

Das Aktienpaket von Franz Wohlhaben muss nach der Kapitalerhöhung $^1/_4$ des neuen Grundkapitals (6 Mio. EUR : 4), also 1,5 Mio. EUR betragen, d. h., er müsste 100 000 junge Aktien erwerben.

Probe: Franz Wohlhaben besitzt 200 000 Aktien (Bezugsrechte) und kann damit 100 000 junge Aktien (100 000 Aktien · 5,00 EUR = 500 000,00 EUR Nennwert) kaufen.

(2) Ausgleich von Vermögensnachteilen infolge der Kurssenkung in unterschiedlichen Vermögenssituationen

Die Ausgabe junger Aktien findet nur dann das Interesse von Kapitalanlegern, wenn der Ausgabekurs unter dem bisherigen Börsenkurs der Aktien der betreffenden Gesellschaft liegt. Niedrige Emissionskurse erleichtern zwar die Emission, haben für das Unternehmen jedoch den Nachteil, dass ihr weniger Mittel zufließen. Ein hoher Emissionskurs erschwert zwar die Emission, hat aber den Vorteil für das Unternehmen, dass ihm mehr Mittel zufließen. Die richtige Wahl des **Emissionskurses** der jungen Aktien ist somit ein wesentlicher Faktor für das Gelingen einer Kapitalerhöhung.

Nach der Emission der jungen Aktien sinkt der Börsenkurs meist auf den „Mittelkurs". Rechnerisch ist das der gewogene Durchschnitt des alten Börsenkurses und des Emissionskurses der jungen Aktien. Dem dabei entstehenden Wertverlust einer Altaktie entspricht rein rechnerisch der Wert des Bezugsrechts.

Für die Ermittlung des Mittelkurses (gewogener Durchschnitt) sind der Kurswert der alten Aktien (Anzahl alter Aktien · Kurs alte Aktien), der Kurswert der jungen Aktien (Anzahl junger Aktien · Emissionskurs), die Anzahl der alten Aktien und die Anzahl der jungen Aktien maßgebend. Der Mittelkurs ergibt sich aufgrund folgender Berechnungsformel:

$$\text{Mittelkurs} = \frac{\text{Anzahl alter Aktien} \cdot \text{Kurs alte Aktien} + \text{Anzahl junger Aktien} \cdot \text{Emissionskurs}}{\text{Anzahl alter Aktien} + \text{Anzahl junger Aktien}}$$

Beispiel: Ergänzung zum Beispiel auf S. 286

Der Börsenkurs der Aktien der Passauer Chemie AG mit einem Grundkapital von 4 000 000,00 EUR (800 000 Aktien zu je 5,00 EUR) beträgt vor der Kapitalerhöhung 25,00 EUR je Stück.

Der Emissionskurs von 400 000 Stück jungen Aktien im Nennwert von 5,00 EUR je Stück wird auf 22,00 EUR je Stück festgesetzt.

Aufgaben:

1. Ermitteln Sie den Mittelkurs!
2. Berechnen Sie den Vermögensverlust der Altaktionäre je Aktie!
3. Ermitteln Sie den rechnerischen Wert des Bezugsrechts!
4. Weisen Sie rechnerisch nach, dass Franz Wohlhaben, der ein Aktienpaket im Nennwert von 1 000 000,00 EUR an der Passauer Chemie AG hält, durch die Kapitalerhöhung rechnerisch keinen Vermögensnachteil erleidet, wenn er an der Kapitalerhöhung **nicht** teilnimmt!
5. Weisen Sie unter den Bedingungen zu 4. rechnerisch nach, dass Franz Wohlhaben auch keinen Vermögensnachteil erleidet, wenn er an der Kapitalerhöhung **teilnimmt!**

Lösungen:

Zu 1.:

$$\text{Mittelkurs} = \frac{800\,000 \cdot 25 + 400\,000 \cdot 22}{800\,000 + 400\,000} = \underline{\underline{24{,}00\text{ EUR}}}$$

$$\text{Verkürzt über das Bezugsverhältnis: } \frac{2 \cdot 25 + 1 \cdot 22}{3} = \underline{\underline{24{,}00\text{ EUR}}}$$

Ergebnis: Der Mittelkurs beträgt 24,00 EUR.

Zu 2.:

Der Vermögensverlust der Altaktionäre beträgt damit 1,00 EUR je Aktie (bisheriger Börsenkurs 25,00 EUR – Mittelkurs 24,00 EUR). Da das Bezugsrecht einen marktfähigen Wert für sich darstellt, muss diesem Vermögensverlust der rechnerische Wert des Bezugsrechts entsprechen.

Zu 3.:

Allgemein lässt sich der Wert des Bezugsrechts mithilfe folgender Berechnungsformel ermitteln:

$$\text{Wert des Bezugsrechts} = \frac{\text{Kurs der alten Aktien} - \text{Kurs der jungen Aktien}}{\dfrac{\text{Anzahl}^1\text{ der alten Aktien}}{\text{Anzahl}^1\text{ der jungen Aktien}} + 1}$$

Auf die Daten unseres Beispiels angewandt, ergibt das folgenden Wert:

$$\text{Wert des Bezugsrechts} = \frac{25 - 22}{\dfrac{800\,000}{400\,000} + 1} = \frac{3}{3} = \underline{\underline{1{,}00\text{ (EUR/Stück)}}}$$

Alternative Berechnung des Werts des Bezugsrechts:

Wert des Bezugsrechts = Kurs der alten Aktie – Mittelkurs

Auf die Daten unseres Beispiels angewandt, ergibt das folgenden Wert:

$$\text{Wert des Bezugsrechts} = 25{,}00\text{ EUR} - 24{,}00\text{ EUR} = \underline{\underline{1{,}00\text{ EUR/Stück}}}$$

1 Hierbei handelt es sich um das Bezugsverhältnis, d. h., der Bruch kann auch durch das Bezugsverhältnis ersetzt werden. Die Formel lautet dann:

$$\text{Wert des Bezugsrechts} = \frac{\text{Kurs der alten Aktien} - \text{Kurs der jungen Aktien}}{\text{Bezugsverhältnis} + 1}$$

Der rechnerisch ermittelte Wert des Bezugsrechts entspricht damit dem Wert des Vermögensverlusts, den der Altaktionär durch die Ausgabe neuer Aktien zu einem unter dem Börsenkurs liegenden Emissionskurs erleidet. Falls der Altaktionär von seinem Bezugsrecht keinen Gebrauch macht, muss der neue Aktionär den Wert des Bezugsrechts mitbezahlen.

Zu 4.:

Wert des Aktienpakets vor der Kapitalerhöhung	200 000 Aktien · 25,00 EUR = 5 000 000,00 EUR	
Wert des Aktienpakets nach der Kapitalerhöhung	200 000 Aktien · 24,00 EUR =	4 800 000,00 EUR
	+ Wert des Bezugsrechts 200 000 Aktien zu je 1,00 EUR =	200 000,00 EUR
		5 000 000,00 EUR

Ergebnis: Wenn ein Altaktionär an der Kapitalerhöhung nicht teilnimmt, kann er seine Bezugsrechte verkaufen. Durch den Erlös wird der Kursverlust seiner alten Aktien ausgeglichen.

Da an der Börse die Nachfrage- und Angebotsverhältnisse den Wert des Bezugsrechts bestimmen, weicht der tatsächliche Wert meist etwas vom rechnerischen Wert ab.

Zu 5.:

Franz Wohlhaben hat vor der Kapitalerhöhung 200 000 alte Aktien (1 000 000,00 EUR Nennwert : 5,00 EUR Nennwert je Aktie). Das Bezugsverhältnis beträgt 2:1, d. h., er bekommt für zwei alte Aktien eine neue Aktie. Franz Wohlhaben kann 100 000 junge Aktien kaufen (200 000 alte Aktien : 2). Für jede junge Aktie muss er den Ausgabekurs von 22,00 EUR bezahlen. Nach der Kapitalerhöhung stellt sich der Kurs aller Aktien auf den Mittelkurs von 24,00 EUR ein.

	Kurswerte der Aktien vor der Kapitalerhöhung	Kurswerte der Aktien nach der Kapitalerhöhung	Differenz der Kurswerte
alte Aktien	25,00 EUR alter Kurs · 200 000 alte Aktien = 5 Mio. EUR	24,00 EUR Mittelkurs · 200 000 alte Aktien = 4,8 Mio. EUR	– 200 000,00 EUR
junge Aktien	22,00 EUR Emissionskurs · 100 000 junge Aktien = 2,2 Mio. EUR	24,00 EUR Mittelkurs · 100 000 junge Aktien = 2,4 Mio. EUR	+ 200 000,00 EUR
insgesamt	7,2 Mio. EUR	7,2 Mio. EUR	= **0,00 EUR**

Ergebnis: Wenn ein Altaktionär an der Kapitalerhöhung teilnimmt, erleidet er keinen Vermögensnachteil. Der Kursverlust der alten Aktien wird durch den Kursgewinn der jungen Aktien genau ausgeglichen.

2.2.5 Vor- und Nachteile einer Beteiligungsfinanzierung bei einer AG

Vorteile	Nachteile
■ Die Mittel stehen dem Unternehmen ohne zeitliche Begrenzung zur Verfügung. ■ Keine Tilgung und somit keine Belastung der Liquidität. ■ Kein Zinsaufwand, weil kurzfristig auf eine Verzinsung des Eigenkapitals verzichtet werden kann. ■ Unabhängigkeit (kein Einfluss von Gläubigern auf das Unternehmen). ■ Erhöhung der Kreditwürdigkeit.	■ Verwaltungs- und Emissionskosten anlässlich der Emission von Aktien. ■ Begrenzung der Beteiligungsfinanzierung, wenn durch eine Kapitalerhöhung bisherige gewünschte Mehrheitsverhältnisse gefährdet werden.

Kompetenztraining

87 Grundlegendes zur Aktie

1. Erklären Sie den Begriff Wertpapier!

2. Erläutern Sie den Begriff Effekten und begründen Sie, warum nur Effekten börsenmäßig handelbare Wertpapiere sein können!

3. Zeigen Sie auf, warum die Aktien zu den Teilhaberpapieren gehören!

4. Der Kaufmann Friedrich Haber möchte 30 000,00 EUR anlegen. Da Friedrich Haber gute wirtschaftliche Kenntnisse hat, rät ihm der Anlageberater zum Kauf von Aktien.

   Aufgaben:

   4.1 Begründen Sie, warum ihm der Anlageberater raten könnte, Aktien zu kaufen!

   4.2 Erläutern Sie, wodurch der Kurs von Aktien beeinflusst werden kann!

5. Aktiengesellschaften können sich durch Ausgabe von Aktien Finanzmittel beschaffen.

   Aufgaben:

   5.1 Erklären Sie die Begriffe Nennwert und Kurs!

   5.2 Begründen Sie, warum eine Aktie mit einem Nennwert von 5,00 EUR auf 98,00 EUR steigen kann!

   5.3 Recherchieren Sie die Vor- und Nachteile der Namensaktien!

   5.4 Notieren Sie, in welchem Fall die Ausgabe von Namensaktien zwingend vorgeschrieben sind!

   5.5 Erläutern Sie die „Funktion" der Aktie!

88 Grundlagen zur Kapitalerhöhung

1. Die Deggendorfer Baustoffe AG gibt 500 000 Stück junge Aktien im Nennwert von 5,00 EUR je Stück zum Kurs von 180,00 EUR/Stück heraus. An Emissionskosten fallen 9 000 000,00 EUR an.

   Aufgaben:

   1.1 Berechnen Sie die Erhöhung des gezeichneten Kapitals der AG!

   1.2 Ermitteln Sie die Höhe des Finanzmittelzuflusses bei der AG!

   1.3 Bestimmen Sie den Betrag, um den sich das Eigenkapital der AG erhöht und schlüsseln Sie den Betrag auf die entsprechenden Bilanzposten auf!

2. Eine AG weist auf der Passivseite der Bilanz u. a. folgende Positionen aus:

Gezeichnetes Kapital	8 000 000,00 EUR	Gewinnvortrag	28 000,00 EUR
Kapitalrücklage	700 000,00 EUR	Jahresfehlbetrag	750 000,00 EUR
Gesetzliche Rücklage	800 000,00 EUR		

   Aufgaben:

   2.1 Geben Sie die Höhe des bilanzierten Eigenkapitals an!

   2.2 Erläutern Sie, welchen Betrag das Haftungskapital der AG umfasst!

   2.3 Ermitteln Sie, wie viel Aktien die Aktionäre besitzen, wenn die Aktien einen Nennwert von 5,00 EUR je Stück aufweisen!

   2.4 Berechnen Sie, welchen Vermögenswert die Aktien repräsentieren, wenn ihr Kurs 85,00 EUR je Stück beträgt!

89 Bezugsrecht und Mittelzufluss

1. Die Hauptversammlung der Amberger Mineral AG beschließt mit qualifizierter Mehrheit eine Kapitalerhöhung gegen Einlagen um 36 Mio. EUR auf 96 Mio. EUR. Der Börsenkurs der Altaktien wird mit 200,00 EUR notiert. Der Emissionskurs beträgt 150,00 EUR je 10-EUR-Aktie.

   Aufgaben:

   1.1 Ermitteln Sie das Bezugsverhältnis und den rechnerischen Wert des Bezugsrechts!

   1.2 Bestimmen Sie den Mittelzufluss der Amberger Mineral AG! Ermitteln Sie die Höhe des Agios und geben Sie an, in welchem Bilanzposten das Agio ausgewiesen wird!

   1.3 Prüfen Sie, ob die AG auch einen höheren Emissionskurs für die jungen Aktien hätte festlegen können!

2. Nennen Sie zwei Nachteile, die ein Altaktionär hat, wenn das Bezugsrecht ausgeschlossen wird!

3. Die Wagner Tiefbau AG plant eine Investition über 27 Mio. EUR. Der erzielbare Emissionskurs je 5-EUR-Aktie liegt bei 70,00 EUR.

   Aufgabe:

   Ermitteln Sie, wie hoch die Kapitalerhöhung mindestens sein muss, damit das Investitionsvorhaben durchgeführt werden kann! (Emissionskosten 1 Mio. EUR)

90 Umsetzung einer Kapitalerhöhung gegen Einlagen

Die Bamberger Feintechnik AG stellt hochwertige Präzisionswerkzeuge her. Die zusammengefasste Bilanz des Unternehmens weist folgende Werte aus:

Aktiva — Zusammengefasste Bilanz am 31. Dez. 20.. in TEUR — Passiva

Aktiva		Passiva	
Sachanlagen	222000	Gezeichnetes Kapital	50000
Vorräte	272000	Kapitalrücklage	20000
Forderungen und flüssige Mittel	240000	Gesetzliche Rücklage	5000
		Rückstellungen	380200
		Verbindlichkeiten	278800
	734000		734000

Die 10 Mio. Stückaktien der Bamberger Feintechnik AG befinden sich zu 70 % im Besitz der Gründerfamilie. Im Vorjahr ging die AG an die Börse. Seither sind 30 % der Aktien, die früher auch im Familienbesitz waren, breit gestreut.

Aufgaben:

1. Geben Sie zwei Gründe an, die die Bamberger Feintechnik AG zum Schritt an die Börse veranlasst haben könnten!

2. Die Expansion des Unternehmens macht die Zuführung von weiterem Eigenkapital notwendig. Im Folgejahr soll eine Kapitalerhöhung gegen Einlagen von 10 Mio. EUR durchgeführt werden. Die Emissionskosten betragen 750000,00 EUR. Die Börse notiert die Bamberger Feintechnik-Aktie vor der Kapitalerhöhung mit 42,00 EUR.

   2.1 Die Bamberger Feintechnik AG muss für die jungen Aktien den Emissionskurs festlegen. Nennen Sie Gesichtspunkte, die hierbei zu berücksichtigen sind! Gehen Sie dabei auch auf den höchstmöglichen und den theoretisch niedrigsten Emissionskurs ein!

   2.2 Der Börsenkurs wird nach der Kapitalerhöhung mit 39,00 EUR notiert.

      2.2.1 Bestimmen Sie den Emissionskurs rechnerisch in EUR!

      2.2.2 Geben Sie an, wie sich die entsprechenden Bilanzposten verändert haben!

3. Die Schweinfurter Baumaschinen AG, die in gutem Geschäftskontakt mit der Bamberger Feintechnik AG steht, möchte ihre Kapazität deutlich erhöhen. Dazu benötigt sie 20 Mio. EUR, die durch eine Kapitalerhöhung im Verhältnis 8 : 1 beschafft werden sollen. Das bisherige gezeichnete Kapital beträgt 80 Mio. EUR. Die Aktien haben einen Nennwert von 100,00 EUR/Aktie. Der Kurs der alten Aktie liegt bei 239,25 EUR.

Aufgaben:

3.1 In der Hauptversammlung sind 60 Mio. EUR des Grundkapitals vertreten. Ermitteln Sie, wie viele Stimmen mindestens für die Kapitalerhöhung abgegeben werden müssen! (Gesetzliche Grundlage: § 182 I AktG)

3.2 Begründen Sie die Ober- und Untergrenze für den Ausgabekurs einer jungen Aktie! (Gesetzliche Grundlage: § 9 AktG)

3.3 Ermitteln Sie den tatsächlichen Ausgabekurs einer jungen Aktie, wenn durch den Mittelzufluss zusätzlich die sofort fälligen Emissionskosten in Höhe von 5 % des Kapitalbedarfs gedeckt werden sollen!

3.4 Geben Sie an, welche Bilanzposten sich in welcher Höhe ändern!

3.5 Berechnen Sie den Mittelkurs, der sich nach Ausgabe der jungen Aktien ergibt!

3.6 Aktionär Müller, der 150 alte Aktien besitzt und nicht an der Kapitalerhöhung teilgenommen hat, ist über den Kursrückgang seiner Papiere sehr verärgert.

Weisen Sie rechnerisch nach, dass er insgesamt keinen Vermögensverlust erleidet! Gehen Sie davon aus, dass die Bezugsrechte zum rechnerischen Wert an der Börse verkauft werden.

91 Kapitalerhöhung aus der Sicht der Aktionäre

Der Vorstand einer AG schlägt der Hauptversammlung zur Finanzierung von Erweiterungsinvestitionen eine Erhöhung des Grundkapitals um 50 Mio. EUR auf 550 Mio. EUR vor. Der Börsenkurs der alten Stückaktien mit einem Grundkapitalanteil von 5,00 EUR je Aktie beträgt 26,00 EUR. Die jungen Aktien sollen in Stücken mit je 5,00 EUR Grundkapitalanteil zum Emissionskurs von 18,00 EUR ausgegeben werden.

Aufgaben:

1. Berechnen Sie den Geldmittelzufluss für die AG und das dabei erzielte Agio (ohne Berücksichtigung von Emissionskosten)!
2. Bestimmen Sie den rechnerischen Wert des Bezugsrechts in EUR!
3. Ermitteln Sie, wie hoch der Emissionskurs für die emittierten jungen Aktien sein müsste, um bei einem Bezugsverhältnis von 5 : 1 und dem bisherigen (alten) Grundkapital nicht 50 Mio. EUR, sondern 250 Mio. EUR beschaffen zu können!
4. Im Zusammenhang mit der Kapitalerhöhung will ein Aktionär, der 40 alte Aktien besitzt, Auskunft darüber haben, wie viel Bezugsrechte er zum Erwerb von 9 jungen Aktien noch kaufen muss. Geben Sie Auskunft!
5. Stellen Sie fest, wie viel junge Aktien ein anderer Aktionär, der 70 alte Aktien zu je 5,00 EUR Nennwert besitzt, kaufen kann, wenn er noch insgesamt 960,00 EUR anlegen will (Kosten bleiben unberücksichtigt)!

2.3 Kreditfinanzierung

LB 3 Handlungssituation 4: Ausgewählte Darlehensbedingungen aus einem Darlehensvertrag herausarbeiten

Das Kosmetikstudio Beauty Moments Emmy Reisacher e. Kfr. möchte den Anbau eines kleinen Wellnessbereichs durch die Aufnahme eines Darlehens bei der Sparkasse Augsburg finanzieren.

Nach dem sich Emmy Reisacher ausführlich über die Darlehensaufnahme beraten lassen hat, soll nun der Darlehensvertrag unterschrieben werden. Vor der Unterschrift prüft Emmy Reisacher, ob im Vertrag auch wirklich das steht, was sie mit ihrem Bankberater besprochen hat.

Auszug aus dem Darlehensvertrag:

Sparkasse Augsburg

Darlehen mit anfänglichem Festzins

Konto-Nr.: 600 344 856
Datum 29. Juli 2027

Beauty Moments Emmy Reisacher e. Kfr., Neuwerk 10, 86169 Augsburg

– nachstehend der Darlehensnehmer genannt – erhält/erhalten von der Sparkasse zu folgenden Bedingungen ein Darlehen im Nennwert von

180 500,00 EUR

Gutschriftskonto: 346 489 *Belastungskonto:* 346 489

1 Darlehenskosten, Rückzahlung

1.1 Verzinsung: Das Darlehen ist mit jährlich 3,40 v. H. zu verzinsen. Dieser Zinssatz ist bis zum 30. 07. 2032 unveränderlich. Frühestens sechs Wochen, spätestens bis zwei Wochen vor Ablauf der Zinsbindungsfrist kann jede Partei verlangen, dass über die Bedingungen für die Darlehensgewährung (Zinssatz, Disagio u. ä.) neu verhandelt wird. Werden bis zum Ablauf der Zinsbindungsfrist keine neuen Darlehensbedingungen vereinbart, so läuft das Darlehen zu veränderlichen Konditionen weiter. Es gilt der von der Sparkasse für Darlehen dieser Art festgesetzte Zinssatz. Bei Änderungen der Marktlage ist sie berechtigt, die Zinsen mit sofortiger Wirkung durch Erklärung gegenüber dem Darlehensnehmer zu senken oder zu erhöhen.

1.2 Die Sparkasse erhebt ein **Disagio** von – – – – und eine einmalige **Bearbeitungsprovision** von .
Beide Beträge werden bei der ersten Auszahlung von der Sparkasse verrechnet. Die Bearbeitungsgebühr wird bei vorzeitiger Rückzahlung des Darlehens nicht – auch nicht teilweise – erstattet. Der **Nettokreditbetrag** beträgt 180 500,00 EUR .

1.3 Preisrechtliche Angaben

Der anfängliche effektive Jahreszins beträgt 3,51 v. H. . Es wurden verrechnet:

⋮ ⋮ ⋮ ⋮

1.7 Rückzahlung und Zahlungstermine: Alle fälligen Beträge werden jeweils dem oben bezeichneten Belastungskonto belastet. **Zinsen** sind erstmals an dem auf die erste Auszahlung folgenden Zahlungstermin zu zahlen.

Das Darlehen ist in einer Summe zum Ablauftermin am 30. Juli 2032 zurückzuzahlen.
Die Zinsen sind in Teilbeträgen jeweils am Quartalsende zu zahlen.

⋮ ⋮ ⋮ ⋮

8 Offenlegungs- und Auskunftspflicht

Der Darlehensnehmer hat der Sparkasse, einem von dieser beauftragten Treuhänder oder ihrer zuständigen Prüfungsstelle jederzeit Einblick in seine wirtschaftlichen Verhältnisse zu gewähren, insbesondere seine Bücher, Bilanzen, Abschlüsse und Geschäftspapiere vorzulegen oder die Einsicht und Prüfung dieser Vorgänge zu gestatten, jede gewünschte Auskunft zu erteilen und die Besichtigung seines Betriebes zu ermöglichen. Die Sparkasse ist auch aufgrund gesetzlicher Vorgaben verpflichtet, sich die wirtschaftlichen Verhältnisse des Darlehensnehmers offenlegen zu lassen.

Die Sparkasse kann die dafür erforderlichen Unterlagen direkt bei den Beratern des Darlehensnehmers in Buchführungs- und Steuerangelegenheiten nach Rücksprache mit dem Darlehensnehmer anfordern. Soweit die genannten Unterlagen auf Datenträger gespeichert sind, ist der Darlehensnehmer verpflichtet, diese in angemessener Frist lesbar zu machen.

Die Sparkasse ist berechtigt, jederzeit die öffentlichen Register sowie das Grundbuch und die Grundakten einzusehen und auf Rechnung des Darlehensnehmers einfache oder beglaubigte Abschriften und Auszüge zu beantragen, ebenso Auskünfte bei Versicherungen, Behörden und sonstigen Stellen, insbesondere Kreditinstituten, einzuholen, die sie zur Beurteilung des Darlehensverhältnisses für erforderlich halten darf.

9 Kündigung/sofortige Fälligkeit

9.1 Das Darlehen kann beiderseits mit einer Frist von einem Monat zum Ablauf der ersten oder einer folgenden Festzinsvereinbarung gem. Nr. 1.1 ganz oder teilweise gekündigt werden. Wird das Darlehen nach Ablauf der ersten oder einer folgenden Festzinsvereinbarung mit veränderlichem Zinssatz fortgeführt, so kann es jederzeit mit einer Frist von drei Monaten gegenüber dem Vertragspartner ganz oder teilweise gekündigt werden.

Die Kündigung soll schriftlich erfolgen. Eine Kündigung des Darlehensnehmers gilt als nicht erfolgt, wenn er den geschuldeten Betrag nicht binnen zweier Wochen nach Wirksamwerden der Kündigung zurückzahlt.

9.2 Unbeschadet ihres Rechts zur fristlosen Kündigung aus sonstigen wichtigen Gründen (Nr. 26 AGB) kann die Sparkasse das Kapital für sofort fällig und zahlbar erklären,

- wenn der Darlehensnehmer gegen die ihm in Nr. 8 auferlegten Pflichten verstößt;
- wenn der Darlehensnehmer mit fälligen Leistungen länger als 14 Tage in Verzug gerät und auch nach einer weiteren Nachfristsetzung durch die Sparkasse von mindestens weiteren 14 Tagen nicht zahlt.

Kompetenzorientierter Arbeitsauftrag

Analysieren Sie den vorliegenden Darlehensvertrag hinsichtlich der

- Kosten,
- Zinszahlung,
- Rückzahlung (Tilgung),
- Kündigung durch das Kosmetikstudio Beauty Moments Emmy Reisacher e. Kfr.,
- außerordentliche Kündigung durch die Sparkasse Augsburg!

mvurl.de/czbz

2.3.1 Darlehensvertrag

2.3.1.1 Begriff Bankdarlehen

- **Darlehen** sind Kredite, die in einer Summe bereitgestellt und dem Finanzbedarf entsprechend ausbezahlt werden, und dann entweder am Fälligkeitstag in einer Summe oder während einer vorbestimmten Laufzeit in Raten getilgt werden müssen.
- Dem Kredit in Form eines Darlehens liegt ein **Darlehensvertrag** zugrunde. Darlehen sind in aller Regel mittel- oder langfristige Kredite. Rechtsgrundlagen des Darlehens sind die §§ 488 ff., 607 ff. BGB.[1]

1 Die §§ 607 ff. BGB regeln den sogenannten **Sachdarlehensvertrag,** bei dem der Darlehensgeber verpflichtet ist, dem Darlehensnehmer eine vereinbarte vertretbare Sache zu überlassen.
Im Folgenden beschränken wir uns gemäß Lehrplan auf die Darstellung des Bankdarlehens.

Beispiel:

Die eigenen Mittel von Karsten Kalle und die einbehaltenen Gewinne des Autohauses reichen zur Finanzierung des Reifenlagers nicht aus. In diesem Fall ist das Unternehmen darauf angewiesen, Geld von Fremden **(Kredit)** aufzunehmen.

Darlehensfinanzierung (Außenfinanzierung mit Fremdkapital)

Reifenlager

Autohaus Karsten Kalle e. Kfm.

Auswirkungen auf die Bilanz

Aktiva	**Bilanz** Passiva
+ Grundstücke	+ Fremdkapital
+ Gebäude	
+ Vorräte	

Bank

2.3.1.2 Zustandekommen eines Darlehensvertrages

Jeder Darleheneinräumung gehen im Allgemeinen Vorverhandlungen zwischen Darlehensnehmer und Darlehensgeber voraus, in denen die Darlehensart und die Darlehensvertragsinhalte festgelegt werden. Das Ergebnis der Vorverhandlungen wird in der Regel in einem Darlehensvertragsformular festgehalten. Im rechtlichen Sinne handelt es sich um einen **Antrag** des **Darlehensnehmers.** Der Darlehensvertrag kommt mit der rechtzeitigen **Annahme** des Darlehensantrags durch die **Bank** zustande.

Der **Darlehensvertrag** kommt dadurch zustande, dass der **Darlehensantrag** des **Darlehensnehmers** und die **Darlehenszusage** des **Darlehensgebers** inhaltlich **übereinstimmen** und die Darlehenszusage dem Darlehensnehmer rechtzeitig zugegangen ist [§§ 145ff. BGB].

2.3.1.3 Inhalte des Darlehensvertrages

(1) Darlehenshöhe und Rückzahlungsmodus

In einem Darlehensvertrag bestimmen Darlehensnehmer (Schuldner) und Darlehensgeber (Kreditinstitut) die **Darlehenssumme** und den **Zeitpunkt,** bis wann die Schuld beglichen sein muss sowie die **Höhe der Tilgung.** Außerdem muss der Darlehensnehmer erklären, dass er über getilgte Beträge nicht erneut verfügt.

(2) Darlehenskosten

Sollzinsen	Der Darlehensnehmer kann wählen zwischen einem gebundenen Sollzins und einem variablen Zins. Beim gebundenen Sollzins bleibt der Zins für eine vereinbarte Laufzeit gleich, beim variablen Zins kann der Zinssatz durch Anpassungsklauseln geändert werden.
Bereitstellungszinsen	Wenn der Darlehensbetrag zum vereinbarten Auszahlungstermin vom Darlehensnehmer nicht in Anspruch genommen wird, kann die Bank vom vereinbarten bis zum tatsächlichen Auszahlungstermin einen Zinsausgleich (z. B. 3 % p. a.) beanspruchen.
Disagio[1] (Damnum)	Das Disagio stellt eine Kürzung des auszuzahlenden Darlehensbetrags dar und soll den Sollzins absenken. In der Geschäftspraxis ist das Disagio vor allem eine **Zinsvorauszahlung.** Bei einem Disagio von z. B. 3 % werden dem Kreditnehmer nur 97 % der vereinbarten Kreditsumme ausbezahlt. Diese 3 % dienen als Vorauszahlung der fälligen Zinsen. Die Verzinsung steigt damit. Der Rückzahlungsbetrag des Kreditnehmers umfasst 100 % der Kreditsumme.

(3) Sicherheiten

Unternehmen verwenden langfristige Darlehen insbesondere für den Kauf von Grundstücken oder den Bau neuer Fabrikanlagen. Diese Art der Darlehensgewährung wird in der Regel durch **Grundpfandrechte**[2] abgesichert.

Daneben werden von Banken noch kurz- und mittelfristige Darlehen zur Finanzierung von Firmenfahrzeugen oder Produktionsanlagen angeboten. Diese Darlehen werden entweder aufgrund der persönlichen Kreditwürdigkeit des Darlehensnehmers oder gegen die Verpfändung beweglicher Sachen gewährt.

1 **Damnum**: Nachteil, Abzug.
Disagio: Abschlag, Abgeld.

2 Ein **Grundpfandrecht** ist ein Pfandrecht an einem Grundstück. Das wichtigste Grundpfandrecht ist die Grundschuld. Sie muss in das Grundbuch eingetragen werden.

Beispiel:

Darlehensvertrag[1]

zwischen der Maschinenbau Müller GmbH, Landau – Darlehensnehmer –
und der Sparkasse Niederbayern – Darlehensgeber –

wird folgender Darlehensvertrag geschlossen:

§ 1 Darlehensgewährung

Der Darlehensgeber gewährt dem Darlehensnehmer ein Darlehen in Höhe von 100000,00 EUR (in Worten: einhunderttausend Euro).

§ 2 Konditionen und Kosten

(1) Das Darlehen wird mit einem gebundenen Sollzinssatz[2] von 3,5 % p. a. auf den Darlehensbetrag – oder bei vorzeitigen Teilrückzahlungen mit Zustimmung des Darlehensgebers auf die aktuelle Darlehensvaluta – ab Auszahlung verzinst.

(2) Die Zinsen sind jährlich zum 31. Dezember auf das Konto des Darlehensgebers mit der IBAN DE18 7425 0000 0183 3795 00 bei der Sparkasse Niederbayern zur Gutschrift zu zahlen.

§ 3 Verwendungszweck

Das Darlehen wird dem Darlehensnehmer vom Darlehensgeber zum Zweck des Kaufs eines Bohrzentrums gewährt. Der Darlehensgeber ist berechtigt, die bestimmungsgemäße Verwendung des Darlehens zu überwachen.

§ 4 Auszahlung

(1) Die Darlehensvaluta in Höhe von 97000,00 EUR ist zur Auszahlung fällig am 4. April 20.. und wird auf das Konto des Darlehensnehmers mit der IBAN DE90 7425 0000 0002 0548 50 bei der Sparkasse Niederbayern ausgezahlt.

(2) Die Abtretung oder Verpfändung der Auszahlungsansprüche ist nur mit Zustimmung des Darlehensgebers möglich.

§ 5 Laufzeit, Rückzahlung

(1) Das Darlehen wird bis zum 4. April 20.. gewährt. Eine Verlängerung der Laufzeit ist vor Fälligkeit des Darlehens zu vereinbaren.

(2) Das Darlehen ist am Ende der Laufzeit in einer Summe zurückzuzahlen. Eine vollständige oder teilweise vorzeitige Rückzahlung des Darlehens bedarf der Zustimmung des Darlehensgebers.

§ 6 Außerordentliche Kündigung

Der Darlehensgeber kann das Darlehen aus wichtigem Grund jederzeit ohne Einhaltung einer Kündigungsfrist schriftlich kündigen und die sofortige Rückzahlung der Darlehensvaluta verlangen, insbesondere in folgenden Fällen:

- Der Darlehensnehmer kommt vollständig oder teilweise mit dem von ihm zu erbringenden Leistungen länger als einen Monat mit mindestens Teilleistungen in Verzug und erbringt die rückständigen Leistungen innerhalb eines weiteren Monats nach Zugang einer schriftlichen Mahnung nicht oder nicht vollständig.
- Wesentliche Verschlechterung der Vermögensverhältnisse des Darlehensnehmers, sodass die ordnungsgemäße Erfüllung der sich nach dem Darlehensvertrag ergebenden Pflichten gefährdet erscheint. Dem Darlehensgeber steht in diesem Fall die Geltendmachung des ihm durch die vorzeitige Rückzahlung entstehenden Schadens zu.

Landau, den 1. April 20..
Ort, Datum

Maschinenbau Müller GmbH	Sparkasse Niederbayern
C. Müller	R. Baldauf D. Berger
(Darlehensnehmer)	(Darlehensgeber)

1 In Anlehnung an: www.etl-rechtsanwaelte.de/zeigedoc/muster/Darlehensvertrag [09. 06. 2026].

2 Bis vor einigen Jahren wurde der Sollzinssatz auch als Nominalzins bezeichnet. Mittlerweile hat sich der Begriff Sollzins durchgesetzt.

2.3.2 Darlehensarten und Tilgungspläne

2.3.2.1 Unterschiedliche Arten von Darlehen im Vergleich[1]

Fälligkeitsdarlehen (Festdarlehen)	Abzahlungsdarlehen (Ratendarlehen)	Annuitätendarlehen
■ regelmäßige (z. B. monatliche, quartalsweise oder jährliche) Liquiditätsbelastung ausschließlich mit Zinsen ■ Tilgung komplett (in einer Summe) am Ende der Laufzeit ■ hoher Zinsaufwand bezogen auf die Gesamtlaufzeit	■ Liquiditätsbelastung aus Zins und Tilgung vermindert sich monatlich, quartalsweise oder jährlich ■ Tilgung erfolgt in stets gleichbleibenden Raten ■ Zinsen werden von der Restschuld errechnet und ermäßigen sich daher von Rate zu Rate.	■ gleichbleibende monatliche, quartalsweise oder jährliche Liquiditätsbelastung aus Zins und Tilgung (Annuität) ■ Tilgung nimmt im Laufe der Zeit zu (ersparte Zinsen verstärken die Tilgung) ■ Die Zinsbelastung nimmt im Laufe der Zeit ab

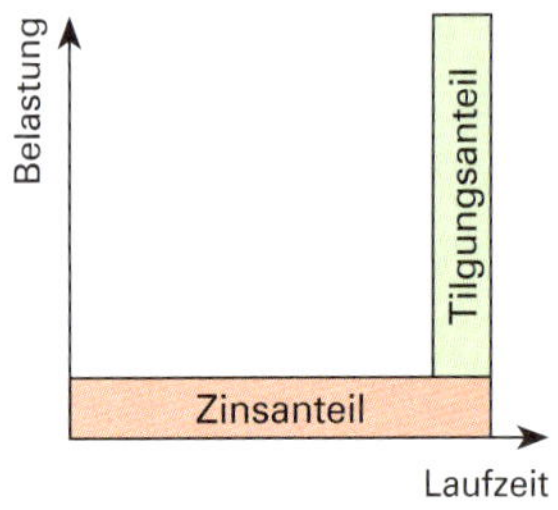

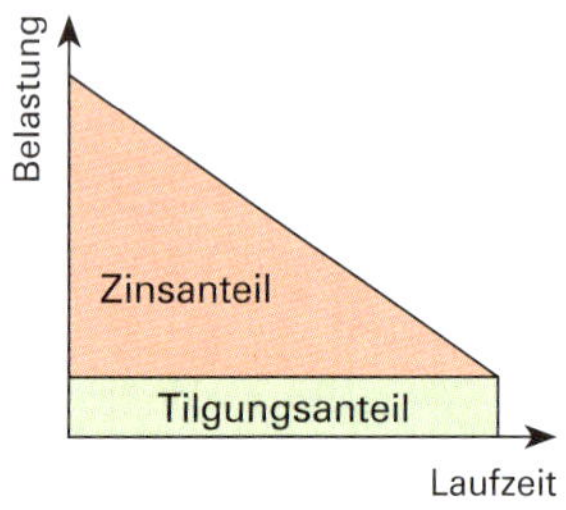

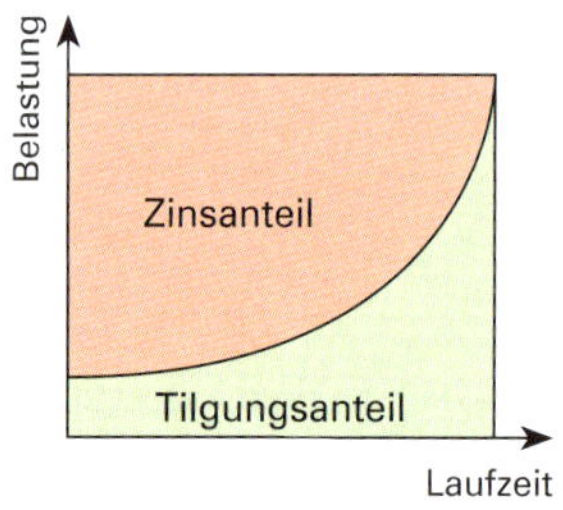

mvurl.de/dtyp

2.3.2.2 Kreditfinanzierung am Beispiel des Annuitätendarlehens

(1) Begriff Annuitätendarlehen

Der Name Annuitätendarlehen leitet sich von **„Annuität"** ab, was eine **gleichbleibende** jährliche (oder monatliche) **Rate** bedeutet.

Merkmale:

- Während der gesamten Zinsbindungsfrist wird eine **konstante Rate** (jährlich oder monatlich) bezahlt.
- Die Rate setzt sich aus einem **Zinsanteil** und einem **Tilgungsanteil** zusammen.

Verschiebung der Ratenanteile:

- Zu Beginn: hoher Zinsanteil, niedriger Tilgungsanteil
- Im Verlauf: sinkender Zinsanteil, steigender Tilgungsanteil
- Die Gesamtrate bleibt konstant.

1 Der Lehrplan sieht nur die Behandlung des Annuitätendarlehens vor. Zum besseren Verständnis wird an dieser Stelle auch das Fälligkeitsdarlehen und das Abzahlungsdarlehen dargestellt.

Beispiel:

Die Deluxe GmbH aus Neu-Ulm nimmt bei ihrer Hausbank zur Finanzierung einer neuen Produktionsmaschine ein Annuitätendarlehen über 200 000,00 EUR auf.

Der Zinssatz beträgt 3 % p. a., die anfängliche Tilgung beträgt 2 % p. a.

Aufgaben:

1. Berechnen Sie die monatliche Annuität!
2. Beurteilen Sie die Auswirkungen der Darlehensaufnahme auf die Liquiditätsbelastung des Unternehmens!

Lösungen:

Zu 1.: Annuität $= \frac{200\,000{,}00 \cdot 5 \cdot 30}{100 \cdot 360} = \underline{\underline{833{,}33 \text{ EUR}}}$

Zu 2.: Die Annuität von 10 000,00 EUR im ersten Jahr besteht aus 6 000,00 EUR Zinsen und 4 000,00 EUR Tilgung. In den darauffolgenden Jahren wird die Restschuld niedriger, was auch zu niedrigeren Zinszahlungen führt und dadurch automatisch den Tilgungsanteil steigen lässt. Im letzten Jahr fließt fast die gesamte Rate (Annuität) in die Tilgung.

(2) Liquiditäts- und Aufwandsbelastung beim Annuitätendarlehen

Beispiel:

Die Hans Wetzel AG benötigt für den Kauf einer Maschine für die Dauer von 6 Jahren ein Darlehen über 120 000,00 EUR.

Die Hausbank bietet dem Unternehmen folgende Konditionen an:

- gebundener Sollzinssatz 4 %,
- Auszahlung 100 %,
- Tilgung nach Wunsch.[1]

Aufgaben:

1. Erstellen Sie für die Hans Wetzel AG einen Zins- und Tilgungsplan mit Liquiditäts- und Aufwandsbelastung!
2. Analysieren Sie die Liquiditäts- und Aufwandsbelastung beim Annuitätendarlehen!

Lösungen:

Zu 1.: Zins- und Tilgungsplan für das Annuitätendarlehen

Jahr	Darlehen Jahresanfang	Darlehen Jahresende	Tilgung	Zinsen	Liquiditätsbelastung (Annuität)
1	120 000,00	101 908,56	18 091,44	4 800,00	22 891,44
2	101 908,57	83 093,46	18 815,10	4 076,34	22 891,44
3	83 093,46	63 525,76	19 567,70	3 323,74	22 891,44
4	63 525,76	43 175,35	20 350,41	2 541,03	22 891,44
5	43 175,35	22 010,92	21 164,43	1 727,01	22 891,44
6	22 010,92	0,00	22 010,92	880,44	22 891,36
Summe			120 000,00	17 348,56	137 348,56

1 Zur Vereinfachung erfolgt die gewählte Tilgung jeweils am Ende des Kalenderjahres.

Erläuterungen:

Die Liquiditätsbelastung entspricht hier der Annuität, d. h. der gleichbleibenden Summe aus Zinsen und Tilgung. Die Annuität wird mithilfe von **Annuitätenfaktoren** durch Multiplikation mit der Darlehenssumme errechnet. Der Faktor ist abhängig vom Zinssatz und der Laufzeit des Annuitätendarlehens und beträgt in unserem Fall 0,190762. Den Tilgungsbetrag erhält man durch Subtraktion der jeweiligen Zinsen von der Annuität.

Der Annuitätenfaktor lässt sich wie folgt berechnen:

$$\text{Annuitätenfaktor} = \frac{q^n\,(q-1)}{(q^n-1)} = \frac{\left(1+\frac{p}{100}\right)^n \cdot \left(\left[1+\frac{p}{100}\right]-1\right)}{\left(\left[1+\frac{p}{100}\right]^n-1\right)}$$

p: Zinssatz
n: Laufzeit in Jahren
q: $1 + \frac{p}{100}$

$$\text{Annuitätenfaktor} = \frac{\left(1+\frac{4}{100}\right)^6 \cdot \left(\left[1+\frac{4}{100}\right]-1\right)}{\left(\left[1+\frac{4}{100}\right]^6-1\right)} = \underline{\underline{0{,}190762}}$$

$$\text{Annuität} = \text{Darlehenssumme} \cdot \text{Annuitätenfaktor}$$

$$\text{Annuität} = 120\,000{,}00\ \text{EUR} \cdot 0{,}190762 = \underline{\underline{22\,891{,}44\ \text{EUR}}}$$

Der Faktor ist abhängig vom Zinssatz und der Laufzeit des Annuitätendarlehens. Den Tilgungsbetrag erhält man durch Subtraktion der jeweiligen Zinsen von der Annuität.

Liquiditätsbelastung beim Annuitätendarlehen

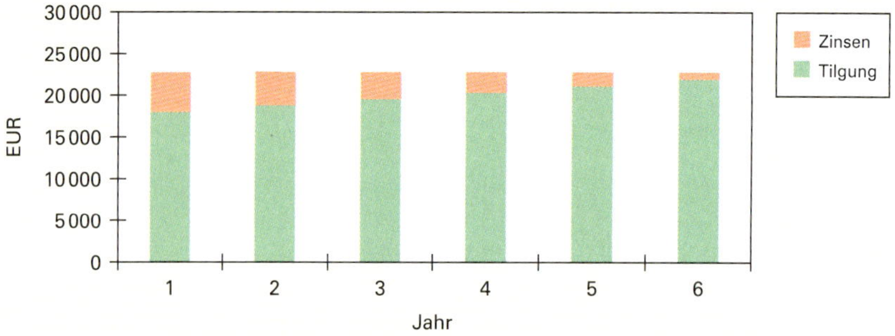

In der Praxis werden die **Annuitätenfaktoren** mittels Computerprogrammen ermittelt und dann entsprechend einer **Tabelle** entnommen:

Jahre (n)	Zinssatz (p) 2,5 %	3,0 %	3,5 %	4,0 %	4,5 %	5,0 %	5,5 %	6,0 %
1	1,02500	1,03000	1,03500	1,04000	1,04500	1,05000	1,05500	1,06000
2	0,51883	0,52261	0,52640	0,53020	0,53400	0,53780	0,54162	0,54544
3	0,35014	0,35353	0,35693	0,36035	0,36377	0,36721	0,37065	0,37411
4	0,26582	0,26903	0,27225	0,27549	0,27874	0,28201	0,28529	0,28859
5	0,21525	0,21835	0,22148	0,22463	0,22779	0,23097	0,23418	0,23740
6	0,18155	0,18460	0,18767	0,19076	0,19388	0,19702	0,20018	0,20336
7	0,15750	0,16051	0,16354	0,16661	0,16970	0,17282	0,17596	0,17914
8	0,13947	0,14246	0,14548	0,14853	0,15161	0,15472	0,15786	0,16104
9	0,12546	0,12843	0,13145	0,13449	0,13757	0,14069	0,14384	0,14702
10	0,11426	0,11723	0,12024	0,12329	0,12638	0,12950	0,13267	0,13587

Zu 2.: Analyse

- Die Liquiditätsbelastung aus Zinsen und Tilgung bleibt beim Annuitätendarlehen über die gesamte Laufzeit konstant. Dies ermöglicht eine einfache und sichere Liquiditätsplanung.
- Der Zinsanteil wird als Aufwand erfasst, die Tilgung ist aufwandsneutral. Da der Zinsanteil mit jeder Rate sinkt, nimmt die Aufwandsbelastung kontinuierlich ab.

Kompetenztraining

92 Grundlagen der Darlehensfinanzierung

1. Erklären Sie, wie ein Darlehensvertrag zustande kommt!
2. Nennen Sie fünf Punkte, die ein Darlehensvertrag enthalten sollte!
3. Nennen Sie einen Grund, warum ein Darlehensnehmer einen Darlehensvertrag mit Disagio abschließt!
4. Analysieren Sie die Aussagekraft der Abbildung!

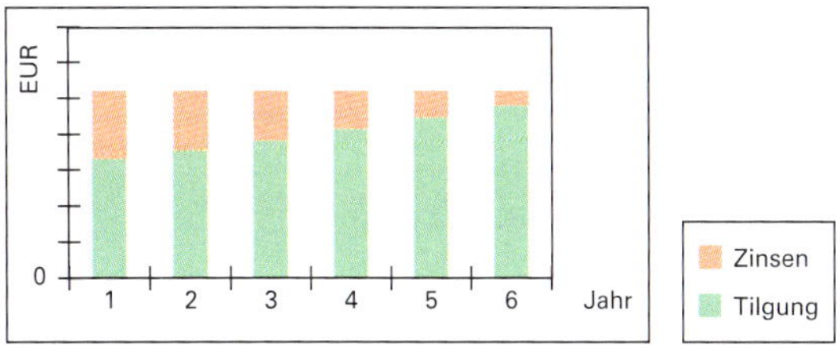

93 Finanzierung mithilfe eines Annuitätendarlehens

Die Schneider AG möchte eine neue Lagerhalle bauen. Sie soll 576000,00 EUR kosten und über ein Darlehen bei der langjährigen Geschäftsbank finanziert werden. Es wird mit einer Darlehenslaufzeit von 10 Jahren und einer Nutzungsdauer der Lagerhalle von 35 Jahren gerechnet. Die Bank legt folgendes Angebot vor: Auszahlung 96 %, Sollzinssatz 5 %.

Die Schneider AG entscheidet sich für die Aufnahme eines Annuitätendarlehens. Die Zins- und Tilgungsverrechnung erfolgt am Jahresende.

Aufgaben:

1. Erläutern Sie die wesentlichen Bestandteile eines Annuitätendarlehens! Gehen Sie dabei auf die Begriffe „Tilgung", „Zinsen" und „Liquiditätsbelastung" ein!
2. Ermitteln Sie, in welcher Höhe das Darlehen bei der Hausbank beantragt werden muss!
3. Berechnen Sie die Liquiditätsbelastung und den Gesamtaufwand des Annuitätendarlehens für die ersten 3 Jahre nach folgendem Schema!

Hinweis: Der Annuitätenfaktor beträgt 0,129505.

Jahr	Darlehen am Jahresanfang	Zinsen	Tilgung	Abschreibung Disagio	Liquiditätsbelastung	Gesamtaufwand

2.4 Offene Selbstfinanzierung[1]

(1) Begriff Selbstfinanzierung

Der Gewinn wird im Rahmen der Ergebnisrechnung als Saldo der Erträge und Aufwendungen ermittelt. Verbleibt der Gewinn ganz oder teilweise im Unternehmen, erhöht sich das Eigenkapital. Dies ist ein von dem Unternehmen selbst erwirtschafteter Zuwachs an Finanzmitteln.

	Ausgewiesener Gewinn	300 TEUR
–	Gewinnausschüttung	200 TEUR
=	Einbehaltener Gewinn (Selbstfinanzierung)	100 TEUR

Durch den Ausschüttungsverzicht

- **erhöht** sich das **Eigenkapital** und
- der **Bestand an Zahlungsmitteln** wird **nicht geschmälert.**

- **Selbstfinanzierung** ist die Bereitstellung von **Finanzmitteln** aus dem **Gewinn des Unternehmens.**
- Die Selbstfinanzierung ist eine **Innenfinanzierung** und führt zu **Eigenkapital.**

(2) Offene Selbstfinanzierung am Beispiel der Aktiengesellschaft

Bei der **offenen Selbstfinanzierung** wird der von der Buchführung **ausgewiesene Gewinn** ganz oder teilweise **nicht ausgeschüttet.**

1 Die offene Selbstfinanzierung bei der Aktiengesellschaft wurde bereits im Rahmen der Ergebnisverwendungsrechnung in Lernbereich 1, Kapitel 7, S. 196ff. dargestellt.

Reingewinn	Gewinnausschüttung an die Gesellschafter
	Einbehaltener Gewinn (Selbstfinanzierung)

Bei der Gewinnverwendung der AG wurde dargestellt, dass der Jahresüberschuss nicht in jedem Fall in vollem Umfang ausgeschüttet werden darf. Es bestehen vielmehr gesetzliche Vorschriften, die in bestimmten Fällen die Einbehaltung von Teilen des Jahresüberschusses erzwingen (Bildung gesetzlicher Rücklagen nach § 150 I AktG). Daneben besteht die Möglichkeit, durch Beschluss von Vorstand und Aufsichtsrat bzw. der Hauptversammlung, weitere Teile des Jahresüberschusses einzubehalten (Bildung anderer Gewinnrücklagen nach § 58 AktG).

- Die **Bildung von Gewinnrücklagen** ist eine **Form der offenen Selbstfinanzierung.**
- Die **gesetzliche Rücklage** ist eine **gesetzlich erzwungene Selbstfinanzierung.**
- Die **anderen Gewinnrücklagen** sind eine **freiwillig vorgenommene Selbstfinanzierung.**

Beispiel:

Der Jahresüberschuss der Bayerischen Getränke AG beträgt 8450000,00 EUR, der Verlustvortrag aus dem Vorjahr 650000,00 EUR. In die gesetzliche Rücklage werden 390000,00 EUR eingestellt. Es wurden 2,08 Mio. Aktien ausgegeben.

Aufgaben:

Ermitteln Sie unter der Annahme, dass die Dividendenzahlung auf 10 Cent gerundet wird,

1. die Untergrenze der Selbstfinanzierung,
2. die Obergrenze der Selbstfinanzierung, wenn Vorstand und Aufsichtsrat den Jahresabschluss erstellen und andere Gewinnrücklagen nach § 58 AktG bilden!

Lösungen:

Zu 1.: Ermittlung der Untergrenze der Selbstfinanzierung

	Jahresüberschuss	8450000,00 EUR	
–	Verlustvortrag aus dem Vorjahr	650000,00 EUR	
=	Bereinigter Jahresüberschuss	7800000,00 EUR	
–	Einstellung in die gesetzliche Rücklage	390000,00 EUR	
=	Bilanzgewinn	7410000,00 EUR	: 2,08 Mio. Aktien
–	Dividendenausschüttung 3,50 EUR	7280000,00 EUR	
=	Gewinnvortrag laufendes Jahr	130000,00 EUR	

	Gesetzliche Rücklage	390000,00 EUR
+	Gewinnvortrag laufendes Jahr	130000,00 EUR
=	Untergrenze Selbstfinanzierung	520000,00 EUR

Zu 2.: Ermittlung der Obergrenze der Selbstfinanzierung

	Zwischensumme (siehe 1.)	7410000,00 EUR	
–	Einstellung in andere Gewinnrücklagen	3705000,00 EUR	
=	Bilanzgewinn	3705000,00 EUR	: 2,08 Mio. Aktien
–	Dividendenausschüttung 1,70 EUR	3536000,00 EUR	
=	Gewinnvortrag laufendes Jahr	169000,00 EUR	

	Gesetzliche Rücklage	390000,00 EUR
+	andere Gewinnrücklage	3705000,00 EUR
+	Gewinnvortrag laufendes Jahr	169000,00 EUR
=	Obergrenze Selbstfinanzierung	4264000,00 EUR

Kompetenztraining

94 Spielräume der Selbstfinanzierung der AG

Die Kempten-Pharma AG hat einen deutlichen Aufschwung zu verzeichnen. Sie schließt das Geschäftsjahr 20.. mit der nachstehend vereinfacht wiedergegebenen Bilanz ab:

Aktiva — Vorläufige Bilanz zum 31. Dez. 20.. (TEUR) — Passiva

Aktiva		Passiva	
Fertigungsanlagen	9700	Gezeichnetes Kapital	8000
Verpackungsanlagen	300	Kapitalrücklage	30
Sonstiges Vermögen	8700	gesetzliche Rücklage	750
		andere Gewinnrücklagen	680
		Verlustvortrag	– 26
		Verbindlichkeiten	8610
		Jahresüberschuss	656
	18700		18700

Aufgaben:

1. Ermitteln Sie für das abgeschlossene Geschäftsjahr mit rechnerischem Nachweis
   1.1 die Untergrenze der Selbstfinanzierung,
   1.2 die Obergrenze der Selbstfinanzierung, soweit Vorstand und Aufsichtsrat hierüber beschließen,
   1.3 die Obergrenze der Selbstfinanzierung, soweit die Zustimmung der Hauptversammlung hierfür erreicht werden könnte!
2. Nennen Sie jeweils zwei Gesichtspunkte in den genannten drei Fällen (von 1.), die für eine derartige Verwendung des Jahresüberschusses sprechen würden!
3. Erklären Sie den Fall, dass die gesetzliche Rücklage zusammen mit der Kapitalrücklage 800000,00 EUR übersteigt!

2.5 Finanzierung aus Rückstellungen

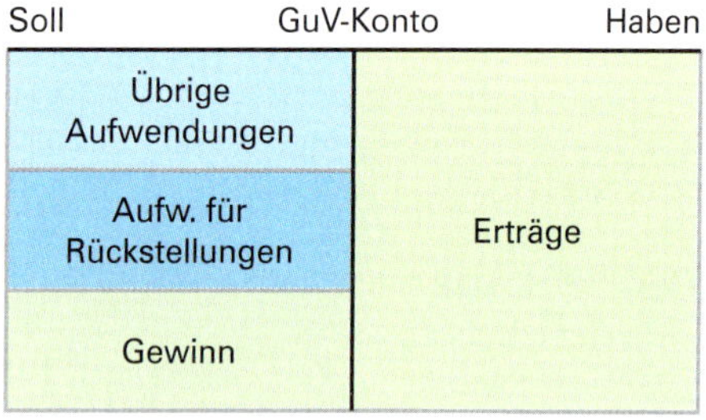

Die Bildung von Rückstellungen[1] stellt einen Aufwand dar. Der gebuchte Aufwand schmälert den Gewinn. Ein **Finanzierungseffekt** aufgrund von Rückstellungen ergibt sich dadurch, dass **Aufwendungen und Auszahlungen auseinanderfallen**: Die Bildung der Rückstellung wird in der Gegenwart als Aufwand erfasst, die Auszahlung erfolgt aber erst in der Zukunft. Für diese Zeitspanne bleibt der gebildete Rückstellungsbetrag an das Unternehmen gebunden und steht für betriebliche Aktivitäten zur Verfügung. Rückstellungen sind somit **zinsfreies Fremdkapital. Voraussetzung** hierfür ist aber, dass **durch die Bildung der Rückstellung kein Bilanzverlust** entsteht.

1 Zum Begriff Rückstellungen siehe Lernbereich 1, Kapitel 6.2, S. 193.

Die Mittel zur Bildung von Rückstellungen (z. B. für Pensionen, Steuern, Gewährleistungen) stammen aus dem betrieblichen Umsatzprozess und werden nicht von außen zugeführt, vorausgesetzt, dass die Umsatzerlöse die Aufwendungen abdecken. Insoweit ist die **Finanzierung aus Rückstellungsgegenwerten** eine **Innenfinanzierung**. Eine **Fremdfinanzierung** ist sie, weil Rückstellungen für zu erwartende Verbindlichkeiten gebildet werden.

Beispiel:

Aufgrund eines Rechtsstreites wird am 15. 12. 2026 eine Rückstellung in Höhe von 4 000,00 EUR gebildet. Der Rechtsstreit wird am 10. 11. 2027 entschieden. Es wird eine Zahlung von Rechts- und Gerichtskosten in Höhe von 4 000,00 EUR fällig.

Durch die Rückstellung stehen dem Unternehmen für die Zeit vom 15. 12. 2026 bis 10. 11. 2027 4 000,00 EUR zur Verfügung.

- Die **Bildung von Rückstellungen** führt dazu, dass **finanzielle Mittel** vom **Zeitpunkt der Bildung der Rückstellung** bis zum **Zeitpunkt der Auszahlung** im Unternehmen verbleiben.
- Es handelt sich um eine **Fremdfinanzierung,** da die zurückgestellten Vermögenswerte zur Zahlung von (noch nicht feststehenden) Verbindlichkeiten angesammelt werden.

Kompetenztraining

95 Finanzierungseffekt von Rückstellungen

1. Die Mechthild Breu KG erzielte im vergangenen Geschäftsjahr einen Gewinn vor Bildung von Rückstellungen in Höhe von 1,5 Mio. EUR. Es werden den Rückstellungen 2 Mio. EUR zugeführt.

   Aufgabe:

   Beschreiben Sie die Auswirkungen, die sich für die Finanzierung ergeben!

2. Für einen Rechtsstreit werden von der Hansa AG Rückstellungen in Höhe von 200 000,00 EUR gebildet. Durch die Zuführung zu den Rückstellungen entsteht kein Verlust. Nach zwei Jahren wird der Rechtsstreit rechtskräftig entschieden.

   Aufgaben:

   Beschreiben Sie den Finanzierungseffekt, wenn

   2.1 der Rechtsstreit für die Hansa AG verloren geht und die Gerichts- und Anwaltskosten 200 000,00 EUR betragen!

   2.2 der Rechtsstreit von der Hansa AG gewonnen wird und dadurch keine Gerichts- und Anwaltskosten anfallen!

3. Nennen Sie zwei Faktoren, die Einfluss auf den Finanzierungseffekt einer Rückstellungsbildung haben!

96 Finanzierungseffekt von Rückstellungen

Die Heinrich Schlick GmbH weist folgende vereinfachte GuV-Rechnung (Zahlen in Mio. EUR) aus:

Soll — GuV-Rechnung — Haben

Soll		Haben	
Werkstoffe	28	Umsatzerlöse	100
Personalkosten	22		
Abschreibungen	18		
Einstellungen in Rückstellungen	12		
Gewinn	20		
	100		100

Hinweise:

- An Zahlungen aus Rückstellungen fallen 4,8 Mio. EUR an.
- Im folgenden Geschäftsjahr sind Ersatzinvestitionen in Höhe von 3,2 Mio. EUR geplant.

Aufgaben:

1. Berechnen Sie, welcher Betrag für zusätzliche Ersatzinvestitionen zur Verfügung steht!
2. Erläutern Sie, welche generellen Auswirkungen Preissteigerungen auf die geplanten Erweiterungsinvestitionen haben!

2.6 Finanzierung aus sonstiger Vermögensumschichtung

(1) Begriff Vermögensumschichtung

Die **Finanzierung aus Vermögensumschichtung** ist eine spezielle Form der **Innenfinanzierung,** bei der Unternehmen **vorhandene Vermögenswerte in liquide Mittel umwandeln,** um ihre Liquidität zu erhöhen.

Beispiele:

Typische Vermögensgegenstände, die veräußert werden können, sind

- Maschinen und Anlagen, die nicht mehr benötigt werden.
- Verkauf von überschüssigem Lagerbestand.
- Grundstücke und Immobilien, die nicht betriebsnotwendig sind.
- Wertpapiere aus dem Finanzanlagevermögen.
- Patente und Lizenzen, die nicht mehr genutzt werden.

(2) Bedeutung in der Praxis

Die Finanzierung aus Vermögensumschichtung eignet sich insbesondere, wenn:

- ein kurzfristiger Liquiditätsbedarf besteht,
- keine Außenfinanzierung gewünscht oder möglich ist,
- Restrukturierungsmaßnahmen vorgenommen werden müssen und der Fokus auf dem Kerngeschäft liegt,
- die Vermögensstruktur optimiert werden soll,
- überschüssige Vermögenswerte im Bestand des Unternehmens sind.

(3) Vor- und Nachteile

Vorteile	Nachteile
■ schnelle Liquiditätsbeschaffung ohne externe Kapitalgeber ■ keine Erhöhung der Verschuldung (kein zusätzliches Fremdkapital) ■ keine Verwässerung der Eigentümerstruktur ■ Verbesserung der Kapitalstruktur durch Abbau nicht produktiver Vermögenswerte ■ Stärkung der finanziellen Flexibilität	■ begrenzte Verfügbarkeit: nur möglich, wenn nicht betriebsnotwendige Vermögenswerte vorhanden sind ■ einmaliger Effekt: nach dem Verkauf steht der Vermögensgegenstand nicht mehr zur Verfügung ■ steuerliche Belastung: Veräußerungsgewinne können steuerpflichtig sein ■ möglicher Wertverlust: bei ungünstigem Verkaufszeitpunkt können Verluste entstehen ■ Reduzierung der Vermögenssubstanz

Kompetenztraining

97 Finanzierungseffekt aus einer Vermögensumschichtung

Die Holzbau Schmidt GmbH aus Erlangen plant die Anschaffung einer neuen CNC-Fräsmaschine im Wert von 120 000,00 EUR. Das Unternehmen möchte diese Investition durch Vermögensumschichtung finanzieren und prüft folgende Möglichkeiten:

- Eine ältere Produktionsmaschine mit einem Buchwert von 35 000,00 EUR kann für 52 000,00 EUR verkauft werden.
- Das Lager enthält Rohstoffe im Wert von 95 000,00 EUR, davon sind 40 000,00 EUR Überbestände, die kurzfristig verkauft werden können.
- Ein nicht betriebsnotwendiges Grundstück (Buchwert: 25 000,00 EUR, Verkehrswert: 45 000,00 EUR) könnte veräußert werden.

Aufgabe:

Ermitteln Sie die Liquiditätseffekte der einzelnen Vermögensumschichtungsmaßnahmen und bewerten Sie, ob und in welcher Kombination die Investition von 120 000,00 EUR realisierbar ist!

98 Arten der Finanzierung

Notieren Sie, welche Finanzierungsart (Beteiligungsfinanzierung, Kreditfinanzierung, Selbstfinanzierung, Außenfinanzierung, Innenfinanzierung) bei den nachstehenden Fällen vorliegt!

Verwenden Sie zur Lösung folgende Tabellenstruktur:

Nr.	Beteiligungs-finanzierung	Kredit-finanzierung	Selbst-finanzierung	Außen-finanzierung	Innen-finanzierung

Fälle:

1. Der Inhaber einer Einzelunternehmung gewinnt im Lotto und zahlt den „Gewinn“ auf sein Geschäftskonto ein.
2. Eine GmbH bildet aus dem Gewinn eine Rücklage.

3. Eine GmbH trägt einen Gewinn vor.
4. Eine KG überzieht das Girokonto.
5. Eine EDV-Anlage wird gemietet.
6. Rohstofflieferung auf Ziel.
7. Es wird ein neuer Gesellschafter in eine bestehende OHG aufgenommen.
8. Eine Fabrikhalle wird durch Aufnahme eines Bankkredits finanziert.
9. Der Komplementär Schmidt entnimmt nur die Hälfte des ihm zustehenden Gewinnanteils.
10. Die in die Umsatzerlöse einkalkulierten Abschreibungen werden zum Kauf eines Lkws genutzt.
11. Eine GmbH erhöht ihr Stammkapital gegen Einlagen.
12. Eine KG verkauft ein Lagergebäude und nutzt den Erlös für eine Beteiligung an einem Mitbewerber.

3 Finanzwirtschaftliche Ziele unterscheiden

Die Ziele, die ein Unternehmen bei Finanzierungsentscheidungen berücksichtigen muss, umfassen die Sicherung der

- **Rentabilität,**
- **Liquidität,**
- **Sicherheit** und
- **Unabhängigkeit.**

3.1 Rentabilität

Die Rentabilität ist eine **Messgröße** für die **Ergiebigkeit eines Mitteleinsatzes.** Bei Finanzierungsentscheidungen wird, um die Ertragskraft zu beurteilen, der **erwirtschaftete Erfolg** (z. B. Gewinn) ins Verhältnis gesetzt zum **eingesetzten Kapital** (z. B. Eigenkapital). Im Regelfall wird die Unternehmensleitung bestrebt sein, eine möglichst hohe Kapitalrentabilität durch unternehmerische Tätigkeiten zu erzielen.

Die **Kapitalrentabilität** setzt den Periodenerfolg des Unternehmens in Beziehung zum eingesetzten Kapital.

Je nachdem, ob man als Bezugsgröße das Eigenkapital oder das Gesamtkapital wählt, erhält man als Kennzahl die Eigenkapitalrentabilität oder die Gesamtkapitalrentabilität.

Eigenkapitalrentabilität

Bei der Eigenkapitalrentabilität wird der erzielte **Gewinn** in Prozenten zum **durchschnittlichen Eigenkapital** ausgedrückt. Es soll festgestellt werden, welche Rendite das durchschnittlich eingesetzte Eigenkapital erbracht hat.

$$\text{Eigenkapitalrentabilität} = \frac{\text{Gewinn}}{\text{Ø Eigenkapital}} \cdot 100$$

Gesamtkapitalrentabilität

Wählt man als Bezugsgröße das **durchschnittliche Gesamtkapital,** dann muss der **Gewinn** um die **angefallenen Zinsen** („Ertrag des Fremdkapitalgebers") für das Fremdkapital erhöht werden.

$$\text{Gesamtkapitalrentabilität} = \frac{\text{Gewinn} + \text{Fremdkapitalzinsen}}{\varnothing\ \text{Gesamtkapital}} \cdot 100$$

Beispiel:

Bruttogewinn: 1 166 825, 00 EUR; Durchschnittskapital 14 635 060,00 EUR

$$\text{Gesamtkapitalrentabilität} = \frac{1\,166\,825 \cdot 100}{14\,635\,060} = \underline{\underline{7{,}97\,\%}}$$

Die Gesamtkapitalrentabilität sagt dem Unternehmer, ob sich die Investierung von Fremdkapital in seinem Unternehmen lohnt. Dies ist dann gegeben, wenn der Zinssatz für Fremdkapital unter der Gesamtkapitalrentabilität liegt. Beträgt der Zinssatz für Fremdkapital z. B. 4 % und liegt die Gesamtkapitalrentabilität bei 6 %, dann verdient das Unternehmen 2 % am Einsatz des Fremdkapitals, d. h., die Eigenkapitalrentabilität steigt an.

3.2 Liquidität

(1) Begriff Liquidität

Liquidität ist die Fähigkeit des Unternehmens, jederzeit die Zahlungsverpflichtungen fristgerecht erfüllen zu können.

Die Zahlungsbereitschaft aufrechtzuerhalten ist das wichtigste Finanzanliegen jedes Unternehmens. Wenn ein Unternehmen nicht mehr in der Lage ist, seinen laufenden Zahlungsverpflichtungen nachzukommen, bedeutet dies in der Regel das Ende unternehmerischer Tätigkeiten.

(2) Ermittlung der Liquidität

Statische Liquidität

Bei der statischen Liquiditätsanalyse aufgrund der **Bilanz** wird davon ausgegangen, dass aus den aktuellen Beständen an Aktiva und Passiva auf die Höhe und den zeitlichen Anfall aller künftigen Einzahlungen und Auszahlungen geschlossen werden kann.

Die These ist: Je **langfristiger ein Vermögensposten** gebunden ist, umso **später** ergibt sich die **entsprechende Einzahlung.**

Um einen Zahlungsengpass zu vermeiden, ist eine Liquiditätsanalyse aufgrund von Bilanzangaben nur bedingt geeignet.

Beispiel:

Kassenbestand und Bankguthaben stehen als Zahlungsmittel unmittelbar bereit, während bei Forderungen auf den Zahlungseingang bis zum Fälligkeitstermin gewartet werden muss.

- Die Bilanz kann nur die **Situation** am **Bilanzstichtag** wiedergeben. Liquidität ist aber eine sich täglich, ja sogar sich mehrmals täglich verändernde Größe, deren Aussagewert nur für diesen Augenblick der Feststellung von Bedeutung ist.
- Die Bilanz enthält **keine Aussage** über die **künftige Liquidität,** d.h. über zukünftige Zahlungseingänge und Zahlungsausgänge.
- Es liegen nur **Abschlusszahlen der Vergangenheit** vor.

Beispiel:

Die Bilanz gibt keine Auskunft über die Fälligkeitstermine der in ihr ausgewiesenen Posten. Auch der Kreditspielraum eines Unternehmens ist aus der Bilanz nicht unmittelbar ablesbar. Laufende Zahlungsverpflichtungen für Personalkosten, Miete, Steuern usw. gehen aus der Bilanz nicht hervor.

Dynamische Liquidität

Um die Zahlungsfähigkeit jederzeit sicherzustellen, sollten die Unternehmen einen Liquiditätsplan erstellen.

Im **Liquiditätsplan** werden alle **erwarteten Einzahlungen** und **geplanten Auszahlungen** einer Planungsperiode ausgewiesen.

Das **finanzielle Gleichgewicht** ist gesichert, wenn die erwarteten Einzahlungen gleich oder größer als die geplanten Auszahlungen sind. Der Liquiditätsplan muss **ständig überprüft** und gegebenenfalls einem veränderten Kapitalbedarf angepasst werden.

Der Liquiditätsplan ermittelt den **voraussichtlichen Liquiditätsbestand** des Unternehmens im Laufe der Planungsperiode.

Hierzu werden der **Anfangsbestand** an liquiden Mitteln festgestellt und die erwarteten **wirksamen Einzahlungen und Auszahlungen** der Planungsperiode aufgelistet. Zusammen bilden sie den Endbestand der liquiden Mitteln.

	Anfangsbestand liquide Mittel
+	Einzahlungen einer Periode
=	verfügbare Mittel
–	Auszahlungen einer Periode
=	Endbestand liquide Mittel

3.3 Sicherheit und Unabhängigkeit

Finanzierungs-ziel	Erläuterungen	Beispiele
Sicherheit	■ Wichtigste Aufgabe des Finanzierungsziels Sicherheit ist, Finanzierungsrisiken rechtzeitig zu erkennen und zu vermeiden. Die meisten Unternehmen scheitern an der Zahlungsunfähigkeit (Illiquidität)[1]. ■ Gefährdet ist die Zahlungsfähigkeit insbesondere dann, wenn große Fremdkapitalverpflichtungen zu hohen Zins- und Tilgungsleistungen führen und/oder wenn riskante oder spekulative Finanzanlagen Kapitalverluste verursachen.	■ Einzahlungen müssen nachhaltend höher sein als Auszahlungen. ■ Die Dauer der Investition (Bindung der Finanzmittel) muss mit der Dauer ihrer Finanzierung (Verfügbarkeit der Finanzmittel) übereinstimmen. ■ Riskante und spekulative Finanzgeschäfte gilt es zu vermeiden. ■ Expansion des Betriebs muss mit den gegebenen Finanzmitteln in Einklang stehen. ■ Sicherstellen, dass Zinsen und Tilgung von Krediten geleistet werden können. ■ ...
Unabhängigkeit	■ Die Art der Finanzierung beeinflusst die Eigentumsverhältnisse, die Gewinnverteilung, das Informations-, Kontroll- und Mitspracherecht. Finanzierungen können somit die unternehmerischen Freiheiten einschränken. ■ Ziel der bisherigen Eigentümer muss sein, die Finanzierungsformen so zu wählen, dass ihre Unabhängigkeit gewahrt bleibt.	■ Eigenfinanzierung sichert Eigentums,- Mitsprache- und Kontrollrechte sowie den Anspruch auf Gewinn. ■ Fremdfinanzierung kann zur Abhängigkeit von Gläubigern führen, Einschränkung der Unternehmensführung bedeuten und letztlich das Risiko einer Insolvenz[2] beinhalten. ■ ...

3.4 Zielkonflikte zwischen finanzwirtschaftlichen Zielen

Jedes Unternehmen ist bestrebt, mit dem Einsatz der Finanzmittel

- eine möglichst **hohe Rentabilität** (z. B. hohe Gewinnausschüttung, Kapitalzuwachs),
- bei einer **hohen Sicherheit** und **Unabhängigkeit** und
- einer **hohen Liquidität** der angelegten Finanzmittel

zu erzielen. Die vier finanzwirtschaftlichen Ziele gleichzeitig zu erreichen ist jedoch äußerst schwierig, da zwischen den einzelnen finanzwirtschaftlichen Zielen **Zielkonflikte** bestehen.

---

1 **Illiquidität** bedeutet, dass ein Unternehmen nicht in der Lage ist, seinen zwingend fälligen Zahlungsverpflichtungen termin- und betragsgenau nachzukommen.

2 **Insolvenz** bedeutet, dass ein Unternehmen **endgültig** nicht mehr in der Lage ist, seinen fälligen Zahlungsverpflichtungen nachzukommen (Zahlungsunfähigkeit).

(1) Zielkonflikt zwischen Liquidität und Rentabilität

Eine **hohe Liquidität mindert die Rentabilität,** da die liquiden Finanzmittel nicht „im Unternehmen arbeiten", sondern zu eventuell niedrigeren Zinsen auf dem Bankkonto liegen. Allerdings gilt: **Liquidität vor Rentabilität.** Aufgrund der existenzbedrohenden Folgen einer unzureichenden Liquidität ist der Zielsetzung Liquidität regelmäßig Vorrang vor der Rentabilität einzuräumen.

Beispiel:

Die Anlage von Finanzmitteln als Termingeld bei der Bank ist zwar sicher, bringt jedoch im Zweifel weniger Rentabilität als die Investition der Finanzmittel in die Modernisierung des Maschinenparks der Unternehmung.

(2) Zielkonflikt zwischen Sicherheit und Rentabilität

Wer eine **hohe Sicherheit** der investierten Finanzmittel anstrebt, muss in der Regel eine **niedrige Rentabilität** in Kauf nehmen. Umgekehrt sind mit **überdurchschnittlich hohen Renditen** auch **höhere Risiken** verbunden.

Beispiel:

Die Investition in ein neuartiges Produkt kann zu hohen Gewinnen führen, beinhaltet aber das Risiko, dass das Produkt vom Markt nicht angenommen wird und dadurch Verluste anfallen.

(3) Zielkonflikt zwischen Unabhängigkeit und Fremdfinanzierung

Während bei einem rein mit Eigenkapital finanzierten Unternehmen die Unabhängigkeit sehr hoch ist, sinkt mit zunehmender Fremdkapitalaufnahme in der Regel die Unabhängigkeit und Sicherheit. Die Aufnahme von Fremdkapital kann dazu führen, dass sich die Kapitalgeber ein Kontroll- und Mitspracherecht einräumen lassen und bei finanziellen Schwierigkeiten das Unternehmen übernehmen.

Beispiel:

Durch den Einsatz von Fremdkapital wird der Eigenkapitalanteil geringer, was zu einer höheren Eigenkapitalrentabilität führt, sofern die bisherige Eigenkapitalrentabilität höher ist als der vom Gläubiger verlangte Zinssatz. Es besteht aber die Gefahr bei einem Absatzrückgang, dass Zinsen und Tilgungen nicht mehr termingerecht geleistet werden können, und es damit zu einer Insolvenz kommt.

Das **Finanzierungsziel** eines Unternehmens muss darin bestehen, ein **ausgewogenes Verhältnis** zwischen **Rentabilitätsstreben, Liquidität, Sicherheit** und **Unabhängigkeit** von anderen Kapitalgebern zu finden.

Überblick: Finanzwirtschaftliche Ziele

Liquidität

- **statische Liquidität**
  Liquiditätsanalyse aufgrund der Bilanzangaben
- **dynamische Liquidität**
  Liquiditätsplan erstellen über erwartete Einzahlungen und geplante Auszahlungen

Rentabilität

Erwirtschafteter Periodenerfolg wird in Beziehung gesetzt zum eingesetzten Kapital
- Eigenkapitalrentabilität
- Gesamtkapitalrentabilität

Unabhängigkeit

Beschreibt die Entscheidungsfreiheit des Eigentümers

Sicherheit

Erkennen und Vermeiden von Finanzrisiken

es bestehen **Zielkonflikte**

Kompetenztraining

99 Liquidität, Liquiditätsplan, Zielkonflikte finanzwirtschaftlicher Ziele

1. Nehmen Sie kritisch Stellung zu einer Liquiditätsanalyse aufgrund von Bilanzangaben!
2. Ein Liquiditätsplan enthält häufig nicht nur die Planzahlen (das „Soll"), sondern auch die tatsächlichen Zahlen (das „Ist") sowie die Planabweichungen.

   Aufgabe:

   Erläutern Sie die Begriffe jeweils anhand eines Beispiels!
3. Stellen Sie dar, welchen Zweck der Liquiditätsplan verfolgt!
4. Erklären Sie, worauf Abweichungen im Liquiditätsplan (Über- und Unterdeckungen) zurückzuführen sein können!
5. Nennen Sie Vorsorgemaßnahmen, um eventuelle Liquiditätsschwierigkeiten ausgleichen zu können!
6. Erklären Sie jeweils anhand eines Beispiels einen möglichen Zielkonflikt zwischen den finanzwirtschaftlichen Zielen

   6.1 Sicherheit und Rentabilität sowie

   6.2 Rentabilität und Liquidität!

Lernbereich 4: Personal sach- und personenorientiert führen und zukunftsorientiert entwickeln

1 Personalportfolio und Normstrategien einsetzen

LB 4 **Handlungssituation 1: Die Augsburger Büromöbel AG analysiert ihr Personalportfolio**

Die Augsburger Büromöbel AG strebt eine strategische Neuausrichtung mit Fokus auf ergonomische und nachhaltige Büromöbel an. Das Unternehmen plant, für die Produktion und Fertigung eine Personalportfolio-Analyse durchzuführen, um darauf aufbauend gezielte Personalentwicklungsmaßnahmen abzuleiten.

Folgende Mitarbeiterprofile werden hierzu herangezogen:

Sarah Maier (28 Jahre, Produktionsmitarbeiterin)

- Im Unternehmen seit: 2 Jahren
- Leistung: Übertrifft regelmäßig die Produktionsziele
- Weiterbildung: Absolviert eigeninitiativ Kurse zu CNC-Technik und Qualitätsmanagement
- Karriereambitionen: Möchte sich zur Schichtleiterin entwickeln

Klaus Schuon (55 Jahre, Schreinermeister)

- Im Unternehmen seit: 18 Jahren
- Leistung: Erfüllt Anforderungen zuverlässig
- Weiterbildung: Nimmt selten an Schulungen teil
- Karriereambitionen: Plant Ruhestand in 5 Jahren, möchte keine Veränderungen

Tom Thieme (26 Jahre, Produktionshelfer)

- Im Unternehmen seit: 8 Monaten
- Leistung: Erreicht Mindestziele, macht häufig Fehler
- Weiterbildung: Zeigt wenig Eigeninitiative
- Probleme: Bereits zwei Abmahnungen wegen Qualitätsmängeln

Lisa Catovic (32 Jahre, Fertigungsleiterin)

- Im Unternehmen seit: 4 Jahren
- Leistung: Herausragend, Top-Performerin der Abteilung
- Weiterbildung: Mehrere Zertifizierungen (Lean Production, Six Sigma)
- Teilnahme an Fachmessen
- Karriereambitionen: Hat ein Jobangebot eines Konkurrenten erhalten

Kompetenzorientierte Arbeitsaufträge:

1. Nehmen Sie für alle vier Mitarbeiter eine Bewertung
   1.1 nach Leistung
   1.2 nach Potenzial

   vor und begründen Sie Ihre Entscheidung!
2. Erstellen Sie für alle vier Mitarbeiter eine Portfolio-Matrix!

   Hinweise:
   - Leistung (x-Achse) und Potenzial (y-Achse)
   - Ordnen Sie jeden Mitarbeiter eine der vier Kategorien zu:
     - Leistungsträger (hohe Leistung, hohes Potenzial)
     - Arbeitspferde (hohe Leistung, geringes Potenzial)
     - Fragezeichen (geringe Leistung, hohes Potenzial)
     - Problemfälle (geringe Leistung, geringes Potenzial)
3. Entwickeln Sie für jeden Mitarbeiter konkrete Personalentwicklungsmaßnahmen!

1.1 Mitarbeiterleistung und Mitarbeiterpotenzial

1.1.1 Grundlegendes

(1) Mitarbeiterleistung

Die **Mitarbeiterleistung** bezeichnet die **quantifizierbaren und beobachtbaren Arbeitsergebnisse,** die ein Mitarbeiter innerhalb eines definierten Zeitraums erbracht hat. Sie bezieht sich insbesondere auf die **Vergangenheit,** berücksichtigt aber auch die aktuelle Leistung. Außerdem misst sie, inwieweit die **vereinbarten Ziele erreicht** wurden.

Zentrale Merkmale:

- Vergangenheitsorientiert (Was wurde geleistet?)
- Messbar und objektiv bewertbar
- Bezogen auf konkrete Arbeitsergebnisse

(2) Mitarbeiterpotenzial

Das **Mitarbeiterpotenzial** beschreibt die **zukünftigen Entwicklungsmöglichkeiten** und die Fähigkeit eines Mitarbeiters, höherwertige oder andere Aufgaben zu übernehmen. Es ist **zukunftsorientiert** und bezieht sich auf **noch nicht ausgeschöpfte Fähigkeiten.**

Zentrale Merkmale:

- Zukunftsorientiert (Was kann der Mitarbeiter leisten?)
- Schwerer messbar, stärker subjektiv
- Bezogen auf Entwicklungsfähigkeit und Lernbereitschaft

Überblick: Mitarbeiterleistung und Mitarbeiterpotenzial

Kriterium	Mitarbeiterleistung	Mitarbeiterpotenzial
Zeitbezug	Vergangenheit/Gegenwart	Zukunft
Fokus	erbrachte Ergebnisse	Entwicklungsfähigkeit
Messbarkeit	hoch (quantifizierbar)	gering (qualitativ)
Beurteilungsbasis	▪ Zielerreichung ▪ Kennzahlen	▪ Kompetenzen ▪ Lernbereitschaft
Fragestellung	„Wie gut arbeitet der Mitarbeiter?“	„Wozu ist der Mitarbeiter fähig?“

Hohe aktuelle **Leistung** bedeutet **nicht automatisch hohes Potenzial** und umgekehrt!

1.1.2 Mitarbeiterleistung im Detail

(1) Beurteilungsdimension

quantitative Kriterien	▪ Produktivität und Zielerreichungsgrad ▪ Fehlerquote und Qualitätsstandards ▪ Umsatzzahlen und Projektabschlüsse
qualitative Kriterien	▪ Arbeitsqualität und Fachkompetenz ▪ Selbstständigkeit und Eigeninitiative ▪ Zuverlässigkeit und Problemlösungsfähigkeit
soziale Kriterien	▪ Teamfähigkeit und Kommunikationsfähigkeit ▪ Kundenorientierung ▪ Führungsverhalten

(2) Beurteilungsmethoden

- **Zielvereinbarungen**: SMART-Ziele[1] und Zielerreichungsmessung
- **Mitarbeitergespräche**: Strukturierte jährliche/halbjährliche Bewertung
- **360-Grad-Feedback**: Beurteilung durch Vorgesetzte, Kollegen, Mitarbeiter, Kunden
- **Kontinuierliches Performance Management**: Regelmäßige Check-ins[2]

1 Zu den **SMART-Zielen** siehe grundlegend Jahrgang 11, Lernbereich 1, Kapitel 2.2.3, S. 40 f. Zu den SMART-Zielen im Zusammenhang mit der Zielerreichungsmessung in den Personalprozessen siehe Kapitel 4.2, S. 357 ff.

2 **Performance Management**: Leistungsmanagement; im **Check-in** werden die Fortschritte, Ziele und Arbeiten regelmäßig gemeinsam in teamorientierter Weise besprochen.

(3) Nutzen

- Grundlage für Vergütungsentscheidungen und Beförderungen
- Identifikation von Schulungsbedarf
- Motivation durch Anerkennung
- Rechtssicherheit bei Personalmaßnahmen

1.1.3 Mitarbeiterpotenzial im Detail

(1) Beurteilungsdimension

kognitive[1] Fähigkeiten	▪ Analytisches Denken und Problemlösungskompetenz ▪ Lernfähigkeit und Kreativität
Persönlichkeits-merkmale	▪ Belastbarkeit und Selbstreflexion ▪ Offenheit für Veränderungen ▪ Emotionale Intelligenz[2]
motivationale Faktoren	▪ Leistungsmotivation und Karriereambitionen ▪ Weiterbildungsbereitschaft und Eigeninitiative
soziale Kompetenzen	▪ Führungspotenzial ▪ Kommunikations- und Teamfähigkeit
Entwicklungsfähigkeit	▪ Lernbereitschaft und Anpassungsfähigkeit ▪ Feedbackoffenheit

(2) Beurteilungsmethoden

- **Assessment-Center (AC):** Simulationen, Rollenspiele, Fallstudien (Ziel: Auswahl für eine bestimmte Position)
- **Development-Center (DC):** Entwicklungsorientierte Potenzialanalyse (Ziel: Entwicklung und Förderung von Mitarbeiterpotenzialen)
- **Potenzialinterviews:** Strukturierte Gespräche zu Karrierezielen
- **Psychometrische[3] Tests:** Persönlichkeits-, Intelligenz- und Motivationstests
- **Personalportfolio-Analyse:** Kombination von Leistung und Potenzial in einer Matrix

(3) Nutzen

- Nachfolgeplanung und Talentmanagement
- Individuelle Entwicklungspläne
- Mitarbeiterbindung durch Perspektiven
- Strategische Personalplanung

1 **Kognitiv:** das Denken, Wissen und Verstehen betreffend.

2 **Emotionale Intelligenz:** Fähigkeit, eigene und fremde Gefühle wahrzunehmen, nachzuvollziehen und mit ihnen angemessen umzugehen; Fähigkeit, sich in die Person eines anderen hineinzuversetzen.

3 **Psychometrie:** Teilgebiet der Psychologie, das sich mit der Entwicklung und Anwendung von standardisierten Messinstrumenten (z. B. Tests oder Fragebogen) befasst.

1.1.4 Personalportfolio-Analyse (4-Felder-Matrix)

(1) Aufbau der Personalportfolio-Matrix

Das Personalportfolio ist ein **strategisches Instrument der Personalplanung,** das Mitarbeiter anhand von zwei Dimensionen bewertet:

- **Leistung** (IST-Zustand): Aktuelle Arbeitsleistung und Zielerreichung
- **Potenzial** (SOLL-Zustand): Entwicklungsfähigkeit und zukünftige Einsatzmöglichkeiten

Durch die **Kombination dieser beiden Dimensionen** entstehen **vier Kategorien** von Mitarbeitern, für die jeweils spezifische Personalentwicklungsmaßnahmen abgeleitet werden.

Personalportfolio-Matrix

Potenzial ↑ / Leistung →		
	Fragezeichen (Question Marks) - noch unerfahren - entwicklungsfähig - brauchen Förderung 	**Leistungsträger (Stars)** - Top-Performance - hohe Motivation - Führungskräfte von morgen 
	Problemfälle (Low Performers) - geringe Leistung - kosten Zeit und Geld - konkreter Handlungsbedarf 	**Arbeitspferde (Workhorses)** - zuverlässig - erfahren - stabil 

Die Einordnung erfolgt in einer Matrix:

Kategorien	Leistung	Potenzial	Beschreibung
1 **Leistungsträger (Stars)**	hoch	hoch	Hoch qualifizierte Top-Performer mit großem Entwicklungspotenzial.
2 **Arbeitspferde (Workhorses)**	hoch	niedrig	Zuverlässige Leistungsträger, die ihre Grenzen erreicht haben.
3 **Fragezeichen (Question Marks)**	niedrig	hoch	Talentierte Mitarbeiter, die ihr Potenzial noch nicht komplett ausgeschöpft haben.
4 **Problemfälle (Low Performers)**	niedrig	niedrig	Mitarbeiter mit schwacher Leistung.

(2) Normstrategien für die Portfolio-Kategorien

Aus der Bewertung und Zuordnung der Mitarbeiter in die vier Kategorien der Personalportfolio-Matrix lassen sich **Normstrategien** entwickeln. Hierbei handelt es sich um **standardisierte Handlungsempfehlungen** für den geeigneten Umgang mit den Mitarbeitern.

1 Leistungsträger (Stars)

Normstrategie „Ausbauen“: Fördern und Binden

Maßnahmen:

- Karriereentwicklungsprogramme und Führungskräftetraining
- Anspruchsvolle Projekte und erweiterte Verantwortungsbereiche
- Mentoring-Rollen für andere Mitarbeitende
- Attraktive Vergütungspakete und Bonussysteme
- Flexible Arbeitsbedingungen und Work-Life-Balance-Angebote

Beispiel:

Sandra Führich, 32, Projektleiterin in einem IT-Unternehmen, übertrifft regelmäßig ihre Ziele um 20 % und zeigt großes Interesse an strategischen Aufgaben.

Begründung:

Stars sind die wertvollsten Mitarbeiter. Investitionen in ihre Entwicklung sichern die Zukunftsfähigkeit des Unternehmens und verhindern Abwanderung zur Konkurrenz.

2 Arbeitspferde (Workhorses)

Normstrategie „Ernten“: Halten und Wertschätzen

Maßnahmen:

- Anerkennung und Wertschätzung der konstanten Leistung
- Stabilität im Arbeitsumfeld gewährleisten
- Moderate Gehaltsanpassungen und Sozialleistungen
- Spezialisierung in ihrem Fachgebiet
- Wissenstransfer-Rollen (z. B. als Mentor für neue Mitarbeitende)

Beispiel:

Alexander Rathgeb, 54, Buchhalter, arbeitet seit 25 Jahren im Unternehmen, erledigt seine Aufgaben fehlerfrei und zuverlässig, zeigt aber kein Interesse an Führungsaufgaben oder neuen Verantwortungsbereichen.

Begründung:

Workhorses bilden das stabile Rückgrat des Unternehmens. Sie benötigen Wertschätzung statt Entwicklungsdruck. Übermäßige Fördermaßnahmen wären Ressourcenverschwendung.

3 Fragezeichen (Question Marks)

Normstrategie „Aufbauen“: Entwickeln oder Trennen

Maßnahmen:

- Ursachenanalyse der Leistungsdefizite (Falsche Position? Fehlende Qualifikation? Motivationsprobleme?)
- Gezielte Weiterbildung und Coaching
- Klare Zielvereinbarungen mit definierten Meilensteinen
- Regelmäßiges Feedback und Begleitung
- Zeitlich befristete Entwicklungsphase (6–12 Monate)
- Bei ausbleibendem Erfolg: Versetzung oder Trennung

Beispiel:

Lisa Uhl, 28, Vertriebsmitarbeiterin, hat ein BWL-Studium mit sehr guten Noten abgeschlossen und zeigt in Gesprächen strategisches Denken, erreicht aber ihre Verkaufsziele nur zu 60 %.

Begründung:

Question Marks haben Potenzial, das sich noch nicht zeigt. Eine zeitlich begrenzte, intensive Förderung kann aus ihnen Stars machen. Bleibt der Erfolg aus, ist eine Trennung wirtschaftlich sinnvoller als dauerhafte Unterperformance.

4 Problemfälle (Low Performers)

Normstrategie „Abbauen“: Trennen oder Umsetzen

Maßnahmen:

- Kritische Prüfung: Ist die Person am richtigen Platz?
- Letzte Chance durch Versetzung in einfachere Position
- Klare Leistungsvereinbarungen mit kurzen Fristen
- Bei ausbleibendem Erfolg: Einleitung der Trennung
- Sozialverträgliche Trennungsgestaltung (Aufhebungsvertrag, Outplacement)

Beispiel:

Peter Lamprecht, 45, Teamleiter im Kundenservice, erreicht seit 2 Jahren seine Ziele nicht, hat eine hohe Mitarbeiterfluktuation im Team (40 % p. a.), zeigt Desinteresse an Weiterbildung und wenig Eigeninitiative.

Begründung:

Low Performers binden unverhältnismäßig viele Ressourcen (Führungszeit, Konfliktmanagement) und gefährden Teamleistung und -moral. Eine Trennung ist oft die beste Lösung für beide Seiten. Die Versetzung kann eine letzte Option sein, wenn persönliche oder rechtliche Gründe eine Trennung erschweren.

1.2 Menschenbilder nach Douglas McGregor

Douglas McGregor (1906–1964) war ein US-amerikanischer Sozialpsychologe und Managementtheoretiker, der mit seinem 1960 erschienenen Werk **„The Human Side of Enterprise"** die Managementlehre nachhaltig prägte.

Seine zentrale These lautet: Die **Grundannahmen von Führungskräften** über die Natur des Menschen bestimmen maßgeblich deren **Führungsverhalten** – und dieses Verhalten wiederum beeinflusst, wie sich **Mitarbeitende tatsächlich verhalten.**

Douglas McGregor entwickelte **zwei gegensätzliche Menschenbilder** in der Arbeitswelt: **Theorie X** und **Theorie Y.** Diese beschreiben nicht Mitarbeitertypen, sondern die **Grundannahmen von Führungskräften über die Natur des Menschen** – und wie diese das Führungsverhalten prägen.

McGregor unterschied zwei fundamentale Menschenbilder oder Führungsphilosophien, die er Theorie X und Theorie Y nannte.

Wichtig für das Verständnis:

- **Keine Mitarbeiter-Typologie:** X und Y beschreiben nicht verschiedene Typen von Menschen oder Mitarbeitern.
- **Managementannahmen:** Es sind Annahmen, Überzeugungen und implizite (indirekte, unausgesprochene) Theorien von Führungskräften über menschliches Verhalten.
- **Selbsterfüllende Prophezeiungen:** Diese Annahmen prägen das Führungsverhalten, welches wiederum genau jenes Verhalten bei Mitarbeitern erzeugt, das die ursprünglichen Annahmen zu bestätigen scheint.

McGregor beobachtete, dass die meisten Organisationen seiner Zeit nach Theorie X operierten, obwohl empirische Erkenntnisse der Sozialpsychologie und Motivationsforschung eher für Theorie Y sprachen.

„The effectiveness of organizations could be at least doubled if managers could discover how to tap into the unrealized potential present in their workforces …

The motivation, the potential for development, and the capacity for assuming responsibility are all present in people. Management does not put them there." [1]

Douglas McGregor (1906–1964)

1 Vgl.: https://dmcgregor.weebly.com/

Die Passage bedeutet auf Deutsch:

Die Leistungsfähigkeit von Organisationen könnte mindestens verdoppelt werden, wenn Führungskräfte herausfinden würden, wie sie das ungenutzte Potenzial ihrer Mitarbeitenden erschließen können.

Motivation, Entwicklungsfähigkeit und die Bereitschaft, Verantwortung zu übernehmen, sind bereits in den Menschen vorhanden. Das Management bringt diese Eigenschaften nicht erst hervor.

Theorie X: Das pessimistische Menschenbild

Grundannahmen über den Menschen

- Menschen haben eine **angeborene Abneigung gegen Arbeit** und vermeiden sie, wo immer möglich.
- Menschen müssen **gezwungen, kontrolliert, gelenkt und mit Strafe bedroht** werden, um Leistung zu erbringen.
- Der Durchschnittsmensch möchte **geführt werden, meidet Verantwortung** und hat wenig Ehrgeiz.
- **Sicherheitsbedürfnis** steht im Vordergrund.
- Menschen sind **passiv** und **widerstandsfähig** gegenüber organisatorischen Anforderungen.

daraus resultierender Führungsstil

- Eher **autoritär** und **direktiv**
- Enge **Kontrolle** und **Überwachung**
- Detaillierte **Anweisungen** und **Vorschriften**
- **Hierarchische Strukturen** mit klaren Befehlsketten
- **Extrinsische**[1] **Motivation:** Belohnung (ausgedrückt in Geld) und Bestrafung (Sanktionen werden durchgeführt)
- **Geringe Entscheidungsspielräume** für Mitarbeiter

Theorie Y: Das optimistische Menschenbild

Grundannahmen über den Menschen

- Arbeit sollte die Quelle von **Zufriedenheit** sein.
- Menschen können sich **selbst steuern** und **selbst kontrollieren,** wenn sie sich mit Zielen identifizieren.
- **Engagement** für Ziele ist eine Funktion der damit verbundenen Belohnungen (besonders Selbstverwirklichung).
- Menschen **suchen Verantwortung** unter geeigneten Bedingungen.
- **Kreativität, Vorstellungskraft und Problemlösungsfähigkeit** sind weit verbreitet.
- Das **intellektuelle Potenzial** wird in der modernen Arbeitswelt **zu wenig genutzt.**

daraus resultierender Führungsstil

- Eher **partizipativ** und **kooperativ**
- Volles **Vertrauen** statt Kontrolle
- **Delegieren** von Verantwortung
- **Zielorientierung** statt Mikromanagement
- Förderung von **Selbstständigkeit** und **Eigeninitiative**
- **Intrinsische**[2] **Motivation:** Sinnhaftigkeit, Autonomie, persönliches Wachstum

1 **Extrinsisch:** von außen her angeregt/angestoßen. Näheres zur Motivationstheorie in Kapitel 4.3, S. 360 ff.

2 **Intrinsisch:** von innen her kommend, aus eigenem Antrieb. Näheres zur Motivationstheorie in Kapitel 4.3, S. 360 ff.

Kompetenztraining

100 Eine Personalportfolio-Analyse erstellen

Die BaIT-Handels GmbH ist ein mittelständisches IT-Dienstleistungsunternehmen mit Sitz in Bamberg. Das Unternehmen beschäftigt 85 Mitarbeiter und ist spezialisiert auf die Entwicklung von Softwarelösungen für den Einzelhandel. In den letzten Jahren ist das Unternehmen stark gewachsen und steht nun vor der Herausforderung, seine Personalstrategie zu optimieren. Die Geschäftsführung hat beschlossen, eine Personalportfolio-Analyse durchzuführen, um gezielte Entwicklungsmaßnahmen abzuleiten.

Für drei Mitarbeiter wurden folgende Daten erhoben:

Frau Salger (35 Jahre, Projektleiterin)	**Herr Batic (50 Jahre, Sachbearbeiter)**	**Frau Merk (29 Jahre, Marketing)**
Sie erbringt konstant sehr gute Leistungen mit umfassendem Fachwissen in einem strategisch wichtigen Bereich. Sie ist seit 12 Jahren im Unternehmen, hoch motiviert und plant, langfristig zu bleiben.	Er erledigt Routineaufgaben zuverlässig, zeigt aber keine Eigeninitiative. Seine Leistung ist durchschnittlich, seine Qualifikationen nicht mehr aktuell. Er ist dem Unternehmen treu verbunden. Seine Tätigkeiten haben geringe strategische Bedeutung.	Sie liefert unterdurchschnittliche Ergebnisse (trotz Schulungen) und benötigt intensive Betreuung. Ihr Tätigkeitsbereich ist strategisch sehr wichtig. Sie zeigt eine nur geringe Bindung zum Unternehmen.

Aufgaben:

1. Beschreiben Sie kurz den Zweck einer Personalportfolio-Analyse für ein Unternehmen!
2. Ordnen Sie die Mitarbeiter den einzelnen Kategorien der Personalportfolio-Analyse zu und begründen Sie Ihre Zuordnung jeweils mit einem Merkmal aus der Aufgabenstellung!
3. Entwickeln Sie für Frau Salger zwei konkrete Personalmaßnahmen, die ihrer Portfolio-Kategorie entsprechen!

101 Theorie X und Y

Die CarParts GmbH ist ein Zulieferer für die Automobilindustrie mit Sitz in Dingolfing mit insgesamt 180 Beschäftigten. Das Unternehmen stellt Kunststoffteile für Fahrzeuginnenräume her.

Zwei Abteilungsleiter haben unterschiedliche Führungsansätze:

Herr Stanisic (Produktion): *„Mitarbeiter müssen kontrolliert werden, sonst arbeiten sie nicht. Menschen sind faul und vermeiden Arbeit. Deshalb braucht es klare Anweisungen und Druck."*

Frau Neureuther (Entwicklung): *„Ich vertraue meinen Mitarbeitern. Menschen wollen gute Arbeit leisten und Verantwortung übernehmen. Mein Team arbeitet selbstständig, und die Ergebnisse sind hervorragend."*

Aufgaben:

1. Nennen Sie jeweils drei Grundannahmen der Theorie X und der Theorie Y nach McGregor!
2. Beschreiben Sie, welche Auswirkungen das Menschenbild der Theorie X auf den Führungsstil hat!
3. Ordnen Sie begründet zu, welcher Abteilungsleiter welcher Theorie (X oder Y) folgt! Nennen Sie jeweils zwei Aussagen aus der Aufgabenstellung als Beleg!

2 Personalentwicklung erläutern

LB 4 Handlungssituation 2: Ziele der Personalentwicklung darstellen

Weber Metallbau GmbH

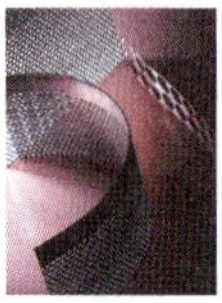

Die Weber Metallbau GmbH plant die Einführung eines neuen digitalen Produktionsmanagementsystems. Die Geschäftsleitung hat erkannt, dass die erfolgreiche Implementierung nicht nur technische Anpassungen, sondern auch gezielte Personalentwicklungsmaßnahmen erfordert. Besonders die langjährigen Mitarbeiter in der Produktion zeigen Unsicherheiten gegenüber der Digitalisierung. Gleichzeitig sollen die Teams befähigt werden, künftig eigenständiger Prozessoptimierungen vorzunehmen.

Kompetenzorientierte Arbeitsaufträge:

1. Analysieren Sie die Kompetenzbedarfe der Mitarbeiter in der Produktion hinsichtlich fachlicher, methodischer und sozialer Kompetenzen, die für die erfolgreiche Einführung des neuen Systems notwendig sind!
2. Entwickeln Sie ein ganzheitliches Personalentwicklungskonzept für die Weber Metallbau GmbH, das alle drei Kompetenzbereiche berücksichtigt! Begründen Sie die Auswahl Ihrer Maßnahmen!
3. Beschreiben Sie, welche Herausforderungen bei der Umsetzung Ihres Personalentwicklungskonzepts auftreten könnten und wie diese bewältigt werden können!

2.1 Ziele der Personalentwicklung

2.1.1 Grundlagen

(1) Begriff und Definition

Ein wichtiges Schlagwort unserer Zeit lautet **„lebenslanges Lernen"**. Untersuchungen haben gezeigt, dass das Wissen, das man sich in der Berufsausbildung angeeignet hat, nach circa fünf Jahren nur noch zur Hälfte aktuell ist **(Halbwertzeit der beruflichen Bildung)**. Die Mitarbeiter und die Betriebe sind deshalb gezwungen, durch Maßnahmen der Personalentwicklung den Erfordernissen des Marktes Rechnung zu tragen.

- Die **Personalentwicklung** umfasst alle systematischen Maßnahmen, die darauf abzielen, die **Kompetenzen, Fähigkeiten und Qualifikationen** von Mitarbeitern gezielt **zu fördern** und weiterzuentwickeln.
- Sie ist ein zentrales **Instrument moderner Unternehmensführung** und trägt maßgeblich zur Wettbewerbsfähigkeit, Mitarbeiterzufriedenheit und organisationalen Lernfähigkeit bei.

(2) Zentrale Ziele

Ziele für das Unternehmen	Ziele für die Mitarbeiter
■ Sicherung der Wettbewerbsfähigkeit ■ Anpassung an technologische Veränderungen ■ Steigerung von Produktivität und Qualität ■ Reduzierung der Fluktuation	■ Erhöhung der beruflichen Handlungskompetenz ■ Verbesserung der Karrierechancen ■ Steigerung der Arbeitszufriedenheit ■ Sicherung der Beschäftigungsfähigkeit

(3) Säulen der Kompetenzentwicklung

Kompetenzentwicklung ist die **systematische Förderung der Handlungsfähigkeit** von Mitarbeitern durch Integration von

1. **Fachkompetenz** (berufliches Wissen und Fertigkeiten)
2. **Methodenkompetenz** (Problemlösung, Projektmanagement, Selbstorganisation)
3. **Sozialkompetenz** (Kommunikation, Teamfähigkeit, Führung).

Die Zukunft liegt in digitalen, personalisierten und selbstgesteuerten Lernprozessen, die nahtlos in den Arbeitsalltag integriert sind und auf „Future Skills" wie digitale Kompetenzen, Kreativität und Anpassungsfähigkeit fokussieren.

2.1.2 Fachliche Kompetenzen

Die fachliche Kompetenz bezeichnet das aufgabenbezogene Wissen, die beruflichen Fertigkeiten und die fachspezifische Expertise, die eine Person befähigen, ihre Arbeitsaufgaben qualifiziert und eigenverantwortlich zu erfüllen. Sie ist die Grundvoraussetzung für professionelles Handeln im Berufsalltag.

(1) Wissenserwerb

Der systematische Aufbau und die Vertiefung fachlichen Wissens bilden das Fundament der Personalentwicklung. Dabei kommen unterschiedliche Lernformate zum Einsatz, die sich nach Lernzielen, Zielgruppen und verfügbaren Ressourcen unterscheiden.

Formelle Weiterbildung	Informelle Lernformen
■ **Fachseminare und -trainings**: strukturierte Präsenzveranstaltungen zu spezifischen Themengebieten ■ **E-Learning und digitale Lernplattformen**: flexible und selbstgesteuerte Wissensaneignung ■ **Zertifizierungsprogramme**: anerkannte Qualifikationsnachweise (z. B. ISO) ■ **Kongresse und Fachkonferenzen**: Einblick in aktuelle Entwicklungen und „Best Practices"[1] ■ **Hochschulkooperationen**: berufsbegleitende Studiengänge und Fernstudium	■ **Selbststudium**: Fachliteratur, wissenschaftliche Publikationen, Fachzeitschriften ■ **Podcasts und Webinare**: niedrigschwelliger Zugang zu aktuellem Expertenwissen ■ **Micro-Learning**: kurze, fokussierte Lerneinheiten im Arbeitsalltag

1 **Best Practice**: Bezeichnet ein erfolgreiches Verfahren, das sich in der Praxis bewährt hat („Erfolgsrezept"). Best-Practice-Beispiele dienen als Orientierungshilfe für die optimale Problemlösung.

Beispiel: Onlinekurse

Onlinekurse werden von einem E-Learning-Anbieter (einem freien Autor oder einem Bildungsträger) über das Internet (Webinare) angeboten. Der Anbieter bereitet die Themen multimedial auf. Die Nutzer können Lernvideos, Arbeitsblätter, Bilder herunterladen, um sich Wissen und Fähigkeiten anzueignen. Es werden in der Regel Feedbacks in Form von Leistungsmessungen angeboten. Das Lernprogramm wertet die Lernergebnisse aus und hält alternative Möglichkeiten der Fortsetzung des Lernweges bereit. Je nach technischer Struktur besteht auch die Möglichkeit des Dialogs zwischen Dozenten und den Kursteilnehmern bzw. der Kommunikation der Kursteilnehmer untereinander.

(2) Praxiserfahrung und Transfer

Neben dem theoretischen Wissenserwerb ist die praktische Anwendung und der Transfer in den Arbeitsalltag entscheidend für nachhaltige Kompetenzentwicklung.

Maßnahme	Beschreibung und Nutzen
Job-Rotation	Systematischer Wechsel des Arbeitsbereichs fördert ganzheitliches Unternehmensverständnis und Flexibilität.
Projekte	Mitarbeit in bereichsübergreifenden Projekten verbindet Theorie und Praxis.
Hospitationen	Zeitlich befristeter Einblick in andere Abteilungen oder (falls möglich) (Tochter-)Unternehmen.
Auslandsentsendungen	Internationale Einsätze erweitern fachliches und kulturelles Kompetenzprofil.
Stellvertretung	Übernahme höherwertiger Aufgaben und damit verbunden auch die Vorbereitung auf die nächste Karrierestufe.

(3) Wissenstransfer und Wissenssicherung

Organisationales Wissen ist für Unternehmen im globalen Wettbewerb ein zentraler Vorteil. Die systematische Sicherung und Weitergabe von Expertenwissen verhindert Wissensverlust und stärkt die kollektive Lernfähigkeit.

Beispiele:

- **Mentoring-Programme:** erfahrene Experten geben Wissen strukturiert weiter.
- **Communities of Practice:** themenbezogene Netzwerke für kollaborativen[1] Wissensaustausch.
- **Wissensdatenbanken und Intranets:** digitale Infrastruktur zur Dokumentation von Best Practices.
- **Peer Learning[2] und Lernteams:** gegenseitiges Lernen auf Augenhöhe.

1 **Kollaborativ:** gemeinschaftlich/teamorientiert.

2 **Peers:** Menschen im selben Alter oder mit ähnlichen Interessen; hier im Sinne von gleichrangig, z. B. „Schüler lernen von Schülern".

2.1.3 Methodische Kompetenzen

Methodische Kompetenz bezeichnet die Fähigkeit, erworbenes Wissen situationsgerecht, strukturiert und effizient einzusetzen. Sie umfasst Techniken zur Problemlösung, zum Selbstmanagement und zur kontinuierlichen Weiterentwicklung der eigenen Arbeitsmethodik.

(1) Problemlösung und analytisches Denken

Die Fähigkeit, komplexe Sachverhalte zu analysieren und strukturiert Lösungen zu entwickeln, ist eine Kernkompetenz in der modernen Arbeitswelt.

Folgende methodische Ansätze werden in der Praxis verfolgt:

- **Design Thinking**: nutzerzentrierter, iterativer[1] Ansatz zur Lösung komplexer Problemstellungen durch Mitarbeiter aus verschiedenen Fachbereichen und Hierarchieebenen mit viel Freiraum.
- **Agile Methoden** (z.B. Kanban[2]): flexible, iterative Vorgehensweisen in der Projektarbeit.
- **Systemisches Denken**: Erkennen von Wechselwirkungen und Zusammenhängen in komplexen Systemen.
- **Kreativitäts- und Innovationstechniken**: Brainstorming, Mindmapping, Lateral Thinking[3].

Beispiele:

- **Brainstorming**

  Eine Gruppe von Experten unterschiedlicher Fachrichtungen (Techniker, Kaufleute usw.) trifft sich zu einer Ideenkonferenz. Alle vorgebrachten Ideen werden kritiklos akzeptiert, nach Möglichkeit aufgegriffen und weiterentwickelt.

  Nachdem in der ersten Phase die Menge der Ideen Vorrang hat vor der Qualität, ergeben sich erst in der folgenden Phase Ideen mit innovativem Charakter. Der Brainstorming-Prozess muss also gezielt überzogen, das kreative Potenzial erst „herausgepresst" werden, weil es sonst verloren wäre.

- **Mindmapping (Gedankenlandkarte)**

  Das Verfahren eignet sich, um ein neues Themengebiet zu erschließen und zu strukturieren. Das Kernthema wird im Zentrum einer freien Fläche positioniert. Davon ausgehend verzweigen sich die Haupt- und von dort wieder die Unterthemen mit jeweils dünner auslaufenden Linien. Verbindungslinien kennzeichnen Zusammenhänge.

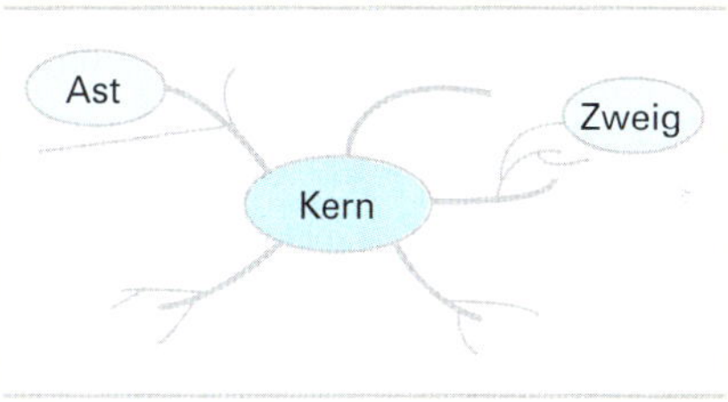

1 **Iterativ**: wiederholend.

2 **Kanban**: Kanban ist eine Methode, bei der Aufgaben visualisiert werden, um den Arbeitsfortschritt sichtbar zu machen und die Arbeit besser zu organisieren.

3 **Lateral Thinking**: Lateral Thinking ist eine Denkmethode, bei der man Probleme kreativ und aus ungewöhnlichen Blickwinkeln betrachtet, statt den direkten, logischen Weg zu gehen.

- **PDCA-Zyklus:** Plan-Do-Check-Act als Grundlage kontinuierlicher Verbesserung.

Beispiel: PDCA-Kreislauf

Der PDCA-Kreislauf läuft in vier Schritten ab: **PLAN** (Planen) – **DO** (Ausführen) – **CHECK** (Prüfen) – **ACT** (Handeln). Überall dort, wo dieses „Immer-besser-Modell" installiert wird, wird im Lauf der Zeit ein nach und nach höheres Qualitätsniveau erreicht. Das PDCA-Rad dreht sich immer weiter.

Wiederholter Durchlauf des PDCA-Zyklus im Rahmen des kontinuierlichen Verbesserungsprozesses

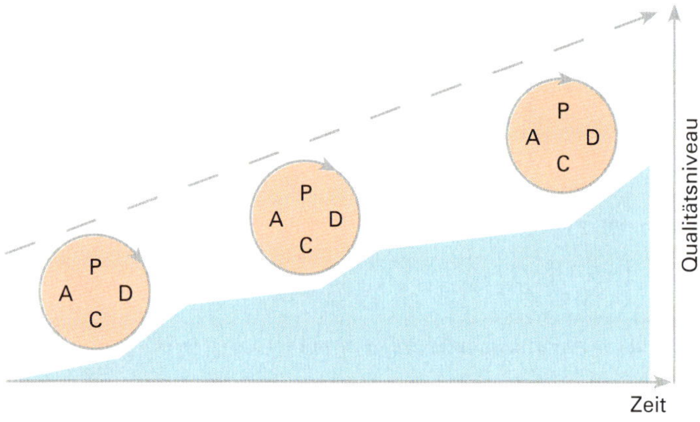

(2) Selbst- und Zeitmanagement

Effektives Selbst- und Zeitmanagement ist die Grundlage für nachhaltige Leistungsfähigkeit und die Bewältigung zunehmend komplexer Arbeitsanforderungen.

Kompetenzfeld	Inhalte und Maßnahmen
Zeitmanagement	Methoden, z. B.: - **Eisenhower-Matrix:** Methode, bei der Aufgaben nach Wichtigkeit und Dringlichkeit in vier Felder sortiert werden, um Prioritäten besser setzen zu können. - **Pomodoro-Technik:** Die Pomodoro-Technik ist eine Arbeitsmethode, bei der man in kurzen, konzentrierten Zeitblöcken von 25 Minuten arbeitet und danach eine kurze Pause macht.
Selbstorganisation	Strukturierte Aufgabenplanung (unter Berücksichtigung digitaler Tools) sowie effiziente Tagesplanung.
Stressmanagement	Resilienztraining,[1] Achtsamkeit, Umgang mit Belastungsspitzen.

1 **Resilienz:** Resilienz ist die Fähigkeit, schwierige Situationen und Krisen zu bewältigen und sich davon wieder zu erholen, ohne daran zu zerbrechen.

Kompetenzfeld	Inhalte und Maßnahmen
Entscheidungsfindung	Strukturierte Entscheidungsmodelle, Umgang mit Unsicherheit, Risikoabwägung.
Work-Life-Balance	Gesundes Gleichgewicht zwischen Arbeit und Privatleben („Erholungsmanagement“).

Beispiel: Eisenhower[1]-Matrix

Die Eisenhower-Matrix stellt in vier Feldern dar, wie Arbeiten nach **Wichtigkeit** und **Dringlichkeit** unterschieden werden sollten und damit Prioritäten zu setzen sind:

Wichtigkeit ↑

B-Aufgaben **Aktion:** Termine setzen, kontrollieren!	**A-Aufgaben** **Aktion:** Sofort erledigen!
Zero[2]-Aufgaben **Aktion:** Abstellen!	**C-Aufgaben** **Aktion:** Delegieren, einschränken!

Dringlichkeit →

A-Aufgaben – Dringend und wichtig

A-Aufgaben haben absolut Vorrang. Da diese Aufgaben viel Stress erzeugen, muss das Zeitmanagement so eingerichtet werden, dass möglichst wenig Energie in A-Aufgaben fließt. Das heißt: Krisen sollten vorausschauend vermieden werden.

B-Aufgaben – Wichtig, aber nicht dringend

Hier wird innerhalb eines bestimmten Zeitraums eine konzentrierte Arbeitsleistung gefordert. Diese Aufgaben sollten besondere Beachtung erhalten und strategisch gelöst werden.

C-Aufgaben – Dringend, aber weniger wichtig

Dies sind oft Arbeiten, bei denen Prioritäten von anderen gesetzt werden, die aber für die eigenen Aufgaben nicht zum Ziel führen.

Aufgaben, die keine sind – „Zero-Aufgaben“ – Unwichtig

Dieser Bereich umfasst die Zeitfresser und muss gemieden werden, sonst gibt es zu wenig Zeit für A-und B-Aufgaben.

(3) Lernkompetenz und Transferleistung

In einer sich schnell wandelnden Arbeitswelt wird die Fähigkeit, effizient und nachhaltig zu lernen, zu einer Schlüsselkompetenz. Lernkompetenz beinhaltet das Wissen über eigene Lernstrategien sowie die Fähigkeit, Gelerntes dauerhaft in die Praxis übertragen zu können.

Beispiele:

- Spezielle Lernstrategien wie elaboratives Lernen, indem neues Wissen mit bereits vorhandenem Wissen verknüpft und durch eigene Beispiele, Erklärungen oder Fragen vertieft wird.
- Wissensmanagement-Tools
- Transfersicherung über Lernpartnerschaften
- Feedbacknutzung: aktives Einholen und Verarbeiten von Rückmeldungen

1 **Dwight D. Eisenhower,** ehem. amerik. Präsident.

2 **Zero**: hier Null, Nichts.

2.1.4 Soziale Kompetenzen

Soziale Kompetenz umfasst die Fähigkeiten, die für eine gelingende Zusammenarbeit, effektive Kommunikation und konstruktive Beziehungsgestaltung im beruflichen Kontext erforderlich sind. Sie gewinnt in flachen Hierarchien, agilen Arbeitsweisen[1] und gemischten Mitarbeiter-Teams zunehmend an Bedeutung.

(1) Kommunikation und Gesprächsführung

Folgende **Kernbereiche der Kommunikation** sollten Berücksichtigung finden:

- **Aktives Zuhören**: vollständiges Aufnehmen und Verstehen von Gesprächspartnern.
- **Verbale Kommunikation**: klare, präzise und adressatengerechte Ausdrucksweise.
- **Nonverbale Kommunikation**: Körpersprache, Mimik, Gestik bewusst einsetzen.
- **Schriftliche Kommunikation**: präzise und professionelle Texte in digitalen und analogen Formaten.
- **Präsentation und Moderation**: überzeugendes Präsentieren und Leiten von Gruppen.

(2) Teamfähigkeit und Kooperation

Die Fähigkeit zur konstruktiven Zusammenarbeit in Teams ist eine zentrale Anforderung moderner Arbeitsorganisation. Sie umfasst sowohl die Bereitschaft als auch die Fähigkeit, gemeinsam auf Ziele hinzuarbeiten.

Dimension	Inhalte
Kooperationsbereitschaft	Gemeinsame Zielorientierung, Kompromissfähigkeit, Verlässlichkeit.
Konfliktmanagement	Konstruktiver Umgang mit Differenzen, Deeskalationsstrategien (Strategien zur Entschärfung von Konflikten); ggf. Mediation, d. h. durch die Hinzuziehung einer neutralen (unvoreingenommenen) Person, die zwei streitenden Parteien hilft, gemeinsam eine Lösung für ihren Konflikt zu finden.
Teamentwicklung	Phasen der Teambildung (z. B. Tuckman-Modell[2]) entwickeln und die Rollen im Team definieren.

(3) Führungskompetenz und Empathie

Führungskompetenz geht über das Managen von Aufgaben hinaus und umfasst die Fähigkeit, Menschen zu inspirieren, zu motivieren und in ihrer Entwicklung zu unterstützen. Empathie (Einfühlungsvermögen) bildet dabei die emotionale Grundlage für ein erfolgreiches Gelingen.

1 **Agile Arbeitsweisen**: Teams teilen Aufgaben in kleine Teile auf, liefern schnelle Zwischenergebnisse und können sich leicht anpassen, falls Änderungen nötig sind.

2 **Tuckman-Modell**: Dieses Modell beschreibt, dass Teams vier Phasen durchlaufen – Kennenlernen (Forming), Konflikte austragen (Storming), Regeln finden (Norming) und gut zusammenarbeiten (Performing) – bevor sie erfolgreich werden.

Wesentliche **Elemente moderner Führungskompetenz**:

- **Empathie und emotionale Intelligenz**: Wahrnehmen und Verstehen eigener und fremder Emotionen.
- **Motivationsfähigkeit**: intrinsische Motivation[1] fördern, individuelle Antriebskräfte erkennen.
- **Vorbild- und Werteorientierung**: authentisch (echt, glaubhaft) und wertebasiert führen.
- **Coaching-Haltung**: Führung durch Fragen statt Anweisen.

2.2 Maßnahmen der Personalentwicklung

(1) Ausbildung

- Die Ausbildung dient als **erstmalige,** systematische **Vermittlung von Kenntnissen, Fähigkeiten und Fertigkeiten** zur **Befähigung** für einen bestimmten **Beruf.**
- Die Zielsetzung ist der **Erwerb einer beruflichen Grundqualifikation** und eines anerkannten **Berufsabschlusses.**

Ausbildungs-möglichkeiten	■ Duale Berufsausbildung (Berufsschule + Betrieb). ■ Rein schulische Berufsausbildung (z. B. in Gesundheits- und Pflegeberufen). ■ Duales Studium (Hochschule + Praxisphasen im Unternehmen). ■ Traineeprogramme für besonders begabte Auszubildende oder Hochschulabsolventen.
Merkmale	■ Dauer: zwischen 2 Jahren (verkürzte Ausbildung, meist für Abiturienten) und 3,5 Jahren. ■ Rechtliche Grundlage: Berufsbildungsgesetz (BBiG), Ausbildungsordnungen. ■ Abschluss: Staatlich anerkannter Berufsabschluss nach Prüfung.

(2) Fortbildung

- Die Fortbildung dient der **Erhaltung, Anpassung und Erweiterung vorhandener beruflicher Kenntnisse und Fähigkeiten** im erlernten Beruf.
- Die Zielsetzung ist die **Aktualisierung** des **Wissens** an neue Anforderungen und technologische Entwicklungen.

Durchführung	■ Fachseminare und Workshops zu aktuellen Themen. ■ Produktschulungen (z. B. neue Software, Maschinen). ■ Teilnahme an Fachkongressen und Tagungen. ■ Onlinekurse und Webinare. ■ Training-on-the-Job (Lernen am Arbeitsplatz). ■ Unterweisungen zu Arbeitssicherheit und Qualitätsstandards.
Merkmale	■ Dauer: von einzelnen Stunden bis zu mehreren Tagen. ■ Häufigkeit: regelmäßig, oft jährlich oder bei Bedarf. ■ Abschluss: Teilnahmebescheinigung, kein formaler Berufsabschluss.

1 **Intrinsische Motivation**: Motivation kommt von innen, d.h., man tut etwas aus eigenem Interesse.

(3) Weiterbildung

- Die Weiterbildung ist eine **Qualifizierung über die bisherige Ausbildung hinaus** zur beruflichen Höherqualifizierung oder Spezialisierung.
- Die Zielsetzung ist ein **beruflicher Aufstieg,** die Übernahme neuer Aufgaben oder die Spezialisierung in einem bestimmten Fachgebiet.

Aufstiegs-weiterbildungen	■ Meisterausbildung (z. B. Handwerksmeister oder Industriemeister). ■ Fachwirt-Qualifikationen (z. B. Wirtschaftsfachwirt, Technischer Fachwirt). ■ Betriebswirt-Abschlüsse (z. B. Geprüfter Betriebswirt bei der IHK).
Spezialisierungen	■ Zertifikatslehrgänge (z. B. Projektmanagement, Qualitätsmanagement). ■ Fachspezifische Weiterbildungen (z. B. Datenschutzbeauftragter). ■ Berufsbegleitendes Studium (z. B. Bachelor, Master). ■ Fernstudium oder Abendschule.
Merkmale	■ Dauer: mehrere Monate bis mehrere Jahre. ■ Häufigkeit: einmalig oder in größeren Abständen. ■ Abschluss: anerkannter Abschluss, Zertifikat oder akademischer Grad.

(4) Umschulung

- Die Umschulung ist eine **Qualifizierung für eine neue berufliche Tätigkeit** nach bereits abgeschlossener Erstausbildung oder längerer Berufstätigkeit.
- Die Zielsetzung ist ein **Wechsel in ein anderes Berufsfeld** aufgrund veränderter Anforderungen, gesundheitlicher Probleme oder einer veränderten Arbeitsmarktlage.

Möglichkeiten für Umschulungen	■ Betriebliche Umschulung mit neuem Berufsabschluss. ■ Schulische Umschulung bei Bildungsträgern. ■ Verkürzte Ausbildung in einem neuen Beruf. ■ Modulare Qualifizierung für Quereinsteiger. ■ Rehabilitationsmaßnahmen bei gesundheitlichen Einschränkungen.
Anlässe für Umschulungen	■ Wegfall des bisherigen Berufsbildes (z. B. durch Digitalisierung). ■ Gesundheitliche Gründe (Berufsunfähigkeit im erlernten Beruf). ■ Strukturwandel in der Branche. ■ Persönliche Neuorientierung. ■ Arbeitslosigkeit und fehlende Perspektiven im erlernten Beruf.
Merkmale	■ Dauer: meist 2 Jahre (verkürzt gegenüber regulärer Ausbildung). ■ Abschluss: neuer anerkannter Berufsabschluss. ■ Finanzierung: oft durch Agentur für Arbeit, Rentenversicherung oder Berufsgenossenschaften. ■ Rechtliche Grundlage: § 58 BBiG.

Kompetenztraining

102 Personalentwicklungsziele anwenden

Die SolutionTechnology GmbH aus Starnberg ist ein mittelständisches IT-Unternehmen mit insgesamt 180 Mitarbeitern. Die Personalabteilung hat bei der jährlichen Mitarbeiterbefragung folgende Herausforderungen identifiziert:

- **Herausforderung A**: Die Softwareentwickler haben Schwierigkeiten, die neuen Cloud-Technologie zu beherrschen.
- **Herausforderung B**: Projektleiter klagen über ineffiziente Meetings und schlechtes Zeitmanagement in ihren Teams.
- **Herausforderung C**: Die Zusammenarbeit zwischen den Abteilungen funktioniert nicht reibungslos, es gibt häufig Konflikte.
- **Herausforderung D**: Neue Mitarbeiter fühlen sich in den ersten Monaten oft überfordert.

Die Geschäftsführung möchte nun gezielte Personalentwicklungsmaßnahmen einleiten.

Aufgaben:

1. Ordnen Sie die folgenden Personalentwicklungsziele den drei Kategorien fachlich, methodisch und sozial zu! Begründen Sie jeweils kurz Ihre Zuordnung!
   1. Verbesserung der Kommunikationsfähigkeit zwischen den Abteilungen.
   2. Erwerb von entsprechenden Zertifizierungen in Cloud-Computing.
   3. Einführung agiler Projektmanagement-Methoden (z. B. Kanban).
   4. Stärkung der Konfliktlösungskompetenz der Führungskräfte.
   5. Optimierung der Präsentationstechniken.

2. Entwickeln Sie für jede in der Ausgangssituation dargestellte Herausforderung eine konkrete Personalentwicklungsmaßnahme!

   Geben Sie dabei jeweils an:
   - welches Ziel (fachlich, methodisch, sozial) verfolgt wird,
   - welche konkrete Maßnahme Sie vorschlagen (z. B. Workshop, E-Learning, Coaching, Mentoring, Training-on-the-Job),
   - welche Zielgruppe angesprochen wird.

3. Erklären Sie, warum es wichtig ist, alle drei Zielkategorien (fachlich, methodisch, sozial) in der Personalentwicklung zu berücksichtigen!

4. Erläutern Sie, welche zwei Faktoren die Personalabteilung berücksichtigen sollte, wenn sie entscheiden muss, welche Personalentwicklungsmaßnahmen zuerst umgesetzt werden!

103 Maßnahmen der Personalentwicklung

Die WeWa GmbH ist ein mittelständisches Unternehmen der Kunststoffverarbeitung aus Fürth. Das Unternehmen hat insgesamt 200 Mitarbeiter. Die Geschäftsführung plant gezielte Personalentwicklungsmaßnahmen für folgende Mitarbeiter:

1. Karlo Kleindienst (28 Jahre) arbeitet seit 8 Jahren ungelernt in der Produktion und zeigt großes technisches Verständnis.
2. Sandra Wellinger (45 Jahre) kann nach einem Arbeitsunfall ihre Tätigkeit als Maschinenbedienerin nicht mehr ausüben, möchte aber im Unternehmen bleiben.
3. Industriemeister José Casale (38 Jahre) soll die Produktionsleitung übernehmen, ihm fehlen jedoch betriebswirtschaftliche Kenntnisse.

Aufgaben:

1. Nennen Sie die vier grundlegenden Maßnahmen der Personalentwicklung und erläutern Sie jeweils deren Zielsetzung!
2. Ordnen Sie den drei genannten Mitarbeitern jeweils eine passende Personalentwicklungsmaßnahme zu und begründen Sie Ihre Entscheidung!
3. Entwickeln Sie für Sandra Wellinger ein konkretes Personalentwicklungskonzept! Gehen Sie dabei auf die Art der Maßnahme, mögliche Berufsfelder sowie die Dauer und Finanzierungsmöglichkeiten ein!
4. Beurteilen Sie, ob sich die Investition in umfassende Personalentwicklungsmaßnahmen für die WeWa GmbH lohnt! Wägen Sie dabei Chancen und Risiken ab!

3 Personaleinsatz planen

LB 4

Handlungssituation 3: Die Augsburger Büromöbel AG führt eine Personaleinsatzplanung unter Berücksichtigung flexibler Arbeitszeitmodelle durch

Die Augsburger Büromöbel AG weist aktuell folgende Mitarbeiterstruktur auf:

- 80 Produktionsmitarbeiter (Fertigung)
- 40 Mitarbeiter in Qualitätskontrolle und Logistik
- 40 Mitarbeiter in Instandhaltung/Wartung (24/7-Betrieb erforderlich)
- 30 Mitarbeiter in Verwaltung und Vertrieb

Aktuell arbeiten alle Mitarbeiter in Vollzeit (40 Std./Woche) mit festen Arbeitszeiten (Montag bis Freitag, 7:00–16:00 Uhr inkl. 60 Minuten Pause; Nettoarbeitszeit: 8 Stunden/Tag). Der Vorstand plant allerdings die Einführung flexibler Arbeitszeitmodelle, sodass die Mitarbeiterzufriedenheit erhöht und die Arbeitsprozesse effizienter gestaltet werden können.

Überblick über die geplanten flexiblen Arbeitszeitmodelle:

- Homeoffice für Verwaltung und Vertrieb
- Gleitzeit für Qualitätskontrolle und Logistik
- Schichtarbeit für Produktionsmitarbeiter (erhöhte Auslastung)
- Teilzeit auf Wunsch einzelner Mitarbeiter

Kompetenzorientierte Arbeitsaufträge:

1. Erläutern Sie für jede der vier Mitarbeitergruppen, welches Arbeitszeitmodell am besten geeignet ist! Begründen Sie Ihre Zuordnung jeweils mit einem Argument!
2. Ein Mitarbeiter aus der Qualitätskontrolle, Herr Müller (Vollzeit, 40 Std./Woche, 3600,00 EUR/Monat, 30 Tage Urlaub), möchte auf Teilzeit wechseln. Er plant folgendes Teilzeitmodell:
   - 30 Stunden/Woche (75 % Teilzeit)
   - 5-Tage-Woche: Montag bis Freitag, jeweils 6 Stunden Nettoarbeitszeit (z. B. 7:00–13:00 Uhr)

   Berechnen Sie Herrn Müllers neues monatliches Gehalt und seinen neuen Urlaubsanspruch in Tagen!

3. Für die Produktionsmitarbeiter soll ein 2-Schicht-System eingeführt werden, um die Maschinenauslastung zu erhöhen. Das Unternehmen plant folgende Schichten:
   Frühschicht: 6:00–14:30 Uhr, davon 30 Min. Pause; Nettoarbeitszeit: 8 Stunden
   Spätschicht: 14:30–23:00 Uhr, davon 30 Min. Pause; Nettoarbeitszeit: 8 Stunden
   Betrieb: Montag bis Freitag (kein Wochenende)
   3.1 Erläutern Sie, wie durch das 2-Schicht-System die Betriebszeit verlängert wird und welchen wirtschaftlichen Vorteil dies für das Unternehmen hat!
   3.2 Beurteilen Sie die Einführung von Schichtarbeit für die Produktionsmitarbeiter, indem Sie zwei Vorteile und zwei Nachteile gegenüberstellen und zu einer begründeten Empfehlung gelangen!

3.1 Grundsätzliches

Unterschiedliche **Arbeitszeitmodelle** und ein strategischer **Personaleinsatz** geben den Betrieben die Möglichkeit, Produktions- und Öffnungszeiten mit den vorhandenen Mitarbeitern optimal abzudecken.

- Durch eine effiziente Planung des Personaleinsatzes kann der Betrieb flexibel auf Veränderungen reagieren und die Arbeitskraft dort einsetzen, wo sie am meisten benötigt wird.
- Gleichzeitig kann der Betrieb auf persönliche Wünsche der Mitarbeiter bei der Arbeitszeit eingehen, damit z. B. Beruf und Familie vereinbar sind.

Darüber hinaus müssen auch die **Urlaubsansprüche** der Mitarbeiter berücksichtigt werden, um eine kontinuierliche Betriebsführung sicherzustellen und gleichzeitig die Erholungsphasen der Belegschaft zu gewährleisten. Dies trägt zur Zufriedenheit und Motivation der Belegschaft bei und fördert eine positive Arbeitsatmosphäre.

3.2 Rechtliche Rahmenbedingungen

(1) Überblick über das Arbeitszeitgesetz [ArbZG]

Das Arbeitszeitgesetz legt die Rahmenbedingungen dafür fest, wann und wie lange Arbeitnehmer/-innen höchstens arbeiten dürfen. Es stellt den Gesundheitsschutz der Beschäftigten sicher, indem es die tägliche Höchstarbeitszeit begrenzt sowie Mindestruhepausen während der Arbeit und Mindestruhezeiten nach Arbeitsende festlegt. Zugleich enthält das Gesetz Bestimmungen für die Vereinbarung flexibler Arbeitszeiten.

Beispiele für Arbeitszeitregelungen:

- Die werktägliche Arbeitszeit der Arbeitnehmer beträgt grundsätzlich 8 Stunden. Nach Beendigung der täglichen Arbeitszeit haben sie Anspruch auf ununterbrochene Ruhezeit von elf Stunden [§§ 3, 5 ArbZG].
- Die werktägliche Arbeitszeit kann auf zehn Stunden ausgedehnt werden, wenn die Verlängerung innerhalb von sechs Monaten auf durchschnittlich acht Stunden ausgeglichen wird [§ 3 ArbZG].
- Die Ruhepause muss bei einer Arbeitszeit von mehr als sechs bis zu neun Stunden mindestens 30 Minuten und bei einer Arbeitszeit über neun Stunden mindestens 45 Minuten dauern [§ 4 ArbZG].
- Sofern die Arbeiten nicht an Werktagen vorgenommen werden können, dürfen Arbeitnehmer an Sonn- und Feiertagen arbeiten. Allerdings müssen die Arbeitnehmer an einem Werktag innerhalb von zwei Wochen frei haben. Zudem müssen mindestens 15 Sonntage im Jahr beschäftigungsfrei bleiben [§§ 10 I, 11 ArbZG].

Über die Einhaltung der Arbeitszeitregelung wachen die Gewerbeaufsichtsämter bzw. die Arbeitsschutzämter der Länder.

(2) Bundesurlaubsgesetz [BUrlG]

Jeder Arbeitnehmer hat Anspruch auf bezahlten Erholungsurlaub. Der Urlaub beträgt jährlich **mindestens 24 Werktage** [§ 3 I BUrlG]. Als **Werktage** gelten alle Kalendertage, die nicht Sonn- oder gesetzliche Feiertage sind. Der Mindesturlaub von 24 Werktagen bezieht sich demnach auf eine 6-Tage-Woche. Bei einer Fünf-Tage-Woche beträgt die Zahl der Urlaubstage mindestens 20 (24 Tage Mindesturlaub · 5 Arbeitstage/Woche : 6 Arbeitstage/Woche).

Der volle Urlaubsanspruch wird erstmalig nach sechsmonatigem Bestehen des Arbeitsverhältnisses erworben. In Tarifverträgen oder im Einzelarbeitsvertrag kann der Urlaubsanspruch zugunsten des Arbeitnehmers abgeändert werden.

Während des Urlaubs darf der Arbeitnehmer keine dem Urlaubszweck widersprechende Erwerbstätigkeit leisten [§ 8 BUrlG]. Erkrankt der Arbeitnehmer während des Urlaubs, so werden die durch ärztliches Zeugnis nachgewiesenen Tage der Arbeitsunfähigkeit auf den Jahresurlaub nicht angerechnet [§ 9 BUrlG].

Das **Urlaubsentgelt** richtet sich nach dem durchschnittlichen Arbeitsverdienst der letzten dreizehn Wochen ohne Überstunden [§ 11 BUrlG].

3.3 Flexible Arbeitszeitmodelle nach Ort am Beispiel Homeoffice

(1) Begriff Homeoffice

Homeoffice bezeichnet eine Arbeitsform, bei der **Arbeitnehmer** ihre beruflichen Aufgaben **regelmäßig** oder **dauerhaft** von **zu Hause** aus erledigen, unterstützt durch **digitale Technologien** und **Kommunikationsmittel**. Dabei bleibt das **Arbeitsverhältnis** mit dem **Arbeitgeber** bestehen, während der **physische Arbeitsort** vom **Betrieb** in den **privaten Wohnbereich** verlagert wird.

(2) Formen flexibler Arbeitszeitmodelle

Form	Beschreibung	Beispiele
Vollzeit-Homeoffice	dauerhafte Arbeit von zu Hause aus	kein fester Büroplatz
alternierende Telearbeit	Wechsel zwischen Büro und Homeoffice	3 Tage Büro, 2 Tage Homeoffice
hybrides Modell	flexible Kombination	nach Bedarf und Absprache
mobile Arbeit	Arbeit von verschiedenen Orten aus	Café, Zug, Hotel, zu Hause

(3) Rechtliche Grundlagen

Bereich	Regelung	Bedeutung in der Praxis
Rechtsanspruch	kein genereller Anspruch	nur bei vertraglicher Vereinbarung
Arbeitsvertrag	schriftliche Vereinbarung	Regelung von Arbeitszeit, -ort, Ausstattung
Arbeitszeitgesetz	maximal 8 Std./Tag (ggf. 10 Stunden möglich)	Ruhepausen und -zeiten sind einzuhalten
Datenschutz (DSGVO)	sichere Datenverarbeitung	VPN[1]

(4) Pflichten des Arbeitgebers

- Bereitstellung der technischen Ausstattung
- Gewährleistung des Arbeitsschutzes
- Gefährdungsbeurteilung des Heimarbeitsplatzes
- Einhaltung der Datenschutzbestimmungen
- Gleichbehandlung von Homeoffice- und Büromitarbeitern

1 **VPN (Virtual Private Network):** Es handelt sich um eine verschlüsselte Netzwerkverbindung, die einen sicheren Zugriff auf ein entferntes Netzwerk (z. B. Firmennetzwerk) über das Internet ermöglicht.

(5) Voraussetzungen für erfolgreiches Homeoffice

Technische Infrastruktur

- Stabile Internetverbindung sowie geeignete Hardware (Laptop, Monitor)
- Sichere VPN-Verbindung und Kommunikationstools (MS Teams, Zoom)
- Cloud-Lösungen und IT-Support

Organisatorische Maßnahmen

- Klare Homeoffice-Richtlinien und Erreichbarkeitszeiten
- Regelmäßige virtuelle Meetings und Zielvereinbarungen
- Dokumentation von Arbeitszeiten

Persönliche Voraussetzungen und Führung

- Selbstorganisation, Zeitmanagement, digitale Kompetenz
- Vertrauensbasierte Führung statt Kontrolle
- Ergebnisorientierung und regelmäßiges Feedback

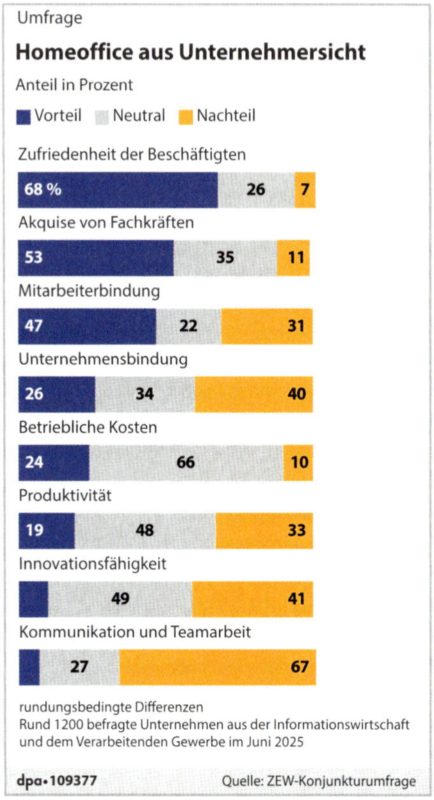

(6) Vor- und Nachteile

	Vorteile	Nachteile
für den Arbeitgeber	■ Erhöhte Produktivität und geringere Bürokosten ■ Zugang zu zusätzlichen Mitarbeitern (auch überregional) ■ Positives Arbeitgeberimage und Umweltfreundlichkeit	■ Erschwerte Kommunikation und Kontrollverlust ■ IT-Sicherheitsrisiken und Datenschutzprobleme ■ Schwächere Unternehmenskultur und höhere IT-Investitionen
für den Arbeitnehmer	■ Bessere Work-Life-Balance und Zeitersparnis (kein Arbeitsweg) ■ Flexiblere Arbeitszeitgestaltung und höhere Konzentration ■ Kosteneinsparungen (z. B. für Fahrt und Verpflegung)	■ Verschwimmende Grenzen zwischen Arbeit und Privatleben ■ Ablenkungen im häuslichen Umfeld ■ Gefahr von Überstunden durch ständige Erreichbarkeit

3.4 Flexible Arbeitszeitmodelle nach Zeit

3.4.1 Gleitzeit

(1) Definition Gleitzeit und weitere Begrifflichkeiten

Gleitzeit ist ein Arbeitszeitmodell, bei dem Arbeitnehmer **Beginn und Ende** ihrer täglichen Arbeitszeit **innerhalb eines festgelegten Zeitrahmens** (Gleitzeitrahmen) **selbst bestimmen** können, wobei eine Kernarbeitszeit mit Anwesenheitspflicht eingehalten werden muss. Die vereinbarte Gesamtarbeitszeit bleibt dabei unverändert und muss vollständig geleistet werden.

Der **Gleitzeitrahmen** ist die Zeitspanne, innerhalb derer Arbeitsbeginn und -ende frei gewählt werden können (z. B. 6:00–20:00 Uhr). Die **Kernarbeitszeit** ist der Zeitraum, in dem alle Mitarbeiter anwesend sein müssen (Anwesenheitspflicht, z. B. 9:00–15:00 Uhr). Bei der **Gleitspanne** handelt es sich um die Zeiträume vor und nach der Kernarbeitszeit, in denen flexible Anwesenheit möglich ist (z. B. Gleitspanne morgens: 6:00–9:00 Uhr; Gleitspanne abends: 15:00–20:00 Uhr).

Beispiel:

6:00 | 9:00 | 15:00 | 20:00

Gleitspanne (morgens) | Kernarbeitszeit (Anwesenheitspflicht) | Gleitspanne (abends)

Gleitzeitrahmen (6:00–20:00 Uhr)

(2) Rechtliche Grundlagen

Regelung	Vorgabe
maximale Arbeitszeit	8 Stunden pro Werktag (Verlängerung auf 10 Stunden bei Ausgleich).
Ruhepausen	Mindestens 30 Min. bei 6–9 Std., Mindestens 45 Min. bei > 9 Std.
Ruhezeit	Mindestens 11 Stunden zwischen zwei Arbeitstagen.
Sonn- und Feiertagsruhe	Grundsätzlich arbeitsfrei (Ausnahmen möglich).

In Bezug auf die **Arbeitszeiterfassung** gelten folgende Regelungen:

- Pflicht zur Arbeitszeiterfassung für alle Arbeitgeber
- Erfassung von Beginn, Ende und Dauer der täglichen Arbeitszeit (gilt auch bei Gleitzeit und Vertrauensarbeitszeit)
- Elektronische oder manuelle Erfassung möglich

Die Gleitzeit wird üblicherweise durch eine Betriebsvereinbarung (unter Beteiligung des Betriebsrats) sowie durch individuelle Arbeitsverträge geregelt.

(3) Formen der Gleitzeit

Einfache Gleitzeit

Merkmale:

- Arbeitsbeginn und -ende sind flexibel.
- Tägliche Arbeitszeit muss vollständig geleistet werden.
- Kein Über- oder Unterschreiten möglich.

Beispiel:

Vereinbarte Arbeitszeit: 8 Stunden/Tag

Montag: 6:00–15:00 Uhr (8 Std. + Pause) ✔

Dienstag: 9:00–18:00 Uhr (8 Std. + Pause) ✔

Mittwoch: 7:00–15:00 Uhr (7 Std. + Pause) ✘ Nicht zulässig!

Vorteile	Nachteile
■ Einfache Handhabung. ■ Keine komplexe Zeiterfassung. ■ Klare Regelung.	■ Wenig Flexibilität bei schwankender Arbeitsbelastung. ■ Keine Anpassung an Projektphasen.

Qualifizierte Gleitzeit (mit Zeitkonto)

Merkmale:

- Arbeitsbeginn und -ende sind flexibel.
- Plus- und Minusstunden werden auf einem Arbeitszeitkonto erfasst.
- Ausgleich innerhalb eines festgelegten Zeitraums.

Arbeitszeitkonto:

- Erfassung von Mehr- und Minderarbeit
- Maximales Guthaben: z. B. +40 Stunden
- Maximales Minus: z. B. –10 Stunden
- Ausgleichszeitraum: z. B. 3 Monate

Beispiel:

Tag	Arbeitszeit	Soll	Differenz	Zeitkonto (kumuliert)
Montag	10 Std.	8 Std.	+ 2 Std.	+ 2 Std.
Dienstag	6 Std.	8 Std.	– 2 Std.	0 Std.
Mittwoch	9 Std.	8 Std.	+ 1 Std.	+ 1 Std.
Donnerstag	7 Std.	8 Std.	– 1 Std.	0 Std.
Freitag	8 Std.	8 Std.	0 Std.	0 Std.

Vorteile	Nachteile
■ Hohe Flexibilität. ■ Anpassung an Arbeitsbelastung. ■ Ausgleich von Überstunden durch Freizeit.	■ Aufwendige Zeiterfassung erforderlich. ■ Verwaltungsaufwand. ■ Gefahr von Zeitkonto-Überschreitungen.

- **Gleitzeit ohne Kernarbeitszeit (Vertrauensarbeitszeit)**

Merkmale:

- Keine feste Kernarbeitszeit.
- Vollständige Flexibilität bei Arbeitsbeginn und -ende, solange die Erreichbarkeit für Meetings gewährleistet ist.
- Bewertung nach Zielerreichung, nicht nach Anwesenheit.

Beispiel:

Ein Mitarbeiter arbeitet am Montag 12 Stunden von 5:00–17:00 Uhr und am Dienstag 4 Stunden von 18:00–22:00 Uhr.

Voraussetzungen:

- Hohes Vertrauen zwischen Arbeitgeber und Arbeitnehmer.
- Ausgeprägte Selbstorganisation.
- Klare Zielvereinbarungen.
- Zu beachten: Die Arbeitszeiterfassung ist gesetzlich vorgeschrieben!

Vorteile	Nachteile
■ Maximale Flexibilität. ■ Hohe Mitarbeiterzufriedenheit. ■ Förderung von Eigenverantwortung.	■ Gefahr von Selbstausbeutung. ■ Erschwerte Teamkoordination. ■ Verschwimmende Grenzen zwischen Arbeit und Freizeit.

3.4.2 Schichtarbeit

(1) Begriff und Ziel der Schichtarbeit

- **Schichtarbeit** ist eine **Arbeitszeitorganisation**, bei der **Mitarbeiter** zu **unterschiedlichen Tageszeiten** arbeiten, um **Betriebszeiten** über **8 Stunden** hinaus oder **rund um die Uhr (24/7)** zu gewährleisten.
- **Ziel** ist die maximale Auslastung von Maschinen, Anlagen und Personal.

(2) Rechtliche Grundlagen

Regelung	Vorgabe
maximale Arbeitszeit	8 Stunden pro Werktag (Verlängerung auf 10 Stunden bei Ausgleich)
Nachtarbeit	maximal 8 Std./Tag (keine Verlängerung)

Regelung	Vorgabe
Ruhepausen	mindestens 30 Minuten (6–9 Std.), 45 Minuten (> 9 Std.)
Ruhezeit	mindestens 11 Stunden zwischen Arbeitstagen

Nachtarbeit ist nach § 6 ArbZG definiert als Arbeit zwischen 23:00–6:00 Uhr (mindestens 2 Stunden).

Folgende **Besonderheiten** sind zu berücksichtigen:

- Arbeitsmedizinische Untersuchungen (vor Aufnahme, alle 3 Jahre, ab 50 Jahren jährlich).
- Anspruch auf Ausgleich durch Freizeitausgleich oder Zuschläge.
- Besonderer Gesundheitsschutz.

(3) Arten von Schichtsystemen

Zwei-Schichtsystem

Schichten	Betriebszeit	Beispiele
Frühschicht: 6:00 – 14:00 Uhr Spätschicht: 14:00 – 22:00 Uhr	16 Stunden/Tag	■ Produktion ■ Einzelhandel ■ Callcenter

Drei-Schichtsystem

Schichten	Betriebszeit	Beispiele
Frühschicht: 6:00 – 14:00 Uhr Spätschicht: 14:00 – 22:00 Uhr Nachtschicht: 22:00 – 6:00 Uhr	■ 24 Stunden/Tag ■ 7 Tage/Woche (24/7)	■ Krankenhäuser ■ Polizei ■ Energieversorgung

Beispiel: Schichtplan (4-Team-Modell)

Ziel: kontinuierlicher Betrieb (24/7) mit 4 Teams

Woche	Team A	Team B	Team C	Team D
1	Frühschicht	Spätschicht	Nachtschicht	Frei
2	Spätschicht	Nachtschicht	Frei	Frühschicht
3	Nachtschicht	Frei	Frühschicht	Spätschicht
4	Frei	Frühschicht	Spätschicht	Nachtschicht

Die Vorwärtsrotation (Früh → Spät → Nacht) entspricht dem natürlichen Biorhythmus.

(4) Vor- und Nachteile

	Vorteile	Nachteile
für den Arbeitgeber	■ Maximale Betriebsauslastung (24/7) ■ Höhere Produktivität und Wirtschaftlichkeit ■ Längere Service-/Öffnungszeiten ■ Wettbewerbsvorteil durch schnellere Auftragsabwicklung	■ Höhere Personalkosten (Zuschläge) ■ Höhere Krankheitsquote ■ Komplexe Schichtplanung ■ Schwierige Mitarbeiterrekrutierung
für den Arbeitnehmer	■ Schichtzulagen (Spät-, Nacht-, Wochenendarbeit) ■ Freie Tage unter der Woche (Behördengänge, Arzttermine) ■ Arbeitsweg außerhalb der Stoßzeiten	■ Gesundheitliche Belastung (Schlafstörungen, erhöhtes Krankheitsrisiko) ■ Störung des Biorhythmus, besonders bei Wechselschicht ■ Soziale Isolation, erschwerte Vereinbarkeit mit Familie ■ Höheres Unfallrisiko durch Müdigkeit

3.4.3 Teilzeit

(1) Begriff Teilzeit

Teilzeit ist eine Arbeitszeitform, bei der die **vereinbarte regelmäßige Wochenarbeitszeit kürzer ist** als die eines vergleichbaren vollzeitbeschäftigten Arbeitnehmers im selben Betrieb. Die **Arbeitszeit** wird **anteilig reduziert,** wobei die gleichen Rechte wie bei Vollzeitbeschäftigten gelten [§ 2 TzBfG].

Beispiele:

- Vollzeit: 40 Stunden/Woche
- Teilzeit: 20 Stunden/Woche (50 %)
- Teilzeit: 30 Stunden/Woche (75 %)

(2) Rechtliche Grundlagen

Um einen **Anspruch auf Teilzeit** geltend machen zu können, müssen folgende Voraussetzungen gegeben sein [§ 8 TzBfG]:

- Arbeitsverhältnis besteht länger als 6 Monate.
- Betrieb hat mehr als 15 Arbeitnehmer.
- Keine betrieblichen Gründe stehen entgegen.

Mindestens drei Monate vor dem gewünschten Beginn muss ein schriftlicher Antrag auf Teilzeit gestellt werden. Der Arbeitgeber muss innerhalb von einem Monat antworten.

Für eine befristete **Teilzeit mit Rückkehrrecht zur Vollzeit** (sogenannte **Brückenteilzeit**) gilt darüber hinaus [§ 9a TzBfG]:

- Betrieb hat mehr als 45 Arbeitnehmer.
- Antrag, die vertraglich vereinbarte Arbeitszeit (Vollzeit- oder bisherige Teilzeitarbeit) für einen bestimmten Zeitraum, der zwischen einem und fünf Jahren liegt, zu verringern.

Beispiel:

Ein Mitarbeiter reduziert von 40 auf 30 Std./Woche für 3 Jahre (z.B. Kinderbetreuung) und kehrt danach automatisch zu einer 40-Stunden-Woche zurück.

Gleichbehandlungsgrundsatz [§ 4 TzBfG]:
Teilzeitbeschäftigte dürfen nicht schlechter behandelt werden als Vollzeitbeschäftigte (anteilig gleiche Rechte bei Gehalt, Urlaub, Weiterbildung, Aufstiegschancen).

(3) Formen der Teilzeit

Formen	Erläuterungen	Beispiele
klassische Teilzeit (feste Stundenzahl)	■ **Beschreibung:** Feste, reduzierte Wochenarbeitszeit ■ **Verteilung:** Gleichmäßig auf 5 Tage (z.B. 4 Std./Tag bei 20 Std./Woche) Konzentriert auf weniger Tage (z.B. 3-Tage-Woche, 4-Tage-Woche)	■ 20 Stunden/Woche (50 % Teilzeit) ■ 30 Stunden/Woche (75 % Teilzeit)
Halbtags-Teilzeit	**Typische Modelle:** ■ Vormittags: 8:00–12:00 Uhr (4 Std./Tag = 20 Std./Woche) ■ Nachmittags: 13:00–17:00 Uhr (4 Std./Tag = 20 Std./Woche)	■ im Einzelhandel, ■ in der Gastronomie oder ■ in der Kinderbetreuung
geringfügige Beschäftigung (Minijob)	■ Maximal 603,00 EUR/Monat (2026) ■ Keine Sozialversicherungsbeiträge für Arbeitnehmer (außer Rentenversicherung) ■ Pauschalabgaben durch Arbeitgeber	■ Studentenjobs ■ Nebenjobs für Rentner

(4) Vor- und Nachteile

	Vorteile	Nachteile
für den Arbeitgeber	■ Höhere Mitarbeiterzufriedenheit und -bindung ■ Flexibilität bei Auftragsschwankungen ■ Attraktives Arbeitgeberimage	■ Höherer Koordination- und Verwaltungsaufwand ■ Kommunikationslücken, wenn Teilzeitkräfte nicht anwesend sind
für den Arbeitnehmer	■ Bessere Work-Life-Balance, d. h. mehr Zeit für Familie oder Hobbys ■ Vereinbarkeit mit Kinderbetreuung oder Pflege von Angehörigen ■ Weniger Stress ■ Nebentätigkeit, Studium oder Weiterbildung parallel möglich	■ Geringeres Einkommen und niedrigere Rentenansprüche ■ Mögliche Karrierenachteile ■ „Teilzeitfalle“, d. h. gleiche Aufgaben in kürzerer Zeit führen zu Überlastung

Kompetenztraining

104 Homeoffice einführen

Die MiMa Consulting GmbH berät Krankenhäuser und Pflegeeinrichtungen bei Digitalisierungsprojekten. Das Unternehmen hat insgesamt 80 Mitarbeiter in München:

- 45 Unternehmensberater (oft bei Kunden)
- 20 Mitarbeiter Projektkoordination (Büroarbeit)
- 10 Verwaltungsmitarbeiter
- 5 Führungskräfte

Folgende weitere Daten liegen vor:

- Bürofläche: 1 200 m^2 (Mietkosten: 15,00 EUR/m^2 monatlich)
- Arbeitszeit: Montag bis Freitag, 8:00–17:00 Uhr (8 Std. + 1 Std. Pause)
- Besonderheit: Umgang mit sensiblen Patientendaten

Die Geschäftsführung plant die Einführung von Homeoffice.

Aufgaben:

1. 1.1 Bestimmen Sie für die Projektkoordination (20 Mitarbeiter) ein geeignetes Homeoffice-Modell und begründen Sie Ihre Wahl mit zwei Argumenten!

   1.2 Durch das Homeoffice-Modell können 20 % der Bürofläche eingespart werden.

   Berechnen Sie die jährliche Mietkostenersparnis!

2. Ein Mitarbeiter möchte im Homeoffice täglich von 7:00 bis 18:00 Uhr arbeiten (inkl. 1 Std. Pause = 10 Std. Arbeitszeit). Prüfen Sie, ob dies nach dem Arbeitszeitgesetz zulässig ist!

3. Erläutern Sie zwei Herausforderungen für Führungskräfte im Homeoffice und nennen Sie jeweils eine Lösungsmöglichkeit!

105 Einführung von Gleitzeit

Die LogiWü GmbH ist ein mittelständisches Logistikunternehmen mit Sitz in Würzburg. Das Unternehmen beschäftigt insgesamt 120 Mitarbeiter in verschiedenen Bereichen:

- 60 Mitarbeiter in der Disposition und Auftragsabwicklung (Büroarbeit)
- 40 Lagerarbeiter (Schichtbetrieb)
- 15 Mitarbeiter in der Verwaltung (Buchhaltung, Personal, Empfang)
- 5 Führungskräfte

Aktuelle Situation des Unternehmens:

Bisher gilt für alle Büromitarbeiter eine feste Arbeitszeit von 8:00–17:00 Uhr (8 Stunden + 1 Stunde Pause). Viele Mitarbeiter klagen über Stress durch den Berufsverkehr und mangelnde Flexibilität bei privaten Terminen. Die Geschäftsführung plant daher die Einführung eines Gleitzeitmodells für die Disposition und Verwaltung.

Die Geschäftsführung hat folgendes Gleitzeitmodell erarbeitet:

- Gleitzeitrahmen: 6:00–20:00 Uhr
- Kernarbeitszeit: 9:30–14:30 Uhr
- Qualifizierte Gleitzeit mit Arbeitszeitkonto
- Maximales Guthaben: + 30 Stunden
- Maximales Minus: – 8 Stunden
- Ausgleichszeitraum: 3 Monate

Aufgaben:

1. Erklären Sie die Begriffe Gleitzeitrahmen und Kernarbeitszeit anhand des geplanten Modells der LogiWü GmbH!
2. Erläutern Sie den Unterschied zwischen einfacher Gleitzeit und qualifizierter Gleitzeit!
3. Begründen Sie anhand von zwei Aspekten, warum das Gleitzeitmodell für die Lagerarbeiter im Schichtbetrieb nicht geeignet ist!
4. Der Mitarbeiter Jonas Weber aus der Disposition arbeitet in der ersten Woche nach Einführung der Gleitzeit wie folgt:

Tag	Arbeitsbeginn	Arbeitsende	Pause
Montag	7:00 Uhr	16:30 Uhr	30 Minuten
Dienstag	8:00 Uhr	18:00 Uhr	60 Minuten
Mittwoch	6:30 Uhr	15:00 Uhr	30 Minuten
Donnerstag	9:00 Uhr	17:00 Uhr	60 Minuten
Freitag	7:30 Uhr	13:30 Uhr	60 Minuten

Die Soll-Arbeitszeit beträgt 8 Stunden pro Tag.

4.1 Berechnen Sie für jeden Tag die tatsächliche Arbeitszeit (ohne Pause) und die Differenz zur Soll-Arbeitszeit!

4.2 Ermitteln Sie den Zeitkontostand am Ende der Woche und analysieren Sie das Ergebnis!

4.3 Prüfen Sie, inwiefern Jonas Weber an allen Tagen die Kernarbeitszeit (9:30–14:30 Uhr) eingehalten hat!

106 Ein Unternehmen führt Schichtarbeit ein

Die Memminger Chemiewerke AG hat 200 Produktionsmitarbeiter beschäftigt. Die Produktion läuft kontinuierlich im 24/7-Betrieb.

Schichtsystem:
- 3-Schicht-System vollkontinuierlich
- 4-Team-Modell mit wöchentlichem Wechsel
- Frühschicht: 6:00–14:00 Uhr
- Spätschicht: 14:00–22:00 Uhr
- Nachtschicht: 22:00– 6:00 Uhr

Zuschläge:
- Spätschicht: 15 %
- Nachtschicht: 30 %
- Sonntagsarbeit: 50 %
- Grundlohn: 20,00 EUR/Stunde

Aufgaben:

1. Erstellen Sie eine Übersicht für 4 Wochen, wie die vier Teams (A, B, C, D) rotieren, um einen kontinuierlichen 24/7-Betrieb zu gewährleisten!
2. Berechnen Sie den Stundenlohn eines Mitarbeiters in der Nachtschicht am Sonntag!
3. Nennen Sie drei gesundheitliche Risiken der Schichtarbeit und entwickeln Sie zwei Maßnahmen, um diese Belastungen zu reduzieren!

107 Von Vollzeit in Teilzeit wechseln

Die Aschaffenburger ASolutionsTech GmbH ist ein IT-Dienstleister mit 120 Mitarbeitern. Das Unternehmen bietet Softwareentwicklung und IT-Support für den Mittelstand an.

Die Softwareentwicklerin Sandra Karrer möchte nach ihrer Elternzeit in Teilzeit zurückkehren, um mehr Zeit für ihr Kind zu haben. Sie beantragt eine Reduzierung auf 30 Stunden/Woche für die nächsten 3 Jahre.

Weitere Informationen:
- Aktuell: Vollzeit mit 40 Stunden/Woche
- Gehalt: 4 800,00 EUR/Monat
- Urlaubsanspruch: 30 Tage/Jahr
- Betriebszugehörigkeit: 2 Jahre
- Arbeitszeit: Montag bis Freitag, 9:00–18:00 Uhr (inkl. 1 Std. Pause)

Folgendes Teilzeitmodell bietet das Unternehmen an:
- 30 Stunden/Woche (75 % Teilzeit)
- 4-Tage-Woche: Montag bis Donnerstag, jeweils 7,5 Stunden
- Freitag frei

Aufgaben:

1. Prüfen Sie unter Berücksichtigung des § 8 TzBfG, ob Sandra Karrer einen rechtlichen Anspruch auf Teilzeit hat!
2. Berechnen Sie Sandra Karrers neues monatliches Gehalt und ihren neuen Urlaubsanspruch in Tagen bei 30 Stunden/Woche (4-Tage-Woche)!
3. Erläutern Sie zwei Vor- und Nachteile, die sich für Sandra Karrer durch den Wechsel von Vollzeit (40 Std.) auf Teilzeit (30 Std.) ergeben!

3.5 Gestaltungsformen des flexiblen Personaleinsatzes

3.5.1 Job-Rotation

Job-Rotation ist ein **systematischer, geplanter Arbeitsplatzwechsel** von Mitarbeitern innerhalb eines Unternehmens. Mitarbeiter wechseln dabei für einen **bestimmten Zeitraum** ihre **Aufgaben, Positionen oder Abteilungen**, um **verschiedene Tätigkeitsbereiche kennenzulernen** und **neue Kompetenzen zu erwerben.**

Ziele sind die Erweiterung der Qualifikationen, die Vermeidung von Monotonie und die Förderung des Verständnisses für betriebliche Zusammenhänge.

(1) Merkmale der Job-Rotation

Merkmale	Beschreibung
systematischer Wechsel	geplanter, nicht zufälliger Arbeitsplatzwechsel
zeitlich begrenzt	festgelegte Dauer (z. B. Wochen, Monate, Jahre)
innerhalb des Unternehmens	Wechsel zwischen Abteilungen, Teams oder Standorten
gleiches Hierarchielevel	meist horizontaler Wechsel (d. h. keine Beförderung möglich)
lernorientiert	Erwerb neuer Fähigkeiten und Kenntnisse

(2) Formen der Job-Rotation

Von einer **funktionsbezogenen Rotation** spricht man bei einem Wechsel zwischen verschiedenen Funktionen/Aufgaben innerhalb derselben Abteilung.

Vorteile: Vielseitigkeit und gegenseitige Vertretung sind möglich!

Beispiel:

Der Mitarbeiter Maier aus der Produktion wechselt zwischen verschiedenen Fertigungsstationen. Konkret:

Woche 1–4: Montage
Woche 5–8: Qualitätskontrolle
Woche 9–12: Verpackung

Bei einer **abteilungsbezogenen Rotation** handelt es sich um einen Wechsel zwischen verschiedenen Abteilungen.

Vorteile: Mitarbeiter gewinnen ein ganzheitliches Unternehmensverständnis!

Beispiel:

Trainee-Programm: Mitarbeiter durchläuft verschiedene Abteilungen.

Monat 1–3: Marketing
Monat 4–6: Vertrieb
Monat 7–9: Controlling
Monat 10–12: Personalwesen

Im Rahmen der **standortbezogenen Rotation** findet ein Wechsel zwischen verschiedenen Standorten/Filialen statt.

Vorteile: Kennenlernen regionaler Besonderheiten, Netzwerkaufbau!

Beispiel:

Führungskraft wechselt alle zwei Jahre den Standort.

Jahr 1–2: Filiale Passau
Jahr 3–4: Filiale Regensburg
Jahr 5–6: Zentrale München

3.5.2 Job-Enrichment

Job-Enrichment (Aufgabenbereicherung) ist die **vertikale Erweiterung eines Arbeitsplatzes** durch Übertragung von mehr Verantwortung, Entscheidungsbefugnissen und anspruchsvolleren Aufgaben. Der **Mitarbeiter erhält qualitativ höherwertige Tätigkeiten** und mehr Autonomie, ohne dass eine formale Beförderung erfolgt.

(1) Kernelemente des Job-Enrichment

Elemente	Beschreibung	Beispiele
mehr Autonomie	Größere Entscheidungsfreiheit für den einzelnen Mitarbeiter.	Selbstständige Planung der Arbeitsabläufe
mehr Verantwortung	Der Mitarbeiter verantwortet die Ergebnisse.	Budgetverantwortung bis 5 000,00 EUR
mehr Kontrolle	Der Mitarbeiter kontrolliert seine Arbeitsleistung selbstständig.	Eigenständige Qualitätsprüfung
ganzheitliche Aufgaben	Vollständige Prozesse werden vom Mitarbeiter verantwortet.	Projekt von A bis Z bearbeiten

(2) Ziele von Job-Enrichment

Ziele für Unternehmen	■ Höhere Produktivität und bessere Qualität. ■ Geringere Fluktuation und Fehlzeiten. ■ Entlastung der Führungskräfte durch Delegation. ■ Schnellere Entscheidungen und innovativere Lösungen.
Ziele für Mitarbeiter	■ Höhere Motivation durch anspruchsvollere Aufgaben. ■ Mehr Zufriedenheit durch Autonomie und Verantwortung. ■ Persönliche Entwicklung und Kompetenzerwerb.

3.5.3 Job-Enlargement

Job-Enlargement (Aufgabenerweiterung) ist die **horizontale Erweiterung eines Arbeitsplatzes** durch Hinzufügen weiterer Aufgaben auf gleichem Anforderungsniveau. Der **Mitarbeiter übernimmt mehr Tätigkeiten gleichzeitig,** ohne dass sich die Verantwortung oder Komplexität erhöht.

(1) Ziele von Job-Enlargement

Ziele für Unternehmen	■ Flexibler Personaleinsatz (Mitarbeiter können verschiedene Aufgaben übernehmen). ■ Bessere Vertretungsregelungen. ■ Geringere Abhängigkeit von Spezialisten. ■ Reduzierung von monotoniebedingten Fehlern.
Ziele für Mitarbeiter	■ Vermeidung von Monotonie und Langeweile. ■ Mehr Abwechslung im Arbeitsalltag. ■ Erwerb vielseitiger Fähigkeiten.

(2) Typische Einsatzbereiche

- **Produktion**: Kombination verschiedener Fertigungsschritte
- **Verwaltung**: Bearbeitung verschiedener Dokumententypen
- **Einzelhandel**: Kasse, Regalauffüllung, Kundenberatung
- **Lager/Logistik**: Kommissionierung, Verpackung, Versand
- **Gastronomie**: Service, Kasse, Vorbereitung

Beispiel: Produktion

Vorher: Mitarbeiter montiert nur Bauteile (8 Stunden täglich), d. h. hohe Monotonie

Nachher: Job-Enlargement

- Mitarbeiter montiert Bauteile **und** verpackt Produkte **und** bestückt Maschinen
- Alle Aufgaben am gleichen Tag, je nach Bedarf

Ergebnis: Mehr Abwechslung, flexibler einsetzbar

3.5.4 Teilautonome Arbeitsgruppen

Teilautonome Arbeitsgruppen (auch: selbststeuernde Teams) sind **kleine Gruppen von Mitarbeitern** (5–15 Personen), die **gemeinsam eine vollständige Aufgabe** eigenverantwortlich **planen, ausführen und kontrollieren.** Die **Gruppe organisiert sich weitgehend selbst,** ohne ständige Anweisungen durch Vorgesetzte.

Prinzip: Selbstorganisation und gemeinsame Verantwortung im Team.

(1) Merkmale teilautonomer Arbeitsgruppen

Merkmale	Beschreibung
ganzheitliche Aufgabe	Team bearbeitet vollständigen Prozess von A bis Z.
Selbstorganisation	Team plant und organisiert Arbeit eigenständig.

Merkmale	Beschreibung
gemeinsame Verantwortung	Team trägt Verantwortung für Ergebnisse.
Entscheidungsfreiheit	Team trifft Entscheidungen ohne Vorgesetzte.
flache Hierarchie	Kein klassischer Vorgesetzter im Team.

(2) Aufgaben und Kompetenzen

Typische Aufgaben der Gruppe sind:

- Arbeitsplanung: Festlegung von Arbeitsabläufen und Zeitplänen
- Arbeitseinteilung: Verteilung der Aufgaben innerhalb des Teams
- Problemlösung: Eigenständige Behebung von Störungen
- Urlaubsplanung: Koordination von Abwesenheiten
- Verbesserungsvorschläge: Optimierung von Prozessen

Allerdings gibt es auch **Grenzen der Autonomie.** So entscheidet das Team **nicht** über:

- Strategische Unternehmensentscheidungen
- Personaleinstellungen/-kündigungen
- Investitionsentscheidungen
- Gehaltsfestlegungen

Aufgrund dieser Grenzen spricht man auch von **Teilautonomie,** d.h. Selbstorganisation in festgelegten Grenzen.

3.6 Erstellung einer Personaleinsatzplanung

(1) Begriff Personaleinsatzplanung

Die Personaleinsatzplanung hat die Aufgabe, die verfügbaren Mitarbeiter so einzusetzen, dass für alle anfallenden Aufgaben im Betrieb jeweils genügend qualifiziertes Personal zur Verfügung steht.

Bei der Anpassung der Mitarbeiterzahl hat die Personaleinsatzplanung die Arbeitszeit, die vorhersehbaren Fehlzeiten (z.B. Urlaub, Freizeitausgleich, Berufsschultage der Auszubildenden, Beschäftigungsverbot während des Mutterschutzes, Krankheit, Fortbildung) sowie die Qualifikation der Mitarbeiter zu berücksichtigen.

Durch die **Personaleinsatzplanung** wird der **Personalbestand** und die **Personalqualifikation** dem jeweiligen Arbeitsanfall angepasst.

Umgesetzt wird die Personaleinsatzplanung durch den **Personaleinsatzplan.**

(2) Aufbau des Personaleinsatzplans

Durch den Personaleinsatzplan wird festgelegt, an welchem Tag und zu welchen Arbeitszeiten die einzelnen Mitarbeiter eingesetzt werden. Der Personaleinsatzplan enthält folgende Angaben:

- die **Namen** der Mitarbeiter,
- die **Wochentage** des Einsatzes,
- die **Wochenarbeitszeit** der einzelnen Mitarbeiter,
- die vorhersehbaren **Fehlzeiten.**

Beispiel:

Die Abteilung „Kundendienst" der Software Carlson GmbH beschäftigt 9 Mitarbeiter. Die reguläre Wochenarbeitszeit beträgt 40 Stunden. Der Abteilungsleiter Timo Schreyer plant die 38. Kalenderwoche mit folgenden Mitarbeitern: vier Vollzeitkräfte (Schreyer, Tezel, Golde, Miersemann), drei Teilzeitkräfte (Schäfer 24 Wochenstunden, Mair 21 Wochenstunden, Czysz 8 Wochenstunden), eine Auszubildende (37 Wochenstunden). Die Vollzeitkraft Sliwinski hat Urlaub.

Die zentrale Geschäftsleitung schreibt vor, dass von 09:30–11:00 Uhr mindestens 2 Mitarbeiter, von 11:00–18:00 Uhr mindestens 4 Mitarbeiter und von 18:30–20:00 Uhr mindestens 2 Mitarbeiter anwesend sein müssen.

Personaleinsatzplan 38. KW: Wochenplan vom 19.09.–24.09.20..

Uhrzeit	Mo	Di	Mi	Do	Fr	Sa
09:30–18:30 (8)	Schreyer	Golde	Schreyer	Miersemann	Schreyer bis 14:00	Miersemann ab 10:30
	Tezel	Miersemann	Schäfer	Tezel	Golde	Tezel
	Baur				Baur	Baur
						Mair
11:00–20:00 (8)	Schäfer	Schreyer	Golde	Schreyer	Tezel	
	Mair	Tezel	Miersemann	Golde	Miersemann	Czysz
						Golde
12:00–18:30 (6)			Baur			
15:00–20:00 (5)						
					Mair ab 15:00	Schreyer ab 16:30
10:00–19:00 (8)						
10:30–19:30 (8)					Schäfer	
Frei	Miersemann Golde Czysz	Mair Czysz Schäfer	Mair Tezel Czysz	Mair Schäfer Czysz	Czysz	
Urlaub	Sliwinski	Sliwinski	Sliwinski	Sliwinski	Sliwinski	Sliwinski Schäfer
Berufsschultag		Baur		Baur		

(3) Erfassung der Arbeits- und Abwesenheitszeit durch den Arbeitgeber

Arbeitgeber sind verpflichtet, ein **System der Arbeitszeiterfassung** einzurichten, in dem u. a. der Arbeitsbeginn, die Pausenzeiten und das Ende der Arbeitszeit dokumentiert werden.

Üblicherweise wird die geleistete Arbeitszeit der Mitarbeiter durch ein **elektronisches Zeiterfassungssystem** verarbeitet. Diverse Softwarelösungen bieten DSGVO-konforme Leistungen der Arbeitszeitkontrolle (z. B. die Erfassung aller Anwesenheits- und Fehlzeiten sowie Überstunden) für alle Arbeitszeitmodelle.

Beispiel einer einfachen Erfassungsmöglichkeit von Arbeits- und Abwesenheitszeiten:

Büromöbel Hamburg GmbH
Arbeitszeit- und Abwesenheitszeiten Januar 20..

Name	Di 1	Mi 2	Do 3	Fr 4	Sa 5	So 6	Mo 7	Di 8	Mi 9	Do 10	Fr 11	Sa 12	So 13	Mo 14	Di 15	Mi 16	Do 17	Fr 18	Sa 19	So 20	Mo 21	Di 22	Mi 23	Do 24	Fr 25	Sa 26	So 27	Mo 28	Di 29	Mi 30	Do 31
Bast, Arno	U	U	U	U			U	U																							
Beier, Pia																															
Brahimi, Samir																							D								
Bremer, Lutz														K	K																
Burg, Lea							F	F	F														A	A	A			A	A		

Urlaub (U) | Krankheit (K) | Fortbildung (F) | Dienstreise (D) | Arbeitsunfall (A)

Der **Betriebsrat** hat ein Mitbestimmungsrecht bei der Einführung und Anwendung von technischen Einrichtungen, die dazu bestimmt sind, das Verhalten oder die Leistung der Arbeitnehmer zu überwachen [§ 87 I Nr. 6 BetrVG].

Kompetenztraining

108 Gestaltungsformen des flexiblen Personaleinsatzes

Die ProDukta AG ist ein Maschinenbauunternehmen mit 200 Mitarbeitern in Erding. Das Unternehmen steht vor großen Herausforderungen, sowohl was den aktuellen Absatz der Produkte angeht als auch beim Personal:

Die hohe Monotonie in der Produktion führt zu sinkender Motivation und viele Mitarbeiter fühlen sich unterfordert. Gleichzeitig gibt es eine erhebliche Krankheitsquote (aktuell 12 %) und eine hohe Fluktuation (15 % pro Jahr). Zudem ist das Unternehmen besonders abhängig von einzelnen Spezialisten (Vertretungsprobleme).

Der Personalvorstand plant, durch flexible Personaleinsatzkonzepte die Situation zu verbessern.

Bei folgenden Mitarbeitern gibt es konkreten Bedarf zur Optimierung:

Frau Walk (Produktion)	Herr Schaller (Kundenservice)	Frau Kleindienst (Verwaltung)
■ Sie montiert seit 3 Jahren täglich 8 Stunden Bauteile an Station A. ■ Problem: Hohe Monotonie, Langeweile, häufige Fehler. ■ Geplant: Wechsel zwischen drei Stationen (Montage, Qualitätskontrolle, Verpackung) alle 4 Wochen.	■ Er nimmt Kundenanfragen entgegen, er leitet komplexe Fälle an den Vorgesetzten weiter. ■ Problem: Er fühlt sich unterfordert, er möchte mehr Verantwortung übernehmen. ■ Geplant: Eigenständige Bearbeitung von A bis Z, Entscheidungsbefugnis über Kulanz bis 300,00 EUR, selbstständige Arbeitsplanung.	■ Sie bearbeitet ausschließlich Rechnungen. ■ Problem: Eintönige Arbeit, sie möchte vielseitiger eingesetzt werden. ■ Geplant: Zusätzlich Bearbeitung von Bestellungen und Lieferscheinen (alle Aufgaben gleiches Niveau, parallel).

Aufgaben:

1. Ordnen Sie jedem der drei Mitarbeiter das passende Konzept zu (Job-Rotation, Job-Enrichment oder Job-Enlargement) und begründen Sie Ihre Zuordnung jeweils mit einem Argument!
2. Erläutern Sie anhand des Beispiels von Frau Walk, was Job-Rotation bedeutet und wie es sich von Job-Enlargement unterscheidet!
3. Erklären Sie anhand der geplanten Maßnahmen für Herrn Schaller, welche typischen Merkmale von Job-Enrichment umgesetzt werden (3 Aspekte)!
4. Beurteilen Sie, welches der drei Konzepte (Job-Rotation, Job-Enrichment, Job-Enlargement) am besten geeignet ist, um die hohe Krankheitsquote und Fluktuation bei der ProDukta AG zu reduzieren!

4 Mitarbeiter motivieren

LB 4 **Handlungssituation 4: Die Weber Metallbau GmbH motiviert ihre Mitarbeiter mithilfe von Zielvereinbarungen**

Bei der Weber Metallbau GmbH ist in den letzten Monaten die Mitarbeitermotivation deutlich gesunken, was sich negativ auf die Produktivität auswirkt. In der Produktion liegt die durchschnittliche Ausschussquote bei 8 %, obwohl das Branchenziel bei maximal 5 % liegt. Die Mitarbeiter beklagen, dass keine klaren Qualitätsvorgaben existieren.

Weber Metallbau GmbH

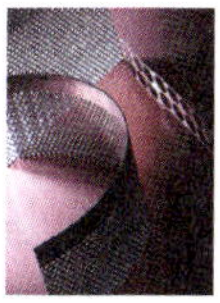

Die Geschäftsführung hat folgendes Ziel formuliert:

„Die Produktion soll die Qualität verbessern und weniger Ausschuss produzieren."

Kompetenzorientierte Arbeitsaufträge:

1. Erklären Sie die Bedeutung der SMART-Formel!
2. Beurteilen Sie die Zielformulierung der Geschäftsführung anhand der SMART-Kriterien!
3. Erläutern Sie, inwiefern SMART-Ziele zur Steigerung der Mitarbeitermotivation beitragen können!

4.1 Zielsetzungstheorie nach Locke und Latham

4.1.1 Grundlegendes

Die **Zielsetzungstheorie (Goal-Setting Theory)** wurde in den 1960er-Jahren von **Edwin Locke** entwickelt und später gemeinsam mit **Gary Latham** weiterentwickelt. Sie gehört zu den **kognitiven Motivationstheorien** und beschreibt, wie **Ziele** die **Leistung und Motivation** von Mitarbeitern beeinflussen.

Kernaussage:

Konkrete, herausfordernde Ziele führen zu **höherer Leistung als vage oder leichte Ziele.** Menschen sind motivierter und leistungsfähiger, wenn sie klare, anspruchsvolle Ziele verfolgen.

4.1.2 Die fünf Prinzipien effektiver Zielsetzung

(1) Prinzip 1: Klarheit (Clarity)

Ziele müssen **klar, eindeutig** und **präzise** formuliert sein.

Beispiele:

Zu vage: *„Verbessern Sie die Verkaufszahlen.“*

Klar: *„Steigern Sie den Umsatz im nächsten Quartal um 15 % auf 250 000,00 EUR.“*

Wirkung: Klare Ziele vermeiden Missverständnisse und ermöglichen eindeutige Erfolgsmessung.

(2) Prinzip 2: Herausforderung (Challenge)

Ziele sollten **anspruchsvoll, aber erreichbar** sein.

Beispiele:

Zu leicht: *„Bearbeiten Sie 5 Kundenanfragen pro Tag.“* (wenn normalerweise 20 bearbeitet werden)

Herausfordernd: *„Bearbeiten Sie 25 Kundenanfragen pro Tag.“* (Steigerung von 20 auf 25)

Wirkung: Herausfordernde Ziele mobilisieren mehr Anstrengung. Zu leichte Ziele langweilen, zu schwere Ziele demotivieren.

(3) Prinzip 3: Selbstverpflichtung (Commitment)

Mitarbeiter müssen sich **mit dem Ziel identifizieren** und **sich verpflichtet fühlen,** es zu erreichen.

Faktoren, die Commitment erhöhen, sind:

- Partizipation: Mitarbeiter werden in die Zielsetzung einbezogen.
- Öffentliche Zusage: Ziele werden kommuniziert.
- Bedeutsamkeit: Mitarbeiter verstehen, warum das Ziel wichtig ist.
- Erreichbarkeit: Mitarbeiter glauben, dass das Ziel erreichbar ist.

Beispiel:

Ein Verkäufer, der sein Umsatzziel mitbestimmt hat, ist stärker motiviert als einer, dem das Ziel vorgegeben wurde.

(4) Prinzip 4: Rückmeldung (Feedback)

Regelmäßiges Feedback über den Fortschritt ist notwendig, damit Mitarbeiter ihre **Leistung anpassen** können.

Beispiel:

Ein Verkäufer erhält regelmäßig (z. B. wöchentlich) eine Übersicht über seine Verkaufszahlen und sieht, wie nah er seinem Quartalsziel ist.

Wirkung: Feedback ermöglicht Anpassungen, zeigt Erfolge und hält die Motivation aufrecht.

(5) Prinzip 5: Aufgabenkomplexität (Task Complexity)

Bei komplexen Aufgaben müssen Mitarbeiter **ausreichend Zeit, Ressourcen und Unterstützung** erhalten.

Beispiel:

Einfache Aufgabe: *„Bearbeiten Sie 30 Rechnungen pro Tag."* Das Ziel kann sofort umgesetzt werden.

Komplexe Aufgabe: *„Entwickeln Sie eine neue Marketingstrategie."* Der Mitarbeiter braucht Zeit zum Lernen und Planen.

Wirkung: Bei komplexen Aufgaben können zu hohe Ziele überfordern. Hier sind (kleinschrittige) Lernziele oft effektiver als reine Leistungsziele.

4.2 SMART-Formulierung

4.2.1 Einordnung

Die **SMART-Formel**[1] ist eine **praktische Umsetzung** der **Zielsetzungstheorie** von Edwin Locke und Gary Latham. Während die Zielsetzungstheorie wissenschaftlich erklärt, **warum und wie Ziele motivieren,** bietet die SMART-Formel eine **konkrete Anleitung zur Zielformulierung,** um diese Prinzipien zu erfüllen.

Verbindung zwischen Zielsetzungsmethode und SMART-Formel:

- Klarheit (Locke/Latham) → Spezifisch und Messbar (SMART)
- Herausforderung (Locke/Latham) → Attraktiv/Akzeptiert (SMART)
- Erreichbarkeit (Locke/Latham) → Realistisch (SMART)
- Zeitbezug (Locke/Latham) → Terminiert (SMART)

Die SMART-Formel übersetzt die theoretischen Erkenntnisse von Locke und Latham in eine praxistaugliche Checkliste für die Formulierung motivierender Ziele.

4.2.2 Die fünf SMART-Kriterien im Detail

(1) S – Spezifisch (Specific)

Das Ziel muss **konkret, eindeutig** und **präzise** formuliert sein.

1 Zu den **Grundlagen der SMART-Formel** im Zusammenhang mit Unternehmenszielen siehe auch Jahrgang 11, Lernbereich 1, Kapitel 2.2.3, S. 40 ff.

Motivationswirkung	Beispiele
■ Die Mitarbeiter wissen genau, was von ihnen erwartet wird. ■ Es kommt nicht zu Unsicherheit oder Verwirrung. ■ Eine klare Richtung für die Arbeit ist gegeben.	**Nicht spezifisch:** ■ *„Optimieren Sie die Verkaufszahlen."* ■ *„Seien Sie produktiver."* ■ *„Arbeiten Sie besser im Team."* **Spezifisch:** ■ *„Steigern Sie den Umsatz im Vertriebsgebiet Niederbayern."* ■ *„Bearbeiten Sie mindestens 25 Kundenanfragen pro Tag."* ■ *„Leiten Sie wöchentliche Teammeetings mit allen 6 Teammitgliedern."*

(2) M – Messbar (Measurable)

Das Ziel muss **quantifizierbar** sein, damit Fortschritt und Zielerreichung objektiv **überprüft** werden können.

Motivationswirkung	Beispiele
■ Mitarbeiter sehen ihren Fortschritt (Erfolgserlebnisse). ■ Transparenz wichtiger als die isoliert betrachtete Leistung. ■ Feedback und Anerkennung werden ermöglicht.	**Nicht messbar (demotivierend):** ■ *„Steigern Sie den Umsatz."* ■ *„Verbessern Sie die Qualität."* ■ *„Reduzieren Sie Kosten."* **Messbar (mit konkreter Kennzahl):** ■ *„Steigern Sie den Umsatz von 100 000,00 EUR auf 120 000,00 EUR (+ 20 %)."* ■ *„Reduzieren Sie die Fehlerquote von 5 % auf 3 %."* ■ *„Senken Sie die Produktionskosten pro Stück von 12,00 EUR auf 10,00 EUR (–16,67 %)."*

(3) A – Attraktiv/Akzeptiert (Attractive/Accepted)

Das Ziel sollte **herausfordernd, motivierend** und vom Mitarbeiter **akzeptiert** sein.

Dimension 1: Attraktiv (Attractive)	Dimension 2: Akzeptiert (Accepted)
Grundsatz: Das Ziel ist ansprechend und motivierend. **Motivationswirkung:** ■ Der Mitarbeiter sieht einen Sinn im vorgegebenen Ziel. ■ Das Ziel ist herausfordernd, aber nicht überfordernd. ■ Das Ziel weckt intrinsische Motivation.	**Grundsatz:** Der Mitarbeiter identifiziert sich mit dem Ziel. **Motivationswirkung:** ■ Der Mitarbeiter fühlt sich einbezogen (Partizipation). ■ Es ergibt sich eine höhere Selbstverpflichtung (Commitment). ■ Ein möglicher Widerstand der Mitarbeiter wird vorgebeugt.

Beispiele:

Nicht attraktiv/akzeptiert

- *„Bearbeiten Sie mindestens 75 Anfragen pro Tag."* (unrealistisch)
- Vorgegebenes Ziel ohne Rücksprache.

Attraktiv/akzeptiert

- *„Steigern Sie Anfragen von 20 auf 25 pro Tag."* (herausfordernd, aber machbar)
- Das Ziel wird gemeinsam mit dem Vorgesetzten entwickelt.

(4) R – Realistisch/Relevant (Realistic/Relevant)

Das Ziel muss **erreichbar** und **sinnvoll** sein.

Dimension 1: Realistisch (Realistic)	Dimension 2: Relevant (Relevant)
Grundsatz: Das Ziel ist mit vorhandenen Ressourcen erreichbar. **Motivationswirkung:** ■ Überforderung und Frustration werden verhindert. ■ Selbstwirksamkeit, d. h., der Glaube an die eigenen Fähigkeiten wird gestärkt. ■ Erfolgserlebnisse werden ermöglicht.	**Grundsatz:** Das Ziel passt zu übergeordneten Zielen und ist sinnvoll. **Motivationswirkung:** ■ Der Mitarbeiter erkennt Sinn und Bedeutung. ■ Das Ziel trägt zu größerem Ganzen bei. ■ Es ergibt sich eine höhere intrinsische Motivation.

Beispiele:

Nicht realistisch/relevant

- *„Verdoppeln Sie den Umsatz in 2 Wochen."*
- *„Arbeiten Sie sich in den nächsten 4 Wochen komplett in alle Verwaltungs- und Vertriebsprogramme unseres Unternehmens ein."*

Realistisch/relevant

- *„Steigern Sie den Umsatz um 10 % im kommenden halben Jahr."*
- *„Lernen Sie bis Jahresende die wesentlichen für Sie relevanten Inhalte in SAP."*

(5) T – Terminiert (Time-bound)

Das Ziel muss einen **klaren Zeitrahmen** oder eine **Deadline** haben.

Motivationswirkung	Beispiele
■ Schafft Verbindlichkeit und Dringlichkeit. ■ Verhindert Prokrastination (Aufschieben). ■ Ermöglicht Planung und Priorisierung.	**Nicht terminiert (demotivierend):** ■ *„Steigern Sie den Umsatz um 10 %."* ■ *„Die Ausschreibung für das neue Projekt sollte bald gemacht werden."* **Terminiert (motivierend):** ■ *„Steigern Sie den Umsatz bis zum 31. 12. d. J. um 10 %."* ■ *„Erstellen Sie die Ausschreibungen für das neue Projekt bis spätestens Freitag um 17:00 Uhr."*

Kompetenztraining

109 SMART-Zielformulierung im Rahmen der Mitarbeitermotivation

Die TechnologyService GmbH ist ein IT-Dienstleistungsunternehmen mit 80 Mitarbeitern in Lindau am Bodensee. Das Unternehmen hat Probleme mit sinkender Mitarbeitermotivation und Leistung. Die aktuelle Situation im Personalbereich stellt sich wie folgt dar:

Vertrieb (15 Mitarbeiter)	Kundenservice (25 Mitarbeiter)	IT-Support (40 Mitarbeiter)
■ Durchschnittlicher Umsatz pro Mitarbeiter: 180 000,00 EUR pro Quartal. ■ Problem: Verkäufer wissen nicht genau, was von ihnen erwartet wird.	■ Aktuelle Kundenzufriedenheit: 6,5 von 10 Punkten. ■ Viele Beschwerden über lange Bearbeitungszeiten. ■ Mitarbeiter erhalten kaum Feedback.	■ Durchschnittliche Bearbeitungszeit pro Ticket[1]: 48 Stunden. ■ Viele Kundenbeschwerden über zu lange Wartezeiten. ■ Keine klaren Zeitvorgaben für Mitarbeiter.

Die Geschäftsführung formuliert folgende Ziele:

- Für den Vertrieb: *„Die Verkäufer sollen mehr Umsatz machen."*
- Für den Kundenservice: *„Der Kundenservice soll besser werden."*
- Für den IT-Support: *„Der IT-Support soll schneller arbeiten."*

Aufgaben:

1. Analysieren Sie die Zielformulierung der Geschäftsführung für den Kundenservice hinsichtlich der SMART-Kriterien!
2. Formulieren Sie für die Abteilung Vertrieb ein konkretes SMART-Ziel! Nutzen Sie die Informationen aus der Ausgangssituation!
3. Begründen Sie anhand von drei Argumenten, warum SMART-Ziele die Mitarbeitermotivation fördern!

4.3 Entwicklung von Motivationsmaßnahmen

(1) Begriff Motivation

Motivation[2] kann als zielgerichtetes Verhalten verstanden werden. Jemand ist motiviert, wenn er als Ergebnis seines Handelns die Erreichung eines bestimmten Ziels erwartet.

Die Motivation setzt sich aus den drei Komponenten Richtung (Ziel), Aufwand und Ausdauer zusammen.

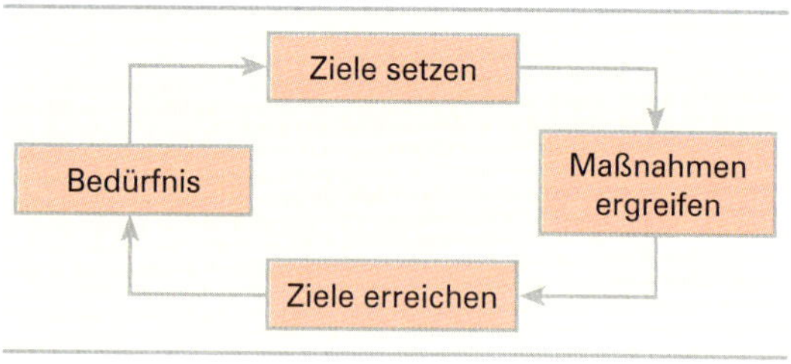

- **Richtung:** was jemand erreichen will.
- **Aufwand:** wie hart jemand an der Erreichung seines Ziels arbeitet.
- **Ausdauer:** wie lange jemand dieses Bemühen aufrechterhält.

1 Ein **IT-Ticket** ist ein digitaler Vorgang, welcher standardisiert eine Serviceanfrage, eine Störung oder ein Software-Problem dokumentiert.

2 **Motivation:** Summe der Beweggründe, die jemandes Entscheidungen, Handlungen beeinflussen.

Motivation bestimmt **Richtung, Stärke** und **Dauer** des menschlichen Handelns. Sie ist die **Energie,** die ein Individuum für eine bestimmte Handlung aufbringt.

Welche Beweggründe das Handeln und Verhalten eines Menschen beeinflussen, versuchen **Motivationstheorien** herauszufinden.

(2) Motivationstheorien

Motivationstheorien versuchen, den Aufbau, die Aufrechterhaltung und den Abbau von menschlichem Verhalten sowie dessen Richtung, Stärke und Dauerhaftigkeit zu beschreiben und zu erklären.

Als Beispiel für eine Motivationstheorie wird im Folgenden die Zwei-Faktoren-Theorie von Herzberg[1] dargestellt.

(3) Zwei-Faktoren-Theorie von Herzberg

Herzberg geht davon aus, dass eine ganz bestimmte Klasse arbeitsbezogener Faktoren Zufriedenheit hervorruft, während davon ganz unterschiedliche Faktoren Unzufriedenheit verursachen.

- **Unzufriedenheit** wird durch **extrinsische**[2] **Faktoren** der Arbeitswelt hervorgerufen. Man spricht auch von **extrinsischer Motivation.**

  Darunter versteht man die von „außen" zugeführte Motivation. Die extrinsische Motivation entsteht durch **„externe" Anreizfunktionen** von Vorgesetzten und der Unternehmensleitung.

  Beispiele:

  Personalpolitik, fachliche Kompetenz des Vorgesetzten, Gehaltserhöhungen, Belobigungen, Bestrafung wie Gehaltsreduzierung, Überwachung, Kontrolle, disziplinarische Maßnahmen.

  Eine ausreichende Berücksichtigung der extrinsischen Faktoren führt nur zu einem Fortfall der Unzufriedenheit, nicht aber zur Zufriedenheit.

- **Zufriedenheit** kann nur über **intrinsische**[3] **Faktoren** erreicht werden. Man spricht auch von **intrinsischer Motivation.** Intrinsische Motivation ist die Motivation, die **aus der Arbeit selbst** entsteht. Eine dauerhafte Arbeitsmotivation („Jemand tut etwas, weil er selbst es tun will") kann immer nur aus der Arbeit selbst entstehen. Wichtige Mitarbeitereigenschaften wie etwa Kreativität, Engagement, Eigenverantwortung und Zuverlässigkeit sind immer intrinsisch motiviert – sie beruhen auf Neugier und Freude am Tun.

  Beispiele:

  Leistungs- und Erfolgserlebnisse, Anerkennung für geleistete Arbeit, Verantwortung, Aufstieg, Möglichkeit zur Persönlichkeitsentfaltung, Entscheidungsfreiheiten, interessante Arbeitsinhalte.

  Intrinsische Motivationsfaktoren lassen sich nur ändern, wenn man die Arbeitsaufgabe selbst verändert.

1 Frederick Herzberg (1923–2000), US-amerikanischer Professor für Arbeitswissenschaft und Psychologie.

2 **Extrinsisch:** von außen her (angeregt), nicht aus eigenem inneren Anlass erfolgend.

3 **Intrinsisch:** von innen her, aus eigenem Antrieb durch Interesse an der Sache erfolgend.

Herzberg hat aus diesen Erkenntnissen den Schluss gezogen, dass nur solche Faktoren eine wirkliche Motivationskraft freisetzen können, die sich auf den **Arbeitsinhalt** und auf die **Befriedigung persönlicher Motive** beziehen. Seine Theorie hatte wesentlichen Einfluss auf die Entwicklung des Trends zum **Jobenrichment (Arbeitsbereicherung),** nach dem Jobs so gestaltet werden, dass ein Höchstmaß an intrinsischer Arbeitszufriedenheit erreicht wird.

Eine **hohe Motivation** der Mitarbeiter kann allein über **intrinsische Faktoren** (Motivatoren) erzielt werden.

(4) Grundsätze der Personalführung

Anerkennung geben

Leistung, insbesondere Mehrleistung und/oder umsichtiges Verhalten sollen die Vorgesetzten anerkennen und nicht immer als selbstverständlich hinnehmen. (In der Praxis stehen Lob und Tadel im Verhältnis 1 : 40!)

Entscheidungsräume belassen

Die Vorgesetzten müssen ihren unterstellten Mitarbeitern etwas zutrauen, ihnen Entscheidungsspielräume lassen und sie ausreichend über Sinn und Zweck der Arbeitsaufgabe informieren.

Ermutigen statt Tadeln

Es ist besser, einen Mitarbeiter zu ermutigen, wenn er einmal einen Fehler macht, als ihn zu tadeln.

Verständnis zeigen

Vorgesetzte sollten ein gewisses Verständnis für die beruflichen und privaten Belange ihrer Mitarbeiter aufbringen, Beschwerden anhören und auf jeden Fall eine ungleiche und ungerechte Behandlung vermeiden.

Kritik vor anderen Personen vermeiden

Kritik, vor allem in Gegenwart von Fremden und Kollegen, ist unbedingt zu vermeiden. Laufende Kritik, Tadel und Rügen vor anderen sind ein Hauptgrund der Kündigungen durch die Mitarbeiter.

Abweichende Meinung anhören

Begründete abweichende Meinungen der Mitarbeiter sollten angehört werden! Die Vorgesetzten können nicht immer alles wissen. Sie sollten deswegen auch nicht alles besser wissen wollen.

Kompetenztraining

110 Motivationstheorien und -maßnahmen

1. Erläutern Sie, was man unter extrinsischen und intrinsischen Anreizen versteht, und bilden Sie hierzu jeweils ein Beispiel!
2. Beschreiben Sie die Zielsetzung eines extrinsischen und eines intrinsischen Anreizsystems!
3. Nennen Sie vier Bestimmungsgründe für eine intrinsische Motivation!
4. Erläutern Sie die Schlussfolgerung, die Herzberg aus seiner Zwei-Faktoren-Theorie ableitet!

5 Führungsstile vergleichen und Führungsverhalten beurteilen

LB 4 **Handlungssituation 5: Die Augsburger Büromöbel AG passt ihre Führungsstile an**

In der Produktionsabteilung der Augsburger Büromöbel AG gibt es zwei Teamleiter mit sehr unterschiedlichen Führungsansätzen:

Teamleiter A Herr Hartmann (Fertigungsbereich 1)	**Teamleiterin B Frau Andrés (Fertigungsbereich 2)**
■ Er trifft alle Entscheidungen allein und gibt detaillierte Anweisungen. ■ Die Mitarbeiter werden nicht in Entscheidungen einbezogen. ■ Die Produktivität ist hoch, die Mitarbeiterzufriedenheit niedrig.	■ Sie pflegt gute Beziehungen zu ihren Mitarbeitern und sorgt für ein angenehmes Arbeitsklima. ■ Gleichzeitig kommuniziert sie klare Leistungserwartungen und fordert Qualitätsstandards ein. ■ Produktivität und Mitarbeiterzufriedenheit sind überdurchschnittlich hoch.

KOMPETENZORIENTIERTE ARBEITSAUFTRÄGE:

1. Charakterisieren Sie das Führungsverhalten von Herrn Hartmann anhand eines eindimensionalen Führungsstils!
2. Vergleichen Sie eindimensionale und zweidimensionale Führungsstile miteinander!
3. Beurteilen Sie das Führungsverhalten von Frau Andrés aus Sicht eines zweidimensionalen Führungsmodells!

5.1 Eindimensionale Führungsstile

5.1.1 Grundsätzliches

- **Eindimensionale Führungsstile** beschreiben **Führungsverhalten** anhand einer **einzigen Dimension**: dem **Grad der Machtverteilung** zwischen Führungskraft und Mitarbeitern.
- Die **zentrale Frage** lautet: Wie viel Entscheidungsmacht hat die Führungskraft, wie viel haben die Mitarbeiter?

Das Modell betrachtet nur einen Aspekt von Führung: **Wer trifft die Entscheidungen?** Es gibt eine Skala von „Führungskraft entscheidet alles allein" bis „Mitarbeiter entscheiden mit". Andere Aspekte wie Aufgabenorientierung oder Mitarbeiterorientierung werden hierbei nicht berücksichtigt. Die Führungsstile liegen auf einer **Skala** zwischen **zwei Extremen**.

Skala der Führungsstile	
Autoritär d. h., Führungskraft entscheidet alles alleine ⟷	**Kooperativ** d. h. gemeinsame Entscheidung

Erläuterungen:
- Linkes Ende (autoritär): Alle Macht liegt bei der Führungskraft, Mitarbeiter haben keinen Einfluss.
- Mitte: Mischformen, teilweise werden die Mitarbeiter beteiligt.
- Rechtes Ende (kooperativ): Die Macht wird geteilt, Mitarbeiter werden also in Entscheidungen einbezogen.

Zu beachten: Zwischen den beiden Extremen gibt es **Abstufungen,** d. h., Führung ist nicht nur „schwarz" oder „weiß", sondern kann verschiedene Grade der Mitarbeiterbeteiligung aufweisen.

5.1.2 Autoritärer Führungsstil

(1) Definition

Der **autoritäre Führungsstil (autokratischer** oder **hierarchischer Führungsstil)** ist durch eine klare **Machtkonzentration bei der Führungskraft** gekennzeichnet. Die Führungskraft **entscheidet allein** über alle wichtigen Angelegenheiten und **erteilt Anweisungen,** die von den Mitarbeitern **ohne Widerspruch ausgeführt** werden sollen.

(2) Merkmale

Prinzip: **„Ich sage, was zu tun ist – du führst aus."**

Der autoritäre Führungsstil basiert oft auf der Annahme, dass Mitarbeiter Anleitung und Kontrolle benötigen, weil sie von sich aus nicht motiviert oder kompetent genug sind (ähnlich der Theorie X nach McGregor[1]).

Dieser Stil war besonders in der industriellen Produktion des 19. und frühen 20. Jahrhunderts verbreitet, als einfache Tätigkeiten dominierten und Mitarbeiter oft wenig qualifiziert waren.

Aspekt	Ausprägung
Entscheidungsfindung	Führungskraft allein
Kommunikation	einseitig (top-down)
Kontrolle	streng und engmaschig
Anweisungen	klare und detaillierte Befehle
Hierarchie	strikt und distanzierend
Mitarbeiterbeteiligung	keine oder falls doch, dann nur sehr gering
Kritik	unerwünscht

1 Vgl. hierzu Kapitel 1.2, S. 321 f.

(3) Vor- und Nachteile

Vorteile	Nachteile
■ Schnelle Entscheidungen, d.h. keine Abstimmungen nötig. ■ Klare Strukturen, d.h. eindeutige Verantwortlichkeiten. ■ Effizient bei einfachen Aufgaben (standardisierte Tätigkeiten).	■ Geringe Motivation, d.h., die Mitarbeiter fühlen sich oftmals zu wenig wertgeschätzt. ■ Hohe Abhängigkeit, d.h., Gefahr, dass Arbeit ohne Anleitung der Führungskraft unzureichend ausgeführt wird. ■ Gefahr von Fluktuation, denn Unzufriedenheit führt zu Kündigungen.

5.1.3 Kooperativer Führungsstil

(1) Definition

Der **kooperative Führungsstil** (demokratischer oder partizipativer Führungsstil) ist durch **gemeinsame Entscheidungsfindung** und **partnerschaftliche Zusammenarbeit** zwischen Führungskraft und Mitarbeitern gekennzeichnet. Die Führungskraft **bezieht Mitarbeiter aktiv in Entscheidungsprozesse** ein, hört auf ihre Meinungen und entwickelt gemeinsam mit dem Team Lösungen.

(2) Merkmale

Prinzip: **„Wir entscheiden gemeinsam – du bist Teil des Teams."**

Der kooperative Führungsstil basiert auf der Annahme, dass Mitarbeiter motiviert, kompetent und verantwortungsbewusst sind und sich gerne einbringen möchten (ähnlich der Theorie Y nach McGregor[1]). Die Führungskraft sieht sich als Moderator und Unterstützer, nicht als Befehlsgeber.

Dieser Stil ist besonders in wissensintensiven Branchen (z. B. IT, Beratung oder Forschung) und innovationsorientierten Unternehmen verbreitet, wo Kreativität, Eigeninitiative und Expertenwissen der Mitarbeiter entscheidend sind.

Aspekt	Ausprägung
Entscheidungsfindung	gemeinsam mit den Mitarbeitern
Kommunikation	zweiseitig (Dialog)
Kontrolle	Vertrauen und Freiräume
Anweisungen	Ziele werden vorgegeben, aber der Weg gemeinsam erarbeitet
Hierarchie	flach und partnerschaftlich
Mitarbeiterbeteiligung	hoch
Kritik	erwünscht und ernst genommen

1 Vgl. hierzu Kapitel 1.2, S. 321 f.

(3) Vor- und Nachteile

Vorteile	Nachteile
■ Hohe Motivation, damit sich die Mitarbeiter wertgeschätzt fühlen. ■ Kreativität wird gefördert und es werden verschiedene Positionen eingenommen (bringt Innovationen hervor). ■ Geringere Fluktuation, denn es herrscht eine höhere Zufriedenheit und eine enge Bindung.	■ Zeitaufwendig, denn Diskussionen dauern länger. ■ Es können Konflikte entstehen, denn unterschiedliche Meinungen erschweren Einigung. ■ Manche Mitarbeiter fühlen sich ggf. überfordert.

5.2 Zweidimensionale Führungsstile

5.2.1 Abgrenzung zu eindimensionalen Führungsstilen

Eindimensionale Modelle betrachten nur eine Dimension, und zwar die Machtverteilung. Führungskräfte sollten jedoch gleichzeitig verschiedene Aspekte berücksichtigen. So gesehen werden eindimensionale Modelle dem Anspruch auf ein qualitativ hochwertiges Führungsverhalten nicht vollends gerecht.

Zweidimensionale Modelle setzen sich zum Ziel, die Unzulänglichkeiten eindimensionaler Modelle durch die Erweiterung um eine weitere Dimension auszugleichen. Sie betrachten **zwei unabhängige Dimensionen** gleichzeitig:

Dimension	Fokus	Merkmale
Aufgabenorientierung	■ Ziele ■ Ergebnisse ■ Leistung	■ Klare Zielvorgaben ■ Kontrolle ■ Effizienz und Strukturen
Mitarbeiterorientierung	■ Menschen ■ Beziehungen ■ Bedürfnisse	■ Interesse an Mitarbeitern ■ Teamgeist ■ Wertschätzung und Unterstützung

Zu beachten ist, dass beide Dimensionen unabhängig voneinander sind.

5.2.2 Verhaltensgitter nach Blake und Mouton

Im Folgenden wird das von Robert R. Blake und Jane Mouton (1964) entwickelte Führungs- bzw. Verhaltensgitter (Managerial Grid) als Beispiel für einen zweidimensionalen Ansatz vorgestellt.

Blake und Mouton stellen die zwei Dimensionen in einem 9x9-Raster mit zwei Achsen dar:

Managerial Grid nach Blake/Mouton

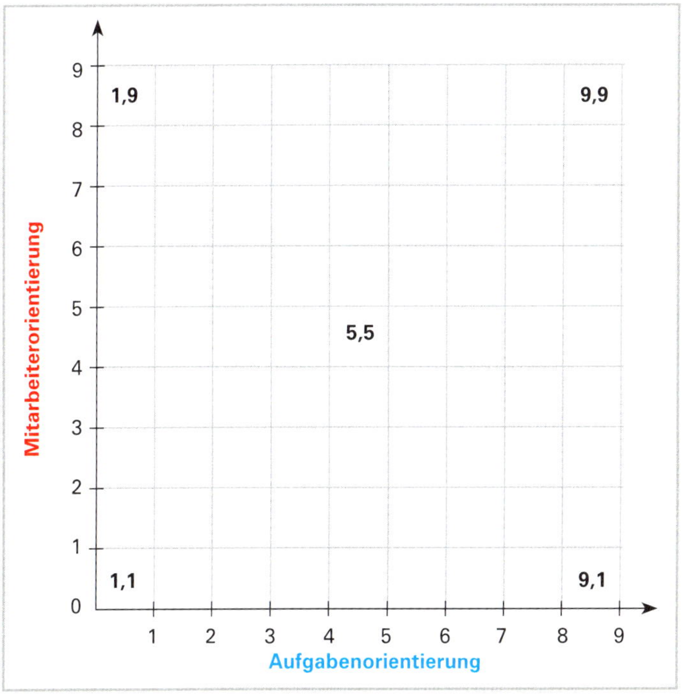

Legende:

x-Achse: Aufgabenorientierung (1 = niedrig, 9 = hoch)
y-Achse: Mitarbeiterorientierung (1 = niedrig, 9 = hoch)

5.2.3 Die fünf Hauptführungsstile

(1) Überlebens-Management (1,1)

Position	Niedrige Aufgaben- und niedrige Mitarbeiterorientierung
Charakteristik	Minimales Engagement für Aufgaben und Mitarbeiter
Verhalten	■ Vermeidet Verantwortung ■ Nur das Nötigste tun ■ Kein Interesse an Mitarbeitern oder Ergebnissen
Motto	„Ich tue nur das Nötigste, um nicht aufzufallen."
Auswirkungen	Sehr geringe Leistung, unmotivierte Mitarbeiter, Chaos

Bewertung: Ineffektiv, sollte also **vermieden** werden!

(2) Befehls-Management (9,1)

Position	Hohe Aufgabenorientierung, aber niedrige Mitarbeiterorientierung
Charakteristik	Fokus ausschließlich auf Aufgaben und Ergebnisse, Mitarbeiter werden ignoriert
Verhalten	■ Strikte Zielvorgaben und Kontrolle ■ Fokus auf Effizienz ■ Kein Interesse an Mitarbeiterbedürfnissen ■ Druck und Sanktionen
Motto	„Ergebnisse zählen, nicht Menschen."
Auswirkungen	Kurzfristig hohe Leistung, aber geringe Motivation, hohe Fluktuation

Bewertung: Kurzfristig effektiv, langfristig allerdings **problematisch!** Es gibt Ähnlichkeiten zum autoritären Führungsstil.

(3) Glatteis-Management (1,9)

Position	Niedrige Aufgabenorientierung, aber hohe Mitarbeiterorientierung
Charakteristik	Fokus ausschließlich auf Wohlbefinden der Mitarbeiter, Leistung wird komplett vernachlässigt
Verhalten	■ Sehr freundlich und entgegenkommend ■ Vermeidet Konflikte ■ Wenig Kontrolle und Anforderungen
Motto	„Hauptsache, alle sind zufrieden!"
Auswirkungen	Hohe Zufriedenheit, aber geringe Leistung, Ziele werden nicht erreicht

Bewertung: Kurzfristig angenehm, langfristig aber **ineffektiv!**

(4) Mittelweg-Management (5,5)

Position	Mittlere Aufgaben- und mittlere Mitarbeiterorientierung
Charakteristik	Kompromiss zwischen beiden Dimensionen
Verhalten	■ Balance zwischen Leistung und Zufriedenheit ■ Moderate Zielvorgaben und Kontrolle ■ „Goldene Mitte" anstreben
Motto	„Ein bisschen von beidem – nicht zu viel, nicht zu wenig."
Auswirkungen	Akzeptable, aber nicht herausragende Leistung, Mittelmäßigkeit führt nicht zu Erfolg

Bewertung: Akzeptabel, aber **nicht optimal!**

(5) Team-Management (9,9)

Position	Hohe Aufgaben- und hohe Mitarbeiterorientierung
Charakteristik	Gleichzeitig hohe Leistung und hohe Mitarbeiterzufriedenheit
Verhalten	■ Klare, anspruchsvolle Ziele ■ Mitarbeiter aktiv einbeziehen ■ Eigenverantwortung fördern ■ Vertrauen und Wertschätzung ■ Offene Kommunikation
Motto	„Gemeinsam erreichen wir Spitzenleistungen!“
Auswirkungen	Hohe Leistung, hohe Zufriedenheit, Innovation, geringe Fluktuation

Bewertung: Ideal – Blake und Mouton sehen dies als den **besten Führungsstil!** !

Kompetenztraining

111 Ein- und zweidimensionale Führungsstile

Die ProTech GmbH aus Aschaffenburg beschäftigt insgesamt 135 Mitarbeiter. Vier Abteilungsleiter führen unterschiedlich:

- Herr Mader trifft alle Entscheidungen allein, gibt klare Anweisungen ohne Diskussion und kontrolliert engmaschig. Mitarbeiter werden nicht nach ihrer Meinung gefragt.
- Frau Kugler bindet ihr Team in Entscheidungen ein, diskutiert Lösungsansätze gemeinsam und trifft dann die finale Entscheidung unter Berücksichtigung der Meinungen aus dem Team.
- Herr Willberger setzt sehr hohe Leistungsstandards und fordert maximale Produktivität (9 von 9 Punkten). Gleichzeitig investiert er viel Zeit in Teambuilding und Mitarbeiterentwicklung (9 von 9 Punkten).
- Frau Stiller versucht einen Mittelweg zu finden: Sie achtet moderat auf Ergebnisse (5 von 9 Punkten) und zeigt durchschnittliches Interesse an Mitarbeitern (5 von 9 Punkten).

Aufgaben:

1. Ordnen Sie zu, welche Führungskraft welchen Führungsstil praktiziert!
2. Nennen Sie die beiden Dimensionen des Verhaltensgitters nach Blake und Mouton!
3. Erläutern Sie zwei Vorteile des kooperativen Führungsstils gegenüber dem autoritären Führungsstil!
4. Begründen Sie, warum der 9,9-Stil nach Blake und Mouton als Idealstil gilt!
5. Diskutieren Sie, ob der autoritäre Führungsstil in Krisensituationen sinnvoll sein kann!

Anhang

A. Kaufmännische Rechenarten

1 Dreisatz

(1) Dreisatz mit geradem Verhältnis

Beispiel:

Der Verkaufserlös für 108 kg eines Artikels beträgt 345,60 EUR.

Aufgabe:

Berechnen Sie den Verkaufserlös für 42 kg!

Lösung:

Gegeben: 108 kg bringen einen Erlös von 345,60 EUR ← Bedingungssatz

Gesucht: 42 kg bringen einen Erlös von x EUR ← Fragesatz

$$x = \frac{345,60 \cdot 42}{108} = \underline{\underline{134,40\ \text{EUR}}}$$ ← Bruchsatz

Ergebnis: Der Verkaufserlös von 42 kg beträgt 134,40 EUR.

(2) Dreisatz mit ungeradem Verhältnis

Beispiel:

Der Vorrat an einer bestimmten Warenart reicht bei einem täglichen Verkauf von 42 kg noch 18 Tage.

Aufgabe:

Berechnen Sie, wie viel Tage der Vorrat reicht, wenn es sich herausstellt, dass pro Tag nur 36 kg verkauft werden!

Lösung:

Gegeben: 42 kg täglicher Verkauf → Verbrauchszeit 18 Tage ← Bedingungssatz

Gesucht: 36 kg täglicher Verkauf → Verbrauchszeit x Tage ← Fragesatz

$$x = \frac{18 \cdot 42}{36} = \underline{\underline{21\ \text{Tage}}}$$ ← Bruchsatz

Ergebnis: Bei einem täglichen Verkauf von 36 kg reicht der Vorrat 21 Tage.

Gerades Verhältnis	Ungerades Verhältnis
Beispiel: 20 kg Zucker kosten 24,00 EUR 5 kg Zucker kosten 6,00 EUR	**Beispiel:** 10 Arbeiter benötigen 8 Tage 4 Arbeiter benötigen 20 Tage
Weniger Zucker – **weniger** Geld **Mehr** Zucker – **mehr** Geld	**Weniger** Arbeiter – **mehr** Tage **Mehr** Arbeiter – **weniger** Tage
Die **Größen** (Zucker und Geld) verändern sich **gleichgerichtet.**	Die **Größen** (Arbeiter und Tage) verändern sich **entgegengerichtet.**
Das Zurückführen auf **eine Einheit** (1 kg Zucker) erfordert eine **Division.**	Das Zurückführen auf **eine Einheit** (ein Arbeiter) erfordert eine **Multiplikation.**
Das Schließen von der Einheit auf die gesuchte Mehrheit erfordert eine **Multiplikation.**	Das Schließen von der Einheit auf die gesuchte Mehrheit erfordert eine **Division.**

Kompetenztraining

112 Dreisatz mit geradem und ungeradem Verhältnis

1. Ein Kaufhaus bezieht eine Wagenladung Kartoffeln mit einem Gesamtnettogewicht von 785 kg zu 439,60 EUR.

   Berechnen Sie den Preis für einen Beutel mit 2,5 kg Nettogewicht!

2. Für die Ausstattung einer Ausstellungshalle werden 85 m Stoff benötigt. Der benötigte Vorhangstoff wird von einem Ballen genommen, der 110 m umfasst und 1925,00 EUR gekostet hat.

   Ermitteln Sie die Kosten für die Ausstattung der Halle, wenn für Vorhangschienen 264,00 EUR, für Leisten 83,00 EUR und für Arbeitslohn 560,00 EUR anfallen!

3. Der Vorrat an Gemüsedosen reicht bei einem täglichen Verkauf von 48 Stück 24 Tage.

   Berechnen Sie, wie viel Tage der gleiche Vorrat reicht, wenn aufgrund einer Werbeaktion der tägliche Verkauf auf 72 Stück ansteigt!

4. 20 Arbeiter brauchen für einen bestimmten Auftrag 15 Tage zu je 8 Stunden.

   Ermitteln Sie, wie viel Arbeiter noch hinzugezogen werden müssten, wenn der Auftrag in 10 Tagen fertig sein soll, die tägliche Arbeitszeit jedoch nicht erhöht werden kann!

5. Die monatliche Spesenpauschale für einen Mitarbeiter reicht für 26 Tage, wenn er täglich 24,00 EUR ausgibt.

   Berechnen Sie, wie viel Tage die Spesen reichen, wenn er täglich nur 20,00 EUR ausgibt!

6. Die Lederfabrik Kuhn OHG bezahlte für ihre Lagerräume bei einem Mietpreis von 13,50 EUR je m^2 bisher monatlich 2767,50 EUR.

   Berechnen Sie die künftige Monatsmiete, wenn der Hauseigentümer die Miete um 0,80 EUR je m^2 erhöht!

7. Die Glasversicherung für die Schaufensterscheiben der Einzelhandlung Fritz Weber e. Kfm. wird nach m^2 berechnet. Bei einer Glasfläche von 18 m^2 beträgt sie 225,00 EUR jährlich. Durch den Ladenausbau erweitert sich die Glasfläche um 4,5 m^2.

   Ermitteln Sie die jährliche Versicherungssumme!

8. Die Farbenfabrik Franz Bunt GmbH füllt 400 Liter Farbe in 2-l-Dosen ab und erhält somit 200 Dosen.

   Stellen Sie fest, wie viele Dosen abgefüllt werden können, wenn der Doseninhalt 0,5 Liter beträgt!

9. Ein Warenhaus versendet 2400 Teller an den Festwirt eines Volksfestes. Ein Teller wiegt 210 g. Die Teller werden in Kartons mit je 80 Stück verpackt und mit dem eigenen Kombiwagen transportiert. Die maximale Zuladung beträgt 410 kg.

   Berechnen Sie, ob die Teller mit einer Fahrt zum Festwirt transportiert werden können, wenn die zulässige Zuladung eingehalten wird!

10. Ein Mitarbeiter im Außendienst erhält für den Verkauf von 240 Stück einer Ware eine Provision von 4400,00 EUR.

    Berechnen Sie die Provision für den Mitarbeiter, wenn sich beim nächsten Abrechnungstermin der Verkauf auf 195 Stück beläuft!

11. Ein Übersetzungsbüro berechnet einem Exportunternehmen für die Übersetzung eines Textes von 96 Seiten 840,00 EUR.

    Ermitteln Sie die Kosten für die Übersetzung einer Arbeit, die 120 Seiten umfasst!

2 Prozentrechnen

(1) Einführung in die Prozentrechnung

Die Prozentrechnung ist dazu geeignet, Zahlenverhältnisse besser zu durchschauen und vergleichen zu können. Zum Vergleich benötigt man einen einheitlichen **Vergleichsmaßstab.** Beim **Prozentrechnen** ist es die Zahl **100.** Bei der **Promillerechnung** ist es die Zahl **1000**.

Prozent bedeutet stets: bezogen auf 100
pro → für
centum → 100

Beispiel:

Einer Einkaufsabteilung liegen 2 Rechnungen zur Zahlung vor:

Rechnung 1: Rechnungspreis	480,00 EUR
Rechnung 2: Rechnungspreis	1440,00 EUR

Auf jede Rechnung wird ein Rabatt von 144,00 EUR gewährt. Obwohl der Rabatt betragsmäßig in beiden Fällen gleich hoch ist, ist der Rabatt auf der ersten Rechnung im Verhältnis zur zweiten Rechnung wesentlich höher.

Aufgabe:

Weisen Sie die Richtigkeit dieser Aussage nach!

Lösung:

Das **Verhältnis Rechnungsbetrag zu Rabatt** bei den beiden Rechnungen ist **direkt nicht vergleichbar,** da die Rechnungsbeträge unterschiedlich hoch sind. Ein Vergleich ist erst möglich, wenn der Rabatt auf einen **gleich großen Betrag (Vergleichszahl)** bezogen wird. Als Vergleichszahl wird zweckmäßigerweise die **Zahl 100** genommen.

Neue Aufgabenstellung: Berechnen Sie, wie viel EUR der Rabatt, bezogen auf 100,00 EUR beträgt!

Die **Lösung der neuen Aufgabenstellung** erfolgt mithilfe des **Dreisatzes**:

Rechnung 1:

Bei 480,00 EUR Re.-Betrag 144,00 EUR Rabatt
Bei 100,00 EUR Re.-Betrag x EUR Rabatt

$$x = \frac{144 \cdot 100}{480} = \underline{\underline{30{,}00 \text{ EUR Rabatt}}}$$

- Der Rabatt beträgt 30,00 EUR je 100,00 EUR Rechnungsbetrag
  - → entspricht: 30 vom Hundert (pro centum)
  - → kürzer: 30 v. H. → 30 Prozent → 30 %

Rechnung 2:

Bei 1440,00 EUR Re.-Betrag 144,00 EUR Rabatt
Bei 100,00 EUR Re.-Betrag x EUR Rabatt

$$x = \frac{144 \cdot 100}{1440} = \underline{\underline{10{,}00 \text{ EUR Rabatt}}}$$

- Der Rabatt beträgt 10,00 EUR je 100,00 EUR Rechnungsbetrag
  - → 10 vom Hundert (pro centum)
  - → 10 v. H. → 10 Prozent → 10 %

Ergebnis: Verglichen mit einem Rechnungsbetrag von 100,00 EUR sind die beiden Rechnungsnachlässe verschieden hoch. Der Rabatt bei Rechnung 1 beträgt 30 %, bei Rechnung 2 nur 10 %.

- Der **Prozentsatz** gibt an, wie hoch ein Wert ist, wenn man die Zahl 100 (1 000) als Bezugsgrundlage wählt.
- Die **Prozentrechnung** ist eine **Vergleichsrechnung.** Verschiedene Werte (EUR-Beträge, kg, Liter, cm usw.) werden vergleichbar gemacht, indem man sie auf die **Vergleichszahl 100** bezieht.[1]

Die Prozentrechnung ist eine angewandte Dreisatzrechnung. Wir unterscheiden **drei Begriffe**:

Beispiel:

Ein Großhändler verkauft Waren an einen Einzelhändler im Wert von 480,00 EUR. Der Großhändler gewährt 30 % Sonderrabatt. Das sind 144,00 EUR.

Rechnungsbetrag 480,00 EUR	**Rabattsatz** 30 %	**Rabattwert** 144,00 EUR
↓	↓	↓
Grundwert	**Prozentsatz**	**Prozentwert**
ist der Ausgangswert, der das Ganze betrifft. In Prozenten ausgedrückt, muss er immer 100 % betragen.	gibt an, wie viel Teile vergleichsweise auf 100 entfallen (Anzahl der Hundertstel).	ist der wertmäßige (absolute) Betrag (EUR, kg, Liter usw.), der dem Prozentsatz entspricht.

Von den **drei Größen** Prozentwert (bzw. Promillewert), Grundwert und Prozentsatz (bzw. Promillesatz) müssen stets **zwei Größen in der Aufgabe gegeben sein,** um die dritte Größe mithilfe des Dreisatzes errechnen zu können.

(2) Prozentrechnung vom Hundert

Berechnung des Prozentwertes

Beispiel:

Auf eine Lieferantenrechnung über 1 450,00 EUR erhält ein Einzelhandelsgeschäft 3 % Skonto.

Aufgabe:

Berechnen Sie den Skontobetrag!

Lösung:

Gegeben: Grundwert: 1 450,00 EUR
Prozentsatz: 3 %

Gesucht: Prozentwert: ?

1 Ist die Vergleichszahl 1 000, so spricht man von **Promillerechnung**. 5 ‰ entspricht 5 von 1 000.

Bedingungssatz	100 % ≙ 1 450,00 EUR
Fragesatz	3 % ≙ x EUR
Bruchsatz	$x = \frac{1450 \cdot 3}{100}$
	$x = \underline{\underline{43{,}50\ \text{EUR}}}$

Berechnung des Prozentwertes mithilfe der Formel:

$$\text{Prozentwert} = \frac{\text{Grundwert} \cdot \text{Prozentsatz}}{100}$$

$$\frac{\text{Grundwert}}{100} = 1\,\%\ \text{des Grundwertes}$$

Prozentwert = 1 % des Grundwertes · Prozentsatz

Ergebnis: Der Skonto beträgt 43,50 EUR.

Berechnung des Grundwertes

Beispiel:

Ein Einzelhandelsgeschäft hat für die Versicherung des Warenlagers 1 725,00 EUR Prämie zu begleichen. Das sind 2,3 % der Versicherungssumme.

Aufgabe:
Berechnen Sie die Versicherungssumme!

Lösung:

Gegeben: Prozentsatz: 2,3 %
Prozentwert: 1 725,00 EUR

Gesucht: Grundwert: ?

Bedingungssatz	2,3 % ≙ 1 725,00 EUR
Fragesatz	100 % ≙ x EUR
Bruchsatz	$x = \frac{1725{,}00 \cdot 100}{2{,}3}$
	$x = \underline{\underline{75\,000{,}00\ \text{EUR}}}$

Berechnung des Grundwertes mithilfe der Formel:

$$\text{Grundwert} = \frac{\text{Prozentwert} \cdot 100}{\text{Prozentsatz}}$$

Ergebnis: Die Versicherungssumme für das Lager beträgt 75 000,00 EUR.

Berechnung des Prozentsatzes

Beispiel:

Ein Baumarkt bestellt Bodenfliesen im Wert von 1 500,00 EUR. Er erhält einen Mengenrabatt von 60,00 EUR.

Aufgabe:
Berechnen Sie den Rabattsatz!

Lösung:

Gegeben: Grundwert: 1 500,00 EUR
Prozentwert: 60,00 EUR

Gesucht: Prozentsatz: ?

Bedingungssatz	1 500,00 EUR ≙ 100 %
Fragesatz	60,00 EUR ≙ x %
Bruchsatz	$x = \frac{100 \cdot 60}{1500} = \underline{\underline{4\,\%}}$

Berechnung des Prozentsatzes mithilfe der Formel:

$$\text{Prozentsatz} = \frac{100 \cdot \text{Prozentwert}}{\text{Grundwert}}$$

Ergebnis: Der Rabattsatz beträgt 4 %.

oder verkürzt:

Prozentsatz = Prozentwert : 1 % des Grundwertes

(3) Prozentrechnung im Hundert (verminderter Grundwert)

Beispiel:

Wegen kleiner Fehler bietet eine Werkzeugfabrik dem Großhandel einen Werkzeugkasten mit einem Nachlass von 15 % zum Sonderpreis von 104,55 EUR an.

Aufgaben:

1. Ermitteln Sie den regulären Preis!
2. Berechnen Sie die Preissenkung!

Problemstellung:

Die Preissenkung von 15 % bezieht sich auf den ursprünglichen (regulären) Preis (wir sprechen hier vom reinen Grundwert). Der reine Grundwert entspricht 100 %. Der herabgesetzte Preis entspricht daher in Prozenten ausgedrückt 85 % **(verminderter Grundwert).** Da der gegebene Betrag unter (und damit **innerhalb**) 100 % liegt, spricht man auch von **Prozentrechnung im Hundert.**

Sonderpreis 85 % → **verminderter Grundwert**
\+
Preissenkung 15 % → **Prozentsatz**
=
regulärer Preis 100 % → **reiner Grundwert**

Lösungen:

Die Lösung erfolgt mithilfe des Dreisatzes.

Gegeben: Prozentsatz: 15 %
Verminderter Grundwert in Prozent: 85 %
Verminderter Grundwert in EUR: 104,55 EUR

Gesucht: Grundwert: ?

Bedingungssatz: 85 % ≙ 104,55 EUR
Fragesatz: 100 % ≙ x EUR

Bruchsatz: $x = \frac{104{,}55 \cdot 100}{85} = 123{,}00$ EUR

	Regulärer Preis	123,00 EUR
−	Sonderpreis	104,55 EUR
=	Preissenkung	18,45 EUR

Anmerkung: Es ist auch möglich, zuerst die Preissenkung von 15 % in EUR zu errechnen. Allerdings wäre es ein Umweg. Man steuert vielmehr im Ansatz direkt auf die gefragte Größe zu. Das ist der alte Preis, anders ausgedrückt: der reine Grundwert. Dieser entspricht 100 % (Fragesatz).

Ergebnisse:

1. Der reguläre Preis betrug 123,00 EUR.
2. Die Preissenkung beträgt 18,45 EUR.

Allgemeiner Lösungsweg:

- Beginnen Sie den Rechenansatz mit dem verminderten Grundwert, für den ja der Prozentsatz (unter 100 %) und der absolute Betrag bekannt sind.
- Berechnen Sie den Grundwert bzw. den Prozentwert mithilfe des Dreisatzes.

(4) Prozentrechnung auf Hundert (vermehrter Grundwert)

Beispiel:

Der Umsatz eines Handwerksbetriebs stieg gegenüber dem Vorjahr um 7,5 % auf 406 995,00 EUR an.

Aufgaben:

1. Berechnen Sie den Umsatz des vergangenen Jahres!
2. Ermitteln Sie die Umsatzsteigerung!

Problemstellung:

Die Umsatzsteigerung von 7,5 % bezieht sich auf den Umsatz des vergangenen Jahres **(reiner Grundwert** und damit 100 %). Der diesjährige Umsatz ist daher um 7,5 % höher **(vermehrter Grundwert).** In Prozenten ausgedrückt beträgt er 107,5 %. Da der gegebene Betrag über 100 % liegt, spricht man auch von der **Prozentrechnung auf Hundert.**

Umsatz in diesem Jahr 107,5 %	**Umsatzsteigerung** 7,5 %	**Umsatz im vergangenen Jahr** 100 %
↑	↑	↑
vermehrter Grundwert –	**Prozentsatz** =	**reiner Grundwert**

Lösungen:

Die Lösung erfolgt mithilfe des Dreisatzes.

Gegeben:	Prozentsatz:	7,5 %
	vermehrter Grundwert in Prozent:	107,5 %
	vermehrter Grundwert in EUR:	406 995,00 EUR
Gesucht:	Grundwert:	?

Bedingungssatz 107,5 % ≙ 406 995,00 EUR

Fragesatz 100 % ≙ x EUR

Bruchsatz $x = \frac{406\,995 \cdot 100}{107{,}5} = 378\,600{,}00 \text{ EUR}$

	Umsatz in diesem Jahr	406 995,00 EUR
–	Umsatz im vergangenen Jahr	378 600,00 EUR
=	Umsatzsteigerung	28 395,00 EUR

Beachten Sie: Die rechnerische Vorgehensweise entspricht dem allgemeinen Lösungsweg, der beim Rechnen mit dem verminderten Grundwert aufgezeigt wurde. Ausgangspunkt ist hier der vermehrte Grundwert, für den der Prozentsatz (über 100 %) und der absolute Wert bekannt sind.

Ergebnisse:

1. Der Umsatz im vergangenen Jahr beträgt 378 600,00 EUR.
2. Die Umsatzsteigerung beträgt 28 395,00 EUR.

Kompetenztraining

113 Aufgaben zu verschiedenen Gebieten der Prozentrechnung

1. Die Statistik eines Herstellers für Stanzautomaten weist folgende Zahlen aus:

Jahr	Umsatz	Anzahl der Monteure im Außendienst
Vorjahr	2400000,00 EUR	40
Berichtsjahr	3000000,00 EUR	32

Ermitteln Sie, um wie viel Prozent sich der durchschnittliche Umsatz je Monteur verändert hat!

2. Bei einem Sonderangebot wird ein Artikel um 20 % herabgesetzt und für 248,80 EUR angeboten.

   Berechnen Sie den Preis des Artikels vor der 20 %igen Ermäßigung!

3. Laut Katalog bestellt ein Malerbetrieb 156 10-Liter-Eimer der Wandfarbe „Alpina weiß", wobei folgende Bedingungen gelten:

   Listeneinkaufspreis je Eimer: 14,20 EUR

   Mengenrabatt: bei Abnahme von mindestens 100 Eimern: 5 %
   bei Abnahme von mindestens 200 Eimern: 6 %
   Bis zu einer Abnahme von 200 Eimern wird eine Frachtpauschale von 45,00 EUR erhoben.

   Berechnen Sie den Bezugspreis!

4. Die für das 1. Quartal ermittelte Umsatzsteuer (Steuersatz 19 %) beträgt 59956,40 EUR.

   Ermitteln Sie die Umsatzerlöse einschließlich Umsatzsteuer!

5. Die Zahl der Mitarbeiter in einer Papierfabrik verringerte sich von 851 Mitarbeitern im vergangenen Jahr auf 796 in diesem Jahr. Im gleichen Zeitraum stiegen die gesamten Personalkosten von 33614500,00 EUR auf 33957360,00 EUR an.

   Berechnen Sie den prozentualen Anstieg der Personalkosten je Mitarbeiter!

6. Stellen Sie fest, wie viel Prozent der Preisnachlass beträgt (siehe nebenstehende Abb.)!

7. Ein Mitarbeiter erhält folgende Gehaltsabrechnung:

Bruttogehalt:	2850,00 EUR
Lohnsteuer:	385,00 EUR
Kirchensteuer:	26,95 EUR
Sozialversicherungsabgaben:	587,82 EUR
Auszahlungsbetrag:	1850,23 EUR

   Berechnen Sie, wie viel Prozent die Abzüge betragen!

8. Einem Kunden wurde ein Kassenzettel über 454,58 EUR ausgeschrieben. Auf Bitten des Kunden wird die darin enthaltene Umsatzsteuer gesondert ausgewiesen. Steuersatz: 19 %

   Berechnen Sie die eingerechnete Umsatzsteuer!

9.

Bürozentrum
Adler GmbH
Lukasstr. 57
04315 Leipzig

FRITZ PFENNIG OHG GfB
Großhandlung für Bürobedarf

Rechnung Nr. 58/102
Rechnungsdatum: 30. Juni 20..

Menge	Artikel-Bezeichnung	Einzelpreis	Betrag EUR
	Warenlieferungen laut beiliegender Lieferkarte: Mai – Juni 20..		
	10 % Rabatt		______
	19 % USt		______
			299,88

Sitz der Gesellschaft: Chemnitz Registergericht: Chemnitz: HRA 107 Steuer-Nr.: 54710/91520

Aufgabe:

Ermitteln Sie die fehlenden Beträge!

10. Aufgrund einer Mängelrüge gewährt uns der Betriebsstofflieferant einen Nachlass von 15 %. Nach Abzug von 3 % Skonto überweisen wir 2626,86 EUR.

Berechnen Sie den ursprünglichen Rechnungsbetrag!

11. Die Frequenzanalyse[1] eines Kaufhauses weist folgende Daten aus:

Samstag, 18. Febr. 20..		
Zeitraum	Kunden	Umsatz (EUR)
08:00–09:00 Uhr	73	3170,00
09:00–10:00 Uhr	120	5424,00
10:00–11:00 Uhr	260	12272,00
11:00–12:00 Uhr	95	3781,00
Summe	548	24647,00

11.1 Stellen Sie fest, wie viel Prozent des Tagesumsatzes in der Zeit von 10:00–11:00 Uhr erwirtschaftet werden!

11.2 Stellen Sie fest, wie viel Prozent der Kunden in der Zeit von 10:00–11:00 Uhr in diesem Kaufhaus einkaufen!

11.3 Berechnen Sie den durchschnittlichen Kaufbetrag je Kunde, bezogen auf den Tagesumsatz!

11.4 Ermitteln Sie den durchschnittlichen Kaufbetrag je Kunde in der Zeit von 10:00–11:00 Uhr!

1 Die Aufgliederung der Umsatzerlöse nach dem Kaufzeitpunkt und nach der Anzahl der Kunden über einen Verkaufstag verteilt bezeichnet man als **Frequenzanalyse**.

12. Die Augsburger Büromöbel AG hat in ihrem Sortiment Garderobenhaken. Um eine kostendeckende Vergütung einschließlich eines angemessenen Gewinns zu erzielen, muss ein Barverkaufspreis von mindestens 8,30 EUR je Stück erzielt werden. Ein Auftrag vom Stadttheater Aschaffenburg soll kalkuliert werden. Die Augsburger Büromöbel AG bietet zu folgenden Bedingungen an:

Skonto:	2 %
Rabatt:	Bei mehr als 100 Garderobenhaken 25 %, sonst 15 %

Aufgaben:

12.1 Übertragen Sie den nachfolgenden Entwurf in ein Tabellenkalkulationsprogramm und kalkulieren Sie den Listenverkaufspreis brutto für das Angebot an das Stadttheater Aschaffenburg!

	A	B	C	D	E
1	Verkaufskalkulation für Garderobenhaken				
2	Verkaufsmenge	100			
3	Mindestbarverkaufspreis	8,30 €			
4					
5		%-Sätze	EUR		
6					
7	Barverkaufspreis, netto				
8	+ Skonto (i. H.)				
9	= Zielverkaufspreis, netto				
10	+ Rabatt (i. H.)				
11	= Listenverkaufspreis, netto				
12	+ Umsatzsteuer				
13	= Listenverkaufspreis, brutto				
14					

12.2 Geben Sie die Formeln an für die folgenden Zellen!

Zelle	Formel
C8	
B10	
C10	
C12	

Beachten Sie dabei die Notwendigkeit, die EUR-Beträge auf die 2. Stelle nach dem Komma zu runden!

3 Zinsrechnen

(1) Einführung

Zwischen der Prozentrechnung und der Zinsrechnung besteht ein Zusammenhang. Dieser wird durch das nachfolgende Beispiel aufgezeigt.

Beispiel:

Ein Großhändler nimmt bei seiner Hausbank ein Darlehen in Höhe von 45000,00 EUR auf. Die Laufzeit beträgt ein Jahr. Die Bank berechnet ein Disagio von 1,5 % (das entspricht 675,00 EUR) und einen Zinssatz von 4 %. Die Zinsen betragen 3600,00 EUR.

Prozentrechnung	⟶	**Grundwert** ↓	**Prozentsatz** ↓		**Prozentwert** ↓
z. B. Berechnung eines Disagios[1]:		45000,00 EUR	1,5 %		675,00 EUR
z. B. Berechnung von Zinsen:		45000,00 EUR	4 %	1 Jahr	1800,00 EUR
Zinsrechnung	⟶	↑ **Kapital**	↑ **Zinssatz (Zinsfuß)**	↑ **Zeit**	↑ **Zinsen**

Die Zinsrechnung ist eine Anwendung der Prozentrechnung unter **Berücksichtigung der Zeit.** Von den Größen Kapital, Zinssatz, Zinsen und Zeit müssen stets **drei Größen** in der Aufgabe **gegeben sein,** um die vierte Größe mithilfe des Dreisatzes errechnen zu können.

- Bei der Berechnung von Zinsen muss der Faktor **Zeit** (Jahr, Monat, Tag) berücksichtigt werden. Der Faktor Zeit fehlt in der Prozentrechnung.
- **Zinsen** sind der **Preis** für die Nutzung eines **Kapitals** für eine bestimmte **Zeit** (entspricht dem Prozentwert in der Prozentrechnung).
- Das **Kapital** ist die zur Nutzung überlassene Geldsumme. Sie ist immer 100 % (entspricht dem Grundwert in der Prozentrechnung).
- Der **Zinssatz** sagt aus, wie viel Zinsen ein Kapital von 100,00 EUR in einem Jahr erbringt (z. B. für den Sparer) bzw. kostet (z. B. für den Kreditnehmer). Der Zinssatz bezieht sich immer auf ein Jahr (entspricht dem Prozentsatz in der Prozentrechnung).

  Ein Zinssatz von 4 % bedeutet, dass ein Kapital von 100,00 EUR in einem Jahr 4,00 EUR Zinsen erbringt bzw. kostet.

1 **Disagio**: Abschlag, Abgeld. Das Disagio stellt eine Kürzung des auszuzahlenden Darlehensbetrags dar und ermöglicht einen niedrigeren Nominalzins.

(2) Berechnung von Jahres-, Monats- und Tageszinsen

Zinsen	Formel
Jahreszinsen	$\text{Jahreszinsen} = \frac{\text{Kapital} \cdot \text{Zinssatz} \cdot \text{Jahre}}{100}$
Monatszinsen	$\text{Monatszinsen} = \frac{\text{Kapital} \cdot \text{Zinssatz} \cdot \text{Monate}}{100 \cdot 12}$
Tageszinsen	$\text{Tageszinsen} = \frac{\text{Kapital} \cdot \text{Zinssatz} \cdot \text{Tage}}{100 \cdot 360}$

Bei den **Zinsberechnungen für Kaufleute** wird das Jahr mit 360 Tagen und jeder Monat mit 30 Tagen angesetzt.

Kompetenztraining

114 Berechnung von Jahres-, Monats- und Tageszinsen

1. Ein Großhandelsunternehmen hat zur Finanzierung eines Anbaus der Lagerhalle einen Kredit in Höhe von 260 000,00 EUR aufgenommen. Die Laufzeit beträgt $5^1/_2$ Jahre.

   Berechnen Sie die Zinsen für die Laufzeit, wenn das Darlehen mit 3,5 % verzinst werden muss!

2. Eine Bank hat an verschiedene Kunden die nachfolgenden Kredite eingeräumt:

   2.1 5 180,00 EUR für $3^3/_4$ Jahre zum Zinssatz von $6^1/_2$ %

   2.2 8 400,00 EUR für $1^2/_3$ Jahre zum Zinssatz von $4^3/_4$ %

   2.3 3 800,00 EUR für $2^1/_4$ Jahre zum Zinssatz von 7,5 %

   Ermitteln Sie die zu erwartenden Zinserträge (ohne Zinseszinsen) der Bank!

3. Ein Familienvater hat für seine Kinder folgende Sparguthaben angelegt:

   3.1 12 500,00 EUR für $4^1/_2$ Jahre zum Zinssatz von 5,25 %

   3.2 8 400,00 EUR für 5 Jahre zum Zinssatz von $6^2/_3$ %

   Ermitteln Sie die zu erwartenden Zinserträge (ohne Zinseszinsen)!

4. Die Leder-Straub GmbH hat 45 800,00 EUR für 3 Monate als Termingeld zu 0,25 % angelegt.

   Ermitteln Sie die Gutschrift der Bank nach Ablauf der Anlagezeit!

5. Ein Kaufmann hat zur Überbrückung eines finanziellen Engpasses einen Kredit in Höhe von 12 500,00 EUR zu $2^3/_4$ % bei seiner Hausbank aufgenommen. Die Laufzeit beträgt $4^1/_2$ Monate.

   Berechnen Sie den Rückzahlungsbetrag, den der Kaufmann nach Ablauf dieser Zeit an die Bank zu zahlen hat!

6. Eine Papiergroßhandlung nimmt bei ihrer Bank einen Kredit in Höhe von 14 500,00 EUR für 70 Tage in Anspruch. Der Zinssatz beträgt $2^1/_2$ %.

   Ermitteln Sie die Kreditzinsen!

7. Ein Kaufmann schuldet seinem Lieferer seit dem 12. April 2 480,00 EUR.

   Berechnen Sie die Verzugszinsen, die der Kaufmann dem Lieferer am 1. Juni bei einem Zinssatz von $6^1/_2$ % überweisen muss!

(3) Berechnung der Größen Kapital, Zeit und Zinssatz

Größen	Formel
Berechnung des Kapitals	$\text{Kapital} = \frac{\text{Zinsen} \cdot 100 \cdot 360}{\text{Tage} \cdot \text{Zinssatz}}$
Berechnung der Zeit	$\text{Tage} = \frac{\text{Zinsen} \cdot 100 \cdot 360}{\text{Kapital} \cdot \text{Zinssatz}}$ Herleitung der Formel aus der allgemeinen Zinsformel: $Z = \frac{K \cdot p \cdot t}{100 \cdot 360}$ oder: $Z \cdot 100 \cdot 360 = K \cdot p \cdot t$ oder: $\frac{Z \cdot 100 \cdot 360}{K \cdot p} = t$ oder: $t = \frac{Z \cdot 100 \cdot 360}{K \cdot p}$
Berechnung des Zinssatzes	$\text{Zinssatz} = \frac{\text{Zinsen} \cdot 100 \cdot 360}{\text{Kapital} \cdot \text{Tage}}$ Herleitung der Formel aus der allgemeinen Zinsformel: $Z = \frac{K \cdot p \cdot t}{100 \cdot 360}$ oder: $Z \cdot 100 \cdot 360 = K \cdot p \cdot t$ oder: $\frac{Z \cdot 100 \cdot 360}{K \cdot t} = p$ oder: $p = \frac{Z \cdot 100 \cdot 360}{K \cdot t}$

Kompetenztraining

115 Berechnen der Größen Kapital, Zeit und Zinssatz

1. Ermitteln Sie den Betrag, den ein Unternehmer bei 1,3 %iger Verzinsung anlegen muss, damit er nach vier Monaten eine Zinsgutschrift von 220,35 EUR erhält!
2. Ein Lieferer stellt einem säumigen Kunden nachträglich insgesamt 431,00 EUR in Rechnung. Dieser Betrag enthält 4 % Verzugszinsen für 56 Tage sowie 5,40 EUR für Auslagen.
   Berechnen Sie den Rechnungsbetrag!
3. Ermitteln Sie den Zeitpunkt, an dem ein Sparkapital von 12 500,00 EUR, das am 2. April bei einer Bank zu 1 % angelegt wird, auf 12 620,00 EUR angewachsen ist!
4. Am 20. August wurde von der Karl Säumig OHG eine Rechnung über 1 680,00 EUR einschließlich 6 % Verzugszinsen mit 1 695,96 EUR durch Banküberweisung beglichen.
   Berechnen Sie den Rückzahlungszeitpunkt, zu dem die Rechnung fällig war!
5. Ein Kaufmann hat ein Kapital von 45 000,00 EUR als Termingeld vom 15. Februar bis 30. Juni bei der Bank angelegt und erhält eine Zinsgutschrift von 455,60 EUR.
   Ermitteln Sie den vereinbarten Zinssatz!
6. Der Unternehmer Friedrich Gut hat auf dem Verwaltungsgebäude eine Grundschuld über 170 800,00 EUR eingetragen. An Zinsen werden vierteljährlich 1 708,00 EUR fällig.
   Berechnen Sie, zu welchem Zinssatz die Grundschuld verzinst werden muss!

B. Betriebswirtschaftliche Schlüsselbegriffe

Schlüsselbegriff	Kurze Begriffserklärung
Absatz	Der Begriff Absatz wird ■ für die in einem bestimmten Zeitraum verkaufte Gütermenge eines Unternehmens oder ■ für die letzte Phase des betrieblichen Leistungsprozesses, welche den Vertrieb der Güter bzw. Dienstleistungen zum Ziel hat, benutzt.
Umsatz	Der Umsatz ist der Gesamtwert der von einem Unternehmen innerhalb eines bestimmten Zeitraums abgesetzten Güter und Dienstleistungen. $\text{Umsatz} = \text{Absatzmenge} \cdot \text{Verkaufspreis}$
Kosten	Kosten sind der betriebliche und relativ regelmäßig anfallende Güter- und Leistungsverzehr innerhalb einer Rechnungsperiode zur Erstellung betrieblicher Leistungen, gemessen in Geld. Beispiele sind Löhne, Gehälter, Geschäftsmiete, Aufwendungen für Rohstoffe, Bürobedarf.
Gewinn	Der Gewinn ist das positive Ergebnis der wirtschaftlichen Tätigkeit eines Unternehmens innerhalb eines festgelegten Zeitraums. Durch den Gewinn möchte ein Unternehmer drei Leistungen erstattet haben: ■ die **Kapitalverzinsung** für das ins Unternehmen investierte Kapital, ■ die **Risikoprämie** als Vergütung für die Gefahr, dass das Unternehmen Verluste erleidet und dadurch das Kapital aufgezehrt wird, ■ den **Unternehmerlohn** für seine Mitarbeit im Unternehmen.
Produktivität	Die Produktivität ist die technische Ergiebigkeit eines Produktionsvorgangs. Sie stellt das Verhältnis von Ausbringungsmenge zu den Einsatzmengen der Produktionsfaktoren dar. $\text{Produktivität} = \frac{\text{Ausbringungsmenge}}{\text{Einsatzmenge}}$
Arbeits-produktivität	Bei der Arbeitsproduktivität wird die Ausbringungsmenge auf eine Arbeitsstunde bezogen. Die Arbeitsproduktivität berechnet sich dann wie folgt: $\text{Arbeitsproduktivität} = \frac{\text{Ausbringungsmenge}}{\text{geleistete Arbeitsstunden}}$
Werkstoff-produktivität (Material-produktivität)	Hierbei wird die Ausbringungsmenge in Beziehung zu den verbrauchten Werkstoffen (Rohstoffen, Hilfsstoffen, Betriebsstoffen und Vorprodukten) gesetzt. $\text{Werkstoffproduktivität} = \frac{\text{Ausbringungsmenge}}{\text{Werkstoffeinsatz}}$ Eine hohe Werkstoffproduktivität zeigt an, dass mit einem geringen Einsatz an Werkstoffen eine große Ausbringungsmenge produziert wurde.

Schlüsselbegriff	Kurze Begriffserklärung
Kapitalproduktivität	Die Kapitalproduktivität zeigt dem Unternehmen, wie lohnenswert der Kapitaleinsatz ist. Wird nicht genügend Kapital in das Sachanlagevermögen oder in das Personal investiert, wird eventuell das angestrebte Produktionsergebnis nicht erreicht. Das kann zur Folge haben, dass das Unternehmen in Zahlungsschwierigkeiten gerät. $$\text{Kapitalproduktivität} = \frac{\text{Wertschöpfung (Ausbringungsmenge)}}{\text{durchschnittliches Kapital}}$$
Wirtschaftlichkeit	Die Wirtschaftlichkeit ist das Verhältnis erbrachter Leistung zu den für diese Leistung aufgewendeten Mitteln, also deren Kosten je Periode (z. B. je Geschäftsjahr). $$\text{Wirtschaftlichkeit} = \frac{\text{Leistung}}{\text{Kosten}}$$
Rentabilität	Die Rentabilität ist eine Messgröße für die **Ergiebigkeit eines Mitteleinsatzes.** Die **wichtigste Größe** bei den Rentabilitätskennzahlen ist der **Gewinn.** Da jedes Unternehmen in Bezug auf Rechtsform, Kapitalausstattung, Wirtschaftsbranche und Größe andere Bedingungen aufweist, sagt die absolute Höhe des Gewinnes nur wenig aus. Um eine **vergleichbare Aussage** über den Erfolg eines Unternehmens treffen zu können, muss der Gewinn **prozentual in Beziehung zu jenen Größen** gebracht werden, **die ihn ermöglicht haben.** Solche messbaren Größen sind z. B. das Kapital oder der Umsatz.
Eigenkapitalrentabilität	Bei der Eigenkapitalrentabilität wird der erzielte Gewinn in Prozenten zum durchschnittlichen Eigenkapital ausgedrückt. Es soll festgestellt werden, welche Rendite das durchschnittlich eingesetzte Eigenkapital insgesamt erbracht hat. $$\text{Eigenkapitalrentabilität} = \frac{\text{Gewinn} \cdot 100}{\text{Ø Eigenkapital}}$$
Umsatzrentabilität	Bei dieser Kennzahl wird der Gewinn auf den Umsatz bezogen. Die Umsatzrentabilität lässt erkennen, wie viel das Unternehmen in Bezug auf einen Euro verdient hat. Eine Umsatzrendite von 10 % z. B. besagt, dass mit jedem Euro Umsatz ein Gewinn von 10 Cent erwirtschaftet wurde. In Prozenten ausgedrückt lautet die Formel: $$\text{Umsatzrentabilität} = \frac{\text{Gewinn} \cdot 100}{\text{Umsatz}}$$
Branchenvergleich (Betriebsvergleich)	Werden die Abschlusszahlen eines Jahres mit denen anderer Betriebe derselben Branche verglichen, handelt es sich um einen Betriebs- bzw. Branchenvergleich. Im Allgemeinen wählt man als Vergleichsmaßstab die ermittelten Durchschnittswerte dieser Branche. Auf diese Weise lässt sich die Situation des zu beurteilenden Unternehmens im Vergleich zu anderen Unternehmen der Branche abschätzen.
Zeitvergleich	Nimmt man als Vergleichswerte die Abschlusszahlen des Vorjahres bzw. mehrerer vorangegangener Jahre (bzw. Perioden) desselben Unternehmens, spricht man von einem Zeitvergleich. Mit ihm lassen sich Entwicklungstendenzen des eigenen Betriebes feststellen.

Kompetenztraining

116 Berechnung betriebswirtschaftlicher Kennzahlen

1. 1.1 Erklären Sie die Begriffe Produktivität und Wirtschaftlichkeit!

   1.2 Stellen Sie dar, ob sich Produktivität und Wirtschaftlichkeit gegenläufig entwickeln können! Begründen Sie Ihre Meinung an einem Beispiel!

   1.3 Nennen Sie die ökonomische Kennziffer, die wie folgt ermittelt wird!

   $$\frac{\text{mengenmäßige Ausbringung}}{\text{mengenmäßiger Einsatz}}$$

2. 2.1 Erklären Sie den Begriff Rentabilität!

   2.2 Machen Sie den Unterschied zwischen Rentabilität und Produktivität deutlich!

   2.3 Weisen Sie nach, dass Folgendes möglich ist: Das Unternehmen A arbeitet zwar produktiver als sein Konkurrent B, dennoch ist das Unternehmen A unwirtschaftlicher!

   2.4 Nennen Sie Maßnahmen zur Steigerung der Arbeitsproduktivität im personellen Bereich!

3. Die Glasermanufaktur Müller stellte zusammen mit ihren drei Gesellen im Monat Mai in 350 Arbeitsstunden 700 Fenster gleicher Größe und Qualität her, die auch verkauft wurden. Der Verkaufspreis je Stück betrug 150,00 EUR. Die gesamten Aufwendungen der Glaserei beliefen sich im Mai auf 11 500,00 EUR. Das Eigenkapital betrug 280 000,00 EUR.

   Aufgaben:

   3.1 Berechnen Sie die Arbeitsproduktivität!

   3.2 Berechnen Sie die Wirtschaftlichkeit!

4. Die Buchführung bzw. die Kosten- und Leistungsrechnung einer Maschinenfabrik liefert uns folgende Zahlenwerte:

Eigenkapital:	
– am Anfang	350 Mio. EUR
– am Ende	400 Mio. EUR
Aufwendungen für Rohstoffe	700 Mio. EUR
Sonstige Aufwendungen	105 Mio. EUR
Umsatzerlöse netto	850 Mio. EUR
Gewinn	45 Mio. EUR

   Aufgaben:

   4.1 Berechnen Sie die Umsatzrentabilität und die Eigenkapitalrentabilität!

   4.2 Beurteilen Sie die Kennzahlen unter Berücksichtigung der Branchendurchschnittswerte: Eigenkapitalrentabilität 19,6 %, Umsatzrentabilität 3,0 %!

C. Inventur und Inventar

1 Inventur

Die **Inventur** ist die mengen- und wertmäßige Erfassung aller Vermögens- und Schuldenwerte eines Unternehmens zu einem bestimmten Zeitpunkt. Die Inventur ist also eine Tätigkeit.

(1) Zielsetzung der Inventur

Die vom Gesetzgeber in regelmäßigen Abständen geforderte Inventur ist wesentlicher Bestandteil einer ordnungsmäßigen Buchführung. Die Inventur dient in erster Linie dem **Schutz der Gläubiger.** Durch eine körperliche Bestandsaufnahme soll überprüft werden, ob die in der Buchführung **ausgewiesenen Bestände (Sollbestände, Buchbestände)** mit den **tatsächlichen Beständen (Istbeständen, Inventurbeständen) übereinstimmen.** Treten Differenzen zwischen Soll- und Istbeständen auf, müssen die Ursachen aufgedeckt und entsprechende Korrekturen in der Buchführung vorgenommen werden. Insofern übt die **Inventur** gegenüber der Buchführung eine **Kontrollfunktion** aus.

Grundsätzlich sind nach § 240 HGB zu Beginn eines Handelsgewerbes und zum Schluss eines jeden Geschäftsjahres alle Vermögens- und Schuldposten aufgrund einer körperlichen Bestandsaufnahme genau zu verzeichnen und zu bewerten (Stichtagsinventur als Normalverfahren). Diese zeitraubenden Inventurarbeiten sind aber in der Praxis häufig an einem Tag nicht zu bewältigen.

Daher gestatten die Einkommensteuerrichtlinien [R 5.3], dass die Inventurarbeiten für Vorratsvermögen nicht am **Abschlussstichtag (Bilanzstichtag),** sondern lediglich zeitnah **um den Stichtag herum** durchgeführt werden können. Als zulässige Zeitspanne um den Bilanzstichtag gelten 10 Tage vor bzw. 10 Tage nach dem Bilanzstichtag.

(2) Ablauf der Inventur

Durch den Vorgang der **Inventur** wird vor Ort festgestellt, welche Vermögens- und Schuldwerte tatsächlich vorhanden sind. Die Inventur ist somit eine **Tätigkeit.**

- Man geht in das Lager und schaut z. B. nach, welche Menge einer **Werkstoffart** noch vorhanden ist. Typische Tätigkeiten für diesen Vorgang der Inventur sind: Zählen, Messen, Wiegen, notfalls auch Schätzen. Durch die Rechnung Menge · Einstandspreis wird anschließend der Wert der vorhandenen Werkstoffe ermittelt.
- Zur Feststellung des Wertes an **Bargeld** muss das in der Kasse vorhandene Geld gezählt werden.
- Bei anderen Geldvermögensarten, z. B. dem **Bankguthaben,** geben die Kontoauszüge Auskunft über das gegenwärtige Guthaben.
- **Kundenforderungen** bzw. **Lieferantenschulden** werden namentlich aufgelistet. Die ermittelten Salden lässt man sich von den einzelnen Kunden bzw. Lieferanten bestätigen.
- Der Wert der einzelnen Gegenstände der **Betriebs- und Geschäftsausstattung** wird unter Berücksichtigung planmäßiger Abschreibungsbeträge ermittelt.

Beispiel für eine Inventur-Aufnahmeliste (Einzelinventurliste):

Inventur-Aufnahmeliste						
Filiale:	*München*	**Blatt-Nr.:** *14*			**Aufnahme:** *Fischer* / **Ausrechnung:** *Troll*	
Abteilung:	*Möbel*	**Datum:** *31.12.20..*			**Kontrolle:** *Spralte*	
Position	Menge	Artikelnummer	Artikelbezeichnung	Warengruppe	Listenverkaufspreis in EUR	Einstandspreis in EUR
(1)	*30*	*30111*	*Matratzen*	*5*	*299,00*	*185,00*
(2)	*25*	*30222*	*Tische*	*7*	*119,00*	*69,00*
(3)						

2 Inventar

Das **Inventar** ist das **wertmäßige Ergebnis** der Inventur. Es weist zu einem **bestimmten Tag** alle tatsächlich vorhandenen **Vermögensposten und Schulden** eines Unternehmens nach Art, Menge und Wert aus.

!

Obwohl es **keine gesetzlichen Vorschriften** für die **formale Darstellung eines Inventars** gibt, hat es sich in der Praxis allgemein durchgesetzt, dass die Ergebnisse der Inventur nochmals zusammengefasst werden. Bei einzelnen Posten wird dann auf die Einzelverzeichnisse verwiesen.

Erläuterungen zum Inhalt und Aufbau des Inventars von S. 388

Das Inventar besteht aus drei Teilen: dem **Vermögen**, den **Schulden** und dem **Reinvermögen** (Eigenkapital).

- Das **Vermögen** gibt Aufschluss darüber, welche Gegenstände in einem Unternehmen vorhanden sind. Man unterscheidet zwischen Anlage- und Umlaufvermögen.
  - Zum **Anlagevermögen** zählen alle Vermögensposten, die dazu bestimmt sind, dem Unternehmen langfristig zu dienen. Sie bilden die Grundlage für die Betriebsbereitschaft.

    Beispiele:

    Lizenzen, geschützte Marken, Gebäude, Grundstücke, Maschinen, Betriebs- und Geschäftsausstattung, Beteiligung an anderen Unternehmen.

  - Zum **Umlaufvermögen** zählen alle Vermögensposten, die dadurch charakterisiert sind, dass sie sich durch die Geschäftstätigkeit laufend verändern.

    Beispiele:

    Kassenbestand, Guthaben bei Kreditinstituten, Werkstoffe, Handelswaren, Forderungen aus Lieferungen und Leistungen.

- Die **Schulden** (Verbindlichkeiten) stellen Fremdkapital dar, das Dritte dem Unternehmen zur Verfügung stellen. Sie werden z.B. nach der Art der Schuld oder nach ihrer Fälligkeit gegliedert.

  Beispiele:

  Verbindlichkeiten gegenüber Kreditinstituten, Verbindlichkeiten aus Lieferungen und Leistungen.

Inventar zum 31. Dezember
der Möbelfabrik Franz Merkurius e. Kfm., Hügelstraße 15, 90449 Nürnberg

A.	**Vermögen**		
I.	A n l a g e v e r m ö g e n :		
	1. Grundstücke		
	– Hügelstraße 15	175 000,00 EUR	
	– Georgstraße 21	125 000,00 EUR	300 000,00 EUR
	2. Bauten auf eigenen Grundstücken		
	– Fabrikgebäude Hügelstraße 15	429 450,00 EUR	
	– Verwaltungsgebäude Georgstraße 21	675 000,00 EUR	1 104 450,00 EUR
	3. Maschinen lt. Inventurliste 1		749 800,00 EUR
	4. Fuhrpark		
	– Pkw: N – BE 44	45 800,00 EUR	
	– Lkw: N – LU 855	98 750,00 EUR	144 550,00 EUR
	5. Betriebs- und Geschäftsausstattung		
	– Lagereinrichtung lt. Inventurliste 2	45 600,00 EUR	
	– Verwaltungseinrichtung lt. Inventurliste 3	29 275,00 EUR	
	– EDV-Anlagen lt. Inventurliste 4	20 725,00 EUR	95 600,00 EUR
II.	U m l a u f v e r m ö g e n :		
	1. Rohstoffe lt. Inventurliste 5		350 750,00 EUR
	2. Hilfsstoffe lt. Inventurliste 6		118 450,00 EUR
	3. Betriebsstoffe lt. Inventurliste 7		147 620,00 EUR
	4. Fertigerzeugnisse		
	– 360 Schränke V 17/2	203 400,00 EUR	
	– 210 Schreibtische S 22/4	193 200,00 EUR	
	– Diverse Kleinmöbel lt. Inventurliste 8	310 400,00 EUR	707 000,00 EUR
	5. Unfertige Erzeugnisse lt. Inventurliste 9		70 200,00 EUR
	6. Forderungen aus Lieferungen und Leistungen		
	– Möbelhaus Schmid OHG, Aschaffenburg	12 125,00 EUR	
	– Möbel Meierhofer KG, Salzgitter	11 900,00 EUR	
	– Möbel Discount Dresden GmbH	9 550,00 EUR	33 575,00 EUR
	7. Kassenbestand lt. Inventurliste 10		1 250,00 EUR
	8. Guthaben bei Banken		
	– Guthaben VR Bank Nürnberg	28 780,00 EUR	
	– Guthaben Commerzbank Nürnberg	5 900,00 EUR	34 680,00 EUR
	Summe des Vermögens (Rohvermögens)		3 857 925,00 EUR
B.	**Schulden**		
1.	Verbindlichkeiten gegenüber Kreditinstituten		
	– Darlehen bei der VR Bank Nürnberg		890 600,00 EUR
	– Kontokorrentkredit bei der Commerzbank Nürnberg		50 145,00 EUR
2.	Verbindlichkeiten aus Lieferungen und Leistungen		
	– Metall- und Kunststoffwerke Leipzig AG	55 150,00 EUR	
	– Großhandelshaus Stark GmbH Bamberg	47 350,00 EUR	102 500,00 EUR
3.	Liefererdarlehen von der Rado GmbH München		73 000,00 EUR
	Summe der Schulden		1 116 245,00 EUR
C.	**Ermittlung des Reinvermögens (Eigenkapitals)**		
	Summe des Vermögens		3 857 925,00 EUR
	– Summe der Schulden		1 116 245,00 EUR
	= Reinvermögen (Eigenkapital)		2 741 680,00 EUR

D. Bei der Wesentlichkeitsanalyse zu berücksichtigende Nachhaltigkeitsaspekte[1]

- Bei der Wesentlichkeitsanalyse hat das Unternehmen die folgende Liste von Nachhaltigkeitsaspekten zu berücksichtigen, die in den themenbezogenen ESRS behandelt werden.
- Wird ein bestimmter Nachhaltigkeitsaspekt aus dieser Liste im Rahmen der Wesentlichkeitsanalyse des Unternehmens als wesentlich bewertet, so hat das Unternehmen gemäß den entsprechenden Angabepflichten des jeweiligen themenbezogenen ESRS Bericht zu erstatten. [...]
- Bei der Liste handelt es sich um ein Instrument zur Unterstützung der Wesentlichkeitsanalyse des Unternehmens. Das Unternehmen muss bei der Ermittlung der wesentlichen Aspekte auch seine eigenen konkreten Umstände berücksichtigen.
- Falls erforderlich, erstellt das Unternehmen außerdem unternehmensspezifische Angaben zu wesentlichen Auswirkungen, Risiken und Chancen, die nicht unter ESRS fallen [...].

Themenbezogener ESRS	In themenbezogenen ESRS behandelte Nachhaltigkeitsaspekte		
	Thema	**Unterthema**	**Unter-Unterthemen**
ESRS E1	Klimawandel	■ Anpassung an den Klimawandel ■ Klimaschutz ■ Energie	
ESRS E2	Umweltverschmutzung	■ Luftverschmutzung ■ Wasserverschmutzung ■ Bodenverschmutzung ■ Verschmutzung von lebenden Organismen und Nahrungsressourcen ■ Besorgniserregende Stoffe ■ Besonders besorgniserregende Stoffe ■ Mikroplastik	
ESRS E3	Wasser- und Meeresressourcen	■ Wasser ■ Meeresressourcen	■ Wasserverbrauch ■ Wasserentnahme ■ Ableitung von Wasser ■ Ableitung von Wasser in die Ozeane ■ Gewinnung und Nutzung von Meeresressourcen

1 Vgl. EUROPÄISCHE STANDARDS FÜR DIE NACHHALTIGKEITSBERICHTERSTATTUNG (ESRS), zitiert nach www.parlament.gv.at [Zugriff vom 29.04.2026].

Themenbezogener ESRS	In themenbezogenen ESRS behandelte Nachhaltigkeitsaspekte		
	Thema	**Unterthema**	**Unter-Unterthemen**
ESRS E4	Biologische Vielfalt und Ökosysteme	Direkte Ursachen des Biodiversitätsverlusts	■ Klimawandel ■ Landnutzungsänderungen, Süßwasser- und Meeresnutzungsänderungen ■ Direkte Nutzung ■ Invasive gebietsfremde Arten ■ Umweltverschmutzung ■ Sonstige
		Auswirkungen auf den Zustand der Arten	**Beispiele:** ■ Populationsgröße von Arten ■ Globales Ausrottungsrisiko von Arten
		Auswirkungen auf den Umfang und den Zustand von Ökosystemen	**Beispiele:** ■ Landdegradation ■ Wüstenbildung ■ Bodenversiegelung
		Auswirkungen und Abhängigkeiten von Ökosystemdienstleistungen	
ESRS E5	Kreislaufwirtschaft	■ Ressourcenzuflüsse, einschließlich Ressourcennutzung ■ Ressourcenabflüsse im Zusammenhang mit Produkten und Dienstleistungen ■ Abfälle	
ESRS S1	Arbeitskräfte des Unternehmens	Arbeitsbedingungen	■ Sichere Beschäftigung ■ Arbeitszeit ■ Angemessene Entlohnung ■ Sozialer Dialog ■ Vereinigungsfreiheit, Existenz von Betriebsräten und Rechte der Arbeitnehmer auf Information, Anhörung und Mitbestimmung ■ Tarifverhandlungen, einschließlich der Quote der durch Tarifverträge abgedeckten Arbeitskräften ■ Vereinbarkeit von Berufs- und Privatleben ■ Gesundheitsschutz und Sicherheit

Themenbezogener ESRS	In themenbezogenen ESRS behandelte Nachhaltigkeitsaspekte		
	Thema	**Unterthema**	**Unter-Unterthemen**
		Gleichbehandlung und Chancengleichheit für alle	■ Gleichstellung der Geschlechter und gleicher Lohn für gleiche Arbeit ■ Weiterbildung und Kompetenzentwicklung ■ Beschäftigung und Inklusion von Menschen mit Behinderungen ■ Maßnahmen gegen Gewalt und Belästigung am Arbeitsplatz ■ Vielfalt
		Sonstige arbeitsbezogene Rechte	■ Kinderarbeit ■ Zwangsarbeit ■ Angemessene Unterbringung ■ Datenschutz
ESRS S2	Arbeitskräfte in der Wertschöpfungskette	Arbeitsbedingungen	■ Sichere Beschäftigung ■ Arbeitszeit ■ Angemessene Entlohnung ■ Sozialer Dialog ■ Vereinigungsfreiheit, einschließlich der Existenz von Betriebsräten ■ Tarifverhandlungen ■ Vereinbarkeit von Berufs- und Privatleben ■ Gesundheitsschutz und Sicherheit
		Gleichbehandlung und Chancengleichheit für alle	■ Gleichstellung der Geschlechter und gleicher Lohn für gleiche Arbeit ■ Weiterbildung und Kompetenzentwicklung ■ Beschäftigung und Inklusion von Menschen mit Behinderungen ■ Maßnahmen gegen Gewalt und Belästigung am Arbeitsplatz ■ Vielfalt
		Sonstige arbeitsbezogene Rechte	■ Kinderarbeit ■ Zwangsarbeit ■ Angemessene Unterbringung ■ Wasser- und Sanitäreinrichtungen ■ Datenschutz

Themenbezogener ESRS	In themenbezogenen ESRS behandelte Nachhaltigkeitsaspekte		
	Thema	**Unterthema**	**Unter-Unterthemen**
ESRS S3	Betroffene Gemeinschaften	Wirtschaftliche, soziale und kulturelle Rechte von Gemeinschaften	■ Angemessene Unterbringung ■ Angemessene Ernährung ■ Wasser- und Sanitäreinrichtungen ■ Bodenbezogene Auswirkungen ■ Sicherheitsbezogene Auswirkungen
		Bürgerrechte und politische Rechte von Gemeinschaften	■ Meinungsfreiheit ■ Versammlungsfreiheit ■ Auswirkungen auf Menschenrechtsverteidiger
		Rechte indigener Völker	■ Freiwillige und in Kenntnis der Sachlage erteilte vorherige Zustimmung ■ Selbstbestimmung ■ Kulturelle Rechte
ESRS S4	Verbraucher und Endnutzer	Informationsbezogene Auswirkungen für Verbraucher und/oder Endnutzer	■ Datenschutz ■ Meinungsfreiheit ■ Zugang zu (hochwertigen) Informationen
		Persönliche Sicherheit von Verbrauchern und/oder Endnutzern	■ Gesundheitsschutz und Sicherheit ■ Persönliche Sicherheit ■ Kinderschutz
		Soziale Inklusion von Verbrauchern und/oder Endnutzern	■ Nichtdiskriminierung ■ Zugang zu Produkten und Dienstleistungen ■ Verantwortliche Vermarktungspraktiken
ESRS G1	Unternehmensführung	■ Unternehmenskultur ■ Schutz von Hinweisgebern (Whistleblowers) ■ Tierschutz ■ Politisches Engagement und Lobbytätigkeiten ■ Management der Beziehungen zu Lieferanten, einschließlich Zahlungspraktiken	
		Korruption und Bestechung	■ Vermeidung und Aufdeckung einschließlich Schulung ■ Vorkommnisse

Stichwortverzeichnis

N

O

P

Q

R

S

T

U

V

W

Bilderverzeichnis

S. 29: Pavlo Burdiak • **S. 29:** Freepik Company S.L. - www.freepik.com • **S. 29:** Diego Maravilla © 2023 • **S. 30:** OleksandrHolovin • **S. 30:** www.colourbox.de • **S. 255:** Dean Drobot – www.colourbox.de • **S. 259:** Ingo Bartussek – Fotolia.com • **S. 295:** pixel-shot.com (Leonid Yastremskiy) • **S. 335:** Freepik Company S.L. - www.freepik.com • **S. 338:** dpa - 109377 •